Andreas Dilger

Die Fundgrube für den Politik-Unterricht

Andreas Dilger

Die Fundgrube für den Politik-Unterricht

Das Nachschlagewerk für jeden Tag

Cornelsen
SCRIPTOR

Hinweis
Die in diesem Werk angegebenen Internetadressen haben wir überprüft (Redaktionsschluss 7. Februar 2003). Dennoch können wir nicht ausschließen, dass unter einer solchen Adresse inzwischen ein ganz anderer Inhalt angeboten wird. Deshalb empfehlen wir Ihnen dringend, die Adressen vor der Nutzung im Unterricht selbst noch einmalk zu überprüfen.

Cornelsen online http://www.cornelsen.de

Gedruckt auf chlorfrei gebleichtem Papier
ohne Dioxinbelastung der Gewässer

Bibliografische Information
Die Deutsche Bibliothek verzeichnet diese Publikation in der Deutschen Nationalbibliografie: detaillierte bibliografische Daten sind im Internet über http://dnb.ddb.de abrufbar.

Dieses Werk berücksichtigt die Regeln der reformierten Rechtschreibung und Zeichensetzung.

4.	**3.**	**2.**	€	Die letzten Ziffern bezeichnen
05	04	03		Zahl und Jahr der Auflage.

Redaktion: Gabriele Teubner-Nicolai, Berlin
Herstellung: Brigitte Bredow, Berlin
Umschlaggestaltung: Bauer + Möhring, Berlin, unter Verwendung einer Zeichnung von Klaus Puth, Mühlheim
Satz: FROMM MediaDesign GmbH, Selters/Ts.
Druck und Bindung: Clausen & Bosse, Leck
Printed in Germany
ISBN 3-589-21127-X
Bestellnummer 211270

Inhaltsverzeichnis

Einleitung

Schüler fragen ihre Lehrer: „Haben Politiker Politik studiert?"; „Wie werde ich Journalist?"; „Ich möchte gerne was im Ausland machen. An wen kann ich mich wenden?"; „Wir wollen vor Weihnachten einen Basar für einen guten Zweck veranstalten. Was können wir tun?"; „Gibt es zu diesem Thema einen spannenden Film?"

Lehrer fragen sich: „Wen kann ich zum Thema Europa in den Unterricht einladen?"; „Ich möchte projektartigen Unterricht halten. Wie kann ich das machen?"; „Was ist eine ‚Zukunftswerkstatt'?"; „Wie kann ich meinen Unterricht für konkrete Politik-Erfahrungen der Schüler öffnen?": „Jetzt soll ich auch noch mit dieser nervigen Klasse ins Schullandheim fahren! Wie beschäftige ich die denn nur?"; „Bei einigen meiner großen Schüler wird der Alkoholkonsum langsam zum Problem. Wie kann ich da eingreifen? Können die Anonymen Alkoholiker helfen?"; „Die Mädchen wollen über Bulimie sprechen. Woher kriege ich dazu Informationen?"

Auf diese und noch viele, viele Fragen mehr antwortet die *Fundgrube für den Politik-Unterricht*.

Die *Fundgrube* vermittelt keine Didaktik des Politik-Unterrichts und bietet keine abgeschlossenen Unterrichtseinheiten an. Sie findet ihren Platz zwischen dem Schulbuch, das das Grundsätzliche zu den Themen des Lehrplans sagt, und den Tages- und Wochenzeitungen, die die Fundgrube für die tagesaktuellen Bezüge sind.

Die Ideen und Materialien sind für die Schüler der Sekundarstufe I und II gedacht. Alle Angebote sind nur als Vorschläge zu verstehen. Vor allem der fachfremd unterrichtende Kollege findet Tipps und Hinweise, wie vielfältig und handlungsorientiert Politik-Unterricht gestaltet werden kann, aber auch der erfahrene Lehrer wird angeregt einmal etwas Neues im Unterricht auszuprobieren.

Die *Vorschläge für den Unterricht*, mit denen jeweils die einzelnen Kapitel beginnen, zeigen beispielhaft, wie Themen des Politik-Unterrichts methodisch angegangen werden können. Diese Vorschläge sind auf jedes andere Thema übertragbar, sie können variiert, gekürzt oder in mehrere Unterrichtsschritte gegliedert werden. Ihre Abfolge ist auch nicht als Schritte einer Unterrichtseinheit zu verstehen.

Die *nützlichen Adressen* dienen dazu, dass die Schüler lernen

- durch Telefonate und Schreiben Erkundungen bei Institutionen, Behörden, Verbänden und Vereinen anzustellen, Fragen zu stellen und Antworten einzuholen,
- die Verbindung zwischen dem, was sie im Unterricht besprechen, und dem, was „draußen", außerhalb der Schule, von der lokalen bis zur globalen Ebene stattfindet, herzustellen,
- sich in bürgerschaftlichem Engagement zu üben, sich demokratisch in ihre eigenen Angelegenheiten einzumischen.

Die Kontaktadressen und die *Berufsbilder* ermöglichen dem Lehrer auf häufig gestellte Fragen der Schüler mit ersten Informationen und der Nennung von Adressen weiterhelfen zu können.

Die Hinweise auf *Spielfilme* sollen das Angebot der Bildstellen ergänzen. Zum einen kann der Lehrer den Schülern Hinweise und Empfehlungen für die Kinofilme geben, die wegen der Verkabelung und der Satellitenprogramme in immer kürzeren Abständen auch im Fernsehen zu sehen sind. Zum anderen können sie auch an Filmnachmittagen oder -abenden in der Schule vorgeführt werden. Durch eine vorbereitende, begleitende und nachbereitende Besprechung lassen sich Politik-Unterricht und Medienerziehung miteinander verknüpfen.

Die *Ausflugsziele* können, sofern sie in erreichbarer Nähe liegen, für Unterrichtsgänge genutzt werden. Auch ein Besuch im Rahmen eines Schullandheimaufenthalts bietet sich an. Vielleicht ermuntern die vorgestellten Exkursionen auch dazu, selbst ein Ziel in der näheren oder weiteren Umgebung der Schule zu suchen.

Mein besonderer Dank gilt Herrn Peter Wenninger, der das Kapitel „Wirtschaft und Arbeitswelt“ und den Abschnitt „Drogen“ im Kapitel „Freizeit“ beigesteuert hat.

Wenn in diesem Buch von Schülern und Lehrern die Rede ist, so ist in der Regel das weibliche Geschlecht mitgemeint.

Andreas Dilger

Gesellschaft und Sozialstaat

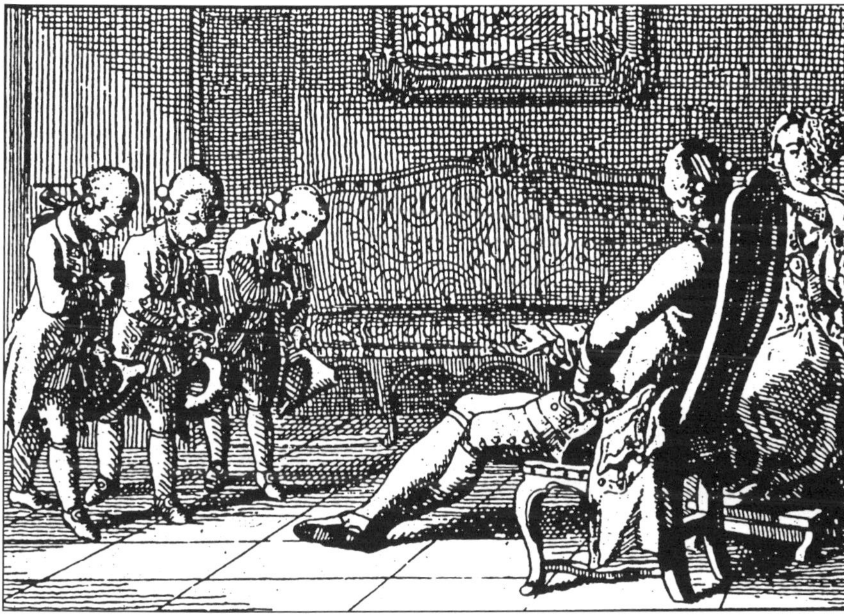

Der Patriarch: Begrüßung des Vaters

Vorschläge für den Unterricht

Wir tun was für den Klassengeist!
Immer wieder einmal „kriselt“ es auch in der besten Klassengemeinschaft! Diese sollte zwar nicht idealisiert und mit zu hohen Erwartungen belastet werden, aber doch so gut funktionieren, dass Gewinn bringend gearbeitet werden kann. Nehmen also Unlust, Sticheleien, die Ermüdung im Alltagstrott in bedenklichem Maße zu, empfiehlt sich eine spielerische Pause, damit die Schüler die Gelegenheit erhalten, sich gegenseitig „neu“ wahrzunehmen.

Spielvorschlag: „Positiv denken!“

1. Der Lehrer verteilt kleine Zettel (DIN A6), die er vorbereitet hat. Die Schüler dürfen keine eigenen Zettel verwenden, da unbekannt bleiben soll, von welchem Schüler der Beitrag stammt.
2. Jeder Schüler schreibt an den oberen Rand des Zettels seinen eigenen Namen und faltet das Papier zusammen.

3. Der Lehrer geht mit einem Behältnis, z. B. einem Schuhkarton, durch die Bankreihen und sammelt die gefalteten Zettel ein.
4. Er mischt diese und geht wieder durch die Reihen, wobei jeder Schüler „blind“ einen Zettel zieht. Falls ein Schüler seinen eigenen Zettel herausgenommen hat, meldet er sich sofort um diesen gegen einen anderen einzutauschen.
5. Der Lehrer stellt die Aufgabe: Jeder Schüler schreibt auf, was ihm zu diesem Mitschüler, dessen Name er vor sich hat, an Positivem (und nur das!!!) einfällt. „Negative“ Kritik fällt allen leichter, bewirkt aber das Gegenteil dessen, was mit diesem „Spiel“ erreicht werden soll - die „positive“ Verstärkung.
6. Wenn alle Schüler ihre Notizen abgeschlossen haben, sammelt der Lehrer die Zettel wieder ein.
7. Der Lehrer liest den Namen des Schülers und das „Positive“, das einem anonymen Mitschüler zu diesem eingefallen ist, vor. Der Lehrer behält die Notizen und gibt sie nicht an die Schüler weiter, da sonst einige Schüler versuchen würden, anhand der Handschrift herauszufinden, wer der Autor ihrer „Beurteilung“ ist.
8. Der Lehrer wird an den Reaktionen der Schüler erkennen, dass es ihr Selbstvertrauen stärkt, wenn sie erfahren, dass ihre Mitschüler bestimmte Verhaltensweisen und Charaktereigenschaften an ihnen schätzen.

Variante

Die Schüler schreiben auf ein Blatt Papier ihren Namen und den Namen eines Idols, „jemanden, den ich ganz toll finde“, aus den Bereichen Sport, Film, Musik, Mode, Politik, Geschichte usw. Der Lehrer liest den Namen des Idols vor (z. B. Arnold Schwarzenegger, Ludwig van Beethoven, Claudia Schiffer, Pablo Picasso) und die Schüler raten, welcher Mitschüler das jeweils vom Lehrer vorgelesene Idol gewählt hat.

Variante

Die Schüler schreiben auf einen Zettel ihren Namen und drei Antworten auf die Frage: „Du musst für einen Monat auf eine ferne Insel. Wen oder was würdest du mitnehmen? (drei Nennungen)“
Der Lehrer liest jeweils die drei Antworten vor (z. B. „Freundin, Mountainbike, CD-Player“) und die Schüler erraten den Mitschüler, der sich dahinter „verbirgt“.

Variante

Die Schüler füllen (nach dem Vorbild des Fragebogens im FAZ-Magazin) einen kleinen Fragebogen aus. Der Lehrer liest die Antworten vor und die Schüler erraten anhand der Antworten, die der Lehrer vorliest, den entsprechenden Mitschüler.

Beispielfragen
- Was ist für dich das größte Unglück?
- Wo möchtest du leben?
- Welches Unterrichtsfach magst du am meisten?
- Welchen Beruf möchtest du ergreifen?
- Wer ist dein Vorbild?
- Was ist deine Lieblingsmusik?
- Welche Hobbys betreibst du?
- Wie sieht dein Traum vom vollkommenen Glück aus?

8/10 versch. Themen

Das Puzzle-Spiel

Vorbereitung des Lehrers

Der Lehrer bereitet so viele Karten vor, wie die Klasse Schüler hat. Ergibt das eine ungerade Zahl, spielt der Lehrer mit oder es gehört zur Aufgabe, festzustellen, welche Karte nicht passt. Die Hälfte der Karten weist einen Teil einer Definition oder Erklärung, die zweite Karte den ergänzenden, weiterführenden Teil der ersten auf. Die Karten sind alle von gleicher Beschaffenheit und Farbe und werden nur einseitig beschrieben.

Durchführung

Tische und Stühle werden auf die Seite geräumt, die Schüler stehen im Klassenzimmer umher. Der Lehrer verteilt die Karten an die Schüler, die unbeschriebene Seite zeigt nach oben. Wenn alle Schüler eine Karte haben, drehen sie sie um und lesen ihren Teil des Textes. Dann gehen sie im Klassenzimmer herum und suchen ihren Partner, indem sie prüfen, ob die Texte ihrer Puzzle-Karten inhaltlich sinnvoll zusammenpassen.
Mit einem anderen Vorgehen rückt der kommunikative Aspekt zu Gunsten des inhaltlichen etwas in den Hintergrund. Die Schüler bleiben auf ihren Plätzen sitzen (am besten in einer Hufeisen-Sitzordnung), der Lehrer verteilt die Karten. Ein Schüler liest den Text seiner Karte vor und der Mitschüler, der meint, dass der Text seiner Karte der ergänzende ist, meldet sich und liest seinen Text vor. Die Klasse entscheidet, ob die Puzzle-Teile zusammenpassen oder nicht.
Denkbar ist natürlich auch, dass der Lehrer in zeitlichem Abstand beide Vorgehensweisen wählt um das Gelernte zu festigen.

Beispielsätze, die auf zwei Karten geschrieben werden

(1) Der sozialpolitische Auftrag des Grundgesetzes lautet: …
(2) … Art. 20 (1): Die Bundesrepublik Deutschland ist ein demokratischer und sozialer Bundesstaat.
(3) In Nürnberg …
(4) … hat die Bundesanstalt für Arbeit, die oberste Bundesbehörde der Arbeitsämter, ihren Sitz.
(5) Anspruch auf Arbeitslosengeld hat, …
(6) … wer arbeitslos ist, der Arbeitsvermittlung zur Verfügung steht, die Anwartschaft erfüllt, sich beim Arbeitsamt persönlich arbeitslos meldet und Arbeitslosengeld beantragt.
(7) Das Jugendarbeitsschutzgesetz …
(8) … enthält unter anderem Vorschriften zum Mindestalter, zur Arbeitszeit, zu Ruhepausen und Freizeit sowie zur Beschäftigung mit gefährlichen oder zu schweren Arbeiten für junge Arbeitnehmer unter 18 Jahren.
(9) Voraussetzung für die Bezahlung von Arbeitslosenhilfe ist, …
(10) … dass der Anspruch auf Arbeitslosengeld ausgeschöpft ist.
(11) Das Grundgesetz hat in Art. 9 (Koalitionsfreiheit) …
(12) … den Gewerkschaften als Vertretern der Arbeitnehmer und den Arbeitgeberverbänden als Zusammenschluss der Arbeitgeber weitestgehend die eigenverantwortliche Gestaltung der Arbeits- und Wirtschaftsbedingungen – insbesondere durch den Abschluss von Tarifverträgen – zugewiesen.

(13) Für alle Streitigkeiten, die auf einem Arbeitsverhältnis basieren, auch für solche, die mit dem Tarifwesen, dem Arbeitskampf und der Mitbestimmung zusammenhängen, ...
(14) ... sind Arbeitsgerichte zuständig.
(15) Der Betriebsrat ist die betriebliche Interessenvertretung der Arbeitnehmer ...
(16) ... Er hat darüber zu wachen, dass im Betrieb alle zu Gunsten von Arbeitnehmern erlassenen Gesetze, Verordnungen, Unfallverhütungsvorschriften, Tarifverträge und Betriebsvereinbarungen eingehalten werden.
(17) Die Unternehmensmitbestimmung ist ...
(18) ... die Teilhabe von Arbeitnehmern großer Kapitalgesellschaften an wichtigen unternehmerischen Planungen und Entscheidungen.
(19) Die Krankenversicherung beruht auf der Solidarität der Versichertengemeinschaft ...
(20) ... Sie bietet Versicherungsschutz zu einkommensabhängigen Beiträgen und gewährleistet so den Zugang zu allen medizinisch sinnvollen und notwendigen Leistungen für alle – unabhängig vom Einkommen oder Alter.
(21) Sylvia wurde auf dem Weg von der Schule nach Hause von einem Auto angefahren. Sie musste 14 Tage lang im Krankenhaus behandelt werden. Wer kommt für die entstandenen Unkosten auf?
(22) Unter Versicherungsschutz stehen Kindergartenkinder, Schüler und Studenten. Für diese Unfallversicherung muss kein eigener Beitrag entrichtet werden; er wird vom Staat getragen.
(23) Die Rentenversicherung funktioniert nach dem Umlageprinzip ...
(24) ... Das bedeutet, dass die eingezahlten Beiträge nicht als Rücklage für den Einzelnen angesammelt werden. Dadurch, dass die arbeitende Generation das Geld für die laufenden Renten aufbringt, erwirbt sie sich den Anspruch, später einmal von der nächsten Generation ihre eigene Rente finanziert zu bekommen („Generationenvertrag").
(25) Die neuen Herausforderungen für die Rentenversicherung sind ...
(26) ... der Bevölkerungsrückgang und die höhere Lebenserwartung: Immer weniger Kinder stehen immer mehr Rentnern gegenüber, d. h., zukünftig müssen weniger Menschen, die Arbeit haben, für mehr ältere Menschen aufkommen.
(27) „Jeder Arbeitnehmer der Europäischen Gemeinschaft hat ... das Recht auf Freizügigkeit im gesamten Gebiet der Gemeinschaft ...
(28) ... Das Recht auf Freizügigkeit ermöglicht jedem Arbeitnehmer die Ausübung jedes Berufs oder jeder Beschäftigung in der Gemeinschaft, wobei hinsichtlich des Zugangs zur Beschäftigung, der Arbeitsbedingungen und des sozialen Schutzes des Aufnahmelandes der Grundsatz der Gleichbehandlung gilt." (Auszüge aus der Sozialcharta der EU)
(29) Personen, die einen Gesundheitsschaden erlitten haben, für dessen Folgen die staatliche Gemeinschaft in Abgeltung eines besonderen Opfers einsteht, erhalten Versorgung ...
(30) ... Zu diesem Personenkreis gehören insbesondere Kriegsopfer, Wehr- und Zivildienstgeschädigte, Opfer von Gewalttaten und Impfgeschädigte („Soziale Entschädigung").
(31) Sozialhilfe soll in Not geratenen Menschen helfen ein menschenwürdiges Leben zu führen ...

(32) … Anspruch hat, wer den Lebensunterhalt nicht aus eigenen Mitteln und Kräften bestreiten oder sich in einer besonderen Lebenslage wie Krankheit oder Behinderung nicht selbst helfen kann und die notwendige Hilfe nicht von anderen erhält.

Konferenzspiel: Wenn Schüler Lehrer wären …

Schüler erörtern in einer „pädagogischen Konferenz" „richtiges" erzieherisches Verhalten. Beispielfälle, die den Schülern zur Beratung vorgelegt werden:

Bei der vorletzten Mathearbeit sieht Christa, wie ihre Mitschülerin Petra, die schräg vor ihr sitzt, abschreibt. Petra erhält auf die Arbeit eine bessere Note als Christa, die eigentlich die bessere Schülerin ist. Christa findet das sehr ungerecht. In der nächsten Mathearbeit beobachtet Christa erneut, wie Petra aus ihrem Ärmel einen Spickzettel hervorzieht. Sie überlegt sich, ob sie das dem Lehrer, Herrn Riese, mitteilen soll, getraut sich aber nicht aus Angst vor der Reaktion ihrer Mitschüler. Als Petra wieder eine bessere Note als Christa erhält, erträgt diese das nicht mehr. Sie berichtet nach der Stunde dem Mathelehrer, dass Petra in den beiden letzten Arbeiten abgeschrieben habe und dass sie es ungerecht findet, wenn sie deswegen eine schlechtere Note als Petra bekommt. – Wie soll sich Herr Riese Christa und Petra gegenüber verhalten?

Auf dem Schulhof gibt es eine Raucherecke, wo Schüler ab 16 Jahren rauchen dürfen. Aber immer wieder gibt es Klagen, dass jüngere Schüler dort rauchen; Lehrer, die in der großen Pause Aufsicht führen, erklären dazu, dass sie nicht alle Schüler der Schule persönlich kennen und ihr Alter wissen können. Andere Beschwerden beziehen sich darauf, dass auch außerhalb der Raucherecke auf dem Schulgelände geraucht würde, was vor allem die jüngeren Schüler stört. – Was ist zu tun?

Nadine fehlt in der Schule bereits in der dritten Woche unentschuldigt. Als der Klassenlehrer deswegen ihre Mutter anruft, stellt sich heraus, dass Nadine morgens zur gewohnten Zeit die Wohnung verlässt und mittags wieder zur üblichen Zeit nach Hause kommt. Die Mutter stellt sie zur Rede und erfährt, dass Nadine während der Schulzeit ihren Freund besucht hat. – Welche „pädagogischen Maßnahmen" ergreift die Schule?

Studienfahrt einer 10. Klasse nach Berlin: Die Schüler haben abends freien Ausgang, müssen aber um 22 Uhr wieder im Jugendgästehaus sein. Fünf Jungen kommen erst kurz vor 24 Uhr völlig außer Atem dort an. Sie berichten aufgeregt, dass sie von einer Gruppe türkischer Jugendlicher verfolgt worden seien und auf der Flucht vor ihnen hätten sie sich in der fremden Stadt verlaufen. Durch das Flüstern und Kichern unter den Schülern am folgenden Tag misstrauisch geworden bleibt es auch den beiden Begleitlehrern nicht verborgen: Die Geschichte der Schüler war eine Ausrede. Sie waren in einer Diskothek gewesen, hatten nette Mädchen kennen gelernt und wollten deswegen nicht so früh ins Jugendgästehaus zurückkehren. – Wie sollen die Lehrer reagieren?

Es ist ein verflixtes Schuljahr! Etliche Schüler der Klasse 10 a kommen mit einigen Lehrern nicht zurecht und auch diese Lehrer klagen untereinander sehr über die Disziplinlosigkeit in der Klasse. Als die Planung der Studienfahrt nach Berlin, die am Ende des Schuljahrs durchgeführt werden soll, ansteht, plädieren einige der Lehrer dafür, mit dieser Klasse die Fahrt nicht durchzuführen. - Was spricht für, was gegen diese Absicht?

Auf den letzten Schulfeiern ist es zu missbräuchlichem Genuss von Alkohol durch Schüler mit den bekannten Folgen gekommen. Sollen in Zukunft Schulfeste ohne Alkohol gefeiert werden?

Rollenspiele

Das Thema *Der Einzelne und die Gesellschaft* bietet viele Anlässe für Rollenspiele. Die Vorteile des Rollenspiels bestehen darin, dass man um eine kleine Bühne errichten zu können das Klassenzimmer nur geringfügig verändern muss und dass die Schüler nur wenig Zeit brauchen um sich auf ihre Rollen vorzubereiten.

Beispiel: Konflikt in der Familie

Mutter: Warum ziehst du deine Jacke an? Gehst du noch weg?
Sohn: Ja!
Mutter: Wo gehst du denn schon wieder hin? Du bist doch erst gestern weg gewesen!
Sohn: So? - Bei euch ist es mir zu langweilig. Bei meinen Freunden ist es viel lustiger.
Mutter: Du bist überhaupt nicht mehr zu Hause! Wir könnten es uns heute Abend mal alle so richtig gemütlich machen.
Tochter: Der darf immer alles und ich darf gar nichts! Zu mir seid ihr viel strenger!
Vater: Mit wem triffst du dich überhaupt? Was sind denn das für Typen?
Mutter: Die haben bestimmt einen schlechten Einfluss auf dich. Seit du so oft weggehst, kenne ich dich schon gar nicht mehr. Du bist nicht mehr mein lieber Junge, wie ich ihn von früher kenne.
Tochter: Das sind die letzten Typen! Die müsstet ihr mal sehen, schlecht würde es euch werden ...
Sohn: Seid ihr fertig? ... Kann ich Geld haben?
Vater: Geld? Geld? Du bleibst zu Hause!
Sohn: Dann gehe ich halt ohne Geld!
Vater: Von wegen Taschengelderhöhung! Verdien' dir dein Geld selber! Arbeite was, dann wirst du schon noch vernünftig werden!
Sohn: *(geht wortlos, schlägt die Türe zu)*
Mutter: *(beginnt zu weinen)* Immer müssen wir uns streiten.
Tochter: Das darf ich mir nicht erlauben!

Aufgabe

Wie könnte mit einem anderen Gesprächsverhalten der beteiligten Personen der Konflikt vermieden werden?

Weitere Beispiele für Rollenspiele

Familie: Sohn/Tochter muss der Familie mitteilen, dass er/sie am Schuljahresende durchfallen wird. Bruder/Schwester mit „guten Noten" sitzt dabei.

Beruf: Einstellungsgespräch (nur mit entsprechender Vorbereitung möglich).

Alltagskonflikt: Vier fröhlich-ausgelassene Jugendliche sitzen in einer fast voll besetzten Straßenbahn sich gegenüber. Zwei ältere Männer stehen bei ihnen, reden halblaut über die „Jugend von heute". Nach einer Weile fordert einer der älteren Männer die Jugendlichen auf, Rücksicht zu nehmen und ihnen die Sitzplätze zu überlassen.

An einem schönen, warmen Sommerabend kurz nach 22 Uhr: Einige Jugendliche drehen mit ihren Mofas ein paar Runden in der Straße. Mehrere Anwohner ärgern sich und fordern die Jugendlichen auf zu verschwinden. Da diese dieser Aufforderung nicht Folge leisten, ruft einer der Anwohner die Polizei an. Zwei Polizisten und zwei Bürger stellen die Ruhestörer zur Rede.

Vorurteile: Spielidee nach dem bekannten Kurzfilm „Selbstbedienung" (1984) mit Inge Meysel: Eine Rentnerin besorgt sich in einem Selbstbedienungsrestaurant Erbsensuppe mit Würstchen und stellt das Tablett auf einem Tisch ab. Als sie von der Garderobe zurückkehrt, findet sie einen jungen Schwarzen vor, der in aller Ruhe „ihr" Essen verzehrt. Wortlos setzt sich die Frau ihm gegenüber an den Tisch.
Schüler spielen mehrere Möglichkeiten einer Fortsetzung und diskutieren ihre Lösungen (aber nur, wenn kein Schüler der Klasse den Kurzfilm kennt).

Fundgruben für Rollenspiel-Ideen liefern auch die Tageszeitungen. Ein Rollenspiel, das auf dem folgenden realen Fall basiert, könnte auch - in Zusammenarbeit mit dem Fach Deutsch - zu einem Hörspiel verarbeitet werden.

Benötigte Rollen: Ein Ehepaar, mehrere Mitbewohner einer Wohnanlage, mehrere Kinder, der Betreiber eines Spielplatzes
Das Ehepaar Müller hatte viele Jahre lang in der Stadt gewohnt. Die Arbeitsplätze beider Eheleute waren schnell erreichbar, die Einkaufsmöglichkeiten waren ausgezeichnet. Als nun beide ins Rentenalter kamen, kauften sie eine Eigentumswohnung auf dem Lande. Als sie in diese einzogen, stellten sie fest, dass neben ihrer Wohnanlage inzwischen ein Bolz- und Spielplatz angelegt worden war.
Der Lärm, der von den Anlagen ausgeht, stört das Ehepaar Müller außerordentlich. Vor allem den Lärm, den die Kinder machen, die nach Schulschluss hier Fußball spielen, wollen sie nicht länger ertragen. Sie suchen das Gespräch mit dem Betreiber des Platzes und verlangen, dass der Platz geschlossen wird und die Geräte abgebaut werden. Sie begründen ihr Begehren damit, dass in einem Wohngebiet eine solche Anlage fehl am Platze sei und es in zumutbarer Entfernung mehrere Sportanlagen gebe, die allen zugänglich seien. Der Betreiber der Spielanlagen weigert sich auf die Wünsche des Ehepaares einzugehen.

Aufgabe: Führt ein Rollenspiel mit den betroffenen Personen durch!

Und so endete der Fall im „wirklichen Leben": Das Ehepaar klagte vor Gericht auf Schließung des Bolzplatzes und Abbau der Spielgeräte. Das Gericht verurteilte den Beklagten zur Schließung des Bolzplatzes. Laut Baunutzungsverordnung seien solche Anlagen in reinen Wohngebieten nur ausnahmsweise zulässig, etwa wenn es in zumutbarer Entfernung keine Ausweichmöglichkeiten gebe. Gegen die Spielgeräte und den damit verbundenen Lärm spielender Kinder könnten die Anwohner jedoch nicht vorgehen, denn für die Entwicklung und Betreuung der Kinder sei die Nähe zum Wohnhaus notwendig. (Oberverwaltungsgericht Schleswig, Aktenzeichen: 1 L 1/92)

Beispiel: Frühstück bei Familie Schwarzer

(Herr und Frau Schwarzer, Sohn Dieter, Tochter Verena)

Frau Schwarzer sitzt am Frühstückstisch und liest halb abgewandt die Zeitung. Herr Schwarzer bedient die Familie.

Dieter: „He, Papa, du hast schon wieder das Ei zu weich gekocht! Du weißt doch, dass ich es härter haben will!"

Verena: „Stell dich nicht so an! Wenn's dir nicht passt, was Papa kocht, kannst du dir das Frühstück ja selbst machen!"

Dieter: „Und du? Du machst ja überhaupt nichts! Du denkst nur an Fußball, an die Disko und an dein Mofa!"

Frau Schwarzer: „Hört endlich auf zu streiten! Ihr wisst genau, dass ich morgens meine Ruhe haben will. Ich habe den ganzen Tag ungeheuren Stress in der Praxis, da will ich wenigstens jetzt in Ruhe Zeitung lesen. Und meckert nicht an eurem Papa herum, er ist auch nur ein Mensch!"

Dieter: „Papa, warum hast du wieder nur die süßen Sachen aufgedeckt? Du machst mir meine Diät kaputt. So werde ich nie abnehmen und von Marmelade bekomme ich Pickel. Ich will lieber Magerquark auf mein Brötchen!"

Verena: „Du bist vielleicht zickig! ... Papa, wann bekomme ich endlich das Geld, dass ich mir neue Fußballschuhe kaufen kann?"

Herr Schwarzer: „Natürlich heute noch. Sonst bin ich noch schuld, wenn aus deiner Profikarriere nichts wird."

Dieter: „Und ich? Was krieg ich? Ich habe überhaupt nichts zum Anziehen! Ich brauche dringend neue Klamotten!" *(zur Mutter:)* „Mein Ballett-Trikot hat Papa falsch gewaschen, es ist eingelaufen! Ich brauche sofort ein neues!"

Frau Schwarzer: *(schaut auf die Uhr):* „So. Ich muss jetzt los. Klärt das alles mit eurem Papa." *(Gibt beim Hinausgehen ihrem Mann einen flüchtigen Kuss.)*

Verena: „Ich geh auch. Tschüss, Papa!"

Dieter: „Tschüss, Papa! Denk daran, heute Nachmittag gehst du mit mir einkaufen."

Herr Schwarzer räumt kopfschüttelnd den Tisch ab.

Aufgaben

- Was stimmt hier nicht?
- Welche Vorstellungen hast du von den Rollen von Mädchen und Jungen bzw. von Frauen und Männern?

(Wenn es dem Lehrer nicht sinnvoll erscheint, diesen Text spielen zu lassen, so kann er ihn als Arbeitsblatt der Klasse vorlegen.)
Literatur: ZIMMERMANN, ZEPPENFELD, KRÄMER: Aus Erfahrung lernen - Mit Erfahrung spielen, Handeln in Gruppen, für Jugendliche und Erwachsene. Mülheim/ Ruhr. Das Buch macht Rollenspielvorschläge zu Alltagskonflikten in Schule und Elternhaus.
Anspruchsvoller: Schüler verfassen - nach einer Unterrichtseinheit um das Gelernte zu wiederholen, indem sie es in eine ungewohnte Form übertragen - Dialoge nach dem Vorbild von „Papa. Charly hat gesagt."
Literatur: E. HELMLE: Papa. Charly hat gesagt. Reinbek b. Hamburg 1987, (2 Bände), rororo Taschenbuch.

„Wir erkunden einen Ort!"

Ein Schullandheimaufenthalt kann auch dafür genutzt werden, die gastgebende Gemeinde - die allerdings eine überschaubare Größe haben sollte - beispielhaft kennen zu lernen. Die Wahrnehmung der Schüler für ein Sozialgefüge und für kommunalpolitische Fragen wird dadurch geschärft. Dass eine fremde und nicht die eigene Gemeinde erkundet wird, ist eher ein Vorteil als ein Nachteil, da die Schüler sich nicht von der Meinung leiten lassen können, sowieso schon fast alles zu wissen. Eine andere Möglichkeit, eine derartige Erhebung durchzuführen, bietet sich im Rahmen von Projekttagen unter dem Motto *Wir erkunden die Nachbargemeinde xy* an, die allerdings nicht zu groß und ohne Probleme mit dem Fahrrad oder dem öffentlichen Nahverkehr erreichbar sein sollte.

Vorbereitung

Der Lehrer erstellt einen Fragegebogen, der den örtlichen Gegebenheiten der zu erkundenden Gemeinde gerecht wird. In Zusammenarbeit mit den Fächern Erdkunde und Biologie können auch Fragen zum Naturraum gestellt werden.

Zeitrahmen für die Erkundung

Zwei Vormittage (nachmittags z. B. Sport). Mit dieser zeitlichen Aufteilung wird der Ermüdung der Schüler entgegengewirkt und der Lehrer sieht nach dem ersten Vormittag, ob die Schüler die Aufgabe erfüllen können.
Die Schüler werden in Gruppen zu je sechs Schülern eingeteilt. Sie können die Aufgaben unter sich nochmals aufteilen und arbeitsteilig vorgehen.
Notwendige Voraussetzung ist, dass der betreuende Lehrer beim Bürgermeister und/oder den entsprechenden Stellen anfragt, ob die Schüler sie zur Befragung besuchen dürfen.
Literatur: WALTER SCHMID: Klassenfahrten: 999 Ziele für Ausflüge, Besichtigungen, Exkursionen. Stuttgart 1989. (Handbuch für die Organisation von Klassenfahrten)

Vorschlag für einen Fragebogen

Fragen zur Geschichte:
- Seit wann gibt es diesen Ort? (In welchem Jahr wird er zum ersten Mal urkundlich erwähnt? In welche Zeit reichen die ältesten Siedlungsspuren zurück?)
- Wie wird der Name des Ortes erklärt? Wie sieht das Ortswappen aus? (Wie wird sein Aussehen erklärt?)
- In welchem Jahr wurde die Kirche erbaut? Zu welcher Kunstepoche gehört die Kirche? Weist sie typische Merkmale eines bestimmten Baustils auf?
- Gibt es im Ort Denkmale und Gedenktafeln? Auf welche geschichtlichen Ereignisse oder Personen beziehen sich diese?
- Welche anderen Zeugnisse der Vergangenheit sind im Ort zu finden (z. B. Stadtmauer, Burgruine u. a.)?

Fragen zur Wirtschaft:
- Wovon leben die Menschen? Wie viele Menschen finden im Ort Arbeit? Wie viele pendeln ein/aus? Wer ist der größte Arbeitgeber am Ort?
- Welche landwirtschaftliche Nutzung überwiegt im Gemeindegebiet? Wie viele Vollerwerbs- und Nebenerwerbslandwirte gibt es?
- Können die Einwohner Lebensmittel und Gegenstände des täglichen Bedarfs am Ort einkaufen?
- Welche Einkaufsmöglichkeiten vermissen die Menschen besonders?
- Wie gut ist die verkehrsmäßige Anbindung (Straßen, Eisenbahn, öffentlicher Nahverkehr)?

Fragen zum sozialen Leben und zur Kultur:
- Wie viele Einwohner zählt die Gemeinde?
- Wie viele Kindergärten und Grundschulen sind vorhanden? Welche weiterführenden Schulen? Welche weiterführenden Schulen können nur auswärts besucht werden? Wie groß ist die Entfernung bzw. wie lange dauert die Fahrt zwischen Wohn- und Schulort?
- Wie viele und welche Vereine gibt es? Wie viele Mitglieder zählen sie?
- Ist in der Gemeinde eine öffentliche Bücherei vorhanden?
- Wo treffen sich die Jugendlichen?
- Gibt es besondere kulturelle Veranstaltungen, Feste, religiöse Feiertage am Ort?
- Haben die katholische und die evangelische Gemeinde Geistliche am Ort oder kommen diese zu den religiösen Feiern von außerhalb?
- Gibt es einen oder mehrere Ärzte am Ort? Gibt es eine Apotheke?

Fragen zur Politik:
- Welche Parteien sind mit einem Ortsverband vertreten?
- Wie heißt der Bürgermeister? Welcher Partei gehört er an?
- Wie setzt sich der Gemeinderat zusammen? Wie viele Frauen gehören ihm an? Wie hoch war die Wahlbeteiligung bei der letzten Gemeinderatswahl?
- Welche größeren, wichtigen kommunalpolitischen Entscheidungen stehen oder standen zuletzt im Gemeinderat an?
- Gibt es eine örtliche Feuerwehr und einen Polizeiposten?

Werte und Leitbilder in der Erziehung

Die Schüler befragen in einer vorbereitenden Hausaufgabe ihre Großeltern und Eltern über die Werte und Leitbilder, die sie in der Erziehung für sinnvoll und notwendig erachten, und fassen ihre Äußerungen stichwortartig zusammen. Im auswertenden Unterrichtsgespräch vergleichen sie diese mit ihren eigenen Vorstellungen von „richtiger“ Erziehung.

Oder: Schüler legen ihren Großeltern und Eltern einen Katalog mit Werten und Leitbildern in der Erziehung vor. Diese bewerten die vorgelegten Erziehungsziele mit Ziffern, die von 1 = sehr wichtig, über 2 = wichtig, 3 = weniger wichtig bis zu 4 = abzulehnen reichen.

	Großeltern	**Eltern**	**Meine Bewertung**
Durchsetzungsvermögen Fleiß Gehorsam, Unterordnung Kritikfähigkeit Ordnungsliebe, Disziplin, Pünktlichkeit Selbstständigkeit Selbstbewusstsein Ehrlichkeit Kreativität Höflichkeit Hilfsbereitschaft Teamfähigkeit Sparsamkeit			
eigene Eintragungen:			

Material: Erziehung – zum Vergleich

Adolf Hitler über die Jugenderziehung:

„Meine Pädagogik ist hart. Das Schwache muss weggehämmert werden ... Eine gewalttätige, herrische, unerschrockene, grausame Jugend will ich. Schmerzen muss sie ertragen. Es darf nichts Schwaches und Zärtliches an ihr sein. Das freie, herrliche Raubtier muss erst wieder aus ihren Augen blitzen ... Ich werde sie in allen Leibesübungen ausbilden lassen ... So merze ich die Tausende von Jahren der menschlichen Domestikation aus ...

Ich will keine intellektuelle Erziehung. Mit Wissen verderbe ich mir die Jugend ... Aber Beherrschung müssen sie lernen. Sie sollen mir in den schwierigsten Proben die Todesfurcht besiegen lernen. Das ist die Stufe der heroischen Jugend. Aus ihr wächst die Stufe des Freien, des Menschen, der Maß und Mitte der Welt ist, des schaffenden Menschen, des Gottmenschen ...“

(aus: HERRMANN RAUSCHING: Gespräche mit Hitler, Zürich/New York 1940, S. 237.)

„Analog der Erziehung des Knaben kann der völkische Staat auch die Erziehung des Mädchens von den gleichen Gesichtspunkten aus leiten. Auch dort ist das Hauptgewicht vor allem auf die körperliche Ausbildung zu legen, erst dann auf die Förderung der seelischen und zuletzt der geistigen Werte. Das Ziel der weiblichen Erziehung hat unverrückbar die kommende Mutter zu sein.“

(ADOLF HITLER: Mein Kampf)

Mobilität

Die Schüler untersuchen, in welchem Ausmaß ihre Familien sozialem Wandel und räumlichen Veränderungen unterlagen. Dazu fertigen sie einen „erweiterten" Stammbaum an:

Name: Geburtsort: Wohnort:		Zahl der Geschwister:	
Vater: Anzahl der Geschwister: Beruf(e): Geburtsort: Anzahl der Umzüge:		Mutter: Anzahl der Geschwister: Beruf(e): Geburtsort: Anzahl der Umzüge:	
Erweiterung: Angaben zu den Geschwistern der Eltern			
Großvater: Anzahl der Geschwister: Beruf(e): Geburtsort: Anzahl der Umzüge:	Großmutter: Anzahl der Geschwister: Beruf(e): Geburtsort: Anzahl der Umzüge:	Großvater:	Großmutter: ... ...

Wer das noch feststellen kann, sollte auch die entsprechenden Eintragungen – auch lückenhaft – für die Urgroßeltern vornehmen.

Begegnung mit dem Alter

Den Schülern wird im Unterricht ein Fragebogen vorgelegt, den sie ausfüllen sollen:

- Wie viele Menschen über 65 Jahre alt hast du in deiner Familie und Verwandtschaft?
- Wo wohnen sie?
- Wie wohnen sie? (eigenes Haus, Mietwohnung, Altenheim, Pflegeheim u. a.)
- Wie geht es ihnen gesundheitlich?
- Was haben sie beruflich gemacht?
- Weißt du etwas über besondere Ereignisse in ihrem Leben?
- Womit beschäftigen sie sich jetzt im Ruhestand?
- Wie oft siehst du sie?

Wahrscheinlich weiß ein großer Teil der Klasse wenig über die älteren Familienangehörigen zu sagen, da die Lebenswelten der Generationen heute überwiegend voneinander getrennt sind. So soll auch die Befragung die Schüler nicht bei irgendwelchen sozialen Defiziten erwischen, sondern – wenn möglich – Interesse für die älteren Verwandten wecken. Folglich soll auch die weiterführende Aufgabe lauten, dass die Schüler als Hausaufgabe die verbliebenen Lücken im Fragebogen ausfüllen. Schüler laden Menschen, die über 65 Jahre alt sind, in den Unterricht ein. Das können Großeltern von Schülern, aber z. B. auch Bewohner eines nahe gelegenen Altenheimes sein. Die Schüler stellen ihnen Fragen, die sie vorbereitet haben. Der Lehrer sollte die Eingeladenen vor dem Gespräch in der Klasse darüber informieren, auf welche Themen die Fragen der Schüler zielen. Fragen, die die Schüler stellen, könnten z. B. folgendermaßen lauten:

- Wie haben Sie die Schule früher erlebt?
- Hatten Sie auch manchmal Streit mit Ihren Eltern?
- Wie war das mit dem Ausgehen geregelt?
- Welche Möglichkeiten der Freizeitgestaltung hatten Sie?
- Wann haben Sie Ihre erste Auslandsreise gemacht?
- Gab es in Ihrem Bekannten- und Freundeskreis – als Sie in unserem Alter waren – politisches und gewerkschaftliches Engagement?
- Wie viele Wohnräume hatte Ihre Familie, als Sie noch Kind waren, zur Verfügung?
- Wer waren in Ihrer Jugendzeit die Stars in Sport und Film?
- Welche Mode war in Ihrer Jugendzeit „in"?
- Konnten Sie den Beruf erlernen und ausüben, den Sie wollten?
- Als Sie in unserem Alter waren, wie hatten Sie sich da die Zukunft vorgestellt? usw.

Schüler untersuchen die Werbung im Fernsehen, in Zeitungen und Zeitschriften, die mit älteren Menschen als Werbeträgern gemacht wird:
– Für welche Produkte und Dienstleistungen werben ältere Menschen?
– Wer soll mit dieser Werbung angesprochen werden?

Die Werbung aus Zeitungen und Zeitschriften kann für eine Wandzeitung oder Collage gesammelt werden.

Die Schüler verfolgen, während das Thema im Unterricht behandelt wird, die Presse und erstellen Wandzeitungen mit Presseausschnitten (mögliche Themen: Sozialgesetzgebung, Rentenproblematik, Gewalt gegen Alte und Pflegebedürftige, Berichte über ein lokales Altenheim, Seniorennachmittage u. a.)

Eine Gruppe von Schülern sucht in den Samstagsausgaben der Zeitungen nach Stellenangeboten, in denen nach älteren Mitarbeitern gesucht wird, eine andere Gruppe sammelt Stellenanzeigen, in denen eine Altersbeschränkung nach oben angegeben wird.

Schüler schreiben nach Beendigung des Themas *Alter* – in Kooperation mit dem Fach Deutsch – einen Aufsatz zu einem Thema wie z. B.: *When I'm sixty four …; Mit 66 Jahren, da fängt das Leben an!; Wie ich mir mein Leben im Alter vorstelle.*

Schüler erkunden, ob es in ihrer Gemeinde Einrichtungen gibt, in denen das Zusammenleben und die Zusammenarbeit zwischen den Generationen praktiziert wird, z. B. Wohn- und Hausprojekte, Hausaufgabenbetreuung durch ältere Mitbürger, Weitergabe handwerklichen oder beruflichen Wissens, Erzählcafés, Zeitzeugenbörse o. a. (Die beiden letztgenannten Einrichtungen lassen sich auch für den Geschichts- und Deutschunterricht nutzen.)

i Kontakt: Bundesarbeitsgemeinschaft der Senioren-Organisationen e.V.
Schedestr. 13, 53113 Bonn, Tel.: 02 28/24 99 93-0; www.bagso.de

Projekt: Ausschnitte aus der sozialen Wirklichkeit

Schüler arbeiten einzeln oder in kleinen Gruppen – außerhalb der Unterrichtszeit, d. h. nachmittags oder an Wochenenden – in sozialen Einrichtungen mit, wie z. B. Bahnhofsmission, Waisenhaus, Altenpflegeheim, Flüchtlingsbetreuung, Krankenhaus, Kinderkrankenhaus o. Ä.

Um Sozialvoyeurismus zu vermeiden müssen die Schüler gründlich auf ihre Tätigkeit vorbereitet werden. Am sinnvollsten ist es, wenn – falls sich das einrichten lässt

– ein Mitarbeiter der jeweiligen Einrichtung die Schüler auf ihre Aufgaben vorbereitet. Dabei sollte darauf geachtet werden, dass die Schüler einen repräsentativen Querschnitt der anfallenden Arbeiten kennen lernen und nicht nur für Hilfstätigkeiten, wie z. B. Putzen, herangezogen werden. Andererseits sollte man ihnen nicht nur die Rosinen der anfallenden Arbeiten anbieten.

Projekt: „Compassion"

„Compassion – Ein Praxis- und Unterrichtsprojekt sozialen Lernens: Menschsein für andere": Dieses Projekt wurde für katholische Schulen entworfen, ist aber natürlich ebenso für staatliche Schulen geeignet, denen die Erziehung zu sozialer Verantwortung gleichfalls ein wichtiges Anliegen ist.
Die gleichnamige Broschüre mit der Beschreibung dieses Sozialprojekts ist zu beziehen (auch weitere Auskunft für Interessierte):

i Deutsche Bischofskonferenz, Bonner Talweg 177, 53129 Bonn, Tel.: 0228/103-0, www.dbk.de, Bereich Glaube und Bildung, Tel.: 0228/103-246

Compassion ist ein Sozialprojekt, das zwei bis drei Wochen dauert und für Schüler vor allem der 10. und 11. Klasse gedacht ist. Es soll in Ergänzung zum eher kognitiv und theoretisch orientierten Unterricht die affektiven und praktischen Fähigkeiten der Schüler ansprechen und ein Lernen durch Erleben ermöglichen. Das Projekt soll in den Fach- und fächerverbindenden Unterricht integriert werden. Nach bisherigen Erfahrungen leistet ein Teil der Schüler (ca. 20 %) über das Pflichtpraktikum hinaus weiterhin einen regelmäßigen freiwilligen Dienst in der Einrichtung, die er kennen gelernt hat.

> „Von Schülern, die bereits ein Sozialpraktikum geleistet haben, wurde einhellig der Zugewinn existenzieller Erfahrungen gerühmt. Es wurde ihnen unter anderem dabei auch klar, unter welch ‚privilegierten' Bedingungen sie ihre ‚Karriere' verfolgen dürfen. Sie haben erlebt, wie geschlossen sich ihnen das ‚Milieu' Schule im alltäglichen Ablauf darbietet und wie wichtig es ist, andere Lebenswirklichkeiten kennen und andere Berufe schätzen zu lernen. In einer wesentlichen Entwicklungsphase werden der Gesichtskreis aufgebrochen und geweitet – hin zu unverzichtbaren Berufen in unserem Gemeinwesen, zu Benachteiligten und Hilfsbedürftigen. Danach ordnet sich auch der Lernstoff aller Fächer in einen völlig neuen Horizont ein. Authentische Begegnung und Erfahrung werden einen Zugewinn anthropologischer Lebensorientierung sein, zumal wenn sie verlässliche Pflichterfüllung, Verantwortungsbereitschaft, Ausdauer einfordern und Erlebnis von Gebrauchtwerden vermitteln.
> Kurz: Unverstelltes Kennen- und Verstehenlernen statt bloßer Stoffaneignung; Vergleich von beruflicher und schulischer Leistung; gleichzeitiges Wahrnehmen von Allgemeinbildung und beruflicher Bildung; Erfahrung ungewohnter Lebenssituationen und des Jochs der täglichen Dienstzeit; Zwang zur Eigeninitiative; Konfrontation mit menschlicher Verdrossenheit, Gefährdung, Einsamkeit und Undankbarkeit. Aber auch zahlreiche positive Erfahrungen im erfüllenden Gefühl des Helfenkönnens, des Trostspendens, der menschlichen Nähe und Dankbarkeit, aufschlussreiche Gespräche mit alten Menschen über Schicksale und vergangene Zeiten. All dies wird soziale Sensibilität sowie Gewissen schärfen

und in heilsamer Weise einen affektiven und emotionalen Anstoß vermitteln, wird das Schülerdasein und das Schülerverhalten auf eine neue Basis stellen, wird Ernst und Genugtuung vermitteln, vor allem aber das Gefühl des Gebrauchtwerdens, und damit existenzielle Sinnerfahrung ermöglichen; es wäre somit ein hilfreicher Zugang zur ‚Sinnfrage im Schulunterricht'". (S. 7)

Projekt: Thementag

Die ganze Schule oder die Klasse beschäftigt sich an einem Tag mit einem bestimmten Thema, z. B. *Gewalt*. Der Stundenplan wird nicht geändert, alle Fächer, die an diesem Tag unterrichtet werden, tragen - soweit es ihnen möglich ist - etwas zu diesem Thema bei. Natürlich kann auch ein Fach, wie z. B. Mathematik oder Physik, ausscheren und „normalen" Unterricht anbieten, wenn es nichts zum Thema beitragen kann oder der betreffende Fachlehrer sich nicht am Thementag beteiligen will. Das Fach Deutsch kann sich z. B. mit der Rolle der Propaganda vor und in Kriegen beschäftigen und untersuchen, wie Feindbilder sprachlich erzeugt werden. Das Fach Geschichte kann in einem Längsschnitt *Krieg und Frieden*, das Fach Biologie *Aggression und Aggressionssteuerung bei Tieren*, das Fach Politik das *Gewaltmonopol des Staates* thematisieren, das Fach Englisch Texte zu den Konflikten in Nordirland, über Hooligans und Skinheads präsentieren. In Erdkunde kann z. B. über *Waffenexporte in die Dritte Welt* gesprochen werden. Im Fach Sport kann eine Einführung in Selbstverteidigungskurse gegeben werden.
Wenn die ganze Schule mitmacht, wird in der Gesamtlehrerkonferenz der Rahmen des Thementages abgesteckt, in der Klassenlehrerkonferenz wird im Detail abgestimmt, welchen Beitrag jedes Fach zum Thema leisten kann.

Fragebogen: Mein idealer Lehrer – unser idealer Lehrer

Stelle aus den unten angeführten Nennungen die Verhaltensweisen/Eigenschaften zusammen für

A: eine(n) Lehrer(in), wie du ihn/sie für **dich persönlich** wünschst	B: eine(n) Lehrer(in), wie du ihn/sie für die **Klasse** wünschst
....	....
....	....
....	....
....	....
eigene Vorschläge:	eigene Vorschläge:
....	....
....	....

arrogant autoritär altmodisch allwissend abwechslungsreicher Unterricht bescheiden cool demokratisch dynamisch distanziert direkt einfühlsam ehrlich freundlich fleißig gut vorbereitet großzügig gerecht geduldig höflich humorvoll hilflos hilfsbereit ironisch korrekt kleinlich kumpelhaft konsequent kritisch launisch lustig locker modern nett oberflächlich respektvoll streng selbstgerecht selbstkritisch tolerant unfehlbar verschlossen verständnisvoll wissend zuverlässig
Erweiterung: Um festzustellen, inwieweit die Vorstellungen der Jungen und Mädchen voneinander abweichen, werden Fragebogen verteilt, die mit einem „J" für Jungen und einem „M" für Mädchen gekennzeichnet sind.

„Sprechende Post"

Vorbereitung

Der Lehrer beschriftet so viele Karteikarten mit einem Schlagwort oder Begriff aus einer neuen Unterrichtseinheit, z. B. *Der Einzelne und die Gesellschaft*, wie die Klasse Schüler umfasst. Der Lehrer entnimmt die Schlagworte und Begriffe dem Schulbuch, das den Schülern zur Verfügung steht.

Beispiele

Eigengruppe – Fremdgruppe; Soziale Position; Soziogramm; Rollenkonflikt; Hospitalismus; Delinquenz; Sozialisation; Elterliche Sorge; Vormundschaftsgericht; Kleinfamilie – Großfamilie; Altersversorgung; Emanzipation; Rollenverteilung; Status; Klasse; Schichten; Mobilität; Migration u.v.a.

Durchführung

1. Der Lehrer verteilt verdeckt die Karten mit den Schlagworten und Begriffen an die Schüler oder lässt sie diese wie Lose ziehen.
2. Die Schüler machen sich mit Hilfe des Schulbuches vertraut mit dem Sachverhalt, der sich hinter dem Begriff ihrer Karteikarte verbirgt ohne Notizen auf dieser oder anderswo anzulegen.
3. Die Schüler gehen herum und suchen einen Ansprechpartner. Diesem erklären sie mit eigenen Worten den Begriff auf der Karteikarte. Der zweite Schüler erklärt im Gegenzug dem ersten Schüler seinen Begriff. Beispiel: Schüler A erklärt dem Schüler B *Mobilität*, Schüler B erklärt dem Schüler A *Migration*. Danach tauschen beide die Karten aus.
4. Jetzt erklärt Schüler A dem Schüler B *Migration* und Schüler B dem Schüler A *Mobilität*. Falls es notwendig sein sollte, korrigieren sich die Schüler gegenseitig.
5. Beide Schüler suchen sich neue Gesprächspartner. Schüler A ist jetzt mit der Karteikarte *Migration* unterwegs und trifft auf einen Gesprächspartner, der ebenfalls sein Wissen „aus zweiter Hand" hat. Beide tauschen wieder gegenseitig ihr Wissen und ihre Karten aus.
6. An dieser Stelle des Spiels kann der Lehrer abbrechen. Die Schüler setzen sich auf ihre Plätze. Der Schüler, der jetzt z. B. die Karte *Mobilität* in der Hand hat, trägt der Klasse vor, was er zu diesem Begriff erfahren hat. Schüler A ist der „kompetente" Gesprächspartner und erklärt, ob das Vorgetragene richtig ist.

Erweiterungen

Der Lehrer lässt mehr als zwei Gesprächsrunden zu, allerdings wird dann natürlich die Abweich- bzw. Fehlerquote größer. Bei schwierigen Sachverhalten oder konzentrationsschwachen Klassen dauert dann die Korrektur lange.
Wenn alle Karten vor der Klasse besprochen wurden, sammelt sie der Lehrer ein und verteilt sie neu bzw. lässt erneut ziehen. Bei diesem Wiederholungsdurchgang wird kein Buch mehr benutzt, jeder Schüler erklärt einem Mitschüler – und umgekehrt – den Begriff, den er auf seiner Karteikarte vorfindet. Beide sollten jetzt in der Lage sein, die Richtigkeit ihrer Aussagen wechselseitig zu überprüfen.

Würfelspiel

Die Schüler können zur Wiederholung einer Unterrichtseinheit in Gruppen mehrere Würfelspiele für vier bis sechs Spieler anfertigen. Nach einer Unterrichtseinheit *Der Einzelne und die Gesellschaft* kann der Weg des Spielers z. B. durch die Abschnitte Schule – Lehre – Berufsleben (Sozialstaat) oder über eine „Weiche" nach dem Abitur durch das Studium ins Berufsleben führen. Auf diesem Weg muss der Spieler Fragen beantworten, die ihm auf Fragefeldern gestellt werden, und er hat auf Ereignisfeldern Glück oder Pech, indem er vorrücken darf oder aussetzen muss.

Vorbereitung

Die Schüler entwickeln aus dem Lehrbuch eine – je nach Umfang der behandelten Unterrichtseinheit – bestimmte Anzahl von Wissensfragen und Ereigniskarten. Die Felder auf dem Spielbrett werden durchnummeriert. In unregelmäßigen Abständen kommen Wissensfragen und Ereignisfelder vor.
Die Wissensfragen stehen auf entsprechend dem Spielfeld durchnummerierten Karteikarten mit der richtigen Antwort auf der Rückseite. Wer eine Wissensfrage falsch beantwortet, muss auf dem entsprechenden Feld stehen bleiben. Dem Spieler wird die richtige Antwort vorgelesen und er setzt aus. Ist er wieder an der Reihe, so darf er erst dann wieder würfeln, wenn er die alte Frage richtig beantworten kann.
Die Ereigniskarten sind ebenfalls durchnummeriert. Bei der Erstellung der Ereigniskarten ist darauf zu achten, dass die Anzahl der „guten" Ereignisse mit „Belohnung" und der „schlechten" Ereignisse mit „Bestrafung" einander die Waage halten.
Spielfiguren und Würfel sind von zu Hause mitzubringen.
Die Spielfelder können ohne Probleme auf Karton, auf Wandzeitungspapier oder (weißen) Stoff aufgetragen werden. Sieger ist, wer zuerst das Ziel erreicht.

Durchführung

Die Gruppen tauschen ihre Spiele untereinander aus und spielen sie durch.
Da Spielfeld und Karteikarten getrennt sind, kann ohne Probleme auf Verbesserungsvorschläge und Veränderungswünsche eingegangen werden. Neue Karteikarten für Wissensfragen und Ereignisfelder können sofort angelegt werden; auch sind Veränderungen auf dem Spielfeld möglich, evtl. auch als „Umleitungen".
So wiederholen die Schüler den Stoff bei der Entwicklung des Spiels, beim Spielen selbst und durch den Austausch der Spiele.

Beispiele für Wissensfragen

- Was versteht man unter einem *Statussymbol*?
- Nenne die vier Bestandteile, die ein Bewerbungsschreiben umfassen soll!
- Was ist ein *Berufsgrundbildungsjahr*?
- Was bedeutet das Kürzel *BAföG*?
- Wie wird die Arbeitslosenversicherung finanziert?
- Ist die Lebensversicherung eine Pflichtversicherung?

10

Beispiele für Ereigniskarten

- Du lässt dich zum Klassensprecher wählen: Rücke zwei Felder vor!
- Du unternimmst nach dem Abitur eine lange Reise: Einmal aussetzen!
- Du bist schon eineinhalb Jahre vor Ende deiner Schulzeit zur Berufsberatung des Arbeitsamtes gegangen um dich zu informieren: Rücke zwei Felder vor!

- Du absolvierst nach dem Abitur ein Freiwilliges Soziales Jahr bzw. ein Ökologisches Jahr: Rücke drei Felder vor!
- Dein Arbeitgeber hat dir wegen Auftragsmangel gekündigt. Du nimmst an einer Umschulung teil: Einmal aussetzen!

Berufe: Typisch männlich – typisch weiblich?

Ordne in der folgenden Aufzählung die Berufe danach, ob du sie eher für männliche (= m) oder eher für weibliche (= w) Berufe hältst. Man kann für die Auflistung natürlich auch die weiblichen Bezeichnungen wählen:

Friseur	Busfahrer	Rechtsanwalt	Physiker	Bundespräsident
Lehrer	Erzieher	Maurer	Astronaut	Minister
Arzt	Krankenpfleger	Zimmermann	Pfarrer	Schulleiter
Professor	Kindergärtner	Programmierer	Bundeskanzler	Polizist

Diskussion nur für Mädchen (Jungen hören nur zu, auch wenn es ihnen schwer fällt!): Sollen die Fächer Mathematik, Physik und Informatik in Mädchengruppen gelehrt und gelernt werden?

Beobachtungsbogen: Aufmerksamkeit in der Klasse

Untersuchungen haben ergeben, dass zwei Drittel der Aufmerksamkeit von Lehrpersonen in gemischten Klassen den Jungen gilt. Und zwar sind es nicht nur die Lehrer, sondern auch die Lehrerinnen, die es zulassen, dass die Jungens „dominieren". Vorausgesetzt, es ist einem Kollegen möglich, auch unter Beobachtung sich nicht anders zu verhalten als ohne Beobachtung, so kann er von einem Kollegen, den er in den Unterricht mitnimmt, oder von Schülern, die ihn in einem bestimmten Zeitraum beobachten sollen, folgenden Beobachtungsbogen ausfüllen lassen. Mädchen oder Jungen?

- Wer kommt öfter dran? (Strichliste)
- Wem wird durch den Lehrer mehr Aufmerksamkeit geschenkt?
- Wem wird durch die Mitschüler mehr Aufmerksamkeit geschenkt?
- Wer stört mehr?
- Wer wird beim Reden eher unterbrochen?
- An wen werden mehr Fragen gerichtet?
- Wer stellt mehr Fragen an den Lehrer?
- Wer wird mehr gelobt?
- Wer wird mehr getadelt?

Beobachtungsbogen: Wer macht was zu Hause?

Wer führt bei euch zu Hause folgende Tätigkeiten aus: die männlichen oder die weiblichen Familienmitglieder?

Lebensmittel einkaufen
Videorekorder programmieren
auf jüngere Geschwister aufpassen
beim Kochen helfen
Rasen mähen
Wäsche bügeln
Auto zum TÜV bringen
Schuhe putzen
Heimwerkermaschinen benutzen
den Terminkalender der Familie führen: an Geburtstage u. a. denken
Staub saugen
PC benutzen
als Babysitter Kinder beaufsichtigen
Auto waschen
Waschmaschine füllen und Wäsche zum Trocknen aufhängen
Bad und Toilette putzen
Glühbirnen auswechseln
Geschenke einpacken
Kochen
Tisch auf- und abdecken

Beobachtungsbogen: Männer- und Frauenrollen in TV-Vorabendserien

Wir beobachten die Männer- und Frauenrollen in einer beliebigen Fernsehserie aus dem Vorabendprogramm unter der Frage, ob sie überlieferten Klischees entsprechen oder Leitbild für ein modernes Rollenverständnis sein können.
Wem sind eher die folgenden Merkmale zuzuordnen: den weiblichen oder den männlichen Darstellern der Serie?

Unternehmergeist	Durchsetzungsfähigkeit	Abhängigkeit
Selbstständigkeit	Cleverness	Schutzbedürfnis
Macht	Souveränität	Attraktivität
Passivität	Naivität	Fürsorge
Ratlosigkeit	Aktivität	Überzeugungskraft
Anpassung	Wissen	Häuslichkeit
	Unangepasstheit	

Fragebogen: Frauen- und Männerbild

- Was schenkst du deinen jüngeren Geschwistern oder anderen Kindern? Was schenkst du einem Jungen, was einem Mädchen? ________
- Stimmst du diesem Satz zu: *Frauen werden in unserer Gesellschaft immer noch benachteiligt*? ja ☐ nein ☐
- Leiden Kinder unter der Berufstätigkeit der Mutter? ja ☐ nein ☐
- Stimmst du diesem Satz zu: „Frauen haben vor allem die Aufgabe, die Kinder ordentlich zu erziehen, dem Mann für seine Arbeit den Rücken freizuhalten, ihm ein gemütliches Heim zu bereiten und ihn vor den täglichen Zudringlichkeiten, vor allem der Kinder, zu schützen"? ja ☐ nein ☐
- Sollten in einer Zeit steigender Arbeitslosigkeit Frauen auf Berufstätigkeit verzichten, damit Männer eher Arbeit finden? ja ☐ nein ☐
- Ist die berufliche Konkurrenz zwischen Frauen und Männern gut oder schlecht? gut ☐ schlecht ☐
- Sollte eine berufstätige Frau mehr Geld verdienen dürfen als ihr Mann? ja ☐ nein ☐
- Darf eine Frau einen höher qualifizierten Beruf ausüben als ihr Mann? ja ☐ nein ☐
- Stimmst du diesem Satz zu: *Nur die eigene Mutter kann ihr Kind, besonders wenn es ein Kleinkind ist, richtig versorgen?* ja ☐ nein ☐
- Betrifft das Problem der Vereinbarkeit von Familie und Beruf eher die Frauen oder eher die Männer? eher die Männer ☐ eher die Frauen ☐
- Wenn ein berufstätiges Ehepaar ein Kind bekommt, wer sollte dann zur Versorgung des Kindes zu Hause bleiben: der Mann oder die Frau? Mann ☐ Frau ☐
- Stimmst du dieser Gleichung zu: *Frauenförderung = Männerdiskriminierung*? ja ☐ nein ☐
- Frage an die Mädchen: Welchen Beruf willst du später ergreifen bzw. welches Fach willst du nach dem Abitur studieren? ________
- Frage an die Jungen: Kannst du dir vorstellen im Beruf eine Frau als Vorgesetzte zu haben? ja ☐ nein ☐

(Erläuterung zu der Frage nach dem Berufswunsch der Mädchen: Immer noch wählen Mädchen und junge Frauen Berufe außerhalb des gewerblich-technischen Bereichs; über zwei Drittel der Studentinnen belegen ein sprach-, kultur- oder sozialwissenschaftliches Fach.)

Bekanntschafts- und Heiratsanzeigen

Welche Eigenschaften erwarten Frauen von Männern und Männer von Frauen?

Was stimmt da nicht?
Frau (52), 1,80 m, vollschlank, Silber im Haar, sehr vermögend, mit Ferienhaus in der Provence, sucht wirklich gut aussehenden, schlanken, langbeinigen, anschmiegsamen, sportlichen (Golf, Reiten, Tennis) Mann, nicht älter als 40 Jahre, der sowohl in Jeans als auch im Smoking eine gute Figur macht und sie auf ihren Geschäftsreisen ins Ausland begleitet.

Schnuppern in die Arbeitswelt

Im Rahmen des Schulunterrichts kann man durch Betriebserkundungen oder Betriebspraktika die Arbeitswelt aus der Nähe kennen lernen.
Betriebspraktika sind eine Veranstaltung der Schule, sie sind aber weder Eignungstests noch Stellenvermittlung. Ein Betriebspraktikum muss im Unterricht vorbereitet werden. Normalerweise besorgt ein Lehrer oder die Schule im Zusammenwirken mit den Eltern Praktikumsplätze. Wenn ein Schüler selbst auf die Suche nach einem Praktikumsplatz geschickt wird, sollte er ein Empfehlungsschreiben der Schule vorweisen können. Während des Betriebspraktikums erhalten die Schüler kein Geld. Nach Abschluss des Praktikums sind in der Schule Beobachtungen, Erkenntnisse und Erfahrungen auszuwerten und aufzuarbeiten, wofür die Schüler Protokolle schreiben. Eine andere Möglichkeit, betriebliche Arbeits- und Ausbildungsbedingungen kennen zu lernen, ist die sog. *Schnupperlehre*. Dafür muss zwischen Jugendlichen und Betrieb ein Arbeitsvertrag mit entsprechender Bezahlung abgeschlossen werden. Gewarnt wird vor einer unentgeltlichen Beschäftigung mit Hilfs- und Nebenarbeiten, vor allem dann, wenn angedeutet wird, dass sich die Erprobung vorteilhaft auf die spätere Vergabe eines Ausbildungsplatzes auswirken könnte. Das Betriebspraktikum und der Ferienjob sind der Schnupperlehre vorzuziehen.

Stichwort: Familienpolitik ...

Stichwort: Familienpolitik Der *Netzwerk-Rundbrief* bringt Beiträge aus der Praxis der örtlichen und regionalen Familienpolitik.

i Bezug: Institut für Entwicklungsplanung und Strukturforschung
an der Universität Hannover, Licher Str. 15, 30163 Hannover;
Tel. 0511/399-70; www.ies.uni-hannover.de

Die Stiftung Lesen gibt eine *Lese-Empfehlung: Familie* (63 Seiten) heraus, in der Sachbücher, erzählende Literatur und Kinderbücher zum Thema Familie vorgestellt und kurz besprochen werden.
Die Stiftung Lesen wurde 1988 in der Nachfolge der deutschen Lesegesellschaft gegründet um das Lesen in einer zunehmend elektronisch bestimmten Medienkultur zu stärken. Sie steht unter der Schirmherrschaft des Bundespräsidenten.

i Stiftung Lesen, Fischtorplatz 23, 55116 Mainz
Tel.: 06131/28890-0; www.stiftungslesen.de

Zukunft der Familie – Die Familie in Europa am Ausgang des 20. Jahrhunderts. Diese Dokumentation der Fachtagung, die am 13./14. September 1994 in Bonn stattgefunden hat, ist erhältlich beim

i Bundesministerium für Familie, Senioren, Frauen und Jugend,
Broschürenstelle, Postfach 201551, 53145 Bonn; www.bmfsfj.de

Stichwort: Sekten Über Scientology informiert eine Broschüre des Bundesministeriums für Familie, Senioren, Frauen und Jugend mit dem Titel *Die Scientology-Organisation – Ziele, Praktiken und Gefahren* (Anschrift s. o.).
Rat und Hilfe zum Ausstieg aus einer Sekte gibt es bei den verschiedenen Beratungseinrichtungen (Lebens-, Familien-, Jugend-, Ehe- und Erziehungsberatungsstellen), die auch über Selbsthilfegruppen Bescheid wissen, den örtlichen Jugendämtern, sowie bei den Sektenbeauftragten der Landeskirchen und Diözesen.

Stichwort: Sozialpolitik Umfassend und gründlich über Arbeit (Arbeitsmarkt, Arbeitslosenversicherung, Arbeitsschutz, Arbeitsrecht, Mitbestimmung), Kranken-, Unfall- und Rentenversicherung und über den europäischen Arbeitsmarkt informiert die Broschüre „Sozialpolitik. Schutz, Gerechtigkeit, Sicherheit", die sich an Schüler wendet. Sie wird herausgegeben von der Arbeitsgemeinschaft zur Förderung der wirtschaftlichen und sozialen Bildung im Auftrag des Bundesministeriums für Arbeit und Sozialordnung. Sie kann bestellt werden von der

i Universum Verlagsanstalt GmbH KG
Taunusstr. 64, 65183 Wiesbaden; Tel. 0611/90 300, www.universum.de

Stichwort: Altersvorsorge Das Medienpaket für die Sekundarstufe I *Die drei Säulen der Altersvorsorge – gesicherte Zukunft planen*, bestehend aus VHS-Videokassette (16 Min.), Arbeitsfolien, Lehrer- und Schülerinformationen, wird von der Arbeitsgemeinschaft für Lehr- und Lernmedien in Unterricht und Bildungsarbeit (ALUB), Düsseldorf, herausgegeben. Es kann kostenlos von den Landesfilmdiensten der Bundesländer bezogen werden. Das computergestützte Planspiel für die Sekundarstufe II *2030 – Sicheres Alterseinkommen?*, das vom Verein für Didaktik, Köln, herausgegeben wird, kann ebenfalls kostenlos von den Landesfilmdiensten der Bundesländer bezogen werden. Falls die Adresse des entsprechenden Landesfilmdienstes nicht bekannt ist, so kann man sie erfragen bei der

i Konferenz der Landesfilmdienste e. V., Rheinallee 59, 53173 Bonn
Tel.: 0228/355002, Fax: 0228/358269; www.landesfilmdienste.de

Stichwort: Sozialstaat Aus der Reihe *Informationen zur politischen Bildung* kann das Heft *Der Sozialstaat* (Bestell-Nr. 4215) als Einzelexemplar oder im Klassensatz (Schulstempel!) schriftlich angefordert werden von

i Franzis' print & media
Postfach 150740, 80045 München; Fax 089/5117-292

Stichwort: Drogen *Auch mein Kind ...?* Angst, Ohnmacht, Hilflosigkeit sind die Gefühle, mit denen Mütter und Väter dem Problem Drogen und Sucht gegenüberstehen. Wie sollen wir uns verhalten? Was können wir tun? Und: Was müssen wir tun, damit es nicht so weit kommt?
Das Besondere an diesem Elternhandbuch *Auch mein Kind ...?* ist, dass es in Deutsch, Türkisch, Portugiesisch und Spanisch erhältlich ist!

ⓘ Bestelladresse: Bücherdienst Kobiboden,
Postfach 64, CH-8840 Einsiedeln (Schweiz) Tel.: 004155/4188923

Etwa 1 200 Beratungs- und Behandlungsstellen sowie eine Vielzahl von Selbsthilfegruppen wenden sich in der Bundesrepublik an Suchtgefährdete, Suchtkranke und an ihre Angehörigen. Über Suchtkrankheiten informieren umfassend die

ⓘ Bundeszentrale für gesundheitliche Aufklärung (BZgA), Postfach 910152, 51071 Köln, Tel.: 0221/8992-0, www.bzga.de

ⓘ Deutsche Hauptstelle gegen die Suchtgefahren e. V. (DHS) Postfach 1369, 59003 Hamm, Tel.: 02381/9015-0, www.dhs.de

ⓘ Die Beauftragte der Bundesregierung für Drogenfragen Mohrenstr. 62, 10117 Berlin, Tel.: 030/20640-0

Stichwort: Suchtverhalten Nach Schätzungen der Deutschen Hauptstelle gegen die Suchtgefahren (DHS) sind etwa 5 % aller Bundesbürger suchtkrank. Die meisten von ihnen benutzen legale Suchtmittel, wie Alkohol und Medikamente.

Alkohol: Ca. 2,5 Mio. Bürger in der Bundesrepublik sind behandlungsbedürftig alkoholabhängig. Geschlechterrelation 1 (w) zu 23 (m). Die Zahl der Alkoholtoten: ca. 40 000 jährlich. Jeder zweite Verkehrstote starb infolge eines alkoholisierten Verkehrsteilnehmers. Volkswirtschaftlicher Schaden durch Alkoholmissbrauch in den alten Bundesländern: ca. 30 Mrd. jährlich.

Medikamente: Ca. 1,4 Mio. Menschen sind medikamentenabhängig. Geschlechterrelation: 2 (w) zu 1 (m). Zu den psychotrop wirkenden Medikamenten zählen im Wesentlichen Schmerzmittel, Schlafmittel und Psychopharmaka mit Suchtpotentialstoffen.

Drogen (illegale): Ca. 120 000 Abhängige. Geschlechterrelation etwa 2 (w) zu 3 (m). 1993 wurden 1 738 Drogentote gezählt. Bei 25 % aller wegen Alkoholverdacht erhobenen Blutproben wurden auch illegale Drogen festgestellt. Immer größere Bedeutung erhalten synthetische Drogen, wie z. B. Ecstasy. Nach Schätzungen konsumieren rund 100 000 vorwiegend junge Menschen diese Rauschmittel.

Nikotin: Von insgesamt 17 Mio. Rauchern gelten 6 Mio. als behandlungsbedürftig. Geschlechterrelation: 1 (w) zu 2 (m), bei jugendlichen Rauchern ist die Geschlechterrelation nahezu ausgeglichen.

Essstörungen: Die Zahl Essgestörter (Magersucht, Bulimia nervosa, Fresssucht) ist nicht zu erfassen. Es gibt lediglich Erfahrungswerte der Geschlechterrelation: 9 (w) zu 1 (m).

Spielsucht/Pathologisches Spielverhalten: Die Zahl Abhängiger ist auch auf Grund unbestimmter Diagnosekriterien nicht einzuschätzen. Geschlechterverteilung: 1 (w) zu 9 (m).

Insgesamt ist von mehreren Millionen Suchtmittelabhängigen und Menschen mit problematischem süchtigem Verhalten auszugehen, mit einer entsprechend großen Zahl mitbetroffener Angehöriger (Partner, Kinder und Eltern).

Stichwort: Extremismus und Fremdenfeindlichkeit *Menschenwürde achten – Gegen Fremdenhass* – diesen Slogan haben die Innenminister von Bund und Ländern zum Motto ihrer im März 1993 auf den Weg gebrachten Aufklärungskampagne gegen Extremismus und Fremdenfeindlichkeit gemacht.

Die Kampagne besteht aus zahlreichen Informations- und Werbematerialien, unter anderem dem PC-Spiel (CD-ROM) *Im Netzwerk gefangen – Dunkle Schatten 2* und dem Heft für Jugendliche *basta – Nein zur Gewalt*. Mit beiden Medien soll den Jugendlichen gezeigt werden, dass Gewalt kein Mittel der Auseinandersetzung sein kann und darf. Die Materialien können bezogen werden vom:

i Presse- und Informationsamt der Bundesregierung, Dorotheenstr. 84, 11044 Berlin; Tel.: 01888/272-0; www.bundesregierung.de

i Bundesministerium des Innern, 11014 Berlin; Tel.: 01888/681-0,-1020, E-Mail: poststelle@bmi.bund.de, www.bmi.bund.de

Stichwort: Konsumberatung Das Unterrichtsmodell *Der jugendliche Verbraucher in der Marktwirtschaft*, das sich an die Sekundarstufe II richtet, macht anhand der Bereiche *Mode, Kreditwirtschaft* und *Jugendzeitschriften* deutlich, wie Konsumverhalten beeinflusst wird (ca. 7,50 €).

i Bezug: Verbraucher-Zentrale NRW e. V., Mintropstr. 27 40215 Düsseldorf, Tel.: 0211/3809-0, www.verbraucherzentrale-nrw.de

Der Ratgeber *Unsere Kinder und das Geld* wendet sich an Eltern, Lehrer und Verbraucher um zu einem verantwortungsbewussten Umgang von Kindern und Jugendlichen mit Geld und mit modernen Bankdienstleistungen anzuhalten.

i Bezug: Geld und Haushalt – Beratungsdienst der Sparkassen, Broschürendienst, Postfach 800448, 70504 Stuttgart

Nützliche Informationen – für Jugendliche – über Kredite, Konten und Versicherungen gibt es bei den Verbraucherberatungen. Verbraucherzentralen gibt es in jeder größeren Stadt. Die Adresse kann dem örtlichen Telefonbuch entnommen werden oder erfragt werden:

i Verbraucherzentrale Bundesverband, Markgrafenstr. 66, 10969 Berlin E-Mail: info@vzbv.de, www.vzbv.de

Ihr gehören 38 Mitgliedverbände an, darunter bundesweite Familien-, Frauen-, Gesundheits- und konfessionelle Organisationen sowie Institute der Verbraucherforschung und 16 Verbraucherzentralen der Bundesländer.
Konsumentenberatung führt durch:

i Stiftung Warentest, Lützowplatz 11–13, 10785 Berlin Tel.: 030/2631-0, Fax: 030/2611074, www.stiftung-warentest.de

Stichwort: Aids Es gibt zahlreiche örtliche Beratungsstellen und Selbsthilfegruppen, an die man sich wenden kann, wenn man Fragen zum Thema Aids hat. Bei der

i Bundeszentrale für gesundheitliche Aufklärung (BZgA) Ostmerheimer Str. 200, 51109 Köln, Tel.: 0221/8992-0, www.bzga.de

sind folgende Broschüren erhältlich: *Was Sie über Aids wissen sollten. – … Nanu? Von Liebe, Sex und Freundschaft.*
Außerdem gibt es bei der Bundeszentrale eine anonyme Telefonberatung: Unter der Nummer 0221/892031 kann mit geschulten Mitarbeitern über persönliche Fragen gesprochen werden.

Stichwort: Ferienjobs Um einen Ferienjob ausüben zu dürfen, muss man mindestens 15 Jahre alt sein. Einen Ferienjob dürfen auch die Jugendlichen für höchstens vier Wochen aufnehmen, die nach dem Jugendschutzgesetz noch gar nicht arbeiten dürfen, also jene, die noch der Vollzeitschulpflicht unterliegen.
Schüler, die nicht mehr als zwei Monate im Jahr jobben oder die – bei längerer oder unbefristeter Tätigkeit – regelmäßig weniger als 15 Stunden pro Woche arbeiten und

nicht mehr als ca. 295,– € (neue Bundesländer ca. 250,– €) verdienen, brauchen von diesem Geld keine Beiträge zur Kranken-, Renten- und Arbeitslosenversicherung zu zahlen.

Stichwort: Gleichberechtigung Das Zweite Gleichberechtigungsgesetz von 1994 enthält viele rechtliche Regelungen zur Gleichberechtigung. Die Broschüre *Das Gleichberechtigungsgesetz des Bundes* ist kostenlos erhältlich beim

i Bundesministerium für Familie, Senioren, Frauen und Jugend
11018 Berlin, Tel.: 030/20655-0, Fax: 030/20655-1145,
E-Mail: poststelle@bmfsfj.bund.de, www.bmfsfj.de

Die Broschüre *Frauen und Männer sind gleichberechtigt. Ein Heft für die Schule (Sekundarstufe I)* informiert sehr gründlich, unterhaltsam und mit großem Engagement über die Geschichte der Frauenbewegung, über die Bedeutung der Frauen für die Politik und in der Politik, stellt die Grundzüge der Gleichberechtigungsgesetze vor und problematisiert die unterschiedliche Erziehung für Mädchen und Jungen, die Rolle der Frauen im Erwerbsleben und die Rollenverteilung in den Familien. Das Heft kann kostenlos bestellt werden beim

i Verlag Dr. Neufang KG
Nordring 10, 45894 Gelsenkirchen-Buer

Stichwort: Sozialhilfe Umfassende Informationen liefert die Broschüre *Sozialhilfe - Ihr gutes Recht*. Sie kann kostenlos angefordert werden vom

i Bundesministerium für Gesundheit und Soziale Sicherung
53108 Bonn, Tel.: 0228/941-0, Fax: 0228/941-4900,
E-Mail: poststelle@bmgs.bund.de, www.bmgesundheit.de

Stichwort: Das Freiwillige Ökologische Jahr Junge Leute im Alter von 16 bis 27 Jahren können ein Freiwilliges Ökologisches Jahr ableisten. Die Teilnehmer müssen sich für mindestens sechs Monate, längstens für ein Jahr verpflichten. Einsatzorte sind Stellen und Einrichtungen, die im Bereich des Natur- und Umweltschutzes tätig sind.

Träger des Freiwilligen Ökologischen Jahres sind:

- Landeszentrale für politische Bildung Baden-Württemberg
- FÖJ - Kontaktstelle in Bayern
- Senatsverwaltung für Stadtentwicklung, Umweltschutz und Technologie in Berlin
- Ministerium für Umwelt, Naturschutz und Raumordnung in Brandenburg
- Senator für Frauen, Gesundheit, Jugend, Soziales und Umweltschutz in Bremen
- Umweltbehörde in Hamburg
- Ministerium des Innern und für Landwirtschaft, Forsten und Naturschutz in Hessen
- Ministerium für Bau, Landesentwicklung und Umwelt in Mecklenburg-Vorpommern
- Forstliches Bildungszentrum in Rheinland-Pfalz
- Niedersächsisches Landesamt für Ökologie
- Landesjugendamt Rheinland, Landesjugendamt Westfalen in NRW
- Saarländisches Ökologiezentrum
- Sächsisches Landesjugendamt

- Ministerium für Umwelt, Naturschutz und Raumordnung in Sachsen-Anhalt
- Jugendpfarramt der Nordelbischen Kirche in Schleswig-Holstein
- Landesamt für Ökologie in Thüringen
- Jugendaufbauwerk (JAW) in Berlin

Die örtlichen Büros dieser Organisationen geben Auskunft. Die Adressen findet man im Telefonbuch.

Stichwort: Freiwilliges Soziales Jahr Junge Leute im Alter von 17 bis 27 Jahren (in Ausnahmefällen auch vom vollendeten 16. Lebensjahr an) können ein Freiwilliges Soziales Jahr ableisten. Es wird in Einrichtungen der Wohlfahrtspflege einschließlich der Kinder- und Jugendhilfe oder in Einrichtungen der Gesundheitshilfe geleistet. Einsatzorte sind häufig: Krankenhäuser, Alten- und Pflegeheime, Kinderheime, Einrichtungen für Behinderte.

Die Helfer müssen sich für mindestens sechs Monate, längstens für ein Jahr verpflichten.

Das FSJ ist als soziales Bildungsjahr gedacht, in dem durch eigenes Handeln persönliche Erfahrungen in sozialen Bereichen gesammelt und das Verantwortungsbewusstsein für das Gemeinwohl gestärkt werden soll.

Das FSJ ist weder eine Art Berufsausbildung oder Praktikum, noch wird es auf Wehrdienst oder Zivildienst angerechnet.

Träger des FSJ sind:

- Arbeiterwohlfahrt
- Arbeitsgemeinschaft der Evangelischen Jugend Deutschlands
- Deutscher Caritasverband
- Deutscher Paritätischer Wohlfahrtsverband
- Diakonisches Werk
- Deutsches Rotes Kreuz
- Internationaler Bund für Sozialarbeit (Jugendsozialwerk)
- Bund der Deutschen Katholischen Jugend
- Jugendaufbauwerk Berlin

Die örtlichen Büros dieser Organisationen geben nähere Auskunft. Die Adressen findet man im Telefonbuch.

Die Broschüre *Freiwilliges Soziales Jahr/Freiwilliges Ökologisches Jahr* ist kostenlos erhältlich beim Bundesministerium für Familie, Senioren, Frauen und Jugend (Anschrift s. S. 76).

Die Zahl der jungen Menschen, die ein Freiwilliges Ökologisches Jahr oder ein Freiwilliges Soziales Jahr absolvieren wollen, ist erheblich größer als die Zahl der angebotenen Plätze. 1996 konnten von etwa 20 000 Bewerbern im Alter zwischen 17 und 27 Jahren nur 8 100 den Dienst im Sozialen Jahr antreten. Beim Ökologischen Jahr kamen auf 1 100 Plätze etwa 5 000 Bewerbungen.

Zu den traditionellen Einsatzgebieten Freiwilliger in Alten- und Pflegeheimen, Behinderteneinrichtungen oder Krankenhäusern, kam 1996 das Modellprojekt *Jugend hilft Jugend* hinzu, das vom Bundesjugendministerium gefördert wird. Ziel ist es, auf unterschiedlichen Ebenen praktische Hilfe von Jugendlichen für Jugendliche zu leisten, etwa bei der Eingliederung von Aussiedlern und Ausländern oder beim Aufbau der Jugendarbeit. Teilnehmende Bundesländer sind Baden-Württemberg, Bayern, Nordrhein-Westfalen und Sachsen-Anhalt.

Stichwort: Von der Schule in den Beruf Informationsschriften zur Berufswahl gibt es von der Berufsberatung des Arbeitsamtes. Fast alle diese Schriften werden an den Schulen kostenlos verteilt, Einzelexemplare sind von den Arbeitsämtern zu bekommen.

- *Ausbildung und Beruf. Rechte und Pflichten während der Berufsausbildung.*
- *Beruf aktuell* gibt einen umfassenden Überblick über alle anerkannten Ausbildungsberufe und die Berufe mit geregelten Ausbildungsgängen.
- *Studien- und Berufswahl* enthält grundlegende Informationen zu allen Fragen, die mit Studium und Berufswahl zusammenhängen.
- *Blätter zur Berufskunde* bieten ausführliche Beschreibungen vieler Berufe und geben Auskunft über deren Aufgaben, Tätigkeiten, Ausbildung, gegenwärtige Situation und Entwicklungstendenzen sowie über Weiterbildungsmöglichkeiten.
- *mach's richtig* ist ein Heft, das Haupt- und Realschülern Anregungen für die rechtzeitige und planmäßige Vorbereitung auf die Berufswahl gibt.
- *Was werden* ist eine Zeitung, die Haupt-, Real- und Sonderschüler sowie deren Eltern über Fragen der Berufswahl informiert.
- *abi-Berufswahlmagazin* richtet sich mit laufenden Informationen über die Studien- und Berufswahl vor allem an Schüler der Oberstufen von Gymnasien und Gesamtschulen.
- *STEP-PLUS* bietet für Haupt-, Realschüler und Schüler an Gesamtschulen Hinweise und Anregungen zur gezielten Selbsterkundung von berufsbezogenen Erwartungen und Fähigkeiten.
- *Informationen für Eltern* wenden sich an die Eltern Behinderter.

Literatur: RENATE BRÜCKNER: Training Berufswahl und Bewerbung: Für Schulabgänger des 9./10. Schuljahres. Stuttgart/Dresden 1992.

Stichwort: Arbeitsamt Was bietet das Arbeitsamt?

- persönliche Berufsberatung
- Berufsinformationszentren zur Selbstinformation
- Informationsschriften zur Berufswahl
- Die *Blätter zur Berufskunde* beschreiben ausführlich einzelne Berufsbilder.
- Hilfen für Bewerbungen, z. B. die Broschüre *Orientierungshilfe zu Auswahltests*, die Tipps und Informationen zu Eignungstests und allgemeine Hinweise für die Bewerbung gibt.
- Der Berufsberater veranstaltet Seminare, die gezielt auf Bewerbungen und Auswahlverfahren vorbereiten.
- Bei der Berufswahl beraten auch die Wirtschaftskammern und die Gewerkschaften.
- Die Arbeitsämter geben bundesweit das Stellenanzeigenblatt *MARKT + CHANCE* heraus.

  Die Ausgabe A dieser Zeitschrift ist nur für Stellensuchanzeigen. Sie geht regelmäßig gratis an die Personalabteilungen großer Firmen. Die Anzeige ist für Bewerber kostenlos.

  Ausgabe B enthält Stellenangebote. Sie liegt in allen Arbeitsämtern aus.

Organisationen und Vereine

Deutsche Hilfe für Kinder von Arbeitslosen e. V. (DHK)
Schwarzenbergstr. 93 b
21073 Hamburg
Tel.: 040/7658022
www.dhk-kinderzukunft.de

Die DHK sieht ihren Hauptaufgabenbereich darin, die Lebenssituation der Kinder aus arbeitslosen und sozial schwachen Familien in Deutschland, die oft materiell schlecht gestellt und psychisch sehr belastet sind, zu verbessern. Dies sucht sie mit Hilfe vor allem zweier Maßnahmen zu erreichen: einem täglichen Betreuungsangebot für den lokalen Bereich und eine bundesweit angelegte Presse- und Öffentlichkeitsarbeit. Außerdem setzt sich die DHK dafür ein, dass die Belange der Kinder mehr Beachtung in der Politik finden, weshalb sie z. B. die Einrichtung kommunaler Kinderparlamente fordert. Weitere Informationen sind unter der angegebenen Adresse erhältlich.

In Deutschland gibt es sechs Spitzenverbände der freien Wohlfahrtspflege. „Spitzenverbände" heißt, dass jeder dieser Verbände ein Zusammenschluss verschiedenster Organisationen und Initiativen ist: die Abeiterwohlfahrt (AWO), der Deutsche Caritasverband (DCV), der Paritätische Wohlfahrtsverband (PARITÄT), das Deutsche Rote Kreuz (DRK), das Diakonische Werk der Evangelischen Kirche in Deutschland (DW), die Zentralwohlfahrtsstelle der Juden in Deutschland (ZWST). Alle sechs Spitzenverbände arbeiten in der Bundesarbeitsgemeinschaft der Freien Wohlfahrtspflege (BAGFW) zusammen.

Deutscher Caritasverband
Postfach 420
79004 Freiburg
Tel.: 0761/200-0
Fax: 0761/200-0
www.caritas.de

1897 wurde in Köln durch den katholischen Priester Lorenz Werthmann der „Caritasverband für das katholische Deutschland" gegründet. Heute arbeiten in der Bundesrepublik über 420 000 Menschen beruflich in den 24 000 Einrichtungen der Caritas, wo täglich weit über eine Mio. Menschen Hilfe erfahren. Viele ehrenamtliche Helfer (unter anderem 70 000 ehrenamtlich Tätige der Caritas-Konferenzen) ergänzen und unterstützen diese Arbeit. Nationale Caritasorganisationen gibt es in rund 140 Staaten der Erde, koordiniert wird ihre Arbeit von der „Caritas internationalis" mit Sitz in Rom.
Der Schwerpunkt der Arbeit liegt bei der Kinder-, Jugend- und Familienhilfe. Dazu kommt das Engagement für die Benachteiligten der Gesellschaft: die Rehabilitation von Behinderten, die Resozialisierung Straffälliger, Beratung und Hilfe für Suchtkranke, ausländische Arbeitnehmer, Aussiedler, Flüchtlinge und Obdachlose. Aber auch alten Menschen und Menschen in akuter Notlage fühlt sich die Caritas verpflichtet.
Zur Vorbereitung und Befähigung der Helfer für ihre Arbeit hat der Verband in Freiburg eine Fachhochschule für Sozialwesen, Religionspädagogik und Pflege mitbegründet (1971) sowie eine Fortbildungsakademie eingerichtet (1973). Die Caritas-Bibliothek mit 180 000 Bänden ist die führende Spezialbibliothek für Wohlfahrtspflege in Deutschland; sie ist jedermann zugänglich.
Die ehrenamtliche Mitarbeit von Jugendlichen in den Caritas-Konferenzen ist möglich; sie dürfen Art und Umfang ihres Einsatzes frei wählen. In der Praxis arbeiten aber wenige Angehörige dieser Altersgruppe mit. Von Mitarbeitern der kirchlichen

Wohlfahrtsverbände wird erwartet, dass sie in ihren Anschauungen und in ihrem Verhalten den Vorstellungen und Werten ihrer Glaubensgemeinschaft entsprechen.
Caritas wirbt um Freiwillige: Mit Behinderten ins Theater gehen, mit Flüchtlingen wandern, mit Wohnsitzlosen eine Zeitung machen – da können auch Schüler sich engagieren. Die Caritas will freiwilligen Helfern neue Tätigkeitsfelder erschließen und Menschen für die Mitarbeit in Wohlfahrtsverbänden gewinnen. Dazu baut die Caritas von 1996/97 an 14 Freiwilligenzentren auf. Sie arbeitet je nach Standort mit unterschiedlichen Partnern zusammen, von der Diakonie über die Arbeiterwohlfahrt bis hin zu Arbeitslosengruppen.
In Deutschland steht das freiwillige und unentgeltliche Engagement der Bürger erst am Anfang. Die Caritas will nun zusätzlich zu den einzelnen lokalen Initiativen bürgerschaftlichen Engagements, die bereits bestehen, ein flächendeckendes Netz aufziehen, mit Büros in Wanne-Eickel, in Trier und in der Ortenau. Diese Büros sollen „Agenturen" sein, die Einsatzwillige an Institutionen und Pfarrgemeinden vermitteln und umgekehrt. Auch sollen sich die Büros zu „Werkstätten sozialen Engagements" entwickeln: Freiwillige sollen Erfahrungen austauschen können und sich zu Selbsthilfegruppen zusammenschließen. Das soziale Engagement soll der Mittelpunkt der Arbeit bleiben, aber die Öffnung zu Kultur und Umweltschutz soll die Attraktivität des Ehrenamtes erhöhen.

Arbeiterwohlfahrt
Bundesverband e. V.
Postfach 410163
53023 Bonn
Tel.: 0228/66852-0
www.awo.org

Die verheerenden Folgen des Ersten Weltkrieges – Massenarbeitslosigkeit, Hunger, Elend, Krankheiten, die Schicksale der verkrüppelten Soldaten, der Kriegerwitwen und Waisen – führten 1919 zur Gründung der Arbeiterwohlfahrt durch Marie Juchacz, die Mitglied der Weimarer Nationalversammlung und SPD-Reichstagsabgeordnete war. Was mit Suppenküchen, Nähstuben und Nothilfe begann, ist zu einem modernen Sozialverband mit einem dichten Netz von sozialen Dienstleistungen geworden. 635 000 Mitglieder, 100 000 Ehrenamtliche und 62 000 Hauptamtliche leisten in über 7 500 Einrichtungen und Diensten einen Beitrag zur sozialen Sicherheit in Deutschland.
Aus dem großen Angebot der AWO sei stellvertretend das für Jugendliche herausgegriffen:

- Das *Jugendwerk* bietet Ferienfahrten, Stadtranderholungen, internationale Jugendbegegnungen und Bildungsveranstaltungen an.
- In der *Jugendberatung* wird zu Alkohol, Drogen, Jugendsekten, Rechtsextremismus und Kriminalität beraten.
- Die *Jugendberufshilfen* bieten arbeitslosen oder sozial benachteiligten Jugendlichen verschiedene Wege an, damit sie Anschluss an das Berufsleben finden.
- *Jugendbildung*: In AWO-Berufsbildungswerken, in Seminaren, Kursen und bei Studienfahrten verbessern Jugendliche ihre Allgemeinbildung. Dazu gehören Computer-, Foto- und Videokurse ebenso wie Seminare zu den Themen Umwelt, Frieden und Entwicklung.
- In der *Jugendhilfe* unterstützt die AWO mit Mädchenprojekten und Mädchentreffs die gleichberechtigte Teilhabe von Mädchen.

Mit einem Verzeichnis ihrer Schriften, Bücher und Medien informiert die AWO über ihre Arbeit.

Diakonisches Werk der Evangelischen Kirche in Deutschland
Presse- und Informationsabteilung
Postfach 101142, 70010 Stuttgart
Tel.: 0711/2159-0
www.diakonie.de

Dem Diakonischen Werk der Evangelischen Kirche in Deutschland (EKD) gehören als Mitglieder die Diakonischen Werke der 24 Landeskirchen der EKD, neun Freikirchen mit ihren diakonischen Einrichtungen sowie rund 90 Fachverbände der verschiedensten Arbeitsfelder und Sachgebiete an. Diese Mitglieder repräsentieren etwa 30 700 selbstständige Einrichtungen unterschiedlicher Größe und Rechtsform, in denen ca. 370 000 hauptamtliche Mitarbeiterinnen und Mitarbeiter voll- oder teilbeschäftigt sind. Ferner gibt es über 5 000 diakonische Selbsthilfe- und Helfergruppen. Mitgetragen wird die diakonische Arbeit von den rund 18 000 Gemeinden der Landes- und Freikirchen, in denen Hunderttausende ehrenamtliche Mitarbeiterinnen und Mitarbeiter tätig sind.

Die Geschichte der organisierten Diakonie begann 1848, als Johann Heinrich Wichern beim Wittenberger Kirchentag das Programm der Inneren Mission gegen geistliche und materielle Armut sowie soziale Not entwarf und der „Centralausschuss für die Innere Mission der Deutschen Evangelischen Kirche“ gebildet wurde. Nach diesem Vorbild entstanden in Städten und Kirchenbezirken lokale und regionale Verbände der Inneren Mission mit rechtlich selbstständigen Heimen, Anstalten und Einrichtungen der volksmissionarischen Arbeit, die sozialpädagogische, fürsorgerische und pflegerische Verantwortung für Hilfsbedürftige wahrnahmen.

Nach dem Ende des Zweiten Weltkrieges wurde unter der Leitung von Eugen Gerstenmaier 1946 das Hilfswerk der Evangelischen Kirche in Deutschland gegründet. Diese Organisation half wesentlich mit, durch Erschließung von Auslandshilfen und durch Wiederbelebung ökumenischer Kontakte, die Hungersnot in Deutschland zu bekämpfen, Vertriebene und Flüchtlinge anzusiedeln und die Berufsnot von Jugendlichen zu lindern. In diese Arbeit war jede Kirchengemeinde einbezogen. Beide Säulen - die Innere Mission und das Hilfswerk - haben sich ab 1957 in landeskirchlichen Werken zusammengeschlossen und wurden 1975 im Diakonischen Werk der EKD vereint. 1991 sind die Diakonischen Werke derjenigen EKD-Gliedkirchen, die vormals im Bund der Evangelischen Kirchen in der DDR zusammenarbeiteten, dem Diakonischen Werk der EKD beigetreten.

Aufgaben

- Jugendhilfe - Familienhilfe - Krankenhilfe - Altenhilfe - Behindertenhilfe - Gefährdetenhilfe (z. B. Obdachlosenhilfe) - Suchtkrankenhilfe - Hilfen für Arbeitslose - Beratungsstellen und Freizeitangebote für ausländische Arbeitnehmer - Hilfen für Asylanten, Asylbewerber, Flüchtlinge und Aussiedler.

Mitmach-Angebote des Diakonischen Werkes für junge Menschen:

Seit 1957 bietet die Diakonie in Zusammenarbeit mit der Arbeitsgemeinschaft der Evangelischen Jugend jungen Menschen das Diakonische Jahr an, nach dessen Vorbild das Freiwillige Soziale Jahr durch Gesetz geschaffen wurde. Die Einsatzfelder für dieses Freiwilligenprogramm sind die traditionellen Arbeitsbereiche der Diakonie im Krankenhaus, in der Krankenhilfe, in der Behindertenarbeit, in pädagogischen Einrichtungen und in Kirchengemeinden. Dieses soziale Bildungsjahr wird pädagogisch durch Einführungs-, Zwischen- und Abschlussseminare begleitet.

Zivildienstleistende können ihren Dienst in Aufgabenbereichen der Caritas ableisten. In eigenen Einführungslehrgängen werden die Zivildienstleistenden nicht nur fachlich auf ihre großen Belastungen im Dienst an leidenden, kranken und Hilfe suchenden Menschen vorbereitet, sondern auch mit der diakonischen Praxis vertraut gemacht.

Aktionskreis Ess- und Magersucht Cinderella e. V.
Westendstr. 35
80339 München
Tel.: 089/5021212
www.cinderella-rat-bei-essstoerungen.de

Der Aktionskreis Ess- und Magersucht Cinderella e. V. unterhält eine Beratungsstelle für Menschen, die unter Ess-Störungen leiden und organisiert angeleitete Selbsthilfegruppen. Neben den Betroffenen selber wenden sich an Cinderella deren Angehörige und Freunde sowie weitere Personen und Institutionen, die mit solchen Störungen in Berührung kommen wie sozialpsychiatrische Dienste, Krankenhäuser, Sozialdienste von Firmen usw. Neben der Beratung ist ein weiteres Aufgabengebiet die Öffentlichkeitsarbeit. Hierzu gehören ständige Kontakte mit Presse, Rundfunk, Fernsehen sowie die Organisation von Vorträgen.

Nach Ergebnissen wissenschaftlicher Untersuchungen leiden 4 % der jungen Frauen im Alter von 18 bis 35 Jahren an Bulimia nervosa (Ess-Brech-Sucht), die Dunkelziffer wird auf 10 % geschätzt. Hinzu kommen Anorexia nervosa (Magersucht), Adipositas (psychogenes Übergewicht) und nicht näher bezeichnete Störungen. Die Anzahl der Erkrankungen hat in den letzten Jahren kontinuierlich zugenommen. Eine Ursache dafür ist unter anderem darin zu sehen, dass schon für junge Mädchen die Erfüllung des Schlankheitsideals als persönlicher Wertmaßstab eine entscheidende Rolle spielt. Die Folgen der Störung sind: depressive Erkrankungen, Suizidversuche, soziale Isolation, Schwierigkeiten in der Ausbildung und am Arbeitsplatz. Hinzu kommen somatische Folgeschäden. Die Magersucht nimmt bei ca. 15 % der Betroffenen einen tödlichen Verlauf.

Ziel der Beratungen ist, den von der Ess-Störung Betroffenen eine Perspektive zu vermitteln, die in der Überwindung ihrer Krankheit liegt. Hierzu gehören in den meisten Fällen die Aufnahme einer Therapie. Cinderella führt Listen mit geeigneten Therapeuten und Kliniken und von Selbsthilfegruppen. In Gesprächen mit Angehörigen und Freunden geht es häufig darum, wie die/der Betroffene auf die Krankheit hin anzusprechen ist.

1995 war mit weiterhin steigender Tendenz zu beobachten, dass immer mehr junge Mädchen (bis zum Alter von 18 Jahren) sich an den Aktionskreis wenden. Abgesehen von der bereits länger bekannten Pubertätsmagersucht erkranken immer mehr Mädchen bereits im Alter von 13 bis 15 Jahren an Ess-Störungen, häufig Bulimia nervosa. Um in der Schule oder in der peer-group akzeptiert zu werden streben viele Mädchen bereits in diesem Alter ein Gewicht an, das unterhalb ihres Normal- und oft auch Idealgewichtes liegt, und entwickeln dabei auf Grund ständiger Nahrungskontrolle und Diäten bereits in diesem Alter eine Ess-Störung.

Interessant für Schulen: Cinderella hat 1995 mit der Barmer Ersatzkasse die Vereinbarung getroffen, dass sie Vorträge an Schulen finanziert!

Anonyme Alkoholiker
Postfach 460227
80910 München
Tel.: 089/316950-0
www.anonyme-alkoholiker.de

Die Anonymen Alkoholiker sind eine zwanglose, weltweite Gemeinschaft von Männern und Frauen aus allen Berufs- und Gesellschaftsschichten, die sich regelmäßig treffen um nüchtern zu werden und ihre Nüchternheit zu erhalten. Die einzige Voraussetzung für die Zugehörigkeit zu dieser Gemeinschaft ist der Wunsch, mit dem Trinken aufzuhören. Die AA kennen weder Mitgliedsbeiträge noch Gebühren.
Anonymität ist die Grundlage der Gemeinschaft. Sie schützt im Umgang mit der Öffentlichkeit den Einzelnen und die Gemeinschaft vor unerwünschter Popularität.
Die AA wurden 1935 in den USA gegründet. Die erste deutsche Gruppe entstand 1953 mit Hilfe amerikanischer Soldaten in München.
An den öffentlichen Informationsmeetings kann jeder teilnehmen, der sich für die Krankheit des Alkoholismus und für die Gemeinschaft der AA interessiert.
Beim „Literaturvertrieb" der AA (Adresse wie oben) können Publikationen bestellt werden. Für den schulischen Bedarf sei auf folgende Broschüren hingewiesen:

- *Das ist AA (für Angehörige)*; Bestell-Nr. 008, ca. 0,50 €
- *Ein Tipp für junge Leute*; Bestell-Nr. 012, ca. 0,20 €
- *Junge Leute und die AA*; Bestell-Nr. 013, ca. 1,10 €
- *Gibt es in Ihrem Leben einen Alkoholiker?*; Bestell-Nr. 029, ca. 0,75 €

Nach einer Erhebung aus dem Jahre 1978 waren von den AA 12 % unter 30 Jahren alt und 34 % Frauen. Bei den jungen Leuten, die sich den AA anschließen, fällt auf, dass viele kommen, bevor die Alkoholkrankheit ausgebrochen ist, was auf die zunehmende öffentliche Aufklärung über den Verlauf der Alkoholsucht zurückgeführt wird.

Al-Anon und Alateen

Die *Al-Anon-Familiengruppen*, die formal unabhängig von den AA sind, sind die Gemeinschaft von Angehörigen und Freunden der Alkoholiker, die sich regelmäßig treffen um durch Gespräche und Erfahrungsaustausch ihre gemeinsamen Probleme zu lösen. 1967 wurde die erste deutsche Al-Anon-Gruppe in Mühlheim/Ruhr gegründet. Heute bestehen in der Bundesrepublik ca. 970 Al-Anon-Familiengruppen. Der Name der Familiengruppen leitet sich ab von *Alcoholics Anonymous Family Groups*.
Zu den Al-Anon gehören auch Gruppen für Kinder und jugendliche Angehörige von Alkoholikern - genannt *Alateen* (*Al-Anon-Teenager Group*). Diese arbeiten nach den gleichen Prinzipien wie Al-Anon und AA, sind jedoch als selbstständige Gemeinschaft ein Teil von Al-Anon. Bei Alateen treffen sich Jugendliche im Alter von 10 bis 20 Jahren. Ziel der Alateen-Gruppen ist es zu begreifen, dass der Alkoholismus eines Elternteils oder eines engen Freundes nicht die ganze eigene Kraft und alle Gedanken beeinflussen und damit eigene Lebensqualität nehmen darf. Die jungen Menschen lernen sich von diesen Problemen zu lösen, ohne die Familie zu verlassen oder die Eltern weniger zu lieben.
Die Broschüren und Bücher von Al-Anon und Alateen sind nur in den Gruppen oder über das Dienstbüro (Adresse unten) erhältlich.
Die Anonymen Alkoholiker sind in den Telefonbüchern unter dieser oder der Eintragung „AA" zu finden. Über diese wird auch der Kontakt zu Al-Anon und

Alateen hergestellt. Aber auch die Telefon-Seelsorge und andere soziale Beratungsstellen können Kontakte vermitteln. Anfragen können gerichtet werden an:

i Al-Anon Familiengruppen, Zentrales Dienstbüro
Emilienstr. 4, 45128 Essen, Tel.: 0201/773007

Tel.-Notruf für Suchtgefährdete e. V.
Tel.: **089/282822**
Sekretariat:
Tal 19, 80331 München
Tel.: 089/225052
www.tal19.de

Der Telefon-Notruf für Suchtgefährdete ist rund um die Uhr und während des ganzen Jahres erreichbar.

Alle, die ein Suchtproblem haben, können hier anrufen. Gleich, ob sie dringend eine Information über Hilfsmöglichkeiten brauchen oder ob sie akut in einer kritischen Situation stehen, aus der heraus sie alleine keinen Weg mehr sehen, ob sie selbst Betroffene sind oder ob es sich um einen Angehörigen handelt, alle werden von ehrenamtlichen, geschulten Mitarbeitern beraten.

Voll die Krise? Stress mit der Liebe? Draufhaun, abhauen oder was? Arme Socke? Total mies drauf? Nichts als Ärger?

0800/1110333 „Die Nummer gegen Kummer"

- Das Kinder- und Jugendtelefon ist ein anonymes Beratungsangebot für Heranwachsende.
- Es bietet Ansprechpartner bei allen Fragen, Sorgen und Problemen.
- Es gibt bundesweit 72 Kinder- und Jugendtelefone, davon zehn in den neuen Bundesländern.
- In vielen Städten ist es erreichbar unter der einheitlichen, zeittaktbefreiten Sonderrufnummer 11103.
- 16 Leitungen sind außerdem bundesweit kostenlos über die Rufnummer 01308-11103 geschaltet.
- Die Kinder- und Jugendtelefone sind mindestens montags bis freitags von 15–19 Uhr besetzt.
- 1995 führten die Mitarbeiter 120 000 Gespräche. Noch einmal so viele Anrufe gingen außerhalb der Besetzungszeiten ein.
- Die Anrufenden sind zu 75 % weiblich und zu 83 % Kinder und Jugendliche.
- Hauptprobleme in den Gesprächen sind Partnerschaft, Freundschaft und Liebe (43 %). Ein Viertel der Ratsuchenden hat Schwierigkeiten mit der eigenen Identität sowie in der Familie (17 %). Zu den Themen Kameradschaft, Schule und Ausbildung, Gewalt und Abhängigkeit rufen 10 % an. Zu diesem Prozentsatz gehören auch die von besonderen Lebenssituationen Betroffenen.
- Die Beratungsteams bestehen aus mehr als 1 500 ehrenamtlichen und für die Beratung ausgebildeten Mitarbeiterinnen und Mitarbeiter.
- Die 1980 gegründete Bundesarbeitsgemeinschaft Kinder- und Jugendtelefon e. V. ist der Dachverband der „Nummer gegen Kummer".

Deutscher Kinderschutzbund
Kinder- und Jugendtelefon e. V.
Kleiner Werth 34, 42275 Wuppertal
Tel.: 0202/259050-0
www.kinderundjugendtelefon.de

Der Deutsche Kinderschutzbund ist auch Herausgeber der Broschüren *Gewalt unter Kindern und Jugendlichen* und *Armut von Kindern und Jugendlichen*, die viele Informationen und praktische Tipps für die Unterrichtsgestaltung geben. Bestelladresse: Schroedel Schulbuchverlag GmbH, Hildesheimer Str. 202–206, 30519 Hannover

Beratung für Jugendliche in persönlichen Notlagen: **Tel. 0130/3431**
Kostenlos für den Anrufer sind die Beratungsgespräche, die die „Durchblick"-Berater jeweils montags bis freitags von 15 bis 17 Uhr anbieten.
Neun Ärzte bzw. Ärztinnen, Pädagogen und Pädagoginnen, Psychotherapeuten und -therapeutinnen beantworten die Fragen der jugendlichen Anrufer, die – wenn sie das wollen – anonym bleiben dürfen. Das Berater-Team unterliegt der Schweigepflicht. Schriftliche Anfragen, auch nach Informationsmaterialien für Jugendliche und Schulen, an:

i „Durchblick", Organon GmbH,
85762 Oberschleißheim

Deutsches Jugendherbergswerk
Bad Meinbergerstr. 1
32760 Detmold
Tel.: 05231/9936-0
www.jugendherberge.de

Das Deutsche Jugendherbergswerk (DJH) wurde 1909 von dem Volksschullehrer Richard Schirrmann gegründet. Mit den anderen Lebensreformbewegungen seiner Zeit hatte es Naturnähe und Ursprünglichkeit als Zielsetzung gemeinsam. Schirrmann wollte es jungen Leuten aus allen gesellschaftlichen Schichten ermöglichen, auf ihren Wanderungen durch Deutschland Unterkunft und Treffpunkte zu finden.
Die ersten Jugendherbergen entstanden zwischen 1910 und 1912. Die erste ständig geöffnete Jugendherberge war die Burg Altena im Sauerland. Nach dem Ersten Weltkrieg erlebte die Jugendherbergsbewegung einen kräftigen Aufschwung. 1919 wurde der spätere *Reichsverband für Deutsche Jugendherbergen* gegründet. Vor allem die kommunalen Spitzenverbände (wie der Deutsche Städtetag oder der Reichstädtebund), aber auch zahlreiche einzelne Städte, Landkreise oder Gemeinden förderten den Aufbau des Jugendherbergswerkes, sodass es in Deutschland 1924 bereits über 2 000 Jugendherbergen gab.
Nach dem Zweiten Weltkrieg wurde der Verband im Westen Deutschlands 1949 unter dem Namen *Deutsches Jugendherbergswerk – Hauptverband für Jugendwandern und Jugendherbergen e. V.* neu gegründet. Laut Satzung ist der Verein für die gesamte Jugend des In- und Auslandes tätig. Er tritt in dieser Eigenschaft für Toleranz und Völkerverständigung ein. Er fördert das Jugend- und Familienwandern, die Bindung der Jugendlichen an Natur und Heimat, ihr Umweltbewusstsein, ihre Erholung und ihre Begegnung mit anderen jungen Menschen. Inzwischen dienen die Jugendherbergen nicht mehr nur als Unterkünfte für Wanderer, sondern auch als Schullandheime, Erholungs-, Lehrgangs-, Bildungs- und Tagungsstätten.
Übrigens: Das Magazin *Schulfahrt-Praxis*, die letzte Ausgabe umfasst die Jahre 1995/1996, enthält viele konkrete Tipps rund um Klassenfahrten (Bezug: Anschrift s. oben).

Das Deutsche Jugendherbergswerk bietet in seinem kostenlosen Katalog *Jugendreisen mit Einsicht* Reisen, auch ökologische, für Jugendliche an.

Film: Rebellen, Träumer, Selbstmörder

Der junge Törless, Deutschland/Frankreich 1966
Regie: Volker Schlöndorff
(nach der Erzählung von Robert Musil)
Preis: Kritikerpreis Filmfestspiele Cannes 1966

Der junge Törless (Matthieu Carrière) wird von seinen Eltern in ein Internat geschickt, unter dessen Lebensbedingungen das Kind sehr leidet. Mit beginnender Pubertät schließt sich Törless seinen Mitschülern Beineberg und Reiting an. Erste sexuelle Erfahrungen macht er bei einer Dorfdirne. Als der Mitschüler Basini von Beineberg und Reiting bei einem Diebstahl erwischt wird, beschließen diese ihn zu foltern. Törless quält Basini aber nicht physisch, sondern psychisch, weil er dessen homosexuelles Verhältnis zu Beineberg und Reiting ergründen will; schließlich verführt Basini Törless. Da Beineberg und Reiting Basini doch zur Lynchjustiz an die Mitschüler ausliefern, kommt es zum Skandal. Törless muss sich vor der Internatsleitung rechtfertigen und findet dadurch zu seinem Selbstverständnis, wird aber von seiner Umwelt nicht verstanden. Sein Wunsch, das Internat zu verlassen, deckt sich mit dem Entschluss des Lehrerkollegiums, ihn zu entlassen.

Sie küssten und sie schlugen ihn, Frankreich 1959
Regie: François Truffaut
Preis: Filmfestspiele Cannes 1959 für Regie

Der 14-jährige Antoine (Jean-Pierre Léaud) wird von seiner Umwelt als „schwieriges" Kind beurteilt. In der beklemmenden Enge der elterlichen Wohnung sieht sich Antoine einem schwächlichen Vater und einer verständnislosen Mutter gegenüber, die sich für ihr Kind kaum interessieren. Durch Zufall überrascht Antoine eines Tages seine Mutter mit ihrem Geliebten. Sein Schock darüber weicht bald Pragmatismus: Mit seinem Wissen kann er die Mutter zu Zugeständnissen zwingen. In der Schule gefällt es Antoine auch nicht. Er schwänzt immer wieder die Schule und begeht kleine Delikte, mit denen er den Zorn und die Ablehnung der Erwachsenen auf sich zieht. Nach dem Diebstahl einer Schreibmaschine wird er in ein Heim abgeschoben. Dort ist es auch nicht besser als zu Hause; Antoine flieht ans Meer. Antoine ist der Held vier weiterer Filme Truffauts, mit denen er Antoine bis ins Erwachsenenalter folgt.

Die Saat der Gewalt, USA 1955
Regie: Richard Brooks

Der Film löste in den USA Proteste aus: Viele weigerten sich die im Film geschilderten Verhältnisse an Amerikas Schulen für realistisch zu halten. Der idealistische Lehrer Dadier (Glenn Ford) unterrichtet eine Berufsschulklasse in den Slums von New York. Obwohl er mit seinen rebellierenden und gewalttätigen Schülern erhebliche Probleme hat, lässt er in seinem Bemühen nicht nach, das Gute in ihnen anzusprechen. Selbst als die Schüler eine Lehrerin fast vergewaltigen und seine

eigene, schwangere Frau unter anonymen Telefonanrufen und Briefen leidet, glaubt er an seine Mission. Schließlich findet er über den Schüler Miller (Sidney Poitier) einen Weg zu den anderen.
Erstmals ist ein Film komplett mit Rock-'n'-Roll-Musik unterlegt. Wegen der für das damalige Empfinden übermäßigen Gewaltszenen wurde der Film nicht als Beitrag der USA bei den Filmfestspielen in Venedig gezeigt.

... denn sie wissen nicht, was sie tun, USA 1955
Regie: Nicholas Ray

James Dean spielt den orientierungslosen Jim, der mit seinen Eltern und dem Gesetz in Konflikt gerät. Buzz, Anführer einer Jugendbande, fordert von Jimmy eine Mutprobe, die für Buzz tödlich endet. Bei Judy (Natalie Wood) und dem schüchternen Plato, der ihn vor der Rache der Bande warnt, findet Jimmy nach dem Unglück Verständnis. Im Kampf schießt Plato einen der Jugendlichen an und versteckt sich mit Jimmy und Judy in einer Sternwarte; dort werden sie von Polizisten gestellt, die Plato versehentlich erschießen.

Jenseits von Eden, USA 1955
Regie: Elia Kazan
Preis: Oscar 1956 für Nebendarstellerin (Jo van Fleet)

Cal (James Dean) kämpft um die Liebe seines Vaters, die dieser eher dem angepassten Sohn Aron zukommen lässt. Der empfindsame und schwierige Cal, der die Aussichtslosigkeit seines Bemühens erkennt, enthüllt daraufhin die Vergangenheit der verstoßenen Mutter, die ein Bordell leitet. Aron meldet sich tief erschüttert zum Militär, der Vater erleidet einen Schlaganfall, Arons Verlobte bleibt bei Cal. Jetzt erfährt er die Liebe seines Vaters, der auf seine Hilfe angewiesen ist.

If ..., Großbritannien 1969
Regie: Lindsay Anderson
Preis: Goldene Palme Filmfestspiele Cannes 1969

In einem englischen Internat, das nach militärischem Reglement geführt wird, lehnt sich der Schüler Mick mit seinen Freunden Johnny und Wallace offen gegen sinnlose Zwänge auf. Die anderen Mitschüler bleiben dagegen angepasst und terrorisieren sich sogar gegenseitig. Der Protest eskaliert, als die Rebellen bei der 500-Jahr-Feier der Schule mit Waffengewalt eine Schlacht entfesseln.

Der Herr der Fliegen, Großbritannien 1963
Regie: Peter Brook

Der Film ist ein pessimistisches Gedankenspiel über Ursprünge, Natur und Zukunft der menschlichen Zivilisation: Nachdem ein Flugzeug in der Südsee abgestürzt ist, retten sich englische Schulkinder, die unter den Passagieren waren, auf eine unbewohnte Insel. Dort bauen sie eine neue Gesellschaft auf, die sich jedoch zu einer barbarischen Anti-Zivilisation entwickelt. Wie die Romanvorlage von Literatur-Nobelpreisträger William Golding wird der Film von der Kritik als vorbildliches Beispiel einer gelungenen Sozialparabel bezeichnet.

Die Einsamkeit des Langstreckenläufers, Großbritannien 1962
Regie: Tony Richardson

Der Junge Colin (Tom Courtenay) kommt wegen eines Einbruchs in ein Erziehungsheim. Der Direktor (Michael Redgrave) ist ein Idealist, der glaubt, dass er dem Jungen durch das Angebot, sportliche Leistungen zu erbringen, zu einer besseren Zukunft verhelfen kann. Colin wird zu einem harten Langlauftraining angehalten um das Heim im Wettkampf mit einer öffentlichen Schule zu repräsentieren und im Falle seines Sieges das Heim vorzeitig verlassen zu dürfen. Als er sich beim entscheidenden Lauf bereits an die Spitze gesetzt hat, überkommen ihn Erinnerungen an die Vergangenheit, an das, was ihn in das Heim gebracht hat. Auch in dem Versprechen, das ihm für seinen Sieg gemacht wurde, sieht er nur noch den Versuch, ihm fremde Werte aufzunötigen. Vor der Ziellinie bleibt er trotzig stehen.

Les enfants – Die Kinder, Frankreich 1984
Regie: Marguerite Duras

Der siebenjährige Ernesto (Axel Bougosslavski) sieht aus wie ein 40-jähriger Mann: Er weigert sich, in die Schule zu gehen, weil ihm dort Dinge vermittelt werden, die er bereits weiß. Innerhalb kürzester Zeit hat er sich nämlich außerhalb des institutionalisierten Lehrbetriebs Wissen angeeignet und lehnt das gesellschaftlich normierte Lernen ab. Sein Lehrer kann gegen seine Logik ebenso wenig ausrichten wie die verwirrte Öffentlichkeit.

Der Club der toten Dichter (Dead Poets Society), USA 1989
Preis: Oscar 1990 für Original-Drehbuch

Robin Williams spielt unter der Regie von Peter Weir den unorthodoxen Lehrer John Keating, der 1959 seinen Dienst an einem konservativen und streng geführten College in Neu-England antritt. Den dort geltenden Erziehungszielen wie „Tradition", „Ehre", „Disziplin" und „Elite", die die Schüler zu einer beruflichen und sozialen Karriere befähigen sollen, setzt Keating seine unkonventionellen Erziehungsmethoden entgegen. Er hält die Schüler zur Selbsterkenntnis, zur Verwirklichung ihrer eigenen Identität und ihrer künstlerischen Neigungen an. Die Poesie wird dabei zum Sinnbild geistiger Freiheit, die Schüler gründen den „Club der toten Dichter". Nach dem Selbstmord eines Schülers wird Keating entlassen; bei seinem Abschied zeigen die Schüler, dass Keatings Erziehungsarbeit erfolgreich war.

Der Schüler Gerber, Deutschland, Österreich 1980
Regie: Wolfgang Glück

Werkgetreue Verfilmung des autobiografischen Romans des Österreichers Friedrich Torberg *Der Schüler Gerber hat absolviert* (1930), der in einer Neufassung unter dem Titel *Der Schüler Gerber* 1954 erschien. Torberg hatte 1929, als 21-Jähriger, mit der Niederschrift des Romans begonnen, nachdem er in Prag durch die Matura gefallen war. Wegen zahlreicher Zeitungsberichte über Schülerselbstmorde sah Torberg das Schicksal seiner literarischen Hauptfigur als modellhaft für ein verbreitetes Schülerschicksal an. Der Erfolg, den der Roman hatte, bestätigte Torberg, dass er ein wichtiges Thema getroffen hatte. Kurt Gerber, ein sensibler und intelligenter Schüler, verzweifelt an sich selbst, weil die Erwachsenen, vor allem aber die Lehrer, versagen. Sie verharren in Engstirnigkeit, menschlicher Kälte und Tyrannei. Besonders der Mathematiklehrer Artur Kupfer, den die Schüler „Gott Kupfer" nennen, quält Gerber in zynischer und sadistischer Weise, bis Gerber Selbstmord begeht, indem er aus dem Fenster springt. Torbergs Roman weist viele Parallelen mit Musils *Die Verwirrungen des Zöglings Törless* (1906) auf.

Rumble Fish, USA 1983
Regie: Francis Ford Coppola

Rumble Fish ist die Verfilmung eines Romans der Jugendbuchautorin Susan E. Hinton, dessen Inszenierung auf ein breites Publikum zielt. Rusty James (Matt Dillon) ist Anführer einer Jugendgang in einer amerikanischen Provinzstadt. Sein großes Vorbild ist sein älterer Bruder Motorcycle-Boy (Mickey Rourke), früher ein berüchtigter Gangleader in der Stadt, mit 24 Jahren aber bereits innerlich ausgebrannt und resigniert, was Rusty aber nicht wahrnimmt. In einer Zoohandlung beobachtet Motorcycle-Boy siamesische Kampffische, die nur einzeln gehalten werden können, weil sie sich sonst gegenseitig töten; der Rumble Fish wird zum Symbol seines eigenen Lebens. Bei dem Versuch, die Fische zu befreien um sie im Fluss auszusetzen, wird Motorcycle-Boy von der Polizei erschossen. Sein Bruder führt das Vorhaben aus und verlässt die Stadt.

Klassenfeind, Deutschland 1982
Regie: Peter Stein

Sechs Problemschüler, die als unerziehbar gelten, warten in ihrem Klassenzimmer auf einen neuen Lehrer, der aber nicht erscheint. Langeweile und Frustration schlagen um in Aggression. In Rollenspielen terrorisieren sich die Schüler gegenseitig; der rüde Jargon und die Brutalität zwischen den Jugendlichen soll die Frustration der „no future"-Generation deutlich machen. *Klassenfeind* ist die Verfilmung einer Theaterinszenierung der Berliner Schaubühne, in der ebenfalls Peter Stein Regie führte.

Nützliche Adressen

Das Bundesministerium für Familie, Senioren, Frauen und Jugend (s. S. 76) bietet in seinem Publikationsverzeichnis eine große Fülle Materialien an: Schriftenreihe, Ausstellungen, Broschüren, Faltblätter, Videofilme und Poster zu vielen Themen. Aus dem Verzeichnis vom Januar 1996 sei z. B. verwiesen auf:

- Heft für Schulen: *Frauen und Männer sind gleichberechtigt*
- Das Zeitbild: Unterrichtsprojekt Familienpolitik (Lehrermappe zur Unterrichtsgestaltung)
- Videofilme: z. B. *Suchtgefahren* (Video-AG Gymnasium Blomberg; Thema: Alkoholabhängigkeit), 17 Min., VHS. *Selbsthilfe-Dokumentation vom Selbsthilfemarkt,* Münster 1988 (Münsteraner Medienwerkstatt), 14 Min., VHS.
  Die Videofilme sind zu bestellen beim Referat 524 des Bundesministeriums.
- Ausstellungen: kostenlos, der Rücktransport muss vom Entleiher bezahlt werden. Ausstellung über die Verarbeitung des Themas *Familie* in Literatur und darstellender Kunst, national und international, früher und heute. Mit Materialien zur Ausstellung.

Keine Gewalt gegen Kinder - Signale sehen - Hilferufe hören: Die Ausstellung bietet Hilfestellung zum Erkennen von Kindesmissbrauch. Mit Materialien.
Kontaktadresse für Verleih, Informationen und Vorab-Materialien:

i 4 D Design Agentur
Frankenforster Str. 141 a, 51427 Bergisch-Gladbach, Tel.: 02204/60077

i Bundesministerium für Wirtschaft und Arbeit
11019 Berlin, Tel.: 030/2014-9, -6120, Fax: 030/2014-70,
www.bmwa.bund.de

Von den Publikationen des BM für Arbeit und Sozialordnung eignen sich folgende für die Schule:

- *Klare Sache - Jugendarbeitsschutz mit Gesetzestexten*; Bestell-Nr. A 707
  In dieser Broschüre (64 Seiten) geht es um die besonderen Regelungen des Jugendarbeitsschutzes (Arbeitszeiten, Verbot von gefährlichen Arbeiten und Akkordarbeit, Freistellung für die Berufsschule usw.). Der Text des Jugendschutzgesetzes ist vollständig enthalten.
- *Soziale Sicherungen im Überblick*; Bestell-Nr. A 721
  Die Broschüre (88 Seiten) ermöglicht einen zusammenfassenden Überblick über das System der sozialen Sicherung in der Bundesrepublik Deutschland. Behandelt werden unter anderem die Renten-, Kranken-, Pflege- und Unfallversicherung, die Bereiche Arbeitsförderung, Arbeitsrecht und Erziehungsgeld, die Rehabilitation Behinderter, Wohngeld und Sozialhilfe.
- *Sozialpolitik - ein Heft für die Schule*; Bestell-Nr. A 999
  In diesem Heft (40 Seiten) werden die Themenbereiche der sozialen Sicherung bei Arbeit; Krankheit, Unfall und Alter sowie das Thema Leben und Arbeiten in Europa für Jugendliche (Schüler der Sekundarstufe I) übersichtlich und ansprechend dargestellt.
- *Wie? So! - Informationen für junge Leute*; Bestell-Nr. A 103
  Diese Broschüre (288 Seiten) ist für junge Leute gemacht, die entweder von der Schule in die Berufs- und Arbeitswelt wechseln oder schon im Beruf stehen. Sie versucht Antworten, Anregungen und Informationen auf die speziellen Fragen dieser Jugendlichen zu geben. Themen sind unter anderem Berufswahl, Ausbildung, Arbeit und Sozialversicherung.
- *Sozialbericht - Soziale Sicherheit: Solidarität als Fundament*; Bestell-Nr. A 137
  Die wichtigsten Themenbereiche des sozialen Sicherungssystems werden anhand von Daten, Fakten und Beispielen auf der Basis des Sozialberichts von 1993 erläutert.
- *Statistisches Taschenbuch 1995*; Bestell-Nr. 129
  Das Heft (90 Seiten) enthält Tabellen zur Arbeits- und Sozialstatistik, unter anderem Zahlen zum Bruttosozialprodukt, zum Einkommen, zum Steueraufkommen, zur Bevölkerung, zum Arbeitsmarkt, zur Arbeitszeit, zum Verdienst sowie zur Preisentwicklung von 1960 bis heute.
- *Kinderarbeit in der Welt*; Bestell-Nr. A 139
  Es handelt sich um den Bericht der Bundesregierung über Kinderarbeit in der Welt, der im April 1995 dem Bundestag vorgelegt wurde. Der Bericht nennt auf 95 Seiten Zahlen und Fakten und beleuchtet die Ursachen und Folgen von Kinderarbeit. Für den fächerübergreifenden Unterricht mit dem Fach Englisch

eignet sich die englische Übersetzung des Berichts *Child Labour in the World*; Bestell-Nr. A 141
- Für den fächerübergreifenden Unterricht mit dem Fach Mathematik eignet sich die *Diskette Rentenversicherung* (Bestell-Nr. A 140). Mit diesem PC-Programm kann man Rentenberechnungen selbst vornehmen. Rechtsstand ist der 1. Juli 1996. Das BM übernimmt keine Haftung für die Richtigkeit der Berechnung!

Von der Bundeszentrale für politische Bildung gibt es viele Publikationen zu den Themen dieses Kapitels. Besonders verwiesen sei auf
- das Heft *Soziale Sicherung* (1994) aus der Reihe *Kontrovers* (Sekundarstufe II), das Zeitungs- und Zeitschriftenartikel, Kommentare, Reden, Schaubilder sowie Karikaturen zur Diskussion um die soziale Sicherung in Deutschland seit Ende des vergangenen Jahrhunderts bis zur Debatte um die Pflegeversicherung bietet.
- die *Zeitlupe* (Sekundarstufe I) *Familie*, die über den Wandel der Familie in unserer Gesellschaft informiert und die Schüler auffordert, sich über die Rollenbilder von Mann und Frau Gedanken zu machen.

Das *Verzeichnis der Publikationen*, das zweimal jährlich erscheint, kann schriftlich angefordert werden von der

i Bundeszentrale für politische Bildung
Postfach 2325, 53013 Bonn, www.bpb.de

Jobs im Internet: Netzadressen

http://www.jobware.de
(mit Informationen zu mehr als 400 Firmen, Seminar- und Messekalender und einem Ratgeber zu den Themen Beruf, Bewerbung, Arbeitsrecht)
http://www.ilink.de/congress-net/cong4.htm
(unter dieser Adresse sind kostenlose Stellengesuche auch unter Chiffre möglich)
http://www.dino-online.de/seiten/go60sd.htm
http://www.channel-one.de/html/jobsg.html
http://www.horz.technopark.gmd.de/jobs/
http://eunet.bda.de/bda/int/zeit/stellenmarkt/hotlist.html
http://www.dv-job.de/
http://www.ipf.de/eup/wanted.htm
http://www.handelsblatt.de/karriere/a_markt/a_markt.htm
http://www.jobs.adverts.de/stmarkt.html
http://www.wirtschaftsforum.de/jobforum.htm
http://imperia.fh-konstanz.de/-roth/jobs/
http://www.hightext.de/jobs.htm
http://www.stardiv.de/german/jobs.html
http://www.stellenboerse.de/
http://www.jobs.adverts.de/
http://www.networking.de/jobboerse/job_frame.htm
http://www.germany.net/kunden/zav/deutschland/zavdtsch.htm

Materialkiste und Literatur

Was darf ich überhaupt? Kinder haben Rechte – sei es, wenn sich ihre Eltern scheiden lassen, sei es bei Schulproblemen, sei es bei Konflikten mit der Polizei. Das Problem ist allerdings, dass sie ihre Rechte nur selten kennen. Der Deutsche Kinderschutzbund bietet jeden 1. und 3. Dienstagnachmittag im Monat im Frankfurter Kinderbüro eine kostenlose Rechtsberatung für Kinder und Jugendliche an.

i Kontakt: Frankfurter Kinderbüro, Schleiermacherstr. 7, 60316 Frankfurt am Main, Tel.: 069/212-39001, www.frankfurter-kinderbuero.de

Informationen von Jugendlichen für Jugendliche:
Seit dem 1. Dezember 1995 läuft beim Deutschen Bundesjugendring das Projekt *Koordinierung der Jugendinformationsangebote*. Ziel des Projekts ist es, den Erfahrungs-, Material- und Datenaustausch unter den Jugendlichen zu unterstützen.
Im Informationsdienst *Jugendinformation Aktuell*, der alle zwei Monate erscheint, werden Informationen aus dem In- und Ausland veröffentlicht. Faltblätter und Broschüren zu wichtigen Themen werden angeboten.

i Deutscher Bundesjugendring (DBJR), Mühlendamm 3, 10178 Berlin
Tel.: 030/400404-00, Fax: 030/400404-22, www.dbjr.de

Literatur: STIFTUNG DEMOKRATISCHE JUGEND, AFT-Projektbüro: Projekt-Handbuch für die Jugendarbeit. Berlin 1993 ● Das Projekt-Handbuch fasst die jüngsten Ergebnisse der Jugendforschung zusammen, beschreibt zahlreiche Jugendprojekte und enthält Hinweise und Anregungen für die Jugendarbeit, unter anderem zu finanziellen Förderangeboten von Stiftungen. Das Handbuch ist kostenlos erhältlich bei

i Stiftung Demokratische Jugend, Grünberger Str. 54, 10245 Berlin,
Tel.: 030/2945-289, Fax: 030/2945-281, www.jugendstiftung.org

Die örtliche Polizei, ihr Jugendschutzbeauftragter oder ihr entsprechender Fachmann ist bereit mit der Klasse über Drogen, Gewalt, Kriminalprävention, Verkehrssicherheit und viele andere Themen zu sprechen und zu diskutieren. In einigen Gemeinden gibt es gemeinsame Arbeitsgruppen von Polizei und Schulen.

i Arbeitskreis für Jugendliteratur e. V. (AKJ), Metzstr. 14c, 81667 München,
Tel.: 089/45808080, Fax: 089/45808088, www.jugendliteratur.org

Der Arbeitskreis versendet Listen von Kinder- und Jugendbüchern zu vielen Themen.
Die Broschüre *Ausbildung und Beruf. Rechte und Pflichten während der Berufsausbildung*, die eine Liste aller rund 370 anerkannten Ausbildungsberufe enthält, und die Broschüre *Berufsausbildung im dualen System in der Bundesrepublik Deutschland*, die in 22 Sprachen übersetzt ist, gibt es vom

i Bundesministerium für Bildung und Forschung, Referat Öffentlichkeitsarbeit, 53170 Bonn, Tel.: 0228/57-0, Fax: 0228/57-3601, www.bmbf.de

Wenn Schüler erfahren sollen oder wollen, wie vielfältig „Altenarbeit" sein kann, so können sie Informationen anfordern von

i Alt hilft Jung e. V., Bundesarbeitsgemeinschaft Alt hilft Jung e. V.
Kennedyallee 62-70, 53175 Bonn, Tel.: 0228/3771257, www.althilftjung.de

i Bundesverband „Graue Panther" e. V., Postfach 080233, 10002 Berlin,
Tel.: 030/2041229, Fax: 030/42802740, www.graue-panther-online.de

Eine „Fundgrube" für junge Leute, die sich ihr Lebensumfeld erobern wollen, ist das informative Buch von ● CHRISTINA EWALD/CHRISTIAN NAMBERGER/OTTO PRINCZ: Startklar? Infos & Tips für junge Leute. München 1995.

Demokratie

Michel und Ohne-Michel

Vorschläge für den Unterricht

Wortpuzzle

Bilde aus folgenden Wörtern drei Sätze!

alle – Abstammung – Anschauungen – benachteiligt – bevorzugt – darf – dem – Frauen – Geschlechtes – Gesetz – Glaubens – gleich – gleichberechtigt – Heimat – Herkunft – Männer – Menschen – niemand – oder – oder – politischen – Rasse – religiösen – seiner – seiner – seiner – seiner – seiner – seines – seines – sind – sind – Sprache – und – und – vor – wegen – werden
(Auflösung: Art. 3 GG)

Einstieg in das Thema „Parteien und Wahlen"

Zum Vorgehen

In der ersten Spalte von links bewertet der Schüler mit einer Skala, die von „1" für „unwichtig" bis zu „12" für „sehr wichtig" reicht, die Bedeutung eines Themas für sich persönlich. Jede Ziffer kann nur einmal vergeben werden. Das Thema, das nach der Auswertung aller Fragebögen die höchste Summe erreicht, ist für die Klasse das wichtigste.

Je nachdem, wie deutlich die Zuordnung der „Problemlösungskompetenz" zu bestimmten Parteien ausfällt, bzw. wie oft die Spalte „weiß nicht" angekreuzt wird, sieht der Lehrer, auf welchem Wissen und auf welchen Voreinstellungen der Schüler er aufbauen kann.

	Rangfolge der Wichtigkeit	Dieser Partei traue ich am ehesten die Lösung des Problems zu (ankreuzen):					
	(1 – 12)	**CDU/ CSU**	**SPD**	**FDP**	**Grüne/ B 90**	**PDS**	**weiß nicht**
Sicherung der Arbeitsplätze							
Stabilität der Währung							
Soziale Gerechtigkeit							
Sicherung der Renten							
Umweltschutz							
Energieversorgung/Kernkraft							
Bekämpfung des Drogenproblems							
Bekämpfung der Kriminalität							
Asyl/Einwanderung							
Angleichung der Lebensverhältnisse in den ostdeutschen an die der westdeutschen Bundesländer							
Europäische Zusammenarbeit							
Verbesserung der Lebensperspektiven für die Jugend							

Planspiel: Parteien – Wahlkampf – Wahl

Zum Vorgehen

1. Die Klasse diskutiert politische Themen, die ihr wichtig scheinen. Beispiele: Schule – Jugend – Umweltschutz – Tierschutz – Gleichberechtigung der Frau.
2. Je nach Größe der Klasse sollten sich zwei (oder drei) zentrale Anliegen herauskristallisieren, die die Schüler zu zwei (oder drei) Forderungskatalogen zuspitzen sollen.
3. Das führt zur Gründung von zwei (oder drei) „Parteien". Wegen der anfallenden Arbeiten sollte keine „Partei" weniger als zehn Schüler umfassen.

Aufgaben

a. Die „Parteien" geben sich einen Namen.
b. Die „Parteien" formulieren ein „Wahlprogramm" (aus Gründen der Zeitersparnis kein „Parteiprogramm").
c. Die „Parteien" wählen
   - einen „Vorsitzenden" und einen „Stellvertreter",
   - einen „Wahlkampfleiter",
   - eine „Liste" mit drei (oder vier) Kandidaten, wobei die Schüler sich fragen sollten, in welcher Reihenfolge sie die Liste besetzen und ob sie eine „Frauenquote" beachten wollen.

4. Die „Parteien“ erstellen „Wahlkampfmaterial“:
   - Reden der Listenkandidaten, die nicht länger als fünf Minuten dauern dürfen,
   - Plakate,
   - Werbespot fürs Radio (= Tonbandkassette): nicht länger als zwei Minuten,
   - falls es ohne größere Umstände möglich ist: Werbespot fürs Fernsehen (= Videoaufnahme), die ebenfalls nicht länger als zwei Minuten dauern sollte. (Wenn in der Schule nicht vorhanden, können Videoausrüstungen von der Stadt- bzw. Kreisbildstelle ausgeliehen werden.)
5. Die „Parteien“ führen in der Parallelklasse mit ihrem Material „Wahlkampf“. Der Lehrer bereitet die Wahlzettel vor.
6. Die Schüler der Parallelklasse wählen nach dem Verhältniswahlrecht. Die Schüler zählen gleich nach der Wahl die Stimmen nach dem Verfahren von Hare-Niemeyer aus. Sechs (oder acht) „Sitze“ sind zu vergeben.
7. Auswertung: „Wähler“ und „Parteien“ diskutieren, ausgehend vom Wahlergebnis, die Wahlprogramme und den Wahlkampf der „Parteien“.

Organisatorisch ist vor allem zu beachten, dass für die Punkte 5–7 die Parallelklasse benötigt wird. Da ein gemeinsamer Unterricht nicht ohne Änderungen im Stundenplan möglich sein wird, muss rechtzeitig mit den betreffenden Lehrern und dem Stundenplanmacher der Termin, bzw. die Termine zur Durchführung der Punkte 5–7 abgesprochen werden.

Zeitaufwand: Punkt 1 und 2: 1 Stunde; Punkt 2–4: 2 Stunden (wenn manches als Hausaufgabe erledigt wird); Punkt 5–7: 2 Stunden (am besten eine Doppelstunde)

Hearing: Welche Zukunft hat das Auto?

1. Die eine Hälfte der Klasse stellt die „Parlamentarier“ dar, die sich in dieser Frage beraten lassen. Im Falle dieses Hearings müssen sie die Fragen vorbereiten, die sie von den „Experten“ beantwortet haben wollen.
2. Drei bis vier Wochen vor dem angesetzten Termin des Hearings in der Klasse fordern die Schüler, die die „Experten“ sind, aufgeteilt in „autofreundliche“ und „autofeindliche“ Gruppen, schriftlich oder telefonisch Stellungnahmen der Verbände an.
3. Die „Experten“ bereiten als Hausaufgabe vier Stellungnahmen für das Hearing in der Klasse vor: zwei sind „autofreundlich“, zwei sind „autofeindlich“. Jede Stellungnahme sollte nicht länger als zehn Minuten dauern, sodass alle vier in einer Schulstunde vorgetragen werden können. Anschließend befragen die „Parlamentarier“ die „Experten“.
4. In der folgenden Schulstunde findet eine allgemeine Diskussion des Themas in der Klasse und eine Bewertung des Hearings statt.

Kontaktadressen für „autofreundliche“ Stellungnahmen:

i Allgemeiner Deutscher Automobilclub (ADAC)
Am Westpark 8, 81373 München, Tel.: 089/7676-0, www.adac.de

i Verband der Automobilindustrie e. V. (VDA)
Westendstr. 61, 60325 Frankfurt am Main, Tel.: 069/97507-0, www.vda.de

i Autofahrerpartei Deutschlands (ABD)
Postfach 2611, 74016 Heilbronn, Tel.: 07131/380-955

Kontaktadressen für „autofeindliche“ Stellungnahmen:

- i Bündnis 90/Die Grünen (B90/Grüne), Postfach 040609, 10063 Berlin, Tel.: 030/284420, www.gruene.de
- i Allgemeiner Deutscher Fahrrad-Club (ADFC) Postfach 107747, 28077 Bremen, Tel.: 0421/34629-0, www.adfc.de
- i Arbeitskreis Verkehr und Umwelt e. V. (UMKEHR), Exerzierstr. 20, 13357 Berlin, Tel.: 030/4927473, Fax: 030/4927972, www.umkehr.de
- i Naturschutzbund Deutschland e. V. (NABU), Postfach 301054, 53190 Bonn, Tel.: 0228/4036-0, www.nabu.de
- i Bund für Umwelt und Naturschutz Deutschland e. V. (BUND) Am Köllnischen Park 1, 10179 Berlin, Tel.: 030/275864-0, www.bund.net

Schüler erkunden die Kommune

Ein „Glücksfall“ für den Politikunterricht ist es, wenn ein kommunaler Streitfall vorliegt, an dem beispielhaft die Ziele der Parteien und die Möglichkeiten ihrer politischen und rechtlichen Durchsetzbarkeit gezeigt werden können, z. B. der Bau einer Müllverbrennungsanlage oder einer Umgehungsstraße. Der Einstieg in das Thema und in die Problematik kann über die Diskussion der Leserbriefe erfolgen, die in der Lokal- oder Regionalzeitung zur Streitsache erscheinen.
Anschließend machen sich die Schüler sachkundig, indem sie

- die Zeitung lesen und Wandzeitungen anfertigen;
- die Befürworter und Gegner anschreiben und um Informationen und Stellungnahmen bitten;
- herausfinden, in welchen Gremien politisch über die Sache entschieden wird;
- in Erfahrung bringen, welche legalen, vor allem rechtlichen Möglichkeiten die Gegner des Projekts haben;
- Sachverständige beider Seiten in den Unterricht einladen.

Zum Schluss stimmt die Klasse selbst ab. Dabei werden die Schüler, vor allem diejenigen, die in der Abstimmung „unterliegen“, mit mehr oder weniger persönlicher Betroffenheit die Erfahrung machen, dass „Wahrheit“, „Richtigkeit“ und „Gültigkeit“ der eigenen Ansichten mit den Prinzipien der demokratischen Mehrheitsentscheidung in Konflikt geraten können.

Eine andere Vorgehensweise ist vom Erfahrungsbereich der Schüler auszugehen und nach den Kompetenzen der Kommunalverwaltung zu fragen.
Beispiel: Die Schüler untersuchen die Tauglichkeit der Fahrradwegverbindungen zur Schule. In einen Stadtplan mit einem großen Maßstab, der an die Wand gehängt wird, werden mit Markierungsnadeln die Orte in der Stadt, wo diejenigen Schüler wohnen, die mit dem Fahrrad zur Schule kommen oder dies gerne tun würden, gekennzeichnet. Mit einem Farbmarkierer werden die bestehenden Radwege, die zur Schule führen, kenntlich gemacht. Dann recherchieren die Schüler vor Ort, welche Mängel die Radwege haben, wo verkehrsarme Straßen sind, die als Fahrradschulweg empfehlenswert sind, auch wenn ihre Benutzung einen zumutbaren längeren Weg verlangt, wo – bei entsprechender Verkehrsdichte (Verkehrszählung durchführen!) – neue Radwege gebaut werden müssten, wo besonders gefährliche Kreuzungen, Einfahrten und andere problematische Stellen sind. Die Schüler

überlegen sich Verbesserungsvorschläge. Sie formulieren diese schriftlich, dokumentieren mit Fotos die Gefahrenstellen und die anderen Mängel und zeichnen in einen Plan ein, wo ihre Verbesserungsvorschläge durchgeführt werden sollen.
Anschließend stellen sich den Schülern folgende Fragen: An wen können wir uns mit unseren Vorschlägen wenden? Wer kann uns kompetent beraten? Wer ist in unserer Gemeinde zuständig für die Planung, den Bau und den Unterhalt der Radwege? Wer beschließt, ob und wo Radwege gebaut werden? Gibt es eine Fraktion im Gemeinderat oder einen Abgeordneten, die bzw. der bereit ist unser Anliegen aufzunehmen?

Weitere Vorschläge für Erkundungen

- Wer ist für den Öffentlichen Personennahverkehr zuständig? Wer gestaltet die Fahrpläne? Wer setzt die Fahrpreise fest? Wer beschließt neue Straßenbahnen und Busse anzuschaffen?
- Gibt es ein Amt, das sich mit den Anliegen der Jugendlichen der Gemeinde beschäftigt? Was wird dort gemacht? Wer gibt diesem Amt die Zielvorgaben? Wie viel Geld darf das Amt ausgeben? Wer bewilligt das Geld? Wofür wird es ausgegeben? Wer kontrolliert die Ausgaben? Was bietet das Jugendamt den Jugendlichen der Gemeinde an? Wie können evtl. Änderungen oder Ergänzungen im Programmangebot durchgesetzt werden?
- Welches Amt ist für die Entsorgung des Mülls zuständig? Wohin wird der Restmüll gebracht? Wohin gehen die gesondert gesammelten Wertstoffe Glas, Papier u. a.? Wer setzt die Höhe der Müllgebühren fest? Welche Planungen gibt es für die Zukunft, für die Müllreduktion, für die Müllvermeidung? Wer plant? Wer beschließt, welche Planungsvariante in die Tat umgesetzt wird?

Erweiterungen

Theater und Kultur, Straßenbau und -verkehr, Sport, Sozialamt, Umweltschutz u. a.

Zum Vorgehen

- Die ganze Klasse widmet sich einem Thema und versucht in einem Zeitraum von einer Woche als Hausaufgabe die gestellten Fragen zu beantworten. Evtl. müssen die Schüler sich durchfragen, auch mit Hilfe des Telefonbuches.
- Die Klasse erkundet mehrere kommunale Aufgabenbereiche arbeitsteilig in Gruppen. Vorteil: Nicht nur ein einziges städtisches Amt wird dem „Ansturm“ einer ganzen Klasse ausgesetzt. Nach Abschluss der Erkundung berichten die Gruppen der Klasse. In einer Synopse setzt sich so ein Bild kommunaler Aufgaben zusammen.
- In kleinen Gemeinden ist es sinnvoller, wenn ein Verwaltungsfachmann die Klasse besucht und die Fragen der Schüler beantwortet. Oder die Klasse besucht den Bürgermeister um ihm die Fragen zu stellen, die die Klasse erarbeitet hat.
- In kleineren Gemeinden kann es auch angebracht sein - wenn die örtlichen Gegebenheiten dies erlauben - dass die Klasse unter Führung eines kommunalen Fachmanns einen Rundgang durch die Gemeinde macht: Bauhof - Kläranlage - Mülldeponie - Freibad/Hallenbad (Blick in die Technik; Unkosten - Einnahmen durch Eintrittsgelder) - Rathaus (Abteilungen und ihre Aufgaben) - Schulen/Kindergärten - Individualverkehr/Anbindung der Gemeinde an das Nahverkehrsnetz - Gemeindewald könnten Stationen eines solchen Rundgangs sein.

Was kann ich tun?

A: „Auf mich kommt es sowieso nicht an!“
B: „Mischen wir uns in unsere eigenen Angelegenheiten ein!“
C: „Wer hat Recht: A oder B?“

- Tageszeitung lesen
- Wochenzeitung lesen
- täglich Nachrichtensendungen sehen oder hören
- in der Familie über Politik sprechen
- mit den Freunden über Politik sprechen
- für das Amt des Klassensprechers kandidieren
- in der Klasse eine Aufgabe übernehmen, z. B. die Organisation des Wandertages
- an einer AG teilnehmen
- eine AG leiten
- bei der Schülerzeitung fest mitarbeiten
- einen Artikel für oder einen Leserbrief an die Schülerzeitung schreiben
- bei der Organisation einer Schulveranstaltung mitwirken, z. B. Dritte-Welt-Basar
- eine Patenschaft für Fünftklässler übernehmen
- sich als Nachhilfelehrer der „Nachhilfebörse“ der SMV zur Verfügung stellen
- soziales Engagement zeigen, z. B. sich mitverantwortlich zu fühlen, dass in den Pausen in der Schule nicht geprügelt wird, dass keine Sachen beschädigt werden, dass in den öffentlichen Verkehrsmitteln Rücksicht auf ältere Menschen und Kinder genommen wird
- Mitglied in einem Verein werden
- eine Aufgabe in einem Verein übernehmen
- Mitglied einer Bürgerinitiative werden
- eine Bürgerinitiative unterstützen
- an einer Demonstration oder Kundgebung teilnehmen
- Flugblätter verteilen
- Leserbrief an eine Zeitung schreiben
- an eine Partei oder an einen Abgeordneten schreiben
- eine Sitzung des Gemeinde- oder Stadtparlaments besuchen
- Mitglied einer Partei werden
- als Nichtmitglied eine Partei im Wahlkampf unterstützen
- einen Abgeordneten in seiner Sprechstunde besuchen
- an einem europäischen Jugendaustausch teilnehmen
- an einer Unterschriftenaktion teilnehmen
- sich an einer Spenden- und Hilfsaktion beteiligen
- eine Wahlkampfveranstaltung besuchen
- ab 16 oder 18 Jahren: wählen gehen

Aufgaben

- Bewerte jede Aktivität mit einer Note: 1 = nicht wichtig; 2 = wichtig; 3 = sehr wichtig! Vergleicht und begründet eure unterschiedlichen Bewertungen!
- Seht euch diese Liste zu Beginn des Schuljahres an und überlegt euch, jeder Einzelne für sich oder die ganze Klasse gemeinsam, welche der aufgezählten Aktivitäten ihr in diesem Schuljahr unternehmen wollt!

In einer zweiten Runde kann gefragt werden: „Was mache ich davon?“ (1 = nie; 2 = manchmal; 3 = häufig). Die auftretenden Diskrepanzen zwischen dem, was Schüler für wichtig halten, und dem, was sie tun, gibt den Anstoß dazu, darüber nachzudenken, welche Auswirkungen politische Enthaltsamkeit auf Demokratie haben kann.

Wo kann ich mitmachen?

Der Informationsdienst KABI (= Konzertierte Aktion Bundesjugendplan Innovation), der vom Bundesministerium für Familie, Senioren, Frauen und Jugend herausgegeben wird, berichtet im Abstand von zwei Monaten über Jugendinitiativen aus der ganzen Bundesrepublik. KABI nennt Adressen und Ansprechpartner der Projekte. Der Titel KABI - *Jugendinformationsdienst. Praxisorientierte Projekte der Jugendhilfe* kann beim Bundesministerium für Familie, Senioren, Frauen und Jugend bestellt werden (Anschrift s. S. 76).

Demokratie lernen – Jugendparlamente

Seit einigen Jahren gibt es Versuche, Jugendliche in kommunalen Angelegenheiten in institutionalisierten Formen mitbestimmen zu lassen, sei es in Jugendgemeinderäten, Jugendforen, Runden Tischen und Hearings. Daneben gibt es auch das Angebot von Kommunen, Kinder und Jugendliche über Kinderbüros, Stadtteilbüros, Befragungen und Jugendämter Einfluss nehmen zu lassen. Diese vielfältigen Mitbestimmungsmöglichkeiten sollen die Bereitschaft wecken, Verantwortung zu übernehmen und dem Misstrauen und der Abneigung vieler Jugendlicher gegenüber der formalisiert erscheinenden Demokratie zu begegnen.
Es gibt z. Zt. keinen umfassenden Überblick über den Stand und die Entwicklung der Jugendparlamente und anderer Jugendforen, auch keinen zentralen Ansprechpartner, der Informationen geben und Kontakte vermitteln kann. Wer Informationsmaterial haben will, wende sich an die Jugendämter der Städte, Kreise und Gemeinden, die Jugendparlamente oder andere Foren, die Mitwirkungsmöglichkeiten für Jugendliche anbieten. So gibt es in Baden-Württemberg 39 Jugendgemeinderäte und im Rheinland 26 institutionalisierte Möglichkeiten für Jugendliche, sich an der Kommunalpolitik zu beteiligen.

Beispiele aus Baden-Württemberg

1985 wurde der erste Jugendgemeinderat in Weingarten ins Leben gerufen. Von den 13- bis 15-Jährigen werden 33 Jugendvertreter für drei Jahre gewählt; jährlich wird im Rahmen des rollierenden Systems ein Drittel des Gremiums ausgetauscht. Sitzungen finden alle drei Monate statt. Gewählt wird während der regulären Unterrichtszeit, was zu einer hohen Wahlbeteiligung führt.
In Filderstadt haben die 14- bis 18-Jährigen - auch Ausländer - das aktive und passive Wahlrecht. Jeder Wahlberechtigte kann sich selbst auf die Wahlliste setzen, es gibt keine Jugendparteien und -fraktionen. Das Jugendparlament wird für zwei Jahre gewählt, es wird vom Oberbürgermeister geleitet und kann Anträge stellen. Die jugendlichen Parlamentarier haben die Ausweitung des Radwegenetzes und für einen Stadtteil die Einrichtung einer Fußgängerzone durchgesetzt.
In Ulm werden rund 80 Vertreter im Alter zwischen neun und 17 Jahren aus allen Ulmer Schulen in das Kinder- und Jugendparlament entsandt. Allerdings gibt es kein einheitliches Wahlsystem, den Schulen bleibt überlassen, wie sie ihre Delegierten bestimmen, die für drei Jahre im Amt bleiben. Auf Antrag des Kinder- und Jugendparlaments sind die Schulhöfe auch in der unterrichtsfreien Zeit geöffnet und im gesamten Stadtgebiet wurden Basketballkörbe aufgestellt.

In Freiburg/Br. fordern Jusos und Grün-alternative Jugend, dass alle 12- bis 18-Jährigen das aktive und passive Wahlrecht zum Jugendgemeinderat haben sollen, der für zwei Jahre an den Schulen und an zentralen Orten der Stadt gewählt werden soll. Die Jugendstadträte sollten in allen Ausschüssen des Gemeinderates vertreten sein, alle Beschlüsse des Jugendparlaments sollen im Gemeinderat diskutiert werden, gewählte Jugendvertreter sollten dort Antrags-, Rede- und Anhörungsrecht haben.
In Emmendingen sind alle 14- bis 18-Jährigen wahlberechtigt. Gewählt wurden 1995 – ohne Quote – zehn Mädchen und zehn Jungen. An den Schulen lag die Wahlbeteiligung im Durchschnitt bei 84 %, im ganzen Stadtgebiet bei 67 %. Das Jugendparlament hat sich in Arbeitsgruppen geteilt, die sich alle zwei bis drei Monate treffen. Eine Gruppe lieh sich Rollstühle aus und erkundete, welche Probleme sich Behinderten auf ihren alltäglichen Wegen durch die Stadt entgegenstellen. Eine zweite Gruppe kümmerte sich um Preisermäßigungen für Jugendliche. Eine dritte Gruppe organisierte ein „Newcomer-Band-Festival" und eine vierte Gruppe engagierte sich für die Einrichtung eines Jugendtreffs. Die wichtigste Erfahrung der Jugendlichen war, dass ihren Vorschlägen am häufigsten rechtliche Bedenken entgegengebracht wurden. Für 1997 ist in Emmendingen geplant: Streetballturnier, Behindertenhockey mit Geschicklichkeitstraining, Arbeitsplatzvermittlung für Jugendliche, Treffen mit anderen Jugendgemeinderäten.

Wer diese Idee, ein Kinder- und Jugendparlament zu gründen, aufgreifen will, sollte die Erfahrungen, die bisher mit diesen Gremien gemacht wurden, die aber nicht zu verallgemeinern sind, beachten:

- Mit der Eingrenzung des Altersspektrums, der Dauer des Mandats, der Häufigkeit von Sitzungen hat man noch nicht genügend Erfahrungen gesammelt, sodass noch keine generellen Empfehlungen gegeben werden können.
- Das Vorbild des Gemeinderates entspricht nicht unbedingt den Formen, in denen sich Kinder und Jugendliche artikulieren wollen und können.
- Die Beschränkung auf Stadtteilarbeit erscheint sinnvoller, da Kinder und Jugendliche besser für ihr unmittelbares Lebensumfeld sprechen können als für ein ganzes Stadtgebiet.
- Fast immer geht die Initiative zur Bildung eines derartigen Forums von Erwachsenen, selten von Jugendlichen aus, was z. T. auch die mangelnde Motivation des größten Teils der Jugendlichen erklärt.
- Vielen Kindern und Jugendlichen fehlt die Ausdauer für die „parlamentarische Arbeit". Das Interesse der Kinder und Jugendlichen an Kommunalpolitik nimmt kaum zu und lässt auch bei denen, die mitarbeiten, schnell nach, wenn sich nicht in kurzer Zeit sichtbare Erfolge einstellen. Kinder und Jugendliche brauchen Betreuung, Lob und öffentliche Anerkennung ihrer Arbeit, über die Realisierung ihrer Vorschläge hinaus.

Konkrete Hinweise und Tipps zu den Themen Kinderparlament, Beteiligung von Kindern und Jugendlichen an der Politik, an der Stadtplanung und -gestaltung, Mitbestimmung von Kindern und Jugendlichen im ländlichen Raum, Kinderkulturarbeit u.v.a. gibt das Deutsche Kinderhilfswerk mit seinen Veröffentlichungen:

i Deutsches Kinderhilfswerk e. V.
Leipziger Str. 116-118, 10117 Berlin, Tel.: 030/308693-0, www.dkhw.de

Institutionenkunde

Sehr viele Anknüpfungsmöglichkeiten an die Themen des Lehrplans bieten Biografien von Politikern. Mit ihnen lässt sich vor allem Zugang zur „Institutionenkunde" finden, seien es nun sehr bekannte Politiker wie Roman Herzog oder auch weniger bekannte wie in unserem Beispiel. Der Weg von Krista Sager kann durchaus als typisch gelten, wie jüngere Frauen zur Politik gekommen sind.
Politikerbiografien können vom Zentralen Dokumentationssystem des Presse- und Informationsamtes der Bundesregierung oder vom Munzinger Archiv bezogen werden.

i Presse- u. Informationsamt der Bundesregierung, 11044 Berlin, Tel.: 01888/27-0, E-Mail: posteingang@bpa.bund.de, www.bundesregierung.de

i Munzinger Archiv GmbH, Archiv für publizistische Arbeit, Albersfelder Str. 34, 88213 Ravensburg, Tel.: 0751/76931-0, Fax: -652424 E-Mail: box@munzinger.de, www.munzinger.de

Krista Sager, Tochter eines Malermeisters, wurde am 28. Juli 1953 in *Bremen* geboren. Ihre Mutter stammt aus Dänemark.
Sie wuchs in Bremen auf und ging dort zur Schule. Nach dem Abitur studierte sie von 1972 bis 1978 an der Universität Hamburg Deutsch und Geschichte für das höhere Lehramt, legte 1979 die Erste Staatsprüfung ab und ging für ein Jahr als Forschungsstudentin nach Dänemark. 1985 folgte ihre Zweite Staatsprüfung als Gymnasiallehrerin. Danach war K. S. als Lehrerin für Deutsch und Politik in der Erwachsenenbildung in Hamburg tätig.
Ihr politisches Engagement begann in der Bremer „Schülerbewegung", zur Zeit des Vietnamkrieges und der Notstandsgesetze, als sie, 14-jährig, mit gegen Fahrpreiserhöhungen demonstrierte. In Hamburg schloss sie sich der *Sozialistischen Studenten-Gruppe (SSG)* an. Die Gruppe stand dem maoistischen *Kommunistischen Bund Westdeutschland (KBW)* sehr nahe, dessen Sekretär Hans-Gerhard („Joscha") Schmierer damals dem despotischen Pol-Pot-Regime in Kambodscha persönlich seine Aufwartung machte. „Gerechtigkeitssinn" und „Leiden an der Wirklichkeit", zitierte das *Hamburger Abendblatt* K. S., waren die Grundmotive ihrer politischen Arbeit geworden (Hbg. Abl., 22.10.1990).
1982 trat K. S. der Hamburger *Grün-Alternativen Liste (GAL)* bei. Noch bewundert sie den „Fundamentalisten" Thomas Ebermann, der – neben Thea Bock – als Galionsfigur der Parlamentsneulinge spektakuläre Koalitionsverhandlungen mit der in die Minderheit geratenen SPD um eine Beteiligung am von Klaus von Dohnanyi präsidierten Senat anführte. Dank des (damals noch geltenden) Rotationsprinzips gelangte sie im Februar 1989 in die Hamburger Bürgerschaft. Im Herbst desselben Jahres stieg sie zur Vorsitzenden der achtköpfigen GRÜNE/ GAL-Fraktion auf, in der sie sich als hafen-, wirtschafts- und frauenpolitische Sprecherin profilierte. „Mit klarer Analyse und klugen politischen Attacken" habe sie sich bald, bescheinigte die *tageszeitung,* „den Respekt auch der Hamburger Finanzbürokratie" erworben (taz, 14.6.1993).
Im März 1990 gehörte Frau S. – den Fraktionsvorsitz hatte sie wieder abgegeben – zu den Begründerinnen der GAL-Frauenfraktion in der Bürgerschaft, die sich zu Beginn demonstrativ in nobler Männerkleidung präsentierte. Sie blieb deren

Mitglied bis zum Ende der Legislaturperiode, bevor die Bürgerschaftswahlen am 2. Juni 1991 ihrer Partei 7,2 % der Stimmen und neun Sitze bescherten und sie erneut in das „Feierabendparlament" der Hansestadt einzog. Kurz danach setzte sie sich bei der Besetzung der Fraktionsspitze gegen Martin Schmidt durch, nachdem die Politologin Simone Dietz, zuvor Spitzenkandidatin, zugunsten ihres Berufes verzichtet hatte. Hauptberuflich firmierte K. S., laut Handbuch der Bürgerschaft, als Fraktionsangestellte. Dass sie sich selbst nach einiger Zeit schon uneingeschränkt als „Berufspolitikerin" (ZEIT, 17.9.1993) empfand, zählte zu zahlreichen Indizien für einen grundlegenden Wandel des „grünen Selbstverständnisses", der in Hamburg untrennbar mit ihrem Namen verknüpft wird. Immer häufiger ihres „dänischen Pragmatismus" (FAZ) wegen gelobt, habe sie - so *Der Spiegel* - „die eigene Couleur derart gründlich umgefärbt (...), dass sie selbst ehedem unversöhnlichen Gegnern den Kopf" verdrehe (Spiegel, 27.9.1993). Nach innerparteilichen Zerwürfnissen in der Frage eines bereits damals von ihr befürworteten UN-Militäreinsatzes in Bosnien trat sie im April 1993 als Fraktionsvorsitzende zurück, um sich mehr um „Sachthemen" kümmern zu können. Sie müsse nun nicht mehr ständig die SPD attackieren und könne sich im Falle eines rot-grünen Regierungsbündnisses „eine der ersten Anwärterinnen" für einen Senats-Posten, als „senatorabel" profilieren, meinte das *Hamburger Abendblatt,* das den Zeitpunkt für „günstig gewählt" hielt (15.3.1993). Am 4. Mai 1993 erklärte das Hamburger Verfassungsgericht die Wahlen von 1991 wegen „schwerwiegender Demokratieverstöße" bei der Kandidatenaufstellung der CDU für ungültig. Am 12. Juni wurde K. S. für die für den 19. September 1993 angesetzten Neuwahlen zur GAL-Spitzenkandidatin gewählt. Mit 176 von 331 Stimmen setzte sie sich, präsentiert als erfahrene Parlamentarierin, gegen die „Radikalreformerin" Jutta Biallas durch. In der Folgezeit erfreute sie sich großen, zuvor ungewohnten Zuspruchs. So hob das *Hamburger Abendblatt* u. a. ihre „ausgesprochen coole Haltung gegenüber Rechtsextremen" hervor (Hbg. Abl., 12.9.1993), und die *Frankfurter Allgemeine Zeitung* attestierte „Selbstbewusstsein", weil sie nichts dagegen gehabt habe, „dass eine Boulevardzeitung (...) Fotos aus ihrem Familienalbum abdruckte: mein Dackel, meine Konfirmation, mein Liebster" (FAZ, 21.9.1993).
Selbstbewusst ging Frau S. denn auch in die Koalitionsgespräche mit der SPD, die mit 40,4 % der Stimmen ihr schlechtestes Nachkriegsergebnis erzielt hatte, während die CDU verheerende zehn % abgeben musste. GRÜNE/GAL verbesserte sich auf 13,5 % und zog mit 19 Abgeordneten in die Bürgerschaft ein – bestes je bis dahin von einer grünen Partei in Deutschland verbuchtes Wahlresultat. Der SPD-Landesvorstand votierte – gegen den Willen von Bürgermeister Henning Voscherau – mit 13 gegen elf Stimmen für Verhandlungen mit der GAL, die am 14. Oktober begonnenen Gespräche ließen jedoch eine Einigung in Kernfragen nicht in Sicht kommen. K. S. hielt u. a. am sofortigen Ausstieg aus der Kernenergie, am Vorrang des öffentlichen Personennahverkehrs sowie am Verzicht auf die umstrittene Hafenerweiterung in Altenwerder und eine vierte Elbtunnelröhre fest. Gleichwohl wies das *Hamburger Abendblatt* darauf hin, dass „vor allem die Grünen" sich bewegt und auf Vorhaben eingelassen hätten, „die vor der Wahl noch als Tabu galten" (Hbg. Abl., 8.11.1993). Am 10. November 1993 erklärten Frau S. und Voscherau die Verhandlungen für gescheitert, nach-

dem selbst die CDU der SPD vorgeworfen hatte, die GAL „gedemütigt“ zu haben. „Voscherau zog“, so später die *Frankfurter Allgemeine Zeitung,* „den konturenstarken Hamburger Grünen die blasse Truppe der Statt-Partei vor“ (29.12.1994). Einst ein Bürgerschreck, sah K. S. sich selbst nun als „Liebling der Götter“ (taz, 14.10.1994) und wurde, als Polittalent endgültig anerkannt, von den „Realos“ um Joschka Fischer umworben, nach Bonn zu gehen. Ohne Absicherung auf der Landesliste, trat sie bei den Bundestagswahlen am 16. Oktober 1994 im Wahlkreis Hamburg-Nord als Direktkandidatin gegen den SPD-Bewerber und früheren Senator Wolfgang Curilla an, dessen Chancen vor allem dadurch dramatisch sanken, weil ausgerechnet der SPD-Kulturpolitiker Martin Meier-Siem eine Wählerinitiative für sie ins Leben gerufen hatte. Frau S. erhielt stolze 18,6 %, und Meier-Siem wurde, nach 28 Jahren Parteizugehörigkeit, einige Monate später aus der SPD ausgeschlossen.
Vom grandiosen Hamburger Wahlerfolg überstrahlt, wurde K. S. auf der Bundesversammlung von BÜNDNIS 90/DIE GRÜNEN am 3. Dezember 1994 in Potsdam knapp mit 310 gegen 300 Stimmen gegen die vom linken Flügel unterstützte Christiane Ziller zur Sprecherin der Bundespartei gewählt, während der „Linke“ Jürgen Trittin, einst Minister in Niedersachsen, ohne Gegenkandidat zum zweiten der gleichberechtigten Sprecher aufstieg. Kommentatoren werteten ihre Wahl als Erfolg Fischers, und tatsächlich profilierte sie sich in der Folgezeit als verlässlichste Stütze der „Realo“-Bastion in Bonn, nachdem sie sich am 12. Dezember 1994 in Hamburg verabschiedet hatte. Als im Mai 1995 der Flügelstreit um ein neues Grundsatzprogramm der Partei wiederauflebte, sprang sie Fischer zur Seite, der daran gegangen war, die frühere Protestpartei zur Reformpartei der „neuen Mittelschichten“ fortzuentwickeln, und plädierte für eine „große Revision unserer Politik“ und u. a. dafür, sich „auf die Gemeinsamkeiten zwischen dem grünen Unternehmer und dem Öko-Linken“ ohne „ideologische Abschreckungsfloskeln“ zu verständigen (SPIEGEL, 15.5.1995). Die überraschenden Wahltriumphe der GRÜNEN in Nordrhein-Westfalen und Bremen evozierten im Sommer 1995 eine mit teilweise großer Heftigkeit geführte Debatte über „grüne Außenpolitik“. Hatte K. S. im *SPIEGEL*-Interview im Mai noch die „Beibehaltung unserer pazifistischen Gesamtvision“ ins Zentrum ihrer Betrachtungen gestellt, sprach sie sich im September 1995 – im Gegensatz zur auf dem Potsdamer Parteitag von einer großen Mehrheit getragenen kategorischen Ablehnung eines militärischen Einsatzes der Bundeswehr im früheren Jugoslawien – für „Blauhelmeinsätze mit deutscher Beteiligung“ als „Element der programmatischen Weiterentwicklung bündnisgrüner Außenpolitik“ aus und forderte, die *Organisation für Sicherheit und Zusammenarbeit in Europa (OSZE)* durch einen „militärischen Arm“ zu stärken (vgl. taz und FAZ, 14.9.1995). Im Dezember 1995 nahm sie die 22 GRÜNEN-Abgeordneten in Schutz, die für einen Bundeswehreinsatz in Bosnien votiert hatten, und warnte vor einer neuen „Eskalationsspirale“ in der Partei.
Lange hatte die ehemalige KBW-Sympathisantin, die die aus der SED hervorgegangene PDS zum klaren politischen Gegner erklärte, an der Option einer rot-grünen Koalition in Bonn festgehalten und mehrmals die SPD-Führung zu entsprechenden Festlegungen zu ermuntern versucht. Im November 1995, bei einer von der Konrad-Adenauer-Stiftung in Hannover veranstalteten Diskussion

mit dem niedersächsischen CDU-Fraktionsvorsitzenden Christian Wulff, fasste sie erstmals die Möglichkeit schwarz-grüner Bündnisse ins Auge, bevor sie im April 1996 ihre Partei zu einem „öffentlichen Dialog" über Gemeinsamkeiten mit der CDU aufrief. Die „babylonische Gefangenschaft mit rot-grünen Lager", so K. S., müsse überwunden, der Gefahr einer „SPD-Falle" entgangen werden. Sprecherkollege Trittin hingegen warnte davor, die Perspektive eines „rot-grünen Reformbündnisses" vorschnell abzuschreiben.
Am 13. August 1996 gab Frau S., die zuvor auch Mitglied des ZDF-Fernsehrates geworden war, bekannt, dass sie nach Hamburg zurückgehen werde, um dort die GAL in die Bürgerschaftswahl 1997 zu führen. Am Abend zuvor hatte sie die Mehrheit des Hamburger „Realo"-Flügels, der sich *Sozietät ohne feste Absichten (Sofa)* nennt, für das Sprecheramt der GAL nominiert. Am 24. August 1996 schließlich wurde sie - mit 137 gegen 58 Stimmen - und Antje Radcke vom linken Flügel an die Spitze der GAL gewählt. Ole von Beust, Oppositionschef und CDU-Bürgermeisterkandidat, freute sich vernehmlich auf den Wahlkampf gegen K. S. Ihre lockere Art sei ein Farbtupfer in der sonst eher tristen politischen Landschaft. Die Spitzenfunktionäre der hanseatischen Sozialdemokraten dagegen hatten „dazu (...) nichts zu sagen" (Hbg. Abl., 14.8.1996).
Ihren Rückzug aus Bonn, der als Verlust für Joschka Fischer und seine Anhänger gewertet wurde, schob Frau S. bis zu den Parteivorstandswahlen am 1. Dezember 1996 in Suhl/Thüringen hinaus. Dort wurde die „Reala" Gunda Röstel aus dem sächsischen Flöha erwartungsgemäß zu ihrer Nachfolgerin gewählt. Zweiter Parteisprecher blieb Jürgen Trittin. Wenn es ihr die Zeit erlaubt, fährt K. S., die die Philosophin Hannah Arendt für einen der klügsten Köpfe unserer Zeit hält, am liebsten in ihr Ferienhaus in Nordjütland. *(mi)*
(Quelle: Munzinger-Archiv, 1997)

Das Spektrum der Interessenverbände

In der Bundesrepublik gibt es schätzungsweise bis zu 4 000 Interessenverbände und eine ständig wechselnde Zahl von Bürgerinitiativen. Im folgenden Überblick werden für jeden Wirtschafts- und Arbeitsbereich nur die Adressen der größten Verbände genannt:

1. Wirtschaft und Arbeit

i Bundesverband der Deutschen Industrie e.V. (BDI), Breite Str. 29, 10178 Berlin, Tel.: 030/2028-0, -1448, www.bdi-online.de

Der BDI ist die Dachorganisation der 35 Wirtschaftsverbände der Industrie, die wiederum ca. 107 000 Betriebe vertreten, zur Wahrung und Förderung der gemeinsamen Interessen.

i Bundesvereinigung der Deutschen Arbeitgeberverbände e. V. (BDA), 11054 Berlin, Tel.: 030/2033-0, www.bda-online.de

Die Bundesvereinigung ist die Arbeitsgemeinschaft der Arbeitgeber zur Wahrung ihrer gemeinsamen sozialpolitischen Belange.

i Bundesverband der Freien Berufe (BFB)
Postfach 040320, 10062 Berlin, Tel.: 030/284444-0, www.freie-berufe.de

Der BFB vertritt Berufsgruppen wie Ärzte, Apotheker, Rechtsanwälte, Architekten u. a.

i Deutscher Gewerkschaftsbund (DGB), Postfach 110372
10833 Berlin, Tel.: 030/24060-0, www.dgb.de

Der DGB vertritt 8 Branchengewerkschaften mit über 7 Mio. Mitgliedern (Stand: 2002/2003).

i Verbraucherzentrale Bundesverband e. V. (vzbv)
Markgrafenstr. 66, 10969 Berlin, Tel.: 030/25800-0, www.vzbv.de

Der Bundesverband umfasst 35 Mitgliedverbände. Sie setzen sich aus 19 sozial- und verbraucherpolitisch orientierten Organisationen und aus den 16 Verbraucherzentralen der Bundesländer zusammen.

2. Verbände im sozialen Bereich

a. Kriegsfolgenverbände

i Bund der Vertriebenen (BdV), Vereinigte Landsmannschaften
und Landesverbände, Godesberger Allee 72–74, 53175 Bonn
Tel.: 0228/81007-0, www.bund-der-vertriebenen.de

mit 21 Bundeslandsmannschaften und 2,0 Mio. Mitgliedern

i Sozialverband VdK Deutschland, Wurzerstr. 4a, 53175 Bonn
Tel.: 0228/82093-0, www.vdk.de

Der VdK vertritt rund 1 000 000 Mitglieder. 1994 waren in der Bundesrepublik fast 1,3 Mio. Personen gesetzlich versorgungsberechtigt.

b. Wohlfahrtsverbände

i Bundesarbeitsgemeinschaft der Freien Wohlfahrtspflege (BAGFW)
Oranienburger Str. 13–14, 10178 Berlin,
Tel.: 030/24089-0, www.bagfw.de

Zur BAGFW zählen die Arbeiterwohlfahrt, das Diakonische Werk, der Caritasverband, der Paritätische Wohlfahrtsverband, das Deutsche Rote Kreuz und der Zentralwohlfahrtsverband der Juden in Deutschland.

c. Sonstige

i Deutscher Mieterbund e. V. (DMB)
Postfach 021041, 10121 Berlin, Tel.: 030/22323-0, www.mieterbund.de

Der DMB ist in 16 Landesverbände mit 1,3 Mio. Haushalten gegliedert.

3. Bürgerinitiativen

i Bundesverband Bürgerinitiativen Umweltschutz e. V. (BBU)
Prinz-Albert-Str. 73, 53113 Bonn, Tel.: 0228/214032, Fax: 0228/214033, www.bbu-online.de

Offizielle Mitglieder sind 150 Bürgerinitiativen und zwei Landesverbände.

4. Freizeit

i Deutscher Sportbund (DSB), Otto-Fleck-Schneise 12,
60528 Frankfurt am Main, Tel.: 069/6700-0, www.dsb.de

Der DSB vertritt über 26 Mio. Sportler.

i Allgemeiner Deutscher Automobilclub (ADAC)
Am Westpark 8, 81373 München, Tel.: 089/7676-0, www.adac.de

Der ADAC vertritt fast 10 Mio. Mitglieder.

5. Politisch-ideelle Verbände

i Greenpeace e. V.(GP)
Große Elbstr. 39, 22767 Hamburg,
Tel.: 040/30618-0, www.greenpeace.de

mit 510 000 Mitgliedern.

i Deutscher Naturschutzring (DNR), Dachverband der deutschen Natur- und Umweltschutzverbände e. V.
Am Michaelshof 8–10, 53117 Bonn,
Tel.: 0228/359005, www.dnr.de

Der DNR umfasst 94 Verbände mit 5,2 Mio. Personen.

6. Verbände öffentlicher Gebietskörperschaft

i Deutscher Städte-und Gemeindebund,
Marienstr. 6, 12207 Berlin,
Tel.: 030/77307-0, www.dstgb.de

Der DStGB vertritt 14 500 Städte und Gemeinden.

Möglichkeiten für den Unterricht:

- das sehr differenzierte Spektrum der Verbände kennen lernen,
- Ziele eines Verbandes mit denen der Parteien vergleichen,
- Arbeits- und Vorgehensweise der Verbände analysieren und mit der der Parteien vergleichen,
- Verbände und Parteien als Wesensmerkmale der pluralistischen Demokratie erkennen.

Parteinahe Stiftungen und kirchliche Bildungswerke

Parteinahe Stiftungen

Hanns-Seidel-Stiftung e.V. (HSS)
Postfach 190846
80608 München
Tel.: 089/1258-0
Fax: 089/1258-356
www.hss.de

Die Hanns-Seidel-Stiftung bietet Veranstaltungen an, z. B. in ihrem Jahresprogramm *Politische Bildung '96*, an denen auch Schüler und Jugendliche, aber nicht geschlossene Schulklassen, teilnehmen können. Die wichtigsten Themenbereiche der Veranstaltungen sind:

- Politisches Engagement in der Demokratie
- Wirtschaft, Recht und Soziales
- Alt und Jung in Familie und Gesellschaft
- Zeitgeschichte, Ideen und Ideologien
- Europa-, Außen- und Sicherheitspolitik
- Kommunalpolitik, Agrarpolitik und ländlicher Raum
- Journalistische Nachwuchsförderung

Speziell für Schüler und Jugendliche werden Kurzveranstaltungen, Wochenendseminare und Ferienakademien angeboten. Wochenendseminare für Schüler im Jahr 1996 behandeln beispielsweise folgende Themen:

- Mitwirkungsmöglichkeiten in der Demokratie – die Schülermitverantwortung (SMV)
- Gewaltbereitschaft in Schule und Gesellschaft
- Deutschlands Geschichte seit 1945
- Bevölkerungsentwicklung

Die Seminare für Schüler und Jugendliche standen im Programmjahr 1996 unter dem Thema *Mitwirkungsmöglichkeiten für Jugendliche in der Demokratie*.
Die Themen der beiden Ferienakademien für Schüler und Jugendliche werden nach Teilnehmerwünschen und nach aktuellen Erfordernissen ausgewählt. Exkursionen und Freizeitangebote lockern das Seminarprogramm auf.
Das umfangreiche Angebot für Lehrer, Erzieher und Eltern ist unter den Seminaren zur Schulpolitik zusammengefasst.
Die Stiftung bietet auch an Kooperationsveranstaltungen durchzuführen, Fachleute und Referenten für Fremdveranstaltungen zu vermitteln und Sonderseminare mit interessierten Bildungseinrichtungen durchzuführen.

Konrad-Adenauer-Stiftung e.V. (KAS)
Postfach 1420
53732 Sankt Augustin
Tel.: 02241/246-0,
www.kas.de

Die Konrad-Adenauer-Stiftung bietet Veranstaltungen zur politischen Bildung sowohl für Lehrer als auch für Schüler an.
Im Programm 2/1996 werden z. B. Seminare für junge Erwachsene zwischen 16 und 28 Jahren mit den Themen *Wege in die Politik*, *Wege in den Journalismus* und *Workshops für junge Zeitungsmacher* angeboten. Speziell an Schülerinnen und Schüler der gymnasialen Oberstufe wendet sich ein Seminar über *Bildungschancen und Bildungsmöglichkeiten* unter besonderer Berücksichtigung des EU-Aspekts.
Informationen und die Halbjahresprogramme sind auch von den 22 Bildungswerken der Konrad-Adenauer-Stiftung, die über die ganze Bundesrepublik verteilt sind, zu erhalten.

Friedrich-Ebert-Stiftung e.V. (FES)
53170 Bonn
Tel.: 0228/883-0
www.fes.de

Die Akademie der Politischen Bildung der Friedrich-Ebert-Stiftung bietet in ihrem Jahresprogramm 1997 neben wissenschaftlich-politischen Fachtagungen auch Seminare zu diesen Themen an: Europa und Deutschland in der Weltpolitik/Aufgabe Integration – Wege zur inneren Einheit Deutschlands/Staat und Gesellschaft im Wandel/Wirtschafts- und Lebensstandort Deutschland – ökologische und soziale Wirtschaftsordnung/ Mensch – Arbeit – Technik/Kommunalpolitik/Bildung – Kultur – Freizeit/Solidarische Gesellschaft/Wege zum politischen Handeln/Management und Politik/Geschichte und Politik/und weitere Fachtagungen und Seminare. Die Veranstaltungen sind in der Regel für alle Interessierte zugänglich, z. T. wenden sie sich gezielt an Jugendliche und Schüler.
Die Akademie bietet an für Gruppen – ab 20 Personen – spezielle Weiterbildungsprogramme zu entwickeln! Wünsche können direkt an die Akademien oder an eines der Regionalbüros gerichtet werden, deren Adressen im Jahresprogramm abgedruckt sind.

Die der FDP nahe stehende Friedrich-Naumann-Stiftung hat folgende Adresse:

i Friedrich-Naumann-Stiftung e.V. (FNSt)
Postfach 900164, 14482 Potsdam
Tel.: 0331/7019-0, www.fnst.de

Zu den Grünen:

i Heinrich-Böll-Stiftung e. V. (hbs)
Rosenthaler Str. 40-41, 10178 Berlin, Tel.: 030/28534-0, www.boell.de

Kirchliche Bildungswerke

Evangelische Akademien in Deutschland e.V. (EAD)
Akademieweg 11
73087 Bad Boll
Tel.: 07164/79-272
E-Mail: office@evangelische-akademie.de
www.evangelische-akademie.de

Die Geschäftsstelle der Evangelischen Akademien in Bad Boll gibt eine halbjährliche Tagungsübersicht der Evangelischen Akademien in Deutschland heraus. Diese umfangreiche Zusammenstellung ist nicht vollständig. Wer sich über das gesamte Tagungsangebot der 24 EAD-Akademien einen Überblick verschaffen will, informiert sich aus deren Halbjahresprogrammen. Eine Liste der Anschriften aller Evangelischen Akademien in Deutschland befindet sich in der Tagungsübersicht, die von der Geschäftsstelle in Bad Boll bezogen werden kann.
Im ersten Halbjahr 1996 fanden Tagungen neben vielen anderen auch zu diesen Themenbereichen statt, die Berührung mit dem Politikunterricht haben:

- Frieden, Abrüstung, Friedenserziehung
- Umwelt, Ökologie
- Europa
- Internationale Politik
- Staat, Gesellschaft, Politik, Geschichte
- Frauen, Männer, Jugend, Familie, Partnerschaft
- Recht, Strafvollzug, Polizei
- Medien
- Erziehung, Bildung, Bildungspolitik

Die 24 katholischen Akademien arbeiten im Leiterkreis der Katholischen Akademien zusammen:

i Leiterkreis der katholischen Akademien
Leonhardstr. 18-20, 52064 Aachen,
Tel.: 0241/47996-21,
www.katholische-akademie.de

Organisationen und Vereine

Aktion Gemeinsinn e.V.
Am Hofgarten 10
53113 Bonn
Tel.: 0228/222306
Fax: 0228/219409, www.gemeinsinn.de

Die Aktion Gemeinsinn, eine „Vereinigung unabhängiger Bürger in Deutschland“, wurde 1957 nach dem amerikanischen Vorbild des National Advertising Council gegründet. Ziel der Vereinigung ist es, „in deutschen Landen die Bürgerinnen und Bürger gegenüber jeweils drängenden gesellschaftlichen und politischen Problemen zu sensibilisieren und sie zu aktivem persönlichen Engagement anzuregen ... Die Bürger müssen selber Dinge in die Hand nehmen, die der Staat nicht tun kann oder nicht tun sollte.“ (Quelle: Selbstdarstellung)

Die Aktion Gemeinsinn ist kein Mitgliederverein, d.h., sie hat keinen organisatorischen Unterbau in Form von Landes- und Ortsverbänden. Sie finanziert sich aus Spenden. Die Kampagnen werden ehrenamtlich und kostenlos von Werbeagenturen, Zeitungs- und Zeitschriftenverlegern, Rundfunk- und Fernsehanstalten durchgeführt.

Beispiele für Kampagnen der Aktion Gemeinsinn, die zur Veränderung des Bewusstseins und zum Handeln der Bürger führen sollen:

– *Aufruf zur Betreuung ausländischer Studentinnen und Studenten in deutschen Gastfamilien* (1959)
– *Das Alter darf nicht abseits stehen* (1962): Daraus entwickelte sich *Essen auf Rädern* und das *Kuratorium Deutsche Altershilfe*
– *Das ist Herr Ohne-Michel* (1964), gegen eine Haltung der politischen Passivität
– *Fremde oder Freunde, es liegt an uns* (1978), zu Gunsten von Gastarbeitern und deren Kindern
– *Eine Welt oder keine Welt* (1985), eine Dritte-Welt-Kampagne
– *Halt - keine Gewalt* (1992), zur Bekämpfung der Ausländerfeindlichkeit
– *Mensch! Tu was* (1994/95), zur Förderung ehrenamtlicher Tätigkeit

Seit 1989/90 führt die Aktion Gemeinsinn auch Tagungen in und mit den neuen Bundesländern durch. An diesen nehmen Experten teil, die zu 80 % aus den neuen und zu 20 % aus den alten Bundesländern kommen. Die Themen beziehen sich vor allem auf Fragen nach der nationalen Identität der Deutschen und auf Gefahren, die der Gesellschaft durch Rechtsradikalismus und Ausländerfeindlichkeit drohen.

Die Aktion Gemeinsinn versendet Broschüren, so z. B.

– *Wie Deutsche aus Ost und West die frühere DDR erlebt haben* (1991)
– *Die „Ausländer“ und wir. Zahlen, Tatsachen, Argumente* (1993)
– *Mensch! Tu was. - Unter tausenden, die nur reden, ist nur einer, der was tut* (1994)
– *Empathie - Die Fähigkeit zu verstehen, wovon die anderen reden* (1995)

Jugend im Bund für Umwelt und Naturschutz Deutschland e.V. (BUNDjugend)
Am Köllnischen Park 1a, 10179 Berlin
Tel.: 030/275865-0,
www.bundjugend.de

Über 36 000 junge Menschen in Deutschland, die unter 26 Jahren alt sind, sind in 700 Jugend- und 300 Kindergruppen der Jugend im Bund für Umwelt und Naturschutz Deutschland (BUNDjugend) organisiert. Das wichtigste Ziel ist es, Kindern und Jugendlichen den Natur- und Umweltschutz altersgemäß nahe zu bringen, „weil wir in einem sauberen Fluss baden möchten statt in einem gechlorten Swimming-Center. Weil uns Fernsehen und Video kein Ersatz für das Leben sind. Weil wir Tiere, Pflanzen, diese Erde viel zu sehr lieben, als dass wir sie einfach ihren geld- und machtgeilen Zerstörern überlassen könnten". (aus: BUNDjugend, 1994)
Auch im BUND arbeitet die BUNDjugend aktiv mit: Sie ist in allen BUND-Gremien vertreten und tritt dort für die Interessen der Jugendlichen ein. Viele Beschlüsse des BUND, etwa zum Boykott des Dualen Systems oder gegen die Ausländerfeindlichkeit, wurden von Jugendlichen angestoßen und mitgestaltet.
Einen Überblick über das vielfältige Angebot gibt die Bundesgeschäftsstelle, Ansprechpartner für Interessierte sind die Landesgeschäftsstellen und Ortsgruppen, deren Adressen von der Bundesgeschäftsstelle erfragt werden können.
Die BUNDjugend bietet Kindern, Eltern, Lehrern und Erziehern eine Fülle von Materialien zur Umwelterziehung an. Dazu zählen die vierteljährlich erscheinenden *Tipps zur Saison*, Informationsbroschüren mit Denk- und Aktionsanstößen aus der Reihe *kunterbund*, Seminare und vieles andere. Eine Bestellliste, *Materialservice* genannt, kann von der Bundesgeschäftsstelle bezogen werden.

GREENPEACE e.V.
Greenteam
Große Elbestraße 39
22767 Hamburg
Tel.: 040/30618-0,
www.greenpeace.de

Ebenfalls für den lokalen und globalen Umwelt- und Naturschutz engagieren sich rund 20 000 Jungen und Mädchen im Alter zwischen zehn und 14 Jahren in knapp 1 600 Greenpeace-Kindergruppen, den „Greenteams", die 1990 von Greenpeace gegründet wurden um dem Engagement der Kinder ein Forum zu geben. Nach dem Vorbild von Greenpeace arbeiten auch die Kinder mit öffentlichkeitswirksamen Aktionen, die von der Greenpeace-Zentrale beratend begleitet werden.
Für alle, die an einer Mitarbeit bei den Greenteams interessiert sind, gibt es zur grundlegenden Information das *Greenteam-Info*. Wer eine Greenteam-Gruppe gründen will, erhält das *Greenteam-Handbuch*.
Anregungen für ökologische Aktivitäten an den Schulen gibt die Broschüren-Reihe *Tat-Ort Schule*.
Eine Publikationsliste und eine kommentierte Literaturliste zur Umwelterziehung und -bildung für Erwachsene (Theorie-, Praxisbücher, Lehrmittel) und für Kinder und Jugendliche (Sach- und Aktionsbücher, Romane und Öko-Krimis sowie Zeitschriften und Öko-Spiele) können unter der angegebenen Adresse bestellt werden.

Naturschutzbund Deutschland e.V. (NABU)
Postfach 301054,
53190 Bonn
Tel.: 0228/4036-0,
www.nabu.de

Der NABU hat über 200 000 Mitglieder, die in 14 Landesverbänden und etwa 1 500 Orts-, Kreis- und Fachgruppen organisiert sind. In Bayern ist die Partnerorganisation des NABU der Landesverband für Vogelschutz in Bayern e. V. (LBV). Die Jugendorganisation des NABU, die Naturschutzjugend (Naju), engagiert sich in rund 1 500 Kinder- und Jugendgruppen im Natur- und Umweltschutz. Sie ist mit 45 000 Mitgliedern im Alter zwischen sechs und 25 Jahren bundesweit die größte im Naturschutz tätige Jugendorganisation.

Naturschutzjugend im Naturschutzbund Deutschland (NAJU)
Postfach 301045, 53190 Bonn
Tel.: 0228/4036-190,
www.naju.de

Bundesweite Aktionen der Naju sind der jährlich stattfindende Umwelt-Kreativ-Wettbewerb *Erlebter Frühling*, der *Vogel des Jahres*, *Klima*, *Mobil ohne Auto*, der jährliche Jugendumweltkongress u. a. Wer an der Mitarbeit in einer Kinder- oder Jugendgruppe interessiert ist oder eine solche gründen oder leiten möchte, wird mit der Broschüre *Leitfaden. Aktiv werden in der Naturschutzjugend* umfassend beraten.
Eine umfangreiche Liste der vielfältigen *Materialien der Naturschutzjugend*, die auch viel Nützliches für die Schule anbietet, kann von der Bundesgeschäftsstelle in Stuttgart angefordert werden.

Deutsche Waldjugend der Schutzgemeinschaft Deutscher Wald e.V.
Meckenheimer Allee 79, 53115 Bonn
Tel.: 0228/945983-0,
www.sdw.de

Die Deutsche Waldjugend hat etwa 5 000 Mitglieder im Alter von acht bis 25 Jahren, die sich für den Schutz von Natur und Landschaft engagieren. Sie führen Fahrten und Lager durch, um Mensch und Natur im In- und Ausland kennen zu lernen. In den wöchentlichen Gruppenstunden beschäftigen sich die Kinder und Jugendlichen mit den ökologischen Zusammenhängen in der Natur, mit Spielen, Basteln, Theater und Musik. Im Mittelpunkt der Arbeit jeder Waldjugendgruppe steht der Patenforst, in dem die Waldläufer unter der Anleitung des Patenförsters Arbeiten zur Waldpflege durchführen und der Naturbeobachtung nachgehen.

Robin Wood Gewaltfreie Aktionsgemeinschaft für Natur und Umwelt e.V.
Postfach 102122, 28021 Bremen
Tel.: 0421/59828-8,
www.robinwood.de

1982 begannen Umweltschützer gegen den sauren Regen in Aktion zu treten. Der Name des Vereins ist hergeleitet von Robin Hood, denn die Aktivisten sehen sich als „Rächer der Entlaubten“. Inzwischen hat der Verein rund 2 500 Mitglieder, in etwa 30 Städten arbeiten Regionalgruppen. Zum Thema *Waldsterben* sind weitere Schwerpunkte hinzugekommen: Robin Wood arbeitet gegen die Zerstörung der Tropenwälder, gegen Energieverschwendung und Müllflut und für eine neue Verkehrspolitik.
Mit einer *Warenbestellliste* können z. B. *Unterrichtsmaterialien Treibhauseffekt und Ozonloch*, *Info-Mappen* zu den Themen Wald, Tropischer Regenwald, Energie,

Atomenergie, Verkehr, Transrapid, Klima, Müll und viele andere Informationsmaterialien bestellt werden.

Haben Kinder keine Lobby?

Kommission zur Wahrnehmung der Belange der Kinder (Kinderkommission)
Konrad-Adenauer-Str. 1, 11011 Berlin
Tel.: 030/227-32948,
www.bundestag.de/gremien/a12_kk/index.html

Der Ältestenrat des Deutschen Bundestages beschloss 1988 die „Kommission zur Wahrnehmung der Belange der Kinder (Kinderkommission)" einzusetzen. Jede Fraktion entsendet ein Mitglied, der Vorsitz wechselt zwischen den Fraktionen turnusmäßig. Die Kommission ist ein Unterausschuss des Ausschusses für Familie, Senioren, Frauen und Jugend des Deutschen Bundestages.

„Kinderkommission - eine Lobby für Kinder: Die Tätigkeit der Kinderkommission zieht sich durch fast alle Politikbereiche, weil die Kinderpolitik eine Querschnittsaufgabe darstellt. Wichtigste Aufgabe der Kommission ist es, alle bundesrechtlichen Vorschriften auf ihre Auswirkungen auf Kinder zu prüfen und - soweit erforderlich - Änderungsvorschläge vorzulegen.

Die Kinderkommission will im besten Sinn des Wortes parlamentarische und außerparlamentarische Interessenvertretung für Kinder sein und kinderpolitische Signale setzen. Im Rahmen der zeitlichen, technischen und rechtlichen Möglichkeiten will sie auch Partner und Förderer der Verbände und Organisationen sein, die sich für die Interessen von Kindern einsetzen." *(Quelle: Selbstdarstellung)*

Schwerpunkte der Arbeit der Kinderkommission sind: Stärkung der Rechte von Kindern (Familien- und Kinderwahlrecht, Partizipation von Kindern bei sie betreffenden Entscheidungen: z. B. Kinderparlamente bzw. -vertretungen) - Verbesserung der Lebensbedingungen von Familien mit Kindern (Abbau von offener und versteckter Kinderfeindlichkeit) - Kinder und Medien - Umsetzung der UN-Kinderrechtskonvention - Reform des Kindschaftsrechts (Sorge- und Umgangsrecht, Arbeit und Kontrolle der Jugendämter) - Kinder und Werbung - Ökologische Kinderrechte - Gewalt gegen Kinder - Kinder- und familiengerechtes Planen und Bauen - Sicherheit von Kindern im Straßenverkehr - Kindgerechte Gesundheitspolitik - Schaffung kinder- und familiengerechter Strukturen.

Aktion Humane Schule e.V. (AHS)
Merheimer Str. 484, 50735 Köln
Tel.: 0221/9743297,
www.ahs.uni-osnabrueck.de

Die Aktion Humane Schule wurde 1974 in Bietigheim von dem Theologieprofessor Dr. Walter Leiprecht aus Betroffenheit über einen Schülerselbstmord gegründet. Sie arbeitet unabhängig, überparteilich und überkonfessionell. Die Organisation wendet sich an Kinder und Jugendliche, Lehrer, Eltern und an die Öffentlichkeit mit dem Ziel, eine menschlichere und kinderfreundliche Schule zu schaffen.

Die Aktion Humane Schule fordert:

„- die Ganzheit der Person des Kindes bzw. Jugendlichen anzuerkennen;
- die vertrauensvolle Zusammenarbeit zwischen Schule und Elternhaus, denn Eltern und Lehrer bilden eine Verantwortungsgemeinschaft;

- den in Pädagogik und Psychologie optimal ausgebildeten Lehrer;
- die möglichst umfassende pädagogische Freiheit des Lehrers und die Autonomie der einzelnen Schule;
- angstfreies Lehren und Lernen auf der Grundlage gegenseitigen Vertrauens;
- Lob des Kindes auch für Anstrengung, nicht nur für vollbrachte Leistungen;
- Abschaffung der pädagogisch unhaltbaren Ziffernzensuren, mindestens in der Grundschule;
- mehr Mitsprache der Schüler im Lebensraum Schule;
- so viel Integration von Kindern und Jugendlichen mit Behinderungen wie möglich;
- Recht der Eltern auf Wahl der Schulform und auch der Schulart für ihr Kind;
- eine für alle Kinder gemeinsame sechsjährige Grundschule;
- ein flächendeckendes Angebot von Ganztagsbetreuung und Ganztagsschulen."

(Quelle: Selbstdarstellung)

Die Lobbyarbeit der AHS besteht darin,
- dass Lehrer, Eltern, Kinder und Jugendliche die Schulnöte miteinander besprechen,
- dass die AHS mit Schulverwaltungsbeamten und Bildungspolitikern im Sinne ihrer Forderungen Kontakt hält,
- dass sie Informationsstände auf Marktplätzen aufstellt, Gesprächsabende und Vortragsveranstaltungen durchführt,
- dass sie bei Schulsorgen berät,
- dass sie sich an Lehrerfortbildungen beteiligt,
- dass sie Öffentlichkeitsarbeit betreibt.

Unter der oben angeführten Adresse kann eine *Bestell-Liste für Informationsmaterial* angefordert werden. Als kostenloses Material gibt es neben verschiedenen Selbstdarstellungen der Organisation, z. B. den *Aufruf: Schule neu gestalten* oder *Wie macht Schule Spaß?* u. a. Gegen einen kleinen Unkostenbeitrag sind die *Baustein-Info Blätter: Wir bauen eine humane Schule!* zu erhalten. An Broschüren werden z. B. Titel wie *Was ist eine gute Schule?*, *Einmischen statt wegschauen – Jugendliche wagen Zivilcourage* u.v.a. angeboten. Die Mitglieder der AHS erhalten die Zeitschrift *Humane Schule*, von der ein älteres Heft kostenlos zur Ansicht von Nichtmitgliedern bestellt werden kann.

Deutscher Kinderschutzbund e.V. (DKSB)
Schiffgraben 29
30159 Hannover
Tel.: 0511/30485-0,
www.kinderschutzbund.de

Der Kinderschutzbund fordert,
- dass die UN-Konvention über die Rechte des Kindes in nationales Recht umgesetzt wird,
- dass die Bundesregierung einen Kinderbeauftragten einsetzt,
- dass für alle Gesetzesvorhaben und Verwaltungsentscheidungen eine „Kinderverträglichkeitsprüfung" durchgeführt wird,
- dass eine Erziehung ohne körperlich und seelisch verletzende Strafen gesetzlich festgelegt wird,
- dass Kinder in sozialer und wirtschaftlicher Sicherheit aufwachsen können.

Der Kinderschutzbund bietet zeittaktfreie Kinder- und Jugendtelefone in über 60 Städten, Kinderhäuser, Schülerhilfe, Beratung für Eltern, Babysitterdienste, Spielstuben, Spielmobile und Kinderfeste an.
Um seine Ziele zu erreichen,
- spricht der DKSB mit der Bundes- und den Länderregierungen und den Jugendhilfeausschüssen in Kreisen, Städten und Gemeinden,
- trägt er seine Anliegen in die Bevölkerung mit Plakatserien, Fernsehspots und Aufklebern und nutzt Zeitungen, Funk und Fernsehen für Öffentlichkeitsarbeit.

Bestell-Listen für Plakate und Schriften, unter anderem auch zum Thema Schule, können unter der oben angeführten Adresse bezogen werden.

Deutsches Kinderhilfswerk e.V. (DKHW)
Leipziger Str. 116-118, 10117 Berlin
Tel.: 030/308693-0,
www.dkhw.de

Das DKHW ist eine bundesweit tätige und gemeinnützige Organisation, zu der etwa 20 000 Einzelmitglieder und fast 900 Mitgliedsgemeinden mit insgesamt mehr als 25 Mio. Einwohnern und über 2 000 rechtlich selbstständige Verbände gehören. Das DKHW arbeitet im „Aktionsbündnis Kinderrechte" mit, in dem auch UNICEF, terre des hommes und der Kinderschutzbund vertreten sind. Wie dieser fordert das DKHW einen Kinderbeauftragten auf Bundesebene. Das DKHW
- fordert die Berücksichtigung der Interessen, Bedürfnisse und Rechte der Kinder und Jugendlichen in allen Lebensbereichen, vor allem bei der Stadtplanung und in der Politik (Spielraum und Kinderlobby),
- meldet sich bei aktuellen kinderpolitischen Diskussionen zu Wort und führt Fachveranstaltungen für Entscheidungsträger in Politik, Verwaltung und Verbänden durch,
- setzt sich für die Einrichtung kommunaler Kinderinteressenvertretungen ein,
- beteiligt sich selbst mit einem umfangreichen und vielfältigen Angebot zur Verbesserung der Lebensqualität für Familien und Kinder,
- führt mit anderen Verbänden am Weltkindertag (20. September) bundesweit eine Vielzahl von Veranstaltungen und Aktivitäten mit kinderpolitischem Anspruch durch.

Eine Liste der Veröffentlichungen, die für die Schule und den Unterricht von Nutzen sein können, kann beim DKHW bestellt werden.

Mehr Platz für Kinder e.V. (MPfK)
Köpenicker Str. 48-49,
10179 Berlin
Tel.: 030/278799-11,
E-Mail: kolle@bda-bund.de

Ziel des Vereins ist die Entwicklung und Realisierung optimaler Umweltbedingungen für Kinder, die kinderfreundliche Stadt, die mehr ist als die Einrichtung von Spielplätzen und Kindergärten. Eltern, Hausbesitzer, Architekten, Stadtplaner, Baubeamte, Politiker, überhaupt alle Erwachsenen sind aufgerufen, die gebaute und gestaltete Umwelt auf ihre Kinderfreundlichkeit zu überprüfen und kindgemäß umzugestalten. In Herten und Essen wird diese Konzeption beispielhaft umgesetzt. Eine umfangreiche Liste der Veröffentlichungen (z. B. BOEMINGHAUS: Die Umgestaltung von Schulhöfen als kommunikativer Prozess) erklärt die mit mehreren Preisen ausgezeichnete Arbeit des Vereins.

Deutscher Bundesjugendring (DBJR)
Mühlendamm 3, 10178 Berlin
Tel.: 030/400404-00,
www.dbjr.de

Der Deutsche Bundesjugendring erfasst etwa 5 Mio. Jugendliche im Alter von 10 bis 25 Jahren. 21 Jugendverbände, 16 Landesjugendringe und drei Anschlussverbände sind Mitglieder im DBJR, der ihre Interessen gegenüber der Politik, den Behörden und der Öffentlichkeit vertritt.

Anregung: Jährlich wird am 20. September der Weltkindertag begangen, der 1954 von den Vereinten Nationen ins Leben gerufen wurde. Mehr als 145 Staaten beteiligten sich an Aktionen zu diesem Tag, den UNICEF 1995 den *Kindern im Krieg* gewidmet hat. Vielleicht möchte eine Klasse oder eine Schülergruppe mit einer örtlichen Gruppe des Kinderschutzbundes, der Kindernothilfe, der Gewerkschaft oder einer anderen Organisation eine gemeinsame öffentlichkeitswirksame Veranstaltung durchführen?

Beruf: Politologin/Politologe

Haben Politiker Politologie studiert? Dies trifft in den seltensten Fällen zu. „Politologe" ist die Bezeichnung für den Absolventen einer Studienrichtung, es ist keine Berufsbezeichnung. Es gibt keine Berufe, die nur Politologen vorbehalten sind, außer im Bereich der wissenschaftlichen Forschung und Lehre.
Das wissenschaftliche Studium der Politikwissenschaft (Politologie) befasst sich mit den Institutionen von Staat und Gesellschaft, ihren theoretisch-philosophischen Grundlagen und ihren konkreten Erscheinungsformen in Geschichte und Gegenwart. Der Politologe untersucht, wie politische und soziale Ideen organisatorisch und rechtlich in Staat, Institutionen und Parteien, aber auch in den internationalen Beziehungen umgesetzt werden und in welchen Formen die politische Willensbildung verläuft. Wichtige Hilfs- und Nebenfächer sind Geschichtswissenschaft, Sozialwissenschaften, Staatsrecht und Wirtschaftswissenschaften.
Sehr ausführliche Informationen, auch für Schüler, die sich für das Studium dieses Faches interessieren, bieten die *Blätter zur Berufskunde: Politologe/Politologin*, die von der Bundesanstalt für Arbeit, Nürnberg, herausgegeben werden. Best. Nr. 3-IV A 02. Schulen (Schulstempel!) erhalten die Broschüre kostenlos von der

i Bundesanstalt für Arbeit, Referat II/BID
Postfach, 90473 Nürnberg

Film: Der Kampf um Freiheit und Gerechtigkeit

Aufstand der Tiere – Animal Farm, Großbritannien 1954
(nach dem gleichnamigen Roman von George Orwell)
Regie: Halas und Batchelos

Die unterjochten Tiere eines Bauernhofes befreien sich von ihrem Hoftyrannen. Sie wollen Eigenverantwortlichkeit und Gleichberechtigung für alle einführen. Durch eine Wahl werden die Schweine als Führer eingesetzt, doch schon wenig später modeln diese die Regeln der Gleichheit um, sodass sie bald ebenso tyrannisch sind

wie vorher der Mensch. Die Lage ist bald so, wie sie vor der Revolution der Tiere war.
Nach George Orwells Parabel, die als Polemik gegen die Entwicklung der russischen Revolution zum Stalinismus gedacht war, entstand ein hervorragender Zeichentrickfilm, der auf lehrreiche und unterhaltsame Art ein Plädoyer gegen jegliche Form der Diktatur darstellt.

Billy McKay – Der Kandidat, USA 1972
Regie: Michael Ritchie
Preis: Oscar 1973 für das Drehbuch

Robert Redford spielt den „Kandidaten" Bill McKay, der sich für die Demokraten um den Gouverneursposten in Kalifornien bewirbt. Dem politischen Aufstieg des jungen, gut aussehenden Rechtsanwalts scheint nichts entgegenzustehen, denn unverbraucht, mit viel Idealismus und guten Argumenten geht er in den Wahlkampf. Doch in der Medien- und Politmaschinerie verliert er immer mehr an Identität und Profil. Aufrichtigkeit und Wahrhaftigkeit treten zu Gunsten des Wahlsieges völlig in den Hintergrund.
Regisseur und Drehbuchautor, Jeremy Larner, konnten eigene Erfahrungen in das Filmprojekt einbringen. Als Wahlkampfhelfer waren sie unter anderem für die gescheiterten Kandidaten Eugene McCarthy und George McGovern tätig.

Z, Frankreich 1968
Regie: Constantin Costa-Gavras
Preise: Oscars 1970 für ausländischen Film und Schnitt; Spezialpreis der Jury der Filmfestspiele Cannes 1969 für Film und Darsteller (Jean-Louis Trintignant)

Constantin Costa-Gavras verfilmte einen spektakulären Polit-Mord aus seiner griechischen Heimat. Dort führte der *Fall Lambrakis* 1963 zum Regierungswechsel. Der Polit-Thriller fand sowohl als Anklage der politischen Verhältnisse wie als spannendes Unterhaltungskino ein breites internationales Publikum.
Nach einer Demonstration kommt ein geachteter oppositioneller Universitätsprofessor (Yves Montand) bei einem Unfall ums Leben. Ein unerfahrener Untersuchungsrichter (Jean-Louis Trintignant) wird mit der Klärung des Falles beauftragt. Im Verlauf seiner Recherchen entdeckt er, dass der Unfall nur vorgetäuscht war und der Politiker ermordet wurde. Das Komplott führt bis in höchste Militär- und Regierungskreise.

Gandhi, Großbritannien 1982
Regie: Richard Attenborough
Preise: Oscars 1983 für Film, Regie, Hauptdarsteller (Ben Kingsley), Drehbuch, Kamera, Ausstattung, Kostüme, Schnitt

Mit einem Budget von 22 Mio. Dollar verfilmte Richard Attenborough das Leben des indischen Freiheitskämpfers Mahatma Gandhi. Der Film orientiert sich an den Monumentalepen Hollywoods, was sich an den Kinokassen auszahlte. Die Handlung setzt mit der Ermordung Gandhis (Ben Kingsley) 1948 ein und schildert dann rückblickend die wichtigsten Stationen seines Lebens. Nach dem Jurastudium in London und einer Tätigkeit in Südafrika kehrt Gandhi 1915 nach Indien zurück und beginnt den gewaltlosen Kampf gegen die britische Herrschaft. Die Briten reagieren darauf mit blutiger Unterdrückung, aber die gewaltfreie Volksbewegung ist stärker: 1947 wird Indien unabhängig, doch kann Gandhi die Einheit zwischen Moslems und Hindus nicht erreichen - Indien wird geteilt. Kurz nach der Erlangung der Unabhängigkeit wird Gandhi 1948 von einem fanatischen Hindu ermordet. Die Beerdigungsfeier ist mit fast 300 000 Statisten die größte Massenszene der Filmgeschichte. Das dreistündige Epos überzeugt durch seine historische Genauigkeit.

Rosa Luxemburg, Deutschland 1985
Regie: Margarethe von Trotta
Preise: Filmfestspiele Cannes 1986 für Darstellerin (Barbara Sukowa)

Der Film von Margarethe von Trotta erzählt vom Leben und Sterben der Sozialistin Rosa Luxemburg (Barbara Sukowa). Die Geschichte setzt im Jahr 1906 im winterlichen Warschau ein, wo sich Rosa Luxemburg in Gefängnishaft befindet. Nach ihrer Freilassung geht sie nach Deutschland um für die SPD zu arbeiten. Ihre konsequent pazifistische Haltung in der Kriegsfrage und ihre radikalen Positionen führen immer öfter zu Konflikten mit den Genossen. 1918 ist sie beteiligt an der Gründung der KPD, 1919 wird sie zusammen mit ihrem Mitstreiter Karl Liebknecht (Otto Sander) von Freikorpsmitgliedern ermordet.
M. v. Trotta zeichnet nicht nur das Bild einer von ihren politischen Idealen durchdrungenen Frau, sondern auch ein sehr einfühlsames Porträt Rosa Luxemburgs, die von Barbara Sukowa ausdrucksstark verkörpert wird.

Ausflugsziele

Bundesarchiv – Erinnerungsstätte für die Freiheitsbewegungen in der deutschen Geschichte
Schloss, Herrenstr. 18, 76437 Rastatt
Tel.: 07222/7139-0, www.erinnerungsstaette-rastatt.de

Öffnungszeiten: Dienstag bis Sonntag: 10-12 und 14-17 Uhr
Eintritt: frei
Im Rastatter Schloss, wo nach der Revolution 1849 Freiheitskämpfer vor dem Kriegsgericht standen, gibt es seit 1974 eine Erinnerungsstätte für die Freiheitsbewegungen in der deutschen Geschichte. Angeregt vom damaligen Bundespräsidenten Gustav Heinemann und betreut vom Bundesarchiv in Koblenz hält dieses Museum das Andenken an die Frauen und Männer wach, die, auch unter Einsatz ihres Lebens, für die Freiheit des Einzelnen und der Gesellschaft gekämpft haben. Das „Freiheitsmuseum" wird z. Zt. neu konzipiert und modernisiert, was bis 1998/99, bis zum 150. Jubiläumsjahr der Revolution von 1848/49, abgeschlossen sein soll. Die Schau wird dann neben dem Vormärz und der Revolution von 1848/49 auch deutsche Freiheitsbewegungen im 20. Jh. sowie die „Selbstbefreiung" der ehemaligen DDR beleuchten.

Haus der Geschichte der Bundesrepublik Deutschland (HdG)
Postfach 120615, 53048 Bonn
Tel.: 0228/9165-0, Fax: 0228/9165-302
www.hdg.de

Öffnungszeiten: Dienstag bis Sonntag 9–19 Uhr; Informationszentrum: Dienstag bis Freitag 9–17 Uhr
Eintritt: frei
Besuchergruppen: Anmeldungen von Montag bis Freitag (9–16 Uhr) unter Tel.: 0228/9165-400
Museumspädagogische Programme: Informationen auf Anfrage
Das Haus der Geschichte der Bundesrepublik Deutschland zeigt in seiner Dauerausstellung deutsche Zeitgeschichte vom Ende des Zweiten Weltkriegs bis in die Gegenwart.
Die Ausstellung ist chronologisch gegliedert, sie bietet einen Weg mit visuellen und akustischen Eindrücken. Das Museum präsentiert Politik-, Wirtschafts- und Gesellschaftsgeschichte, Lebensbedingungen des Alltags sowie wichtige Aspekte aus Kunst und Kultur. Wechselnde Ausstellungen und Veranstaltungen ergänzen das Programm und akzentuieren besondere Aspekte der bundesrepublikanischen Geschichte (z. B. *Endlich Urlaub! Die Deutschen reisen*, 1996).
Der Museumsgarten zeigt in Gestaltung und Bepflanzung exemplarisch die Entwicklung vom Schrebergarten der Nachkriegszeit bis zum Garten der Gegenwart, einschließlich einer Auswahl historischer Spielgeräte für Kinder. Eine Multivision stimmt in den Besuch ein, die Video-Panoramawand rundet ihn ab. Das Informationzentrum - Bibliothek und Mediathek - und die Bibliothek zur Geschichte der DDR (Adenauerallee 8) stehen allen interessierten Museumsbesuchern offen.

Deutsches Historisches Museum (DHM)
Zeughaus, Unter den Linden 2, 10117 Berlin
Tel.: 030/20304-410
www.dhm.de

Öffnungszeiten: Donnerstag bis Dienstag: 10–18 Uhr (Mittwoch geschlossen)
Eintritt: frei
Führungen: Schulklassen: ca. 0,50 € je Schüler
Anmeldung für Führungen bei:
Sonja Trautmann (Tel.: 030/21502-378 oder Fax: 030/21502-384)
Für den Politikunterricht von Interesse sind die beiden letzten der sieben Stationen deutscher Geschichte: *um 1945* und *um 1989/90.*
Von den „Epochenführungen", die das Museum anbietet, kann die dritte, *Vom Ersten Weltkrieg bis zur deutschen Vereinigung*, das geschichtliche Verständnis für die politische Gegenwart vertiefen.
Von den „Themenführungen" bieten sich *Demokratie und Freiheitsgedanke in der europäischen Geschichte* und *Deutschland nach 1945: Die Bundesrepublik und die DDR im Vergleich* für den Politikunterricht an.

Historische Ausstellung des Deutschen Bundestages „Wege – Irrwege – Umwege"
– Die Entwicklung der parlamentarischen Demokratie in Deutschland
Deutscher Bundestag, 11011 Berlin, Tel.: 030/22730431,
www.bundestag.de/info/berlin/fragen/index.html

Die Ausstellung wird vom Deutschen Bundestag veranstaltet, sie war früher im Reichstag und ist seit dem 2. Oktober 1996 im Deutschen Dom am Gendarmenmarkt in Berlin-Mitte zu sehen. Der Haupteingang befindet sich in der Markgrafenstraße.
Öffnungszeiten: Dienstag bis Sonntag und an Feiertagen 10–17 Uhr
Führungen: Führungen durch die ganze Ausstellung werden nicht angeboten, weil sie zu lange dauern würden.
Für den Politikunterricht relevant sind die beiden letzten Abschnitte der Ausstellung:
– Das geteilte Deutschland
– Der Weg in die Gegenwart.
Für diese Zeitabschnitte werden einstündige wissenschaftliche Führungen durchgeführt.
Angemeldete Gruppen sollten mindestens zehn, max. 25 Teilnehmer umfassen.

i *Anmeldung:* Deutscher Bundestag, Besucherdienst, Platz der Republik 1, 11011 Berlin, Fax: 030/22735908, www.bundestag.de

Täglich werden um 11 Uhr und um 13 Uhr Führungen für *nicht angemeldete* Besucher durchgeführt.
Der Ausstellungskatalog ist im Deutschen Dom für ca. 5,– € (Schutzgebühr) erhältlich; er kann aber auch von der Versandstelle bezogen werden:

i Deutscher Bundestag, Öffentlichkeitsarbeit, Bundeshaus, 53113 Bonn, Tel.: 0228/1625390, Info-Material kann bezogen werden unter:

Deutscher Bundestag
– Öffentlichkeitsarbeit –
11011 Berlin, Tel.: 030/22737453 oder 030/22736508

Sachkundige Vorträge zur Arbeitsweise des Deutschen Bundestages sind kostenlos. Es wird Folgendes angeboten:
– Vortrag über das Reichstagsgebäude (Geschichte, Architektur, bisherige Nutzung, Umbau) und die städtebauliche Planung,
– Gespräch über die Aufgaben und Arbeitsweise des Parlaments,
– Erläuterungen zur Ausstellung „Von Wallot bis Foster", 100 Jahre Reichstagsgebäude.

Öffnungszeiten: Dienstag bis Freitag 9–17 Uhr; *Vortragszeiten:* Samstag, Sonntag und an Feiertagen 10–16 Uhr jeweils zur vollen Stunde; *Dauer:* etwa eine Stunde
Mindestteilnehmerzahl: 10
Zugang: Haupteingang Haus der Kulturen der Welt, John-Foster-Dulles-Allee 10
Anmeldung: durch rechtzeitige schriftliche oder fernmündliche Terminvereinbarung mit dem Besucherdienst. Außerhalb der genannten Zeiten und ohne Anmeldung ist die Teilnahme an einem Vortrag nicht möglich.

Nützliche Adressen

Veröffentlichungen und Informationen über die Politik der Bundesregierung können entweder über das Presse- und Informationsamt der Bundesregierung oder bei den Bundesministerien (Referat für Öffentlichkeitsarbeit) angefordert werden.

i Presse- und Informationsamt der Bundesregierung (BPA)
11044 Berlin, Tel.: 01888/272-0, www.bundesregierung.de

An die Ministerien können gezielt Fragen gestellt werden, die sich aus dem Unterricht ergeben. Schüler können um Zusendung von Material bitten, wenn sie bestimmte Themen für den Unterricht vorbereiten. Andererseits bieten die Ministerien selbst eine umfangreiche Menge von Materialien (Broschüren, Berichte, Dokumentationen, Poster, Videofilme, Verleihausstellungen, Periodika u. a.) an, die in einem Publikationsverzeichnis des jeweiligen Ministeriums zusammengestellt sind und das unter den angegebenen Adressen angefordert werden kann.

i Auswärtiges Amt
11013 Berlin, Tel.: 01888/17-0, www.auswaertiges-amt.de

i Bundesministerium des Innern
11014 Berlin, Tel.: 01888/681-0, www.bmi.bund.de

i Bundesministerium der Justiz
11015 Berlin, Tel.: 030/2025-70, www.bmj.bund.de

i Bundesministerium der Finanzen
11016 Berlin, Tel.: 01888/682-0, www.bundesfinanzministerium.de

i Bundesministerium für Wirtschaft und Arbeit,
10115 Berlin, Tel.: 030/2014-9, www.bmwa.bund.de

i Bundesministerium für Verbraucherschutz, Ernährung, Postfach 140270,
53107 Bonn, Tel.: 0228/529-0, www.verbraucherministerium.de

i Bundesministerium für Arbeit und Sozialordnung
Postfach 140280, 53107 Bonn, Tel.: 0228/527-0, -2224, Fax: 0228/527-2965

i Bundesministerium der Verteidigung
Postfach 1328, 53003 Bonn, Tel.: 0228/12-00, www.bundeswehr.de

i Bundesministerium für Familie, Senioren Frauen und Jugend
11018 Berlin, Tel.: 030/20655-0, www.bmfsfj.de

i Bundesministerium für Gesundheit und Soziale Sicherung
53108 Bonn, Tel.: 0228/941-0, www.bmgesundheit.de

i Bundesministerium für Verkehr, Bau- und Wohnungswesen
Postfach 200100, 53170 Bonn, Tel.: 01888/300-0, www.bmvbw.de

i Bundesministerium für Umwelt
Postfach 120629, 53048 Bonn, Tel.: 0228/305-0, www.bmu.de

i Bundesministerium für Post und Telekommunikation
Postfach 8001, 53105 Bonn, Tel.: 0228/14-0, -9921, Fax: 0228/14-8872

i Bundesministerium für Raumordnung, Bauwesen und Städtebau
Postfach 205001, 53170 Bonn, Tel.: 0228/337-0, -3050, Fax: 0228/337-3060

i Bundesministerium für Bildung und Forschung
53170 Bonn, Tel.: 0228/57-0, www.bmbf.de

i Bundesministerium für wirtschaftliche Zusammenarbeit und Entwicklung
Postfach 120322, 53045 Bonn, Tel.: 0228/535-0, www.bmz.de

Zweimal jährlich (jeweils im Frühjahr und im Herbst) legt die Bundeszentrale für politische Bildung das *Verzeichnis der Publikationen* vor, das ein breites Spektrum von Veröffentlichungen umfasst, die sich im Hinblick auf Anspruchsniveau und Adressatenkreis, Umfang und Auflage erheblich voneinander unterscheiden. Sie sind durch eine Vielfalt von Darstellungsformen und didaktischen Konzepten gekennzeichnet. Alle Titel sind kurz erläutert.

i Bundeszentrale für politische Bildung
Postfach 2325, 53013 Bonn, Tel.: 01888/515-0, www.bpb.de

Von den **Landeszentralen für politische Bildung** werden weitere Publikationen verteilt, jedoch nur an Adressaten im betreffenden Bundesland.

i Landeszentrale für politische Bildung Baden-Württemberg
Stafflenbergstr. 38, 70184 Stuttgart, Tel.: 0711/164099-0, www.lpb.bwue.de

i Bayerische Landeszentrale für politische Bildungsarbeit, Brienner Str. 41, 80333 München, Tel.: 089/2186-2172, www.stmuk.bayern.de

i Landeszentrale für politische Bildungsarbeit Berlin, An der Urania 4-10, 10787 Berlin, Tel.: 030/9016-2552, www.berlin.de/landeszentrale-politische-bildung

i Brandenburgische Landeszentrale für politische Bildung
14460 Potsdam, Tel.: 0331/866-3541, www.politische-bildung-brandenburg.de

i Landeszentrale für politische Bildung Bremen
Osterdeich 6, 28203 Bremen, Tel.: 0421/361-2922, www.lzpb-bremen.de

i Landeszentrale für politische Bildung Hamburg, Große Bleichen 23, 20354 Hamburg, Tel.: 040/2831-2142, www.hamburg.de/politische-bildung

i Hessische Landeszentrale für politische Bildung
Postfach 3220, 65022 Wiesbaden, Tel.: 0611/99197-0, www.hlz.hessen.de

i Landeszentrale für politische Bildung Mecklenburg-Vorpommern
Jägerweg 2, 19053 Schwerin, Tel.: 0385/30209-0, www.mv-regierung.de/lpb

i Niedersächsische Landeszentrale für politische Bildung
Hohenzollernstr. 46, 30161 Hannover, Tel.: 0511/3901-0, www.nlpb.de

i Landeszentrale für politische Bildung Nordrhein-Westfalen
40190 Düsseldorf, Tel.: 0211/8618-4610, www.lzpb.nrw.de

i Landeszentrale für politische Bildung Rheinland-Pfalz, Postfach 3028, 55020 Mainz, Tel.: 06131/162970, www.politische-bildung-rlp.de

i Landeszentrale für politische Bildung Saarland, Beethovenstr. 26, 66125 Saarbrücken, Tel.: 06897/7908-104,
www.lpm.uni-sb.de/lpb

i Sächsische Landeszentrale für politische Bildung
Schützenhofstr. 36, 01129 Dresden, Tel.: 0351/85318-0,
www.slpb.de

i Landeszentrale für politische Bildung Sachsen-Anhalt
Schleinufer 12, 39104 Magdeburg, Tel.: 0391/56534-0,
www.lpb.sachsen-anhalt.de

i Landeszentrale für politische Bildung Schleswig-Holstein
Hohenbergstr. 4, 24105 Kiel, Tel.: 0431/9885937,
www.politische-bildung.schleswig-holstein.de/

ⓘ Landeszentrale für politische Bildung Thüringen
Postfach 102151, 99021 Erfurt, Tel.: 0361/3792-701, www.thueringen.de/de/lzt

Weitere Dienststellen, die Informationsmaterial versenden:
Publikationen über den Deutschen Bundestag können angefordert werden beim

ⓘ Verwaltung des Deutschen Bundestages
Wilhelmstr. 61, 10117 Berlin, Tel.: 030/227-0, www.bundestag.de

Informationsmaterial über den Bundesrat und die föderative Struktur der Bundesrepublik Deutschland ist zu beziehen bei der

ⓘ Präsidium des Bundesrates
11055 Berlin, Tel.: 01888/9100-0, www.bundesrat.de

Warum nicht einmal lesen, was Engländer, Franzosen oder andere zur Information über die Bundesrepublik erhalten? (Kooperation mit dem Fremdsprachenunterricht) Fremdsprachiges Informationsmaterial über die Bundesrepublik Deutschland versendet

ⓘ Goethe-Institut Inter Nationes
Postfach 190419, 80604 München, Tel.: 089/15921-0, www.goethe.de

Von den Parteien kann man Wahl- und Parteiprogramme, aber auch Stellungnahmen – auch von ihren Jugendorganisationen – zu einzelnen Themen anfordern (z. B. *Wählen schon mit 16?*) und diese miteinander vergleichen. Die nachfolgende Adressenliste ist auf die Parteien beschränkt, die im Bundestag vertreten sind:

ⓘ Christlich Demokratische Union Deutschlands (CDU)
Konrad-Adenauer-Haus, Klingelhöferstr. 8, 10785 Berlin,
Tel.: 030/22070-0, www.cdu.de

ⓘ Junge Union Deutschlands (JU)
Inselstr. 1b, 10179 Berlin, Tel.: 030/278787-0, www.junge-union.de

ⓘ Christlich-Soziale Union in Bayern(CSU), Franz-Josef-Strauß-Haus, Nymphenburger Str. 64, 80335 München, Tel.: 089/1243-0, www.csu.de

ⓘ Junge Union Bayern (JU), Nymphenburger Str. 64
80335 München, Tel.: 089/1243-242,www.ju-bayern.de

ⓘ Sozialdemokratische Partei Deutschlands (SPD), Willy-Brandt-Haus
Wilhelmstr. 141, 10963 Berlin, Tel.: 030/25991-0, www.spd.de

ⓘ Arbeitsgemeinschaft der Jungsozialistinnen und Jungsozialisten in der SPD, Wilhelmstr. 141, 10963 Berlin, www.jusos.de

ⓘ Freie Demokratische Partei (FDP), Thomas-Dehler-Haus
Postfach 040349, 10062 Berlin, Tel.: 030/284958-0, www.fdp.de

ⓘ Junge Liberale (Julis)
Ackerstr. 3b, 10115 Berlin, Tel.: 030/28388791, www.julis.de

ⓘ Bündnis 90/Die Grünen (Grüne)
Postfach 040609, 10063 Berlin, Tel.: 030/28442-0, www.gruene.de

ⓘ Grüne Jugend-Bundesverband
Hessische Str. 10, 10115 Berlin, Tel.: 030/27594095, www.gruene-jugend.de

ⓘ Partei des Demokratischen Sozialismus (PDS), Karl-Liebknecht-Haus,
Postfach 100, 10122 Berlin, Tel.: 030/24009-0, www.sozialisten.de

Materialkiste und Literatur

Die Broschüre *Informationen für junge Leute. Tipps und Hinweise zum Nachschlagen und Weitersagen* erklärt in 15 Kapiteln alles, was junge Leute über Politik, Staat und Gesellschaft wissen sollten. Dazu gibt es noch jede Menge Tipps und Informationen für den Alltag und Hunderte von nützlichen Adressen.

i *Bezug:* Presse- und Informationsamt der Bundesregierung (BPA)
11044 Berlin, Tel.: 01888/272-0, www.bundesregierung.de

Das Heft *Jugend macht Politik* aus der Reihe der Wochenschau-Themenhefte (Nr. 6; 1994), das sich an die Sekundarstufe I wendet, erklärt, wie Politik in der Schule stattfindet, stellt Jugendorganisationen im Bereich Umwelt vor und zeigt Mitwirkungsmöglichkeiten Jugendlicher in der Politik.

i *Bestelladresse:* Wochenschau-Verlag, Adolf-Damaschke-Str. 10
65824 Schwalbach, Tel.: 06196/86065, www.wochenschau-verlag.de

„Lügner!" – die Hitparade der Beschimpfungen im „Hohen Haus"!

Nach einer im Februar 1997 veröffentlichten Zusammenstellung der Zeitung *Das Parlament* ergibt sich diese „Hitparade" der Schimpfwörter (seit 1949!):

1. Platz: *Lügner, Cheflügner, Lügenkanzler* mit 63 Ordnungsrufen;
2. Platz: *heucheln* mit 44 Ordnungsrufen;
3. Platz: *verleumden* (Sonderform: *Frühstücksverleumder*) mit 24 Ordnungsrufen;
4. Platz: *hetzen* mit 16 Ordnungsrufen;
5. Platz: *Lümmel* mit 13 Ordnungsrufen;
6. Platz: *Ferkelei* oder *Schweinerei* mit 12 Ordnungsrufen.

Frauen in der Politik? Frauen in die Politik!

Eine Frau als Bundeskanzlerin oder Bundespräsidentin?
Warum sind die Frauen in den Parlamenten und politischen Parteien unterrepräsentiert?
Quotenregelung und positive Diskriminierung: ja oder nein?
Wer sich für die Frauenpolitik der im Bundestag vertretenen Parteien interessiert, kann sich an diese Adressen wenden:

i Frauen-Union der CDU (FU), Klingelhöferstr. 6, 10785 Berlin
Tel.: 030/22070-452, www.frauen-union.de

i Frauen-Union der CSU (FU), Nymphenburger Str. 64, 80335 München,
Tel.: 089/1243-236, www.csu.de/fu/

i Arbeitsgemeinschaft Sozialdemokratischer Frauen (ASF)
Wilhelmstr. 141, 10963 Berlin, Tel.: 030/25991-447, www.asf.spd.de

i Bundesvereinigung Liberale Frauen
Platz der Republik 1, 11011 Berlin, Tel.: 030/227-73666, www.liberale-frauen.de

i Bündnis 90/Die Grünen Bundesfrauenrat
Platz vor dem Neuen Tor 1, 10115 Berlin, Tel.: 030/28442-152, E-Mail: frauen@gruene.de

Kommunal geben die Gleichstellungsstellen oder Frauenbeauftragten Auskunft und sind auch bereit im Unterricht über ihre Arbeit zu sprechen. Adressen sind im Telefonbuch zu finden oder über die Kommunalverwaltung zu erfragen.
Frauen können ihre tradierten Rollen dann leichter verlassen, wenn Männer auch ihre alten Rollen aufgeben. Unterrichtsmaterialien und Informationen zur Kampagne *Wir machen gemeinsame Sache – Gleichberechtigung gleich jetzt* gibt es beim Bundesministerium für Familie, Senioren, Frauen und Jugend (s. S. 76).
Die Broschüren *Informationen für Frauen* und *Frauen in Europa* informieren über die Förderung der tatsächlichen Gleichberechtigung der Frauen durch die Bundesregierung und sind zu beziehen vom

i Presse- und Informationsamt der Bundesregierung (BPA)
11044 Berlin, Tel.: 01888/272-0, www.bundesregierung.de

Bilden ohne Schule

Offen für alle jungen Menschen sind die vielen Einrichtungen der außerschulischen Jugendbildung. Sie wollen das soziale Engagement fördern, Jugendliche zum Mitwirken in Politik und Gesellschaft motivieren und Interesse wecken für die verschiedensten aktuellen Probleme und Fragen.
Die Akademien und Jugendbildungsstätten bieten daher umfangreiche Seminarprogramme an; die Palette reicht vom Wochenendkurs bis zum Bildungsurlaub, vom Workshop bis zur Sommeruniversität. Nähere Informationen zu den Programmen der Akademien und Jugendbildungsstätten gibt es bei folgenden Dachverbänden:

i Arbeit und Leben – Arbeitskreis für die Bundesrepublik Deutschland e. V.
Hans-Böckler-Str. 39, 40476 Düsseldorf, Tel.: 0211/4301-150, www.arbeitundleben.de

i Arbeitsgemeinschaft katholisch-sozialer Bildungswerke
in der Bundesrepublik Deutschland, Heilsbachstr. 6, 53123 Bonn
Tel.: 0228/28929-30, www.aksb.de

i Arbeitskreis deutscher Bildungsstätten, Mühlendamm 3, 10178 Berlin,
Tel.: 030/400401-00, www.adbildungsstaetten.de

i Deutscher Volkshochschulverband, Obere Wilhelmstr. 32, 53225 Bonn
Tel.: 0228/97569-0, www.dvv-vhs.de

i Verband ländlicher Heimvolkshochschulen Deutschlands e. V.
Alte Dorfstr. 87, 70599 Stuttgart, Tel.: 0711/4599909-0, www.verbandhvhs.de

Wirtschaft und Arbeitswelt

Chancengleichheit

Vorschläge für den Unterricht

Der literarische Einstieg

Als Einstieg kann ein Beispiel aus der Literatur gewählt werden, das die historische Dimension des Themenbereichs aufzeigt und zum Nachdenken anregt.

> „Ich war im zwölften Jahr, als sich meine Mutter entschloss mich in eine Lehre zu geben …
> Zwölf Stunden im Tage musste ich aus Perlen und Seidenschnüren Aufputz für Damenkonfektion herstellen. Ich erhielt keinen fixen Lohn, sondern jeder neue Artikel wurde genau berechnet, wie viel davon in einer Stunde zu machen sei und dafür wurden fünf Kreuzer bezahlt. Hatte man größere Übung erlangt und dadurch die Möglichkeit mehr zu verdienen, so reduzierte die Meisterin, mit der Begründung, dass auch der Fabrikant weniger bezahle, den Lohn. Unaufhörlich ohne sich auch nur eine Minute Ruhe zu gönnen musste man arbeiten. Dass dies von einem Kinde in meinem Alter schließlich nicht zu erwarten war und auch von keinem andern zu leisten ist, weiß jeder, der selbst beurteilen kann, was zwölf Stunden anhaltender Arbeit überhaupt zu bedeuten haben. Mit welchem Verlangen sah ich immer nach der Uhr, wenn ich mich am ganzen Körper ermüdet fühlte. Und wenn ich dann endlich nach Hause ging, am schönen warmen Sommerabend oder im bitterkalten Winter, musste ich oft, wenn viel zu

> tun war, noch Arbeit für die Nacht nach Hause nehmen. Darunter litt ich am meisten, weil es mich um meine einzige Freude brachte, die ich hatte.
> Ich las gerne. Ich las wahllos, was ... mir Bekannte liehen ... und was ich im Antiquariat der Vorstadt, für eine Leihgebühr von zwei Kreuzer ... erhalten konnte ..."
> (Adelheid Popp: Jugend einer Arbeiterin. Berlin, Bonn-Bad Godesberg, 1977, S. 36 f.)

Aufgaben

- Aus welchem Land stammt das Mädchen?
- Wann hat es etwa gelebt?
- Wie schätzt ihr den Lebensstandard ein?
- Was hat sich gegenüber heute geändert?

Der Vergleich mit heute

„Was schadet es, wenn Kinder nach der Schule ein paar Stunden ihren Eltern helfen?", wird ein indischer Teppichhändler zitiert. Weiter schreiben die Autoren Harald Willenbrock und Judah Passow (übernommen vom *Süddeutsche Zeitung Magazin* Nr. 43/94):

> „... Die Jungen in den Glashütten von Firozabad, 240 km südlich der Hauptstadt Neu-Delhi, kann er nicht gemeint haben – denn die gehen nie zur Schule. Statt dessen ‚helfen' sie täglich 12 bis 14 Stunden in den Fabriken, gegen die Manchester im 19. Jahrhundert ein Arbeiterparadies gewesen sein muss: Durch stickige Hallen, in denen gleißende Feuer flackern, eilen zerlumpte Halbwüchsige über einen Teppich aus Glasscherben. Vom Ofen zur Form, von der Form zum Fließband, vom Fließband zum Ofen. Glühendes Orange erkaltet zu Lampenschirmen, Gläsern oder Churis, den bunten Armreifen indischer Frauen. Rauchschwaden ziehen aus den Kaminen eines Brennerkolosses und schlucken das letzte Tageslicht. Ein geschwärzter Zwerg schaufelt Kohle in den Ofen. 13 Jahre sei er alt, antwortet der Halbwüchsige, und er arbeite als Pfand für einen Kredit, den sein Vater beim Fabrikbesitzer aufnahm. Lange wird er die Schuld nicht abarbeiten können, denn die frühkapitalistischen Höllen Firobads speien ihre jungen Knechte meist nach nur wenigen Jahren wieder aus: mit kaputten Lungen, krebskrank und fast blind. In den Glashütten verarbeiten so 50 000 Kinder ihr Leben ...
> Ein Schuldknecht ist also jemand, der sein mittelloses Leben für einen Kredit an einen Master oder für Lohnarbeit an einen Contractor verpfändet. Schuldknechte ... gibt es in Indien etwa 15 Mio. Ein Drittel davon sind Minderjährige ..."

Die Schüler sollen erkennen, dass Kinderarbeit und menschenunwürdige Arbeitsbedingungen, wie sie im letzten Jahrhundert unter anderem in Deutschland existierten, in der sog. Dritten Welt heute noch den Alltag prägen. Zur Veranschaulichung tragen die Schüler mit Hilfe des Lehrers in eine kopierte Weltkarte (mindestens DIN-A4-Format) Länder, in denen die beschriebenen Zustände vorherrschen, und Staaten, in denen derartige Situationen eher die Ausnahme darstellen, ein.

Weitere Leitfragen verdeutlichen die individuelle Problematik und den internationalen Konfliktstoff:
- Was bedeutet Kinderarbeit für die Entwicklung eines Menschen?
- Welche Rolle spielt in diesen Ländern die Familie?
- Warum bleiben arme Länder meistens arm?
- Was kann der Einzelne im reichen Westeuropa tun?

Exkurs: „Teufelskreis der Armut"

Sicherlich verlangt die Bearbeitung des Nord-Süd-Konflikts eine eigene Unterrichtseinheit; ein erstes Kennen lernen der Problematik bieten die sog. Teufelskreise, die von Experten immer wieder vorgetragen werden.
Eine mögliche Vorgehensweise: Der Lehrer gibt die einzelnen Elemente vor, z. B.: Armut - hohe Arbeitslosigkeit - wenig Krankenhäuser - hohes Bevölkerungswachstum - geringe Produktion - wenig Schulen - geringe Steuereinnahmen - keine Investitionen.
In einem ersten Schritt sollen die Schüler die einzelnen Begriffe erklären, wobei Deutschland als Wohlstandsmaßstab gelten kann. Danach werden die einzelnen Elemente in einem sinnvollen Zusammenhang kreisförmig geordnet und aufgeschrieben. *Armut* stellt den Ausgang und das Ende des Prozesses dar. Anschließend entwerfen die Schüler die persönliche Geschichte eines Jugendlichen in ihrem Alter, der, in Armut geboren, arm bleibt.
Für diesen Themenbereich stehen viele Quellen zur Verfügung. Kostenlose Materialien gibt es unter anderem von:

i Bundesministerium für wirtschaftliche Zusammenarbeit und Entwicklung, Broschürenstelle
Postfach 120322, 53045 Bonn, Tel.: 0228/535-0, www.bmz.de

i Bundeszentrale für politische Bildung
Postfach 2325, 53013 Bonn, Tel.: 01888/515-0, www.bpb.de

i Brot für die Welt im Diakonischen Werk der EKD e. V.
Postfach 101142, 70010 Stuttgart, Tel.: 0711/2159-0, www.brot-fuer-die-welt.de

i terre des hommes Deutschland e. V.
Postfach 4126, 49031 Osnabrück, Tel.: 0541/71010, www.tdh.de

i Deutsches Komitee für UNICEF e. V.
Höninger Weg 104, 50969 Köln, Tel.: 0221/93650-0, www.unicef.de

Die erstgenannte Einrichtung schickt neben Heften und Broschüren auch Karten und Dias zu.
Insgesamt gesehen existiert eine Stofffülle, die der Pädagoge nach seiner Fragestellung sichten und dann didaktisch reduzieren und transformieren muss.
Wenn eine Schule konkret helfen will, so bieten sich Patenschaften und Hilfsprojekte an, da sie meistens einen sichtbaren Erfolg zeigen (vgl. S. 266).

Arbeit – Sinn und Zukunft

Die Frage nach dem Sinn

„Arbeit ist alles das, was keinen Spaß macht“, äußern etliche Jugendliche kritisch-ironisch. Auch wenn sich die Bedeutung der Arbeit historisch seit dem Mittelalter grundsätzlich von dem Prinzip *ora et labora* abwendet und in einer weltlichen Perspektive stattfindet, existieren auf dieser Ebene besonders heutzutage unterschiedliche Sichtweisen.

Literatur: Alfred Herrhausen Gesellschaft für internationalen Dialog (Hrsg.): Arbeit der Zukunft - Zukunft der Arbeit. Stuttgart 1994.

Zum kritischen Vergleich und zur persönlichen Beurteilung eignet sich die Methode des Rollenspiels. Dabei kann der Lehrer unterschiedliche Beurteilungen der Arbeit plakativ vorgeben, z. B.:

- „Nur Arbeit gibt dem Menschen einen Lebenssinn!“
- „Im Leben eines Menschen kann es verschiedene Sinnbegründungen geben!“
- „Zur Lustmaximierung ist die Arbeit als materielle Grundlage notwendig.“
- „Arbeit dient zur Verschönerung des Lebens in der Freizeitgesellschaft.“

Die Schüler finden sich in vier Gruppen per Zufallswahl und sollen zunächst die Aussagen deuten und Argumente für eine spätere Diskussion finden. Das Hineindenken und das Simulieren von Verhaltensweisen anderer bedarf einer besonderen Vorbereitung, da dieser Unterricht über die meist dominierenden kognitiven Qualifikationen hinausgeht.

In der anschließenden Diskussion engagieren sich die Schüler für ihre Gruppe. Sie sollen versuchen auf die Begründungen einzugehen und flexibel zu reagieren.

Wegen der großen Bedeutung dieses Themas und als Orientierungshilfe für den Jugendlichen soll die Klasse abschließend ihre Ansicht über die Arbeit und ihren Stellenwert in ihrem zukünftigen Leben schriftlich darlegen.

Eine weitere Vertiefung kann erfolgen, indem die Schüler ihre Eltern und Großeltern über ihre Erfahrungen mit der Arbeit befragen, etwa mit diesen Fragen:

- Wie sah die Lehrzeit aus, als du jung warst?
- Welche Arbeitszeiten und Aufstiegsmöglichkeiten gab es?
- Was sagst du zu der Rolle der Arbeit in deinem Leben?

Die Ergebnisse lassen sich vergleichen, gewichten und Tendenzen aufzeigen.

Auch das soziale Umfeld außerhalb der Schule und der Wohnung lässt sich gut integrieren, wenn z. B. auf einer Wanderung in die ländliche Umgebung die Inschriften auf Bauernhäusern notiert, erörtert und hinterfragt werden.

Das Unbehagen mit der Arbeitswelt – die Methode Zukunftswerkstatt

Die Arbeit in einer Zukunftswerkstatt bietet eine Vielzahl von Chancen, die mit einem traditionellen Frontalunterricht undenkbar sind. Diese Methode führt unter anderem zu folgenden Ergebnissen:

- „man wird sich der eigenen Situation, der Lebensumstände bewusst;
- das Finden von Gemeinsamkeiten statt des Austragens von Kontroversen prägt die Arbeit;

- ein Gruppenkonsens wird erarbeitet;
- das Engagement, etwas zu unternehmen, wird geweckt;
- die Grenzen des eigenen Wollens werden erkannt;
- durch das Zusammenwirken, durch die vielfältigen Abstimmungs-, Einigungs- und Auswahlprozesse wird demokratisches Verhalten geübt."

(ROBERT JUNGK/NORBERT MÜLLER: Zukunftswerkstätten. München 1983, S. 127 f.)
Diese verkürzte Aufzählung macht deutlich, dass mit einer Zukunftswerkstatt zum einen eine Integration von kognitivem mit affektivem Lernen stattfindet und zum andern eine Reihe von Schlüsselqualifikationen verfolgt wird.
Die Methode lässt sich in fünf Phasen einteilen: 1. Vorbereitungsphase, 2. Kritikphase, 3. Fantasiephase, 4. Verwirklichungsphase, 5. Nachbereitungsphase.

1. Vorbereitungsphase

Als Thema geeignet sind alle Fragestellungen, die den didaktischen Prinzipien des bestehenden Lehrplans genügen.
Was die zeitliche Organisation anbelangt, so sind unterschiedliche Varianten von der Zwei-Stunden-Werkstatt als Schnupperkurs bis zur Drei-Tage-Werkstatt in Form eines Wochenendseminars möglich. Als einfaches Modell bietet sich eine Zukunftswerkstatt über vier Doppelstunden an.
Räumlich wäre für eine effektive Gruppenarbeit das Benutzen weiterer Räume neben dem Klassenraum sinnvoll. Auf jeden Fall sollte für eine offene Kommunikation die starre Sitzordnung zu Gunsten einer Halbkreisform aufgelöst werden. Die sog. Kernphasen 2 bis 4 benötigen diese Variante nicht mehr.
Auf den Lehrer kommen weitere organisatorische Aufgaben zu:
Für die Dokumentation der Arbeitsergebnisse müssen Papierrollen, Pappbögen und Filzstifte besorgt und über Möglichkeiten der Präsentation nachgedacht werden.
Schließlich erscheint eine Grundinformation über die neue Methode ratsam, denn nicht nur Lehrer, auch Schüler können mit dem Begriff (noch) wenig anfangen und begegnen dem Unbekannten vielleicht zunächst mit Skepsis und Distanz. Neben einer Beschreibung der einzelnen Phasen sollten die angestrebten Lernziele und Qualifikationen erläutert werden. Dies kann anschaulich mit einer gezeichneten Ablaufspirale erfolgen, die die Phasen, Methoden, Organisationsformen und Ziele miteinander verbindet.

2. Kritikphase

Zu Beginn dieser zweiten Phase sitzen die Schüler in einem Halbkreis. Jeder Einzelne erhält ein DIN-A4-Blatt und wird mit folgender Aufgabe konfrontiert:
Wenn Sie an Ihr Unbehagen mit der Arbeitswelt denken, was haben Sie am meisten zu kritisieren? – Schreiben Sie nur ein Wort mit großen Buchstaben auf!
Danach werden alle Schüler aufgefordert das beschriebene Blatt in den offenen Halbkreis zu legen und den Kritikpunkt zu erläutern. Während dieser Sammlung wirken Diskussionen eher hinderlich auf den Kommunikationsprozess.
Anschließend sollen die Teilnehmer überlegen, welche Kritikpunkte sich zu größeren Problemkreisen zusammenfassen lassen. Motorisch unterstützt werden kann diese Strukturierung, indem die Schüler sich je nach Schwerpunkt finden und zusammenstellen.
Zur Visualisierung kleben die Gruppenmitglieder ihre Einzelpunkte auf eine Wandzeitung, die das jeweilige Strukturelement als Überschrift trägt.

Die Kritikphase prägen die Schüler in einem offenen Prozess. Der Lehrer kann bei der Organisation in Gruppen helfen und möglicherweise lenkend auf eine gleich starke Gruppenteilung hinwirken. Dennoch erscheint eine didaktische Reserve nützlich, da in manchen Klassen vielleicht nur Kritik an zwei oder drei Phänomenen geäußert wird.
In der nächsten Phase werden die geäußerten Kritikpunkte aufgegriffen und positiv gewendet.

3. Fantasiephase

In diesem Abschnitt haben die Schüler die Möglichkeit, kreativ und utopisch nach vorne zu denken. Da es sich dabei um Fähigkeiten handelt, die in der Schule und in anderen gesellschaftlichen Einrichtungen in der Regel wenig gefördert werden, sollte der Lehrer betonen, dass bei dem fantasievollen Ausschweifen Vorschriften, Gesetze oder soziale Normen keine Rolle spielen.
Im Sinne eines Moderators kann der Pädagoge diese Aktivitäten initiieren durch eine Leitfrage wie: „Was müsste sich an Ihrer geäußerten Kritik ändern, damit sie sich mehr interessieren und vielleicht sogar auf die zukünftige Arbeit freuen?“
Die Vorschläge sollten mehr als eine bloße Satzumstellung beinhalten wie z. B.: „Die Arbeit läuft in einem festen Zeitraster ab. Immer das Gleiche!“ in „Die Arbeit darf nicht in einem festen Zeitraster organisiert sein.“ Deshalb erhalten die Gruppen Hinweise, ihre Gedanken konkret und originell zu formulieren. Im Gegensatz zu der Kritikphase entsteht jetzt eine durchgängig positive Vision, die auch gefühlsmäßig erlebt werden sollte.
Die Visualisierung der Arbeitsergebnisse kann analog zu der Präsentation in der Kritikphase erfolgen. In diesem Abschnitt bieten sich darüber hinaus vielfältige andere Darstellungsformen an. In diesem Fall könnten die Schüler eine utopische Nachricht formulieren, diese sprachlich auf einer Audiokassette festhalten und/oder den Nachrichtensprecher mit einer Videokamera bildlich sichern.
Eine sinnvolle Präsentation stellen auch künstlerische Zeichnungen, Collagen oder Fotomontagen dar, weil sie das kreative Denken in einem kreativen Tun verlängern.

4. Verwirklichungsphase

In dieser Phase sollen die entwickelten Vorschläge auf ihre Realisierbarkeit hin überprüft werden. Folgende Fragen können Arbeitsanleitungen geben:
Gibt es bereits reale Ansätze in der gewünschten Richtung? Welche Hindernisse stehen ihnen entgegen? Welche Beharrungskräfte müssen überwunden werden? Wie beurteilen Fachleute, ..., Politiker ihre Erfolgschancen?
Während der Lehrer in der Kritikphase eine didaktische Reserve bereithält, so muss er jetzt je nach dem Vorwissen der Schüler Informationsmaterialien zur Verfügung stellen.
Sicherlich stellen die Gruppen fest, dass die Verwirklichung ihrer fantasievollen Entwürfe auf Schwierigkeiten stößt. Dennoch lässt sich die weit verbreitete Haltung „Es lässt sich doch nichts ändern!“ aufweichen, indem man auf bereits begonnene Änderungsprozesse hinweist und die einzelnen utopischen Wünsche in eine Rangskala mit Zeitperspektiven einteilt.
Umsetzungsprobleme führen teilweise nicht so schnell zu Frustrationen, wenn den Schülern bewusst wird, dass sie nicht alleine stehen, sondern in ihrem Wunsch nach Durchsetzung von bestimmten Forderungen Bündnispartner finden.

Motivierend wirkt die Frage: „Was sollte die Klasse konkret unternehmen?“ Der Maßnahmenkatalog, der vorgeschlagen werden kann, reicht vom Leserbriefschreiben über den Besuch eines kommunalen Politikers hin zur Einladung von Mitgliedern der Jugendorganisationen der Parteien und bietet viele Anregungen für die Gestaltung der nächsten Unterrichtsstunden.
Zum Schluss dieser Phase beschreibt jeder Schüler, was er in seinem Verhalten gegenüber Betrieben und Politikern ändern wolle.

5. Nachbereitungsphase

Zur analytischen Strukturierung der erlebten Zukunftswerkstatt erhält die Klasse folgende Aufgabe:
„Vergleichen Sie die traditionelle Unterrichtsmethode mit der durchgeführten Zukunftswerkstatt anhand der Kriterien Rolle der Schüler, Rolle des Lehrers, Organisation des Unterrichts, Ziele und Leistungsbeurteilung!“
Die Antworten liefern dem Lehrer wichtige Denkanstöße über sein Verhalten in der Schule und decken objektive Hindernisse für eine kreative Bildungsarbeit auf. Tatsächlich erschweren die Rahmenbedingungen im öffentlichen Schulwesen (z. B. zersplitterter Fächerkanon, feste Zeitschienen, vorgegebene Zahl von Klassenarbeiten ...) die Arbeit mit der neuen Methode.
Darüber hinaus bieten sich je nach der Themenauswahl der Schüler ganzheitliche Betrachtungsweisen im Sinne einer Fächerverknüpfung an. Das erfordert kurzfristig mindestens eine Kooperation zwischen den Fachkollegen, während mittelfristig Lehrerteams integrative Projekte entwickeln können.

Arbeitslosigkeit – Schicksal oder politische Gestaltungsaufgabe?

Mittels einer Grafik der Bundesanstalt für Arbeit (Seite 88), die auch unterschiedlichen Printmedien zur Illustration dient, erhalten die Schüler einen Eindruck von der Dramatik dieses sozialen Problems.
Die Jahresangaben und die Namen der Bundeskanzler werfen Fragen auf, die der Lehrer für eine Freiarbeit im Unterricht nutzen kann. Zweckmäßigerweise erhält die Klasse einige der an der Schule eingeführten Geschichts- und Politikbücher. Das Literaturangebot sollte je nach Vorwissen der Schüler um Nachschlagewerke aus der Bibliothek ergänzt werden.
Als Erstes sollen die Schüler eine Matrix erstellen mit der Kopfzeile:
Amtsperiode Jahre Koalition Bundeskanzler Arbeitslosigkeit
Diese Übersicht sollte eine DIN-A4-Seite umfassen und sich auf Namen und Zahlen beschränken. Mit dieser Übersicht kann in Gruppenarbeit an Erklärungsansätzen gearbeitet werden. Als Kriterien für eine Teamzusammenstellung haben sich die Amtsperioden in der Politik oder die vier Rubriken in der Überschrift der Grafik als sinnvoll erwiesen.
Zur Orientierung und als Bearbeitungshilfe dienen Fragen wie:
- Gibt es einen Zusammenhang zwischen der Entwicklung auf dem Arbeitsmarkt und den Ergebnissen der Bundestagswahlen?
- Experten führen als Gründe für die Arbeitslosigkeit die Rationalisierung, die Konjunktur und Strukturveränderungen an. Welche Zusammenhänge könnt ihr herausfinden?

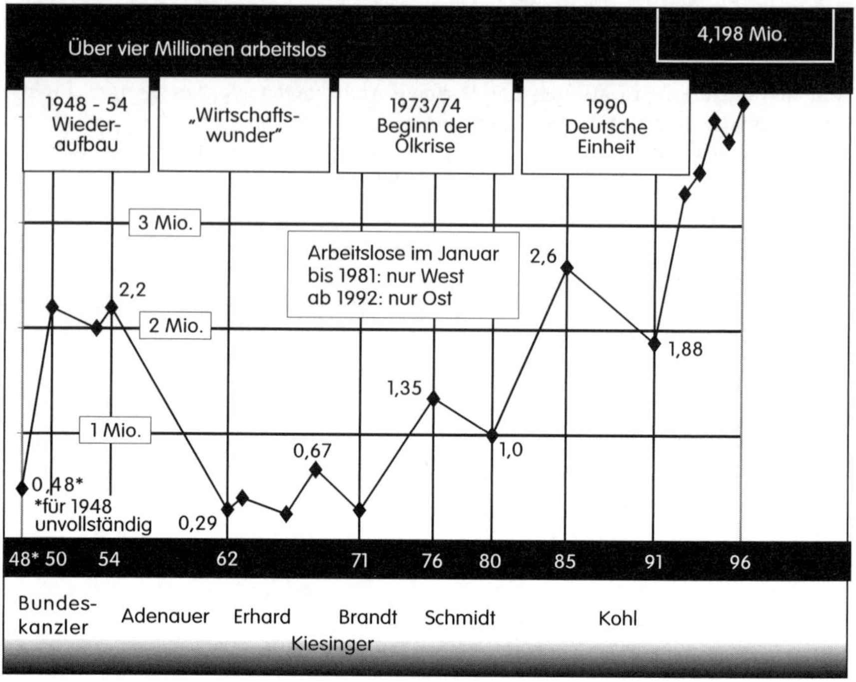

– Selbst in Zeiten einer Vollbeschäftigung meldeten die Arbeitsämter Arbeitslose. Wie erklärt ihr euch dieses Phänomen und was bedeutet es für die Gesamtzahlen in Krisenzeiten?

Die Ergebnisse der Gruppenarbeit werden vorgetragen und von jeweils einer Person als Extrakt an der Tafel oder einer Wandzeitung festgehalten.
Ein Zitat eines Topmanagers schafft eine persönliche Dimension und knüpft an die konkrete Situation der Jugendlichen an:

> „Jeder, der eine gute Ausbildung bekommen hat und sich anstrengt, wird irgendwann auch seine Chance in dieser Gesellschaft bekommen. Das kann länger dauern, als es bei uns gedauert hat. Die Jüngeren müssen sich darauf einstellen, sehr viel häufiger neu zu lernen, als das meine Generation musste. Was künftig gefordert wird, ist vor allem eine viel höhere äußere und innere Mobilität. Wer das beherzigt, für den wird die Zukunft nicht schlecht aussehen."
> (Allianz-Chef Henning Schulte-Noelle, in: *Die Zeit*, Nr. 28 vom 05.07.96, S. 17)

Aufgaben

- Befragt eure Eltern nach ihren beruflichen Chancen, als sie jung waren.
- Wenn wir unterstellen, Herr Schulte-Noelle hätte mit seiner Deutung Recht, was bedeutet das für eure Zukunft?
- Überlegt je drei Beispiele für äußere und innere Mobilität.

Diskussion
„Das Gespenst der Arbeitslosigkeit wird von Arbeitnehmer- wie Arbeitgeberseite gepflegt, weil es die Menschen unter Druck setzt."
(GERHARD SCHULMEYER, Vorstandschef Siemens-Nixdorf, in: *manager magazin*, 7/96, S. 38)

- Was meint der Vorstandschef mit dieser Aussage?
- Welchen vermeintlichen Interessen kommt die Arbeitslosigkeit entgegen?

Während die Arbeitslosigkeit von den Betroffenen oftmals als Schicksal oder individuelles Versagen gedeutet wird und zu entsprechenden Verhaltensweisen bis hin zu psychischen Erkrankungen führt, geben Politiker vor, dass sie die richtigen Rezepte zur Beseitigung dieses gesellschaftlichen Problems besäßen.
Deshalb werden die Schüler konfrontiert mit zwei typischen Argumentationsketten:

1. Variante (angebotsorientierte Arbeitsmarktpolitik)	**2. Variante** (nachfrageorientierte Arbeitsmarktpolitik)
weniger Steuern, Personalkostensenkung	staatliches Beschäftigungsprogramm, Einstellen von Arbeitslosen
größere Gewinne	größere Umsätze
mehr Investitionen	größere Gewinne
Einstellung von Arbeitslosen	steigende Nachfrage
steigende Nachfrage	mehr Investitionen
größere Gewinne	Einstellung von Arbeitslosen
...	...

Angesichts der geringen Vorkenntnisse von wirtschaftlichen Zusammenhängen in der Sekundarstufe I sollte zunächst der Lehrer die beiden wirtschaftspolitischen Argumentationsmuster erläutern. Danach werden die Schüler zu einer Kritik aufgefordert:
- Was erscheint euch unlogisch?
- Welche Stufe könnte anders eintreten als in der Kette beschrieben?

Die Klasse erhält den Auftrag, sich die Parteiprogramme der im Bundestag vertretenen Parteien zu besorgen und zu überprüfen, welche Partei zu welcher Arbeitsmarktpolitik neigt.
Spiegeln sich die Bonner Machtverhältnisse von Koalition und Opposition in den aktuellen Programmen wider oder sind nach den Ausführungen auch andere politische Konstellationen in dieser Kernfrage möglich?

Homuter: Die Zukunft der Arbeit?

Viele Informatikexperten sehen die Zukunft der Arbeit von den neuen Techniken bestimmt mit der Möglichkeit, anfallende Aufgaben zu Hause zu erledigen. Nach der historischen Trennung von Arbeits- und Wohnort komme es zu einer Wiedervereinigung. „Homuter" heißt das neue Schlagwort in diesem Zusammenhang.

Der Lehrer schreibt zehn häufig benutzte Begriffe aus der Computerwelt an die Tafel und lässt sie von den Schülern erläutern, z. B.:

▶ CTV:	Computer Textverarbeitung
▶ CSB:	Computer Sachbearbeitung
▶ Electronic Mail:	elektronische Post
▶ CAD:	Computer Aided Design
▶ CAM:	Computer Aided Manufacturing
▶ Roboter:	Robotnik (tschechisch für Leibeigener oder Lohnsklave)
▶ Homuter:	Home and Computer
▶ POS:	Point of Sale
▶ ISDN:	Integrated Services Digital Network
▶ BTX:	Bildschirmtext

Die Klasse wird in zwei Gruppen eingeteilt und erhält den Auftrag, ein Szenario über zukünftige Arbeitsbedingungen zu entwerfen. Die Gruppe A soll die „Geschichte" unter einem positiven Blickwinkel schreiben, während die Gruppe B mögliche negative Aspekte hervorhebt. Je nach Alter und Neigung können die Schüler diese Aufgabe auch zeichnerisch bearbeiten. Da sich die Erledigung dieses Auftrages über mehr als eine Stunde erstreckt, muss die Arbeit entweder in der Schule fortgeführt oder als Hausaufgabe beendet werden.
Die schriftlichen Ergebnisse und die „künstlerischen" Darstellungen verdeutlichen Chancen und Gefahren der angewandten Technik und lassen erkennen, dass das jeweilige Ergebnis nicht zwangsläufig, quasi naturgegeben eintritt, sondern das Resultat eines Gestaltungsprozesses darstellt, in den sich die Jugendlichen einbringen sollten.

Die Zukunft hat begonnen

Bereits im Jahre 1988 erschien in der *Wirtschaftswoche* unter dem Titel „Lockender Bildschirm" ein Artikel, der aufzeigt, dass der Computer nicht nur die Produktion, sondern auch die Dienstleistungen und den Handel, also die gesamte Wirtschaft revolutionieren wird.
Hier ein kurzer Auszug:

> „Computer erobern die Verkaufsräume. Per Bildschirm lassen sich Informationen über die angebotenen Waren schneller und präziser vermitteln. Gleichzeitig steuern Rechner die gesamte Logistik. In Mainz steht bereits ein vollautomatischer Verkäufer, der seine Waren per Bildschirm anpreist. Eine quäkende Stimme begrüßt den Kunden. ‚Herzlich willkommen! Hier können Sie völlig ungestört und ganz bequem einkaufen', verspricht der sprechende Computer. Die Kundenkreditkarte eröffnet das Verkaufsparadies, das aus einem großen Farbbildschirm und einer Menge peripherer Elektronik besteht. Untermalt von Musik, Videoclips und Werbespots wird dort das Angebot präsentiert.
> Derart bedient wird der Kunde im Massa-Verbrauchermarkt in Mainz. Telemarkt heißt dieser Dienst, den Massa mit Nixdorf und Sony realisiert hat um der Selbstbedienung neue Impulse zu geben. Rund um die Uhr ist das Terminal

> verkaufsbereit. Und auch für Geschenke hat der Kollege Computer hinter dem elektronischen Verkaufstresen Verständnis: Er akzeptiert jede Lieferanschrift, solange der Kartenbesitzer bezahlt ... In den USA kann bereits die übernächste Stufe der Rationalisierung im Verkauf erlebt oder erlitten werden. Dort sind die ersten Supermärkte eingerichtet worden, in denen der Kunde bei sich selbst kassiert ... Eigenhändig muss der Käufer seine Waren über den Scanner schieben, der Art und Preis erfasst. Die Rechnung wird bargeldlos über die Kundenkreditkarte beglichen."

Aufgaben

- Inwieweit hat sich das Mainzer Modell bis heute ausgebreitet?
- Was haltet ihr von einer Computerberatung?
- Welche Folgen hat dieser Technikeinsatz für die Verkäufer?

Für die Diskussion kann die Aussage des US-Ökonomen Jeremy Rifkin herangezogen werden:

> „Das Industriezeitalter beendete die Sklavenarbeit, das Informationszeitalter beendet bezahlte Massenbeschäftigung. Deshalb ist kürzere Arbeitszeit unumgänglich."

Existenzgründung als Ausweg?

In der *Süddeutschen Zeitung* vom 27./28. Juli 1996 lesen wir auf Seite V 1/1:

> „Wege aus der Arbeitslosigkeit, Münchner Arbeitsamt startet Modellversuch ... Mitte Juli fand sich im Arbeitsamt München ein gut gelauntes Völkchen ein: Existenzgründer und ehemalige Bezieher von Überbrückungsgeld, einer Umfrage zufolge fast alles zufriedene Menschen. Zufrieden mit dem Geschäftsverlauf waren 75,5 %, mit den Hilfen des Arbeitsamtes 62,2 %. Aber es soll noch besser werden. Seit diesem Sommer unterhält das Münchner Arbeitsamt mit einem Zuschuss des Bundesarbeitsministeriums von ca. 140 000 € ein Existenzgründer-Büro. Im Modellversuch beraten dort vier Angestellte alle, die den Schritt in die Selbstständigkeit wagen wollen. München prescht vor, Hamburg zieht demnächst nach.
>
> Deutschland braucht Arbeitsplätze. Da blickt jetzt alles hoffnungsvoll auf den Mittelstand und nicht zuletzt die Existenzgründer. Derzeit arbeiten gerade neun von 100 Erwerbstätigen selbstständig. In jedem Land der Europäischen Union liegt der Anteil der Selbstständigen höher - mit steigender Tendenz.
>
> Ringsherum ist Gründerzeit. Da sollen auch die Deutschen mitziehen. Jeder Existenzgründer schafft im Durchschnitt vier Arbeitsplätze, heißt es im ‚Aktionsprogramm für Investitionen und Arbeitsplätze'. Darin steht zudem, dass gegenwärtig über 5 Mio. wettbewerbsfähige Jobs fehlen. Das darf nicht so bleiben. Mit einem Bündel von Maßnahmen hilft die Bundesregierung nun dem Schritt in die Selbstständigkeit nach.
>
> Wer an die Fördergelder heranwill, muss zuerst auf den Prüfstand. Verfügt der angehende Existenzgründer ausreichend über:

> – Branchenkenntnisse und Fachwissen,
> – kaufmännische Grundlagen,
> – Eigenkapital und Sicherheiten?
>
> Zudem muss die Geschäftsidee, das Unternehmenskonzept, überzeugen. Gefördert wird nur, wenn die Hausbank und in manchen Fällen darüber hinaus die Industrie- und Handelskammer dem Vorhaben ihren Segen geben. Vom IHK-Gutachten hängt es auch ab, ob das Arbeitsamt einem bislang Arbeitslosen beim Einstieg in die Selbstständigkeit ein Überbrückungsgeld zahlt.
> IHK-Berater für Existenzgründer empfehlen im Bekanntenkreis und in der Familie nach Rückhalt zu suchen. Da kann es zum einen um Geld gehen, zum anderen um die künftige Belastung des Existenzgründers: Ein Achtstundentag ist in den wenigsten Fällen zu erwarten."

Aufgaben

- Welche Chancen liegen in einer Existenzgründung?
- Wo liegen mögliche Gefahren?
- Wie sollte man sich vorbereiten?

Nach diesem Gespräch zur Orientierung laden wir einen IHK-Vertreter, einen Gewerkschaftler und einen Behördenvertreter für unsere Nachfragen ein.

Lehrstellen

Das Lehrstellenroulette

Ein Fallbeispiel: In der Großstadt B. will die Firma Siemens in diesem Jahr zehn Lehrstellen für den kaufmännischen Bereich vergeben. Der Konzern inseriert in der Lokalzeitung:

> Siemens bietet zum 1. August für interessierte junge Leute einen Ausbildungsplatz als Industriekaufmann oder als Bürokaufmann an. Bewerbungen mit Lebenslauf und Lichtbild richten Sie bitte an Herrn Dieter Meier, Postfach 234456, 28215 Bremen.

Peter M. hat die Realschule beendet und bewirbt sich um eine Stelle als Bürokaufmann. Nach einigen Wochen erhält er von dem Betrieb einen Bewerbungsbogen mit der Bitte, ihn vollständig auszufüllen, da sehr viele Bewerbungen eingegangen seien. Wissen möchte man unter anderem:

> Adresse, Staatsangehörigkeit, Familienstand, gesetzlicher Vertreter, Anschrift des gesetzlichen Vertreters, Verwandte bei der Siemens AG, bestehende Möglichkeit für die tägliche Hin- und Rückfahrt zum Betrieb, besuchte Schulen, Kenntnisse in Fremdsprachen, Auslandsaufenthalt, Schwerbehinderung, Schwangerschaft, Wehr- bzw. Ersatzdienst.

Die Schüler erläutern jeweils das Interesse des Ausbildungsbetriebes an der Information.

Hinweis an die Klasse: Die Firma Siemens hat 640 Bewerbungen erhalten und möchte 20 Personen zu einem Bewerbungsgespräch einladen. Nach welchen Gesichtspunkten wird die Personalabteilung wohl auswählen? Die zehn am häufigsten genannten Kriterien werden an der Tafel festgehalten.
Diskussion: In den reichen Industrienationen hat sich die Erkenntnis durchgesetzt, dass die heutige Berufswahl nicht mehr mit der unserer Eltern vergleichbar ist. Heutzutage müssen sich die jungen Leute darauf einstellen, dass sie ihren Beruf wechseln, in unterschiedlichen Branchen und in verschiedenen Regionen arbeiten werden, davon in bestimmten Zeitabschnitten auch als Selbstständiger.
Warum wird für jeden lebenslanges Lernen wichtig?

Der Charaktertest

Peter M. kommt in die engere Auswahl und wird zu einem Bewerbungsgespräch geladen. Dort bittet man ihn zunächst einen Test auszufüllen. Diese Prüfungssituation können wir in der Schule gut simulieren. Dafür erhält jeder Schüler ein Blatt Papier mit Satzanfängen wie:

1. Alle Menschen ...
2. Meine größte Sorge ...
3. Ich fürchte ...
4. Wenn ich nachts nicht schlafen kann ...
5. Fremde Menschen ...
6. Junge Mädchen ...
7. Ich liebe ...
8. Die Sexwelle ...
9. Meine schlimmste Erinnerung ...
10. Mein größter Fehler ...
11. Leute ...
12. Wenn Herr Meier an seine Jugend denkt, fällt ihm ein ...
13. Anna ist unglücklich, weil ...
14. Mich ärgert ...
15. Mein Chef ...
16. Die meisten Kollegen ...
17. Ich hasse ...
18. Ich fürchte ...

Aufgabe

Die Schüler werden aufgefordert, die Satzanfänge nach ihren wahren Gefühlen zu vervollständigen. Dafür gibt es zehn Minuten Zeit. Jeder arbeitet für sich allein.
Anschließend lesen vier Kandidaten ihre Ergebnisse vor und der Lehrer entscheidet jeweils, ob der Satz akzeptiert werden kann. Insgesamt dürfen max. vier Fehltritte auftauchen. Die beiden Sätze mit denselben Satzanfängen gelten als Lügenfallen. Eine unvollendete Zeile gilt als Fehler.

„Richtig" oder „falsch" läuft in einer bestimmten Bandbreite. Als Testkriterien nennen die einstellenden Betriebe gewünschte Charaktereigenschaften wie: Optimismus, Flexibilität, Kreativität, Selbstvertrauen. Entsprechend wird alles Negative, Depressive, Unsichere und Zögerliche abgelehnt. Häufig beginnen die Schüler mit: „Alle Menschen sind gleich" und erhalten damit ihren ersten Ablehnungsgrund.
Nach der Auswertung problematisieren wir diese Tests, die alle ähnlich aufgebaut sind und durch den Zeitdruck einen Blick in die Seele erzielen wollen.

Aufgaben

- Welchen Typ von Auszubildenden wollen die Betriebe?
- Wie kann ich mich auf einen solchen Test vorbereiten?

Das Bewerbungsgespräch als Rollenspiel

Das Bewerbungsgespräch stellt für viele Jugendliche eine besondere Hürde dar. Unternehmer bemängeln häufig den Inhalt dieser „Unterhaltung" wie auch das Verhalten der Ausbildungsplatzsuchenden.
Zur Vorbereitung auf diese künftige Stress-Situation kann das Bewerbungsgespräch in einem Rollenspiel simuliert werden. Zunächst schreiben alle Schüler auf eine ausgewählte Anzeige der ansässigen Lokalzeitung eine Bewerbung und einen Lebenslauf (in freier oder tabellarischer Form). Wichtige Punkte für diese beiden Schreiben gibt der Lehrer vor oder er verteilt Broschüren des Arbeitsamtes, Informationen eines Großbetriebes, Hinweise der IHK für eine Freiarbeit.

Jede dritte formulierte Bewerbung kommt per Losverfahren in die engere Auswahl für den zu vergebenden Ausbildungsplatz. Unter den nicht Ausgewählten bittet der Lehrer drei Personen um eine Mitarbeit als Mitglied der Geschäftsleitung, der Personalabteilung und des Betriebsrates. Diese drei ziehen sich zurück und überlegen einen Katalog von mindestens zehn Fragen.
Dann beginnt das eigentliche Rollenspiel: Ein ausgewählter Schüler verlässt den Klassenraum, bereitet sich gedanklich vor und wartet so lange, bis er hineingerufen wird. Währenddessen liest ein Schüler die abgegebene Bewerbung und den Lebenslauf vor. Danach bittet der Lehrer den ersten Kandidaten herein.
In einer vorbereiteten Sitzkonstellation (der Kandidat gegenüber den drei Betriebsangehörigen) spielen die vier Schüler ihre Rollen ohne Anweisung. Nach etwa 10 bis 15 Minuten sollte das Gespräch beendet sein.
Als Erstes fragt der Lehrer den Kandidaten nach seinem Gefühl und seinen vermuteten Chancen für den Ausbildungsplatz.
Danach legen die Betriebsangehörigen nacheinander dar, was ihnen gut und was ihnen weniger gut gefallen hat. Dabei sollen sie auch auf das Verhalten des Bewerbers eingehen.
Schließlich geben einige Mitschüler, die das Rollenspiel als Zuschauer erlebt haben, ihren Eindruck wieder.
Dieses Prozedere wird je nach verfügbarer Zeit mindestens zweimal wiederholt. Dann ziehen sich die Fragenden noch einmal für eine Entscheidungsfindung kurz zurück und die Restklasse überlegt still, welcher Kandidat für sie in Frage käme.
Abschließend trägt die Jury ihre Wahl vor und begründet diese. Zu dieser Auswahl werden die Zuschauer um kritische Stellungnahmen gebeten.
Wegen der besonderen Brisanz dieses Themas kann das Rollenspiel mit einer Videokamera aufgezeichnet und professionell ausgewertet werden. Heutzutage besitzt jede größere Schule eine Videoausstattung. Ein Schüler mit Erfahrung spielt den Kameramann, nur im Notfall übernimmt diese Rolle der Lehrer.
Da viele Schüler zwar mit neuen Techniken vertraut sind, aber dennoch eine gewisse Unsicherheit und Scheu vor Aufnahmen zeigen, sollte eine Gewöhnungsphase vorgeschaltet werden. Dafür erhält jeder Schüler einige Aufgaben für einen kurzen Take, z. B.:

- Stelle dich vor!
- Erzähle etwas von deinen Freunden und Hobbys!
- Beschreibe deine Wünsche für die spätere Arbeitswelt!

Abschließend werden alle Aufnahmen vorgespielt und von dem jeweiligen Akteur und dem Lehrer spontan beurteilt.

Bei Einstellungsgesprächen achten die Betriebe genau auf die Sprache und die Körpersprache. Als Kriterien für die Sprache zählen unter anderem: die Ausdrucksweise – der Satzbau – das Sprechtempo – die Lautstärke.
Unter Körpersprache versteht man: Gang – Haltung – Gestik – Mimik.
Der Lehrer schreibt alle Merkmale an die Tafel und fragt die Klasse, welche Art und Weise jeweils gut ankommt. Das entsprechende Eigenschaftswort wird zur Verdeutlichung des Beurteilungsschemas hinter das jeweilige Kriterium gesetzt.
Dann wird die Restklasse, die das Rollenspiel anschaut, in zwei Gruppen eingeteilt. Die eine Hälfte beurteilt die Sprache, die andere beobachtet die Körpersprache. Zur Objektivierung wird für beide Gruppen eine Matrix gebildet. In der Senkrechten stehen die Kriterien. Zur Beurteilung dient der Waagrechten ein Punktstrahl von –6 über 0 bis +6.
In der Folge beginnen die Vorstellungsgespräche wie bereits beschrieben, aufgezeichnet von dem Kameramann und kontrolliert von den Mitschülern per Testbogen. Jede einzelne Aufnahme wird zunächst von dem Bewerbungskandidaten kommentiert, dann auf dem Bildschirm gezeigt und von den einstellenden Personen und den beobachtenden Mitschülern nach ihren Aufzeichnungen beurteilt. Differenzen verlangen eine Erörterung. Nach mindestens drei Gesprächen sollte ein Urteil gefällt und diskutiert werden.

Der Ernst des Lebens

Auch wenn die Ausbildung nicht unbedingt – wie von vielen Erwachsenen bezeichnet – den Ernst des Lebens darstellt, so beginnt doch für die meisten Jugendlichen vom Inhalt und von der Organisation her eine neue Welt.
Nach einer *Stern*-Umfrage (Heft Nr. 47 vom 16.11.95, S. 188) bei rund 250 Firmen achten Personalchefs bei jungen Bewerbern besonders auf Folgendes:

► Sind kommunikativ und teamorientiert	96 %
► Zeigen hohen Leistungswillen	83 %
► Sind auch im privaten Umfeld (Kultur, Sport, Soziales) besonders engagiert	63 %
► Sind fähig Kritik zu üben und anzunehmen	59 %
► Können sich sprachlich gut ausdrücken	56 %

(Mehrfachnennungen waren möglich)

Aufgaben

- Was meinen die Manager mit ihren Aussagen?
- Wie wurdet ihr darauf vorbereitet?
- Was sollte sich an der Schule ändern, damit der Übergang in das Berufsleben einfacher wird?
- Warum werden die genannten Fähigkeiten auch Schlüsselqualifikationen genannt?

Das neue Leben bringt auch formal neue Aspekte. Nützliche Hinweise gibt die Broschüre *Ausbildung & Beruf* vom

i Bundesministerium für Bildung, Wissenschaft, Forschung und Technologie
Referat Öffentlichkeitsarbeit, 53170 Bonn

Im Berufsbildungsgesetz werden die Paragrafen 1 bis 16 durchgelesen sowie der Inhalt stichwortartig in ein Schema „Rechte und Pflichten" übertragen. Dieser Überblick sollte mindestens sechs Punkte umfassen. Kleine realistische Fallbeispiele können Probleme verdeutlichen.

1. Fall: Leonard P. möchte eine Lehre als Werbekaufmann beginnen und hat eine Agentur gefunden, die ihn einstellen möchte. Sein Vater will, dass er eine Lehre als Einzelhandelskaufmann beginnt um später einmal das eigene Textilfachgeschäft zu übernehmen.

2. Fall: Sofia R. beschwert sich bei ihrem Chef, weil sie mit den anderen Auszubildenden immer die Toiletten reinigen muss. Der Inhaber entgegnet: „Das war immer so. Außerdem gehört es zum Beruf."

3. Fall: Das Warenhaus Z stellt bei der Schulleitung I den Antrag, dass im Dezember alle Azubis im Betrieb bleiben. Anders könne man das Weihnachtsgeschäft nicht bewältigen.

Sind die Schüler heute zu blöd für eine Lehre?

Im Zusammenhang mit der seit einigen Jahren bestehenden und sich verschärfenden Lehrstellenknappheit kursieren in den Medien immer wieder Artikel, die die Schuld an der Misere den Schülern zuweist. Ein Beispiel: Im *Weser-Kurier* aus Bremen stand am 17.09.95 unter der fett gedruckten Überschrift:

> „Lieber gar keinen als irgendeinen Lehrling
> Wirtschaft: Niveau von Schulabgängern immer schlechter
> Zu Beginn des Ausbildungsjahres häufen sich die Klagen von Betrieben, das Niveau der Schulabgänger aller Schulformen habe sich deutlich verschlechtert. ‚Lieber gar keinen Lehrling als irgendeinen', lautet das Motto vieler Firmen heute.
> Der Zentralverband des Deutschen Handwerks in Bonn hat dieser Tage an alle Mitgliedskammern ein Faltblatt verschickt, das in Nordrhein-Westfalen von Handwerks-, Industrie- und Handelskammern gemeinsam erarbeitet worden ist. Den Tenor der Untersuchung formuliert der Geschäftsführer des NRW-Handwerkstages, Köster: ‚Klagen kommen von fast überall. Bei Schulabgängern sind grundlegende Defizite in allen Fächern, aber auch bei Leistungswillen und Gemeinschaftsfähigkeit festzustellen.'
> In vielen Betrieben … würden unter den Bewerbern für eine Lehrstelle seit Jahren Eingangstests mit unveränderten Anforderungen durchgeführt. ‚Die Ergebnisse werden von Jahr zu Jahr schlechter.' Ein Düsseldorfer Banker zu den Folgen: ‚Wir haben dieses Jahr mehrere Lehrstellen nicht besetzt, weil nicht genug Bewerber mit dem geforderten Standard vorhanden waren.' Vielfach mangele es an Basiskenntnissen und an Fähigkeiten, auf denen berufliche Bildung aufbauen muss. Kritisiert wird auch das Fehlen von Zuverlässigkeit,

Lernbereitschaft, Belastbarkeit, Gewissenhaftigkeit, Verantwortungsbereitschaft, Flexibilität, Toleranz und Höflichkeit.
Das Faltblatt … weist gleich zu Beginn das Argument, solche Defizite seien Sache der Eltern, zurück: Von den Schulen müsse erwartet werden, dass sie Fehlentwicklungen und Versäumnissen der Elternhäuser wenigstens entgegenwirken. Deutsche Sprache in Wort und Text (‚einfache Texte fehlerfrei'), einfache Rechentechniken, Grundkenntnisse in Naturwissenschaft und Englisch, über Arbeitswelt und Wirtschaft, Kultur, Geschichte, Politik und Ethik – das, so die Kammern, seien Mindestvoraussetzungen, die Schülern mitzugeben seien auf den Weg in den Beruf."

Aufgaben

- Gebt den Inhalt des Zeitungsartikels wieder!
- Was haltet ihr von den Vorwürfen? Was ist berechtigt, was überzogen?
- Wie könnte die Schule effektiver helfen?
- Kann es sich auch um eine Zurückweisung von Schuld handeln?
- Überlegt eine Situation, in der es eine Lehrstellenknappheit gäbe.

Lehrstellenmisere

Der Trend ist eindeutig: Seit Mitte der 80er Jahre sinkt sowohl das Gesamtangebot an Lehrstellen wie auch die Zahl der jeweils neu abgeschlossenen Ausbildungsverträge mehr oder weniger dramatisch. Auf der Finanzierungskonferenz des DGB am 3.11.95 in Düsseldorf wurde folgende Grafik präsentiert:

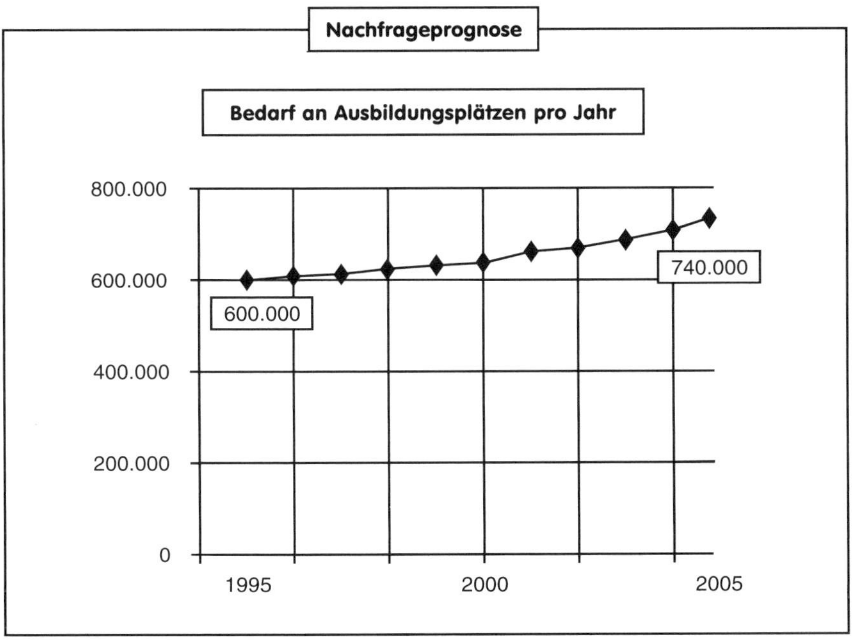

Arbeitsvorschläge

- Wir unterstellen, dass – positiv gesehen – das betriebliche Angebot nicht weiter sinkt, sondern bei 580 000 Plätzen pro Jahr bleibt. Pessimisten sprechen von einer drohenden Schere auf dem Ausbildungsmarkt und sagen eine Massenarbeitslosigkeit bei den 20- bis 30-Jährigen voraus. Was bedeutet dies für junge Leute, die eine Lehrstelle suchen?
- Wo liegen nach eurer Meinung bestimmte Unwägbarkeiten, wenn ihr die Schätzung zukünftiger Zahlen betrachtet! Denkt an das Verhalten der Arbeitgeber einerseits und das der Jugendlichen andererseits! Was heißt das für die Region?
- Besorgt euch die Zahlen beim Arbeitsamt, bei den Angestellten- und Arbeiterkammern, beim DGB und bei der IHK.
- Warum stimmen die Angaben in den Statistiken nicht genau überein?

Die Haltung der Arbeitgeber

Die BDA, die Bundesvereinigung der Deutschen Arbeitgeberverbände, der DIHT, der Deutsche Industrie- und Handelstag, und der ZDH, der Zentralverband des Deutschen Handwerks, forderten im Januar 1996 ein Bündnis für Ausbildung. Warum? In ihrem der Presse vorgelegten Vorschlag heißt es unter anderem:

> „Aufgaben des Bundes:
> - Umsetzung der Aktion „Neue Berufe", damit 1996 und 1997 einige neue Ausbildungsberufe in wachsenden Beschäftigungsfeldern in Kraft gesetzt werden können;
> - Erlass neuer Ausbildungsordnungen unter Beachtung der Ausbildungsmöglichkeiten der Betriebe und ihrer Kostenbelastung und der Ausbildungsfähigkeit der Jugendlichen;
> - Berufe für lernschwache Jugendliche (auch Stufenberufe und zweijährige Berufe) in Abstimmung mit den Sozialpartnern erlassen;
> - Änderung des Jugendarbeitsschutzgesetzes: Wegfall der Freistellung vor und nach dem Berufsschulunterricht für über 18-jährige Auszubildende;
> - Förderung von Existenzgründungen auch zur Schaffung neuer Ausbildungsplätze (z. B. durch das Ausbildungsförderungsgesetz) …
>
> Aufgaben der Bundesländer:
> - Zunahme der Ausbildungskapazitäten im öffentlichen Dienst, vor allem bei Ländern, Landkreisen und Kommunen;
> - Mobilitätsprogramme für Ausbildungsplatzbewerber schaffen;
> - um die Dauer der betrieblichen Ausbildung zu erhöhen darf das Zeitbudget (grundsätzlich max. zwölf Wochenstunden) nicht vermehrt werden. Ebenso ist der Berufsschulunterricht besser zu organisieren. Beispiel Niedersachsen: 1. Ausbildungsjahr zwei Berufsschultage, in der Fachstufe ein Berufsschultag jeweils mit neun Stunden Unterricht;
> - Ausbildungsreife der Abgänger aus allgemein bildenden Schulen verbessern: Die Nacharbeit beim Basiswissen in Deutsch und Rechnen ist nicht Aufgabe der Betriebe oder der Berufsschulen.

Aufgaben der gewerblichen Wirtschaft:
- Fortführung der Lehrstellenaktion Plus: Kammern und Verbände werben bei ihren Mitgliedsbetrieben für Ausbildungsplätze; ...
- Nutzung der Ausbildung im Verbund um vermehrt Nichtausbildungsbetriebe oder Betriebe ohne Ausbildungsberechtigung einzubeziehen; ...
- Senkung der Ausbildungskosten durch vermehrte Ausbildung am Arbeitsplatz;
- Stärkung des Bewusstseins vom Nutzen der Ausbildung (Minimierung der Personalbeschaffungskosten ...)."

Die Klasse versucht in drei Gruppen die jeweiligen Maßnahmen zu erklären und deren Wirksamkeit einzuschätzen.

Die Haltung der Gewerkschaften

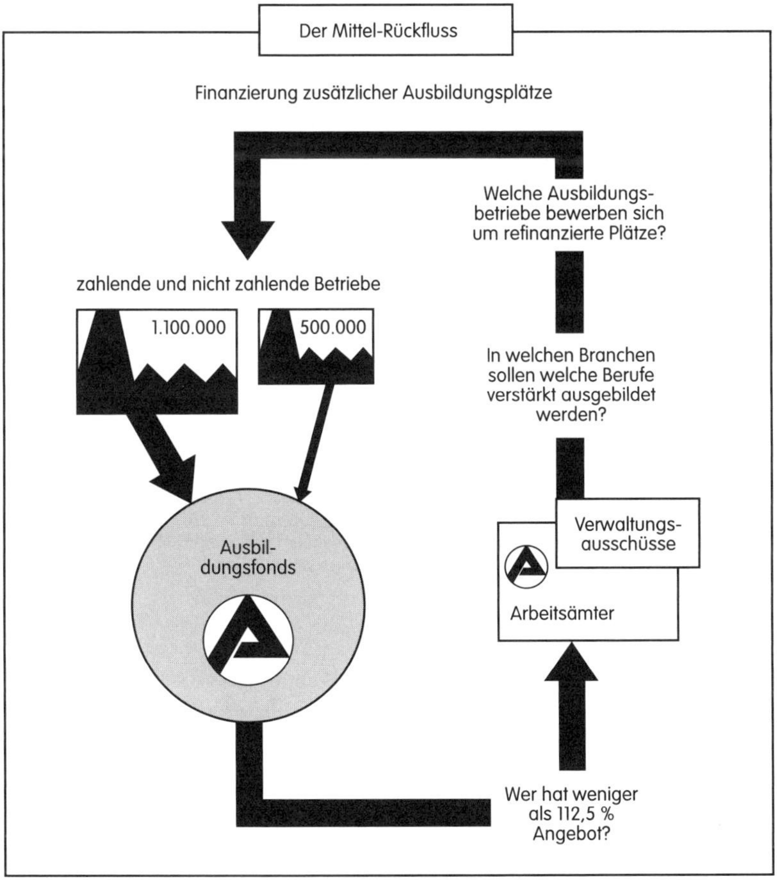

Die Gewerkschaften fordern (wie die Arbeitgeber) von den öffentlichen Händen eine Erweiterung der Ausbildungskapazitäten. Im Zentrum des DGB-Konzeptes steht die solidarische Ausbildungsfinanzierung: Alle Betriebe sollen 1,7 bis 2,2 % der Bruttoerlössumme mit den Sozialabgaben in einen Ausbildungsfonds zahlen. Die ausbildenden Betriebe, das waren 1995 weniger als ein Drittel, dürfen ihre eigenen Ausbildungskosten abziehen. Auf diese Weise kommen ca. 3 bis ca. 2 Mrd. € zusammen. Der Rückfluss dieser Gelder lässt sich schematisch wie in der Grafik auf S. 99 darstellen.

Aufgaben

- Beschreibt das Umlageverfahren mit eigenen Worten!
- Formuliert vier Argumente pro und contra zu diesem Modell!

Abschließend wird eine Podiumsdiskussion zu dem Thema *Wege aus der Lehrstellenmisere* simuliert. Diskussionsteilnehmer sind je ein Vertreter der Arbeitgeber, des DGB, der Eltern, der Schüler, der im Landtag vertretenen Parteien.

Wer wird was?

Wir führen in der Klasse eine anonyme Umfrage nach den Berufswünschen durch. Dabei darf jeder Schüler nur eine Angabe machen. Nach der Anzahl der gewählten Berufe stellen wir eine allgemeine Rangfolge und je eine nach den Geschlechtern auf. Diese Listen konfrontieren wir mit den Top-Ten nach dem Berufsbildungsbericht:

	Frauen		**Männer**
1.	Arzthelferin	1.	Kraftfahrzeugmechaniker
2.	Kauffrau im Einzelhandel	2.	Elektroinstallateur
3.	Zahnarzthelferin	3.	Tischler
4.	Friseurin	4.	Industriemechaniker Betriebstechnik
5.	Bürokauffrau	5.	Gas- und Wasserinstallateur
6.	Bankkauffrau	6.	Maurer
7.	Industriekauffrau	7.	Maler und Lackierer
8.	Fachgehilfin in steuer- und wirtschaftsberatenden Berufen	8.	Kaufmann im Groß- und Außenhandel
9.	Hotelkauffrau	9.	Bankkaufmann
10.	Fachverkäuferin im Nahrungsmittelhandwerk	10.	Industriemechaniker Maschinen- und Systemtechnik

Aufgaben

Wenn wir die beliebtesten Ausbildungsberufe betrachten, so weisen die Statistiken seit Jahren ähnliche Rangfolgen aus.

- Wie kommt es zu diesen typischen Männer- und Frauenberufen?
- Was bedeutet die Berufswahl für die zukünftige Einkommenssituation?
- Warum weichen die Zahlen der Klasse von der Bundesstatistik ab?

Auch die späteren Karrierechancen stellen sich nach wie vor als problematisch dar. So lesen wir z. B. in einer Lokalzeitung (*Weser-Kurier* vom 27.04.93):

„Männlich, ledig, jung sucht Führungsjob in Bremen …
Sie sind jung, haben ein hohes Maß an Eigeninitiative und innerer Reife, weisen in Ihrer Vita Stringenz und Praxisnähe auf, sind mobil und haben einen Hochschulabschluss … in der Tasche. Dann sind Sie der ideale Führungsnachwuchs für Bremer Unternehmen …
Geschult und weitergebildet wird der Karrierewillige meistens innerbetrieblich … Dort wird seine Sozialkompetenz getestet – wie wird er beispielsweise mit Mitarbeitern umgehen, ist er zu Teamarbeit fähig, wie kann er belastet werden, welche Defizite müssen bei ihm noch ausgeglichen werden? …
Die Förderung von Frauen als Führungsnachwuchs ist bei keinem Unternehmen Thema – außer bei Mercedes-Benz … Obwohl nur 2 bis 5 % des bundesdeutschen Spitzenmanagements weiblich sind, gewähren die Bremer Großbetriebe Frauen keine Vergünstigungen …“

Aufgabe

Diskussion des Themas Frauenförderung pro und contra.

Werbung

Die Macht der Kids

Jugendliche, egal ob Schüler oder Auszubildende, stellen eine Marktmacht dar, die von den Anbietern entsprechend ins Visier genommen wird. Mit diesem Phänomen beschäftigen sich auch Wirtschaftszeitungen. In der Titelstory der *Wirtschaftswoche* im Dezember 1995 (Nr. 51, S. 50 ff.) lesen wir unter anderem:

„Kids mit Kohle
Mit fast ca. 15 Mrd. € jährlich verfügen Kinder und Jugendliche über eine enorme Kaufkraft. Als Trendsetter und Kunden von morgen werden sie von den Markenartiklern besonders umworben …
Werden ihre Sparguthaben dazugezählt, verfügen die rund 15 Mio. 5- bis 20-jährigen Deutschen … sogar über ca. 17,5 Mrd. €, das entspricht dem Bruttosozialprodukt von Rumänien.
Damit nicht genug: Eine Faustregel aus den USA besagt, dass Kinder und Jugendliche noch einmal das Doppelte ihrer Kaufkraft im Familienhaushalt beeinflussen. ‚Heranwachsende‘, weiß IJF-Leiterin …, ‚spielen in der Familie die Informanten für neue und innovative Produkte.‘
Kein Wunder, dass Hersteller und Handel die potenten Kunden aus den Kinderzimmern besonders heftig umwerben. Wer heute die kleinen Verbraucher gewinnen kann, muss sich um das Geschäft von morgen keine Sorgen machen … Marktforschungsstudien haben Hochkonjunktur – und verpassen den jungen Konsumenten eingängige Etiketten. So erforschte die Werbeagentur Lintas eine ‚Generation von Egotaktikern‘, die sich durch ‚egozentrische Weltbetrachtung, gepaart mit pragmatischer Weltbewältigung‘ auszeichnet.

Schon bei den ganz Kleinen ist das Markenbewusstsein stark ausgeprägt. Kaum aus dem Kinderwagen entwachsen müssen sich die Drei- bis Sechsjährigen entscheiden: ... zwischen Lego und Fisher Price, Barbie oder Polly Pocket, Nintendo oder Sega ...
Ab zwölf Jahren splittert sich der Nachwuchsmarkt in zahlreiche, schnell wechselnde Szenen – von Raver über Computerfreaks, Inline-Skater bis hin zu Hippies ... Hier bestimmt die Clique oder andere Meinungsführer, welche Produkte und Marken angesagt sind ...
Ein ausgeprägtes Markenbewusstsein haben die 14- bis 27-jährigen Deutschen denn auch besonders bei Kleidung, Musikanlagen und Sportartikeln ...
Bei diesen imageträchtigen Produkten, so ein Ergebnis des Bravo-Jugend-Marktreports, spielt der Preis ‚nur eine untergeordnete Rolle'. Waren des täglichen Bedarfs dagegen kaufen die jungen Konsumenten bevorzugt günstig ein ... die junge Zielgruppe verspottet die Düsseldorfer (C & A) überwiegend als ‚Cheap & Awful'."

Aufgaben

- Sucht aus Zeitungen und Zeitschriften zehn Beispiele, die auf Kids abzielen!
- Was haltet ihr davon, wenn eine ganze Generation ein Etikett erhält?
- Erklärt die Nachfragemacht der Kinder und Jugendlichen, die über ihr verfügbares Geld hinausgeht!

Was heißt Werbung?

Werbung gehört für Marketingmanager zu einem Kommunikationsmix bestehend aus Werbung – Verkaufsförderung – Public Relations – Verkaufsgespräch, um dem Kunden Informationen zu liefern und ihn in seiner Meinung zu beeinflussen.
Die Schüler legen zur Verdeutlichung ein Blatt DIN A4 quer und fertigen eine Matrix an mit den Mixelementen in der Senkrechten und den Begriffen Information sowie Manipulation in der Waagrechten. In jedes Feld sollen zwei Beispiele geschrieben und mündlich erläutert werden.
In der Werbewirtschaft unterscheidet man Werbemittel, z. B. das geschriebene Wort – das gesprochene Wort – die Farbe – die Musik – die Abbildung des Produkts – die Ware selbst.
Diese Mittel werden einzeln oder in verschiedenen Kombinationen transportiert über einen Werbeträger, unter anderem das Plakat – die Litfaßsäule – die Zeitung – den Bundesligaspieler – das Radio – das Fernsehen.

Aufgaben

- Überlegt euch für jeden Werbeträger ein Beispiel und erläutert, welche Werbemittel jeweils kombiniert werden.
- Für die verschiedenen Werbeträger zahlen die Betriebe unterschiedliche Geldsummen. Je nach der Finanzkraft des Auftraggebers und der Zielgruppe fällen die Manager eine Entscheidung. Wählt für folgende Produkte einen Werbeträger und begründet eure Auswahl: ein Sportwagen – eine Hifi-Anlage – eine Angelausrüstung – Erdbeeren zum Selberpflücken – eine Schultüte zum Schulbeginn.

Im Strudel der Werbung

Die Werbewirtschaft unterscheidet verschiedene Werbearten:

Einzelwerbung: Ein Betrieb wirbt für sich allein.
Sammelwerbung: Mehrere Betriebe unterschiedlicher Branchen werben.
Gemeinschaftswerbung: Mehrere Betriebe der selben Branche werben zusammen.
Händlerwerbung: Ein Händler wirbt für sein Geschäft.
Produktwerbung: Es wird für ein Produkt geworben.

Bei einer Aktion können auch Werbearten integriert werden. Wenn z. B. mehrere VW-Händler in einer Stadt für den neuen Golf werben, so treffen in diesem Fall Gemeinschafts-, Händler- und Produktwerbung zusammen.

Aufgabe

Sammelt eine Woche lang mindestens eine Werbeanzeige pro Tag und untersucht sie nach den Werbearten.

Wir analysieren Spots im Radio und im Fernsehen. Im ersten Schritt erhalten einige Schüler den Auftrag, mindestens 15 Werbebeispiele aus dem Rundfunk mitzuschneiden. Zur Bearbeitung der Spots fertigen wir eine Matrix an:

Spot	Länge	Werbeart	Produkt	Information
1.				
2.				
...				

Als Zweites wenden wir uns dem beliebtesten Medium, dem Fernsehen, zu. Die Schüler werden in drei Gruppen A, B und C eingeteilt. Jede Gruppe zeichnet mindestens zehn Spots auf, wobei sich A den Vormittag, B den Nachmittag und C den Abend vornimmt. Als Grundlage der Bearbeitung dient das für die Radiospots entwickelte Schema.

Aufgaben

- Wie beurteilt ihr den Informationsgehalt der Werbeaufnahmen?
- Welche Unterschiede bestehen zwischen der Werbung im Rundfunk und im Fernsehen?
- Erklärt die Abweichungen je nach der Tageszeit.

In den letzten Jahren fließen die Gelder für Marketing überproportional in besondere Methoden wie

PR: Die wichtigsten Mitarbeiter bei VW sind die Dummys.
Kultursponsoring: BMW organisiert eine Kunstausstellung in München.
Sportsponsoring: Die Fußballübertragung Deutschland-Holland wurde unterstützt von Krombacher.

Aufgaben

- Was versprechen sich die Auftraggeber von dieser indirekten Werbung?
- Wieso lohnen sich die immensen Ausgaben für diese Methoden?

Psyche und Sprache

Unsere Untersuchung der Werbung in den Medien zeigt, dass Sachinformationen keine oder nur eine geringe Bedeutung spielen. Vielmehr werden Gefühle angesprochen, unsere Sehnsüchte, Träume und Triebe werden vermarktet. Nach Abraham Maslow existiert bei den Menschen eine Bedürfnishierarchie, die sich zeichnerisch grob folgendermaßen darstellen lässt:

Grundsehnsüchte des Menschen

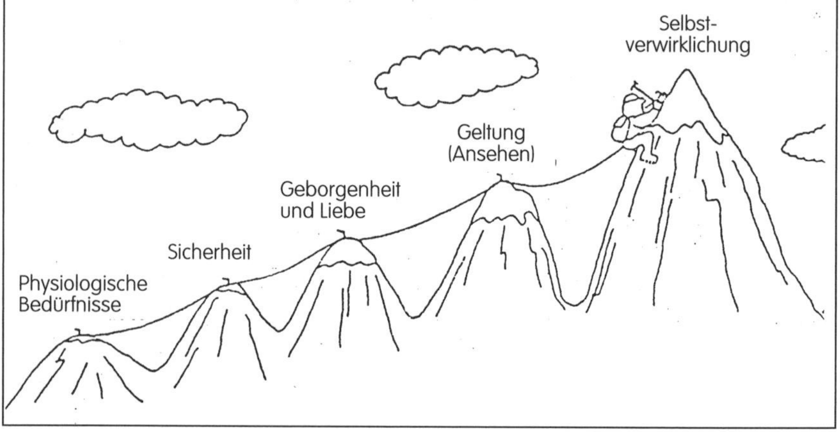

Aufgaben

- Was verbirgt sich hinter den fünf Gipfeln?
- Welche Sehnsüchte wurden in den Werbebeiträgen angesprochen?
- Warum halten Kritiker die gezielte Ansprache der Seele für gefährlich?

Abschließend diskutieren wir die Aussage des Papstes, die heutige Konsumgesellschaft sei moderne Sklaverei.

- Was spricht für, was gegen diese These?
- Welche Rolle spielt in diesem Zusammenhang die Werbung?

Die Werbung bedient sich einer besonderen Sprache, mit der die Produkte gepriesen und unsere Sehnsüchte angesprochen werden. Merkmale dieser Werbesprache sind:

Wiederholungen:	super, supergut …
Wortneubildungen:	Schmusewolle
Übertreibungen:	bärenstark
Slogans:	McDonalds ist einfach gut.
Fragesätze:	Heute schon genascht?
Befehle:	Komm, hol dir deinen Kick!
Wortspiele:	Damit am Aschermittwoch nicht alles vorbei ist.
Satzfetzen:	Immer eine gute Suppe …
Superlative:	Die zarteste Versuchung, seit es Schokolade gibt.

Weitere Beispiele findet man in allen Medien.

Wir machen Werbung

1. Fallbeispiel

Stellt euch vor, ihr sollt als Mitarbeiter in einem technischen Kaufhaus für den neuen Computer XX 2 000 werben. Mit diesem Gerät werden automatisch Programme zum Schreiben, Rechnen und Malen verkauft. Außerdem sind im Preis inbegriffen eine Faxcard zum Faxen und eine Soundcard zum Hören von digitaler Musik. Der Monitor kann auch als Bildschirm zum Fernsehen benutzt werden.

Aufgaben

- Wählt ein Motto für die Aktion! Denkt euch einen Slogan aus!
- Wie könnte das Geschäft für diese Kampagne dekoriert werden?
- Schreibt einen Werbebrief an alle Personen der Kundendatei.
- Entwerft einen Handzettel, der an alle Passanten verteilt wird.
- Überlegt für zwei lokale Werbeträger (z. B. Zeitung und Litfaßsäule) eine mögliche Kombination von Werbemitteln. Sprecht dabei gezielt Sehnsüchte des Menschen an.
- Gestaltet ein Plakat, das in dem Schaufenster ausgestellt werden soll.
- Wie kann der Betrieb den Erfolg dieses Projektes kontrollieren?

Zur Bearbeitung dieses Falles sollten – wie in der Wirtschaft üblich – in der Klasse Teams gebildet werden, die arbeitsteilig vorgehen. Je nach technischer Ausstattung der Schule und Vorkenntnissen der Schüler mit Tonband- und Videoaufnahmen können die Arbeitsgruppen auch einen Radio- und einen Fernsehspot kreieren. Dazu ist es notwendig, dass sich alle noch einmal die Merkmale und Wirkungen von Sprache (s. S. 94 f.) vergegenwärtigen. Darüber hinaus sollte der Lehrer die Beeinflussungsmöglichkeiten durch Bilder (z. B. Ausschnitt, Farbwahl, Perspektive, Tempo ...) bis hin zu virtuellen Welten durch Computerbearbeitung erläutern. Die Komplexität des Themas macht fächerübergreifenden Unterricht sinnvoll – mit Deutsch und Kunstlehrer.
Mit einer Ausstellung der Plakate können die Schüler Ergebnisse ihres produktiven Handelns dokumentieren und Anregungen bieten.

2. Fallbeispiel

Als Mitglieder in der Redaktion der Schülerzeitung sollt ihr für eure Schule ein Info gestalten, das für neue, junge Schüler wirbt. Geht in eurer Vorstellung dabei auf das Gebäude, die Lehrer, das Unterrichtsangebot, die Klassenfahrten und den Schüleraustausch ein. Erwartet werden drei Seiten mit zwei Fotos von Schülern und einer Skizze, die die Lage der Schule zeigt.
Abschließend stimmt die gesamte Klasse über die erstellten Infos ab. Die drei besten Exemplare überreicht der Lehrer dem Schulleiter mit der Anregung, diese Werbeprospekte konkret einzusetzen.

Film: Zwischen Räderwerk und Waschsalon

Moderne Zeiten (Modern Times), USA 1936
Regie: Charles Chaplin

Charly Chaplins Komödie stellt eine scharfe Kritik an der industriellen Produktionsweise, vor allem der Fließbandarbeit, dar. Chaplin spielt einen Arbeiter in einer Fabrik, deren Chef die Arbeitsintensität bis ins Extreme steigert. In einer berühmten symbolischen Szene gerät Chaplin in das Räderwerk der Fabrik. Die Kritik am industriellen „Fortschritt“ stieß auf Widerstand bei der Industrie; in einigen Ländern wurde der Film verboten, z. B. in Italien und Deutschland.

Früchte des Zorns (The Grapes of Wrath), USA 1940
Regie: John Ford

John Ford, der als Regisseur vieler Western-Filme bekannt geworden ist, folgt in seinem Film dem gleichnamigen sozialkritischen Roman von John Steinbeck (erschienen 1939). In der Geschichte der besitzlosen, wandernden Farmarbeiter aus Oklahoma bringt Steinbeck eine eindringliche Anklage gegen die Gesellschaft der Besitzenden, die anonymen Geld- und Ordnungsmächte, zum Ausdruck, die den Unterprivilegierten keine Chance gibt.
Der Spielfilm ist einerseits ein Dokument der Zeit der Depression Anfang der 30er Jahre in den USA und variiert das amerikanische Thema des Aufbruchs nach Westen, ist aber andererseits auch ein zeitloser Appell an die mitmenschliche Solidarität. Der Film ist auch insofern gleichbleibend aktuell, als er beispielhaft Ursachen für Wanderungsbewegungen und das harte Los von Arbeitsimmigranten zeigt.

Die Faust im Nacken (On the Waterfront), USA 1954
Regie: Elia Kazan
Preise: Oscars 1955 für Film, Regie, Hauptdarsteller (Marlon Brando), Nebendarstellerin (Eva-Marie Saint)

Der sozialkritische Film Kazans gilt als Klassiker der Filmgeschichte. Schauplatz der Handlung ist der Hafen von New York: Der Ex-Boxer Terry (Marlon Brando) gerät in die finsteren Machenschaften des Gewerkschaftsbosses Friendly (Lee T. Cobb) und verschuldet ungewollt den Mord an einem Dockarbeiter. Mit der Hilfe von Pater Barry (Karl Malden) und Edies (Eva-Marie Saint) kann sich Terry aus dem gewalttätigen Mafia-Milieu der Gewerkschaften befreien.

Mein wunderbarer Waschsalon (My Beautiful Laundrette), Großbritannien 1985
Regie: Stephen Frears

Der junge Pakistani Omar (Gordon Warnecke) übernimmt von seinem Onkel, der mit dubiosen Geschäften den sozialen Aufstieg geschafft hat, einen heruntergekommenen Waschsalon. Mit seinem Schulfreund Johny (Daniel Day Lewis), einem arbeitslosen Engländer, beginnt er mit der Arbeit. Beide stehen die wirtschaftlich schwierige Anfangsphase und die Anfeindungen ihrer Umwelt durch. Das humorvoll und ironisch gezeichnete soziale Milieu, das von Arbeitslosigkeit, Vorurteilen und rassistischer Diskriminierung geprägt ist, bezieht seine Authentizität daraus, dass der Drehbuchautor Harif Kureishi selbst ein Einwanderer aus Pakistan ist.

Riff-Raff, Großbritannien 1991
Regie: Ken Loach
Preis: Felix 1991 für Film

Der Film behandelt satirisch die Lage „kleiner Leute" in England z. Zt. der Thatcher-Ära, wobei Ken Loach für die Arbeiter und Ausgegrenzten Partei ergreift. Stevie (Robert Carlyle) und einige andere Arbeiter verdienen ihr Geld als Schwarzarbeiter auf einer Baustelle für Luxuswohnungen, wo die Löhne niedrig und die Sicherheitsvorkehrungen unzureichend sind. Stevie und seine drogensüchtige Freundin träumen von einem besseren Leben, aber die harte Wirklichkeit gibt ihnen keine Chance.

Mac, USA 1992
Regie: John Turturro
Preis: Goldene Kamera Filmfestspiele Cannes 1992 für Debütfilm

Erzählt wird die Geschichte einer einfachen italienisch-stämmigen Familie in den USA der 50er Jahre. Mac Vitelli (John Turturro) verwirklicht mit seinen Brüdern den Traum der Immigranten, den Aufstieg vom Bauarbeiter zum selbstständigen Unternehmer zu schaffen. Doch Mac leitet durch riskantes Geschäftsverhalten auch den Abstieg in den Ruin ein. Als seine Brüder aus dem Geschäft aussteigen, steht Mac vor dem Nichts. Der Film folgt in seiner Erzählweise dem Vorbild der italienischen neorealistischen Filme.

Nützliche Adressen

Die folgenden Einrichtungen, Organisationen und auch Parteien liefern kostenlos Broschüren und Materialien für den Unterricht im Bereich **Arbeit und Wirtschaft**.

- Europäische Kommission, Vertretung in der Bundesrepublik Deutschland
  Unter den Linden 78, 10117 Berlin, Tel.: 030/2280-0, www.eu-kommission.de
- Bundesverband deutscher Banken e. V.
  Burgstr. 28, 10178 Berlin, Tel.: 030/1663-0, www.bdb.de
- Bund für Umwelt und Naturschutz Deutschland e. V.
  Am Köllnischen Park 1, 10179 Berlin, Tel.: 030/275864-0, www.bund.net
- Bundesanstalt für Arbeit
  90327 Nürnberg, Tel.: 0911/179-0, www.arbeitsamt.de
- Bundesministerium für Bildung und Forschung
  53170 Bonn, Tel.: 0228/57-0, www.bmbf.de
- Bundesministerium für Wirtschaft und Arbeit
  11019 Berlin, Tel.: 030/2014-9, www.bmwa.bund.de
- Deutscher Gewerkschaftsbund (DGB)
  Postfach 110372, 10833 Berlin, Tel.: 030/24060-0, www.dgb.de
- Norddeutscher Rundfunk (NDR)
  Rothenbaumchaussee 132, 20149 Hamburg, Tel.: 040/4156-0, www.ndr.de
- Christlich Demokratische Union Deutschlands (CDU), Konrad-Adenauer-Haus, Klingelhöferstr. 8, 10785 Berlin, Tel.: 030/22070-0, www.cdu.de

i Bündnis 90/Die Grünen (Grüne)
Postfach 040609, 10063 Berlin, Tel.: 030/28442-0, www.gruene.de

i Sozialdemokratische Partei Deutschlands (SPD)
Willy-Brandt-Haus, Wilhelmstr. 141, 10963 Berlin, Tel.: 030/25991-0, www.spd.de

i Deutsches Komitee für UNICEF e. V.
Höninger Weg 104, 50969 Köln, Tel.: 0221/93650-0, www.unicef.de

i Westdeutscher Rundfunk (WDR)
50600 Köln, Tel.: 0221/220-0, www.wdr.de

Ausflugsziele

Deutsches Bergbaumuseum
44791 Bochum, Verwaltung: Am Bergbaumuseum 28
Tel.: 0234/5877-0 (Verwaltung)
Tel.: 0234/5877-146 (Gruppenanmeldung)
www.bergbaumuseum.de
Besuchereingang: Wielandstr.

Öffnungszeiten: Dienstag bis Freitag 8.30 – 17.30 Uhr; an Samstagen, Sonn- und Feiertagen 10 – 16 Uhr; Montag geschlossen
Eintrittspreis: für Schüler ca. 2,50 €
Führungen: Von Montag bis Freitag, 13 Uhr; an Samstagen, Sonn- und Feiertagen finden keine Führungen statt.
Fahrt auf den Förderturm zusätzlich zum Eintrittspreis: ca. 1,– €
Das Museum bittet um rechtzeitige Voranmeldung bei Gruppenbesuchen mit Angabe des Besuchstages, der Uhrzeit und der Teilnehmerzahl.
Eine Publikation über das Museum kann gegen ca. 7,50 € (einschl. Porto und Verpackung) unter der oben genannten Adresse bezogen werden.
Das Deutsche Bergbaumuseum wurde 1930 gegründet; es ist eines der meistbesuchten Museen in Deutschland und gilt als das bedeutendste Bergbaumuseum der Welt.
Im Zentrum des Besuchs mit einer Schulklasse steht das Anschauungsbergwerk, das die moderne Welt des Steinkohle- und Eisenerzbergbaus dokumentiert. Das Streckennetz, das sich 3 km lang in einer Tiefe von 15 – 20 m unter dem Museumsgelände befindet, wird ständig erweitert.
Die Sammlungshallen zeigen auf einer Ausstellungsfläche von 10 000 qm die historische Entwicklung des Bergbaus, gegliedert nach thematischen Sachbereichen, um ihn in seinen geologischen, wirtschaftlichen, kulturellen und sozialen Zusammenhängen anschaulich und verständlich werden zu lassen.
Dem Deutschen Bergbaumuseum ist seit 1969 das Bergbauarchiv angegliedert, das Quellenmaterial aus dem gesamten deutschen Bergbau für die Erforschung der Wirtschafts-, Technik- und Sozialgeschichte zur Verfügung stellt.

Landesmuseum für Technik und Arbeit in Mannheim
Museumsstr. 1, 68165 Mannheim
Tel.: 0621/4298-9
www.landesmuseum-mannheim.de

Öffnungszeiten: Dienstag bis Freitag 9.15 – 17 Uhr; Mittwoch 9.15 – 20 Uhr; Samstag, Sonntag und an Feiertagen 10 – 17 Uhr, Montag geschlossen
Eintritt in das Museum ist für Schulklassen und ihre Begleitpersonen kostenlos. Die Gebühr für Führungen und Lerngänge beträgt ca. 1,– € pro Schüler.
Führungen für Schulklassen können angemeldet werden unter Tel.: 0621/2498-839. Gruppenführungen müssen mindestens vier Wochen vorher telefonisch angemeldet werden, da die notwendige Beschränkung auf einen Zeitabschnitt, auf eine Ausstellungseinheit oder einen thematischen Aspekt mit dem Lehrer abgesprochen werden soll.
Durchschnittliche Führungsdauer: 1½ bis maximal 2 Stunden.
Das Museum zeigt in 16 Ausstellungsthemen exemplarisch Stationen zur Geschichte der Industrialisierung im südwestlichen Raum von ihren Anfängen im 18. Jh. bis zur Gegenwart, in zeitlicher Folge auf sechs Stockwerken von oben nach unten dargestellt. **Zeitbilder** verbinden sie und stimmen in die historischen Zeitabschnitte ein. Technik-, arbeits-, wirtschafts-, sozial- und kulturgeschichtliche Aspekte geben Einblick in die Zusammenhänge dieses komplexen Prozesses. Ob fachbezogen oder fächerverbindend: Die vielfältigen Themen des Museums lassen sich direkt mit verschiedenen Fächern, Lehrplaneinheiten und Projekten verknüpfen. Vorführungen von Geräten, Maschinen und Werkstätten machen den Wandel der Arbeits- und Lebensbedingungen anschaulich und erfahrbar, machen einen handlungsorientierten Museumsbesuch möglich.
Der museumspädagogische Dienst bietet eine Reihe von Veranstaltungen für Schulklassen an. Über das jeweils aktuelle Angebot informiert die Broschüre *Informationen für Lehrerinnen und Lehrer an allgemein bildenden Schulen, Materialien,* die dem Lehrer eine breite Palette von Möglichkeiten zur Gestaltung des Museumsbesuches bietet.

i *Bezug:* Museumspädagogik – Landesmuseum für Technik und Arbeit
Museumsstr. 1, 68165 Mannheim, Tel.: 0621/4298-839

Das Museum empfiehlt einen vorbereitenden Besuch des Lehrers um mit den Museumspädagogen den Besuch der Klasse vorzubereiten, was vor allem bei projektorientierten Veranstaltungen rechtzeitig geschehen sollte.

Deutsches Technikmuseum Berlin
Trebbiner Str. 9
10963 Berlin
Tel.: 030/90254-0, www.dtmb.de

Öffnungszeiten: Dienstag bis Freitag 9 – 17.30 Uhr; Mittwoch 9.15 – 20 Uhr; Samstag und Sonntag 10 – 18 Uhr, Montag geschlossen, Feiertagsöffnungen bitte erfragen!
Eintritt: für Schulklassen frei.
Klassenbesuche im **Spectrum** sind unter Tel.: 030/25484-284 anzumelden.
Mitmach-Aktivitäten für Gruppen müssen langfristig im Voraus gebucht werden unter Tel.: 030/25484-124.

Führungen: Gegen Honorar werden allgemeine und spezielle Führungen vermittelt. Dazu ist eine schriftliche Anmeldung notwendig (telefonische Auskünfte dazu: 030/25484-124).

Seit 1982 entsteht in der Mitte Berlins ein übergreifendes Technikmuseum von internationalem Rang. Nach Abschluss aller Ausbauphasen wird das Haus über 50 000 qm Ausstellungsfläche verfügen und zu den größten Technikmuseen der Welt gehören. Gegenwärtig präsentieren 14 Abteilungen auf rund 14 000 qm erst ein Viertel ihrer Schätze: Oldtimer, Lokomotiven und Flugzeuge, Schiffs- und Wasserbaumodelle, Webstühle, Haushalts- und Werkzeugmaschinen, Computer, Radios und Kameras, Dieselmotoren, Dampfmaschinen, wissenschaftliche Instrumente, Papiermaschinen, Druckpressen und vieles andere mehr.

In fast jeder Abteilung finden Vorführungen und Aktivitäten statt. Zahlreiche historische Maschinen und Modelle werden in Funktion gezeigt und erklärt. Die Besucher können selbst drucken, weben, Papier schöpfen, Getreide schroten, an Computern arbeiten oder sich im Fernsehstudio als Nachrichtensprecher erproben. Der weitläufige Museumspark mit seltenen Pflanzen und Tieren lädt zu Entdeckungsreisen ein. In der funktionsfähigen Bockwindmühle (1820) oder der Holländer-Windmühle (1911) erklären Müller das alte Handwerk. Am Mühlenteich betreibt ein unterschlächtiges Wasserrad eine historische Schmiede. Über den Stand der Brautechnik um 1910 erfährt man alles in der Historischen Brauerei.

„Warum ist der Himmel blau?“ Diese und viele weitere Fragen werden im Science Center **Spectrum** (Eingang Möckernstr. 26) beantwortet. Über 230 Experimente zum Phänomen der Akustik, Optik, Elektrizität, Wärmelehre, Radioaktivität usw. lassen spielerisch die Grundlagen der Naturwissenschaft und Technik verständlich werden.

Museum der Arbeit
Wiesendamm 3,
22305 Hamburg
Tel.: 040/42832-2364
www.hamburg.de

Öffnungszeiten: Montag 13–21 Uhr, Dienstag bis Samstag 10–17 Uhr, Sonntag 10–18 Uhr

Eintritt: Gruppen ab 10 Personen ca. 1,50 € pro Person

Führungen: Regelmäßige Führungen durch die Ausstellung um 11 Uhr und Mittwoch um 12 Uhr.

Gruppenführungen und Veranstaltungen für Schulklassen nach telefonischer Anmeldung unter: 040/29882752 (Museumsdienst Hamburg)

Führungen für Schulklassen: 45 Minuten ca. 30,– €; 90 Minuten ca. 45,– €

Das Museum für Arbeit, das 1990 gegründet wurde, zeigt folgende Themenkreise: Alltag im Industriezeitalter, Dinge und Dokumente, Fundsache Arbeitsort – Metallwarenfabrik Carl Wild, Mechanisierungen und Ende des Buchdrucks, Arbeit im Kontor – Handel mit Übersee, Die New Yorker Hamburger Gummi-Waren Compagnie – Ansätze einer Fabrikgeschichte, Von der Fabrik zum Museum, Frauen und Männer – Arbeits- und Bilderwelten.

In allen Abteilungen der Ausstellung werden besonders an Wochenenden vielfältige Aktivitäten angeboten. So können z. B. eigene Anstecknadeln gestanzt und emailliert oder Briefpapier und Visitenkarten gesetzt und gedruckt werden.
Das Museum bietet außerdem an:
- historische Stadtrundgänge in Hamburg und Hafenrundfahrten; Information und Anmeldung Tel.: 040/29842388 oder 040/29842364
- das Speicherstadtmuseum; Tel.: 040/321191
- der Schwimm-Dampfkran „Saatsee“; Tel.: 040/29842364
- eine Hamburger Kastenschute (von 1913); Tel.: 040/29842364

Warum in die Ferne schweifen ...?
Als Ziele für Exkursionen zur Erkundung der Wirtschaft und Arbeitswelt bieten sich an:
- Automobilwerke - Kraftwerke - Industriebetriebe aller Art - Chemische Werke - Großbäckereien - Molkereien - Schlachthöfe - Schleusen - (Güter-)Bahnhöfe - Hafenanlagen - Postverteilungsstellen - Bauernhof als Wirtschaftsunternehmen - größere Handwerksbetriebe (Auftragsbeschaffung, Kostenvoranschläge, Werbung, Lehrlingsausbildung, Besteuerung u. a.);
- auch die technische und logistische Seite eines Krankenhauses kann erkundet werden (Energieversorgung, Heizung, Küchen, Einkauf der Lebensmittel, Wäsche, Abfallentsorgung, Haushalt, Arbeitsplatz Krankenhaus: Zahl und Tätigkeiten der Beschäftigten u.v.m.);
- aber auch Stadt-, Gemeinde- und Heimatmuseen und industriegeschichtliche Denkmäler können Fundgruben für die regionale Bearbeitung des Themas, vor allem für einen historischen Vergleich mit der Gegenwart, sein.

Materialkiste und Literatur

Eine Fülle von literarisch-historischen Dokumenten bietet der Sammelband Proletarische Lebensläufe, Bd. 1, Anfänge bis 1914. Reinbek 1976.
Alfred Herhausen Gesellschaft für internationalen Dialog (Hrsg.): Arbeit der Zukunft - Zukunft der Arbeit. Stuttgart 1994.
Walter Häcker/Peter Weinbrenner: Zur Theorie und Praxis von Zukunftswerkstätten. Schriften zur Didaktik der Wirtschafts- und Sozialwissenschaften, Nr. 23.
Robert Jungk/Norbert Müller: Zukunftswerkstätten. Mit Phantasie gegen Routine und Resignation. München 1989.
Susanne Paczensky: Der Testknacker. Hamburg 1976.
Hesse/Schrader: Das neue Testprogramm. Frankfurt am Main 1988.
Hans-Georg Lettau: Grundwissen Marketing. München 1989.
Frank Globe: Die dritte Kraft. A. H. Maslows Beitrag zu einer Psychologie seelischer Gesundheit. Olten 1979.

Die Bundesanstalt für Arbeit stellt per Film zahlreiche Berufe vor. Der Katalog des jeweiligen Angebotes *Filme '97* kann bezogen werden bei

i Bundesanstalt für Arbeit (BA)
90327 Nürnberg, Tel.: 0911/179-0, www.arbeitsamt.de

Massenmedien

„Hallo, mein kleines Fenster zur Welt. Was gibt's Neues an Schrecken und Katastrophen?"

Zeitungen

Vergleich zweier Zeitungen

Als Einstieg in das Thema bietet sich der Vergleich zweier Tageszeitungen an. Sehr deutlich lassen sich Merkmale dieses Mediums herausarbeiten, wenn man die „Bild"-Zeitung mit der Ausgabe einer regionalen Tageszeitung vom selben Tag vergleicht.
Am zweckmäßigsten ist es, wenn so viele Exemplare der „Bild"-Zeitung und einer Regionalzeitung vom selben Tag besorgt werden, dass die Schüler in Gruppen von max. fünf Teilnehmern vergleichend arbeiten können. Allerdings sollte man nicht den Samstag wegen des überproportionalen Anzeigenteils und nicht den Montag wegen des umfangreichen Sportteils wählen.
In der Regel sind die örtlichen Verlage der Tageszeitungen bereit, für einzelne Tage bis zu einer Woche Klassensätze ihrer Zeitung für Unterrichtszwecke kostenlos zur Verfügung zu stellen.

Ein Raster von Untersuchungskriterien könnte so aussehen:

Äußere Aufmachung:

- Vergleicht die Titelseiten der Zeitungen miteinander:
  Wie ist das Verhältnis von Schlagzeile und Text zueinander?
  Wie ist das Verhältnis von Text und Bildern zueinander?
- Welche Gliederung kannst du in den Zeitungen feststellen?
  Vergleiche die Gliederung, die du herausgefunden hast, mit dem Impressum! Wie viele und welche Ressorts werden genannt?
- Welchen Anteil nehmen Werbung und Anzeigen in der Zeitung ein?

Inhalt:

- Ordnet die Artikel folgenden journalistischen Textsorten zu: Kurzmeldung - Nachricht - Bericht - Reportage - Kommentar - Kritik - Werbung - Karikatur - Bilder.
- Sucht ein Thema, das in beiden Zeitungen behandelt wird. Gibt es Unterschiede in der Darlegung der Fakten? Wie wird der Leser durch den Artikel informiert bzw. beeinflusst?
- Kannst du in den einzelnen Artikeln einen bestimmten Aufbau erkennen?
  (Beispiel Lead-Stil: 1. Informationsschlagzeile: wichtigste Information; 2. Untertitel: Ergänzungen zur wichtigsten Information; 3. Vorspann: kurze Zusammenfassung des gesamten Berichtinhalts; 4. Bericht von Einzelheiten: ausführliche Darstellung mit immer genaueren Daten, Fakten, Zitaten und Bildern mit Legenden)
- Sind Leserbriefe in der Zeitung abgedruckt? Zu welchen Themen äußern sich die Leser? Veröffentlicht die Zeitung kontroverse Leserbriefmeinungen?
- Kannst du den Standort der vorliegenden Zeitung im politischen Meinungsspektrum feststellen? Begründe deine Meinung!

Sprache:

- Wie unterscheidet sich der Sprachgebrauch in beiden Zeitungen? Ist er eher sachlich oder eher gefühlsbetont? Wie ist der Satzbau gestaltet? Ist er einfach, reihend oder weist der Text viele Satzgefüge auf? Werden eher viele oder eher wenige Fremdwörter verwendet?

Adressaten:

- Werden mit dem Inhalt und der Aufmachung der Zeitungen eher Männer oder eher Frauen angesprochen? Wenden sich Teile der Zeitung besonders an Kinder und Jugendliche?

Lay-out

Sich mit den Fragen des Lay-outs zu beschäftigen lernen die Schüler spielerisch, indem sie durch Montage eine neue (Titel-)Seite gestalten, die nicht unbedingt ernst gemeint sein muss. Je nachdem, ob die Schüler vorrangig längere oder kürzere Texte wählen, ob sie vorrangig Fotografien, Karikaturen, Schaubilder, argumentative oder appellative Schlagzeilen wählen, ändert sich das „Gesicht" der Zeitung, das sich zwischen den Polen der *FAZ* und der *Bild*-Zeitung bewegen kann und im potenziellen Leser unterschiedliche Erwartungen weckt.

Wochenberichte

Zwei Schüler verfolgen eine Woche lang die Zeitungsmeldungen und stellen dann für einen Kurzvortrag in der Klasse die Themen zusammen: Entsprechend der politischen Lage können je ein bis zwei außen- und innenpolitische Entwicklungen vorgestellt werden. Zusätzlich können die vortragenden Schüler weitere Themen ansprechen, von denen sie annehmen, dass sich die Klasse dafür interessiert. Anschließend an den Kurzvortrag findet eine Aussprache statt, bei der die zwei für den aktuellen Wochenbericht verantwortlichen Schüler der Klasse Rede und Antwort stehen.

Erweiterungen

- Eine *Karikatur der Woche* kann von den verantwortlichen Schülern ausgewählt werden, die aber vor dem Kurzvortrag dem Fachlehrer ausgehändigt werden muss, damit er diese auf Folie für den Tageslichtprojektor übertragen kann. Das Gespräch in der Klasse wird schnell zeigen, inwieweit das zum Verständnis der Karikatur notwendige Wissen vorhanden ist.
- Ein *Wort der Woche* könnte von den Schülern benannt und erklärt werden (z. B. OSZE; Maastricht).
- Zusätzlich oder wahlweise könnte auch eine *Person der Woche* ausgewählt werden, die Wahl muss natürlich von den vortragenden Schülern begründet werden.

Redaktionelle Textarbeit

Der Lehrer gibt einen längeren Artikel aus einer Zeitung vor, bei dem Schlagzeile, Untertitel und Vorspann fehlen. Aufgabe der Schüler ist es, diese selbst in Gruppenarbeit zu entwickeln. In einem anschließenden Gespräch in der Klasse können die verschiedenen Lösungen miteinander verglichen werden.
Um Möglichkeiten der Lesermanipulation bewusst zu machen kann der Nachrichtenkopf eines Leitartikels so gestaltet werden, dass bei einem kontroversen Thema von der einen Hälfte der Klasse die Perspektive der einen und von der anderen Hälfte die der anderen Partei eingenommen wird (z. B. die französischen Atombombenversuche im Mururoa-Atoll: Greenpeace – französische Regierung; israelische Siedler in Hebron – Palästinenser; Krieg im ehemaligen Jugoslawien: Kroaten – Serben). Zusätzlich ist dann der Text darauf zu überprüfen, ob nicht durch – möglichst wenige – Änderungen (z. B. wertende Attribute, Weglassungen o. Ä.) die Parteilichkeit zum Ausdruck gebracht werden muss. Bei diesem Vorgehen entdecken die Schüler vielleicht schon lenkende sprachliche Mittel, die ihnen ohne diese Aufgabe nicht aufgefallen wären: wertende Attribute („grausame Aggressoren“ versus „tapfere Verteidiger“ usw.), Vergleiche und Metaphern („David – Goliath“), Appelle an die Gefühle des Lesers, Vorstellung von Opfern nur einer Seite, Dämonisierung einer Partei u.v.m.

Literatur: HANS SCHULTE-WILLEKES: Schlagzeile. Ein „Bild“-Reporter berichtet. Reinbek 1987. Rowohlt Rotfuchs Band 146 (Auswahlliste zum Deutschen Jugendbuchpreis). Der Autor beschreibt die Arbeit eines Journalisten und berichtet von seinen Erfahrungen als Reporter der „Bild“-Zeitung.

Selbst schreiben

Damit die Schüler nicht nur über Medien sprechen, sondern auch selbst praktische Erfahrungen sammeln, bietet sich an, dass sie selbst Leserbriefe, Kritiken, Glossen, Kommentare schreiben, am Computer Schaubilder, Grafiken, Statistiken (in Zusammenarbeit mit dem Fach Mathematik) entwerfen und – wer's kann – Karikaturen zeichnen.
Am ehesten dürfte es möglich sein, einen Leserbrief an die örtliche oder regionale Zeitung zu schreiben; die Veröffentlichung der anderen journalistischen Textsorten ist weitaus schwieriger.
Zwar haben die meisten Tageszeitungen eine Kinder-, aber keine Jugendseite. Manche Lokalredaktionen sind an Nachrichten aus dem Schulleben interessiert. Die Artikel sollten aber nicht zu lang bzw. so gegliedert sein, dass sie (vom Ende her) um ganze Abschnitte gekürzt werden können. Das bedeutet: Die wichtigste Information muss am Anfang stehen.
Oder die Klasse erstellt selbst eine Klassenzeitung, einen Jahresbericht o. Ä. Wichtig ist, dass sowohl Informationen als auch Leseanreiz für die Adressatengruppe (Eltern? Mitschüler?) geboten werden.
Falls es an der Schule keine Schülerzeitung gibt, aber interessierte Schüler da sind, denen es noch am nötigen Know-how fehlt, können folgende Stellen weiterhelfen: Die Deutsche Jugendpresse (DJP) ist die Bundesarbeitsgemeinschaft jugendeigener Medien, die von Jugendlichen in Eigenverantwortung und ohne kommerzielle Interessen betrieben werden, vor allem Schülerzeitungen, Video- und Radiogruppen.
Die DJP veranstaltet Seminare

- um allgemeine journalistische Fertigkeiten (Stilformen, Recherche, Lay-out usw.) und
- um Kenntnisse in Desktop-Publishing, Pressefotografie und Presserecht

zu vermitteln.
Die DJP bietet auch

- ein *Rezeptbuch* (für ca. 5,– €) an, in dem beschrieben wird, wie eine Zeitung von der ersten Idee bis zum Druck „organisiert“ wird,
- verschiedene Lay-out-Materialien (zu je ca. 3,– €),
- Pressematerialien und einen eigenen Informationsdienst an.

i Deutsche Jugendpresse, Bundesarbeitsgemeinschaft jugendeigener Medien Perleberger Str. 31, 10559 Berlin, Tel.: 030/3969519, www.deutsche-jugendpresse.de

Unter dieser Anschrift können auch die Adressen der Landesarbeitsgemeinschaften der DJP erfragt werden.
Weitere Adressen:

i Bundesverband Jugendpresse e. V. (BVJ), Lessingstr. 7, 04109 Leipzig, Tel.: 0341/9603252, www.jugendpresse.de

i Deutsche Jugendpresse e. V., Bundesarbeitsgemeinschaft jugendeigener Medien, Perleberger Str. 31, 10559 Berlin, Tel.: 030/3969519, www.deutsche-jugendpresse.de

Das Projekt *Schüler lesen Zeitung* des Promedia-Instituts bietet eine intensive Zusammenarbeit zwischen Zeitung und Schule an. Teilnehmen können Schulklassen der 8. bis 10. Jahrgangsstufe aller Schulformen.

- Das Institut sucht Zeitungsverlage, die an einem Projekt Interesse haben. Der Verlag entscheidet über die Dauer des Projekts, die von zwei bis acht Wochen reichen kann.
- Interessierte Lehrer werden in einem Seminar vorbereitet.
- Während des Projekts erhalten die teilnehmenden Klassen täglich kostenlos die Zeitung.
- Die Lehrer erhalten für jede Woche methodisch-didaktisch aufbereitete Unterrichtsmaterialien.
- Die Schüler erhalten wöchentlich auf das jeweilige Thema abgestimmte Arbeitsbögen, Rätsel, Karikaturen usw. sowie ein Glossar zur Zeitungssystematik.
- Redakteure können in den Unterricht eingeladen werden und die Zeitung kann von der Klasse besucht werden.
- Die Schüler recherchieren vor Ort und veröffentlichen die Ergebnisse ihrer Recherchen (Berichte, Reportagen, Interviews, Kommentare, Fotos u.v.m.) im Lokalteil der Zeitung.

Weitere Informationen und Kontakt:

i Jugendpresseclub e. V.
Lenéestr. 42, 53113 Bonn, Tel.: 0228/217786,
www.jugendpresseclub.de

i Junge Medien Deutschland – Junge Presse Deutschland e. V.
Postfach 100735, 46207 Bottrop, Tel.: 02041/1866050,
www.junge-medien.de

Lehrer, die wissen wollen, ob es im Nahbereich ihrer Schule eine Zeitung gibt, die bereit ist mit einer Schulklasse zusammenzuarbeiten, bzw. erfahren wollen, welche Angebote es für Schüler und Schulklassen zum Thema Zeitung in erreichbarer Nähe überhaupt gibt, erhalten alle notwendigen Informationen und Hilfestellung bei der Vermittlung des Kontakts Schule – Zeitung vom

i Bundesverband Deutscher Zeitungsverleger
Haus der Presse, Postfach 580561, 10414 Berlin, Tel.: 030/726298-0,
www.bdzv.de

Die Konrad-Adenauer-Stiftung gibt Informationsdienste für junge Zeitungsmacher heraus.

- Der Presse- und Informationsdienst *schülerpresse aktuell – spa* bringt als Jugendpresse-Agentur Nachrichten, praktische Anregungen und Druckvorlagen für das Zeitungs-lay-out. Meldungen befassen sich mit Themen wie Schule, Berufsausbildung, Musikentwicklungen und aktuellen politischen Fragen. Redaktionen von Schüler- und Jugendzeitungen erhalten *spa* kostenlos.
- In dem Handbuch *Tipps* geben Fachleute jungen Redakteuren Anregungen, angefangen von der Organisation der Redaktion über journalistische Stilformen, praktischen Hinweisen zur Gestaltung des Lay-outs bis hin zu Presserechts- und Finanzierungsfragen. Ein Anhang von 160 Seiten bietet Lay-out-Vorlagen.

i Konrad-Adenauer-Stiftung e. V.
Postfach 1420, 53732 Sankt Augustin, Tel.: 02241/246-0,
www.kas.de

Eine Zeitung oder eine Zeitungsseite mit Hilfe der Textverarbeitung des *Computers* zu gestalten (Stichwort Desktop-Publishing), ist sinnvoll und macht den Schülern Spaß. Wenn diese gestalterische Übung vor dem Besuch einer Tageszeitung durchgeführt wird, steigt das Interesse der Schüler an der journalistischen Arbeit und regt zu Fragen an, die dort von Fachleuten beantwortet werden können. Die Schüler können ihre eigenen Texte und Schaubilder zu thematisch geordneten Seiten zusammenstellen (z. B. die Seite „Schule“: Berichte über Exkursionen, Kritik der letzten Musikveranstaltung, Reportage vom Sportfest, Glosse über Merkwürdigkeiten in der Großen Pause, Statistiken über Taschengeld u.v.m.).

Literatur: BERTHOLD L. FLÖPER/UDO HEINZE/ROLF PITSCH (Hrsg.): Druckmittel. Praktische Tipps für Jugend- und Schülerzeitungen. Vistas Verlag 1988.
GABRIELE HOOFACKER/PETER LOKK: Wir machen Zeitung. Steidl Verlag 1993.
WALTER VON LA ROCHE: Einführung in den praktischen Journalismus. Verlag List 1992.

Leserbriefseite

Einen guten Einstieg in das Thema *Zeitung* ermöglicht auch die Beschäftigung mit der Leserbriefseite. Dort werden meistens Themen von lokaler oder regionaler Relevanz diskutiert, die der Mehrheit der Klasse schon bekannt sind oder in deren Problematik die Klasse in kurzer Zeit eingeführt werden kann. Die Schüler sehen, in welch großer Bandbreite Meinungen vertreten und wie Argumente verwendet werden. Gerade für Klassen, die noch nicht viel Erfahrung mit Diskussionen haben, eignet sich dieser Zugang, da die Schüler ihre Meinungen unter Verwendung oder in Ablehnung der Meinungen der Leserbriefschreiber formulieren können.

Wir schreiben einen Leserbrief

Mit einem Leserbrief kann die Klasse auf etwas reagieren, was in der Zeitung stand, sie kann aber auch auf etwas aufmerksam machen und Anstoß zu einer Diskussion geben.

- Zwischen dem Erscheinungsdatum der Zeitung und dem Verfassen und Absenden des Leserbriefes sollte der zeitliche Abstand möglichst kurz sein, da die Zeitung aktuell sein will und muss.
- Je kürzer ein Brief ist, desto eher wird er veröffentlicht. Die Redaktion behält sich vor Leserbriefe zu kürzen, diese Kürzung kann aber vom Absender evtl. als sinnentstellend empfunden werden.
- Ob die gesamte Klasse mit dem Inhalt des Leserbriefes einverstanden ist oder nicht, sollte im Absender zum Ausdruck kommen (Klasse 10 c des Albert-Einstein-Gymnasiums oder Petra Huber und 17 Mitschülerinnen und -schüler der Klasse 10 c des Albert-Einstein-Gymnasiums).

Kommentar

Höhere Anforderungen an die Schüler stellt die Untersuchung von Zeitungskommentaren. Um die Besonderheiten dieser Textsorte besser erfassen zu können wäre es hilfreich, wenn der Klasse zwei unterschiedliche (oder gegensätzliche) Kommentare zu einem Thema vorlägen.

Mögliche Fragen

- Welche Informationen werden dem Leser geliefert?
- Wie werden die Informationen gedeutet, interpretiert?
- Wie werden die Interpretationen begründet? Ist die Begründung schlüssig?
- Für welche Meinung wirbt der Autor des Kommentars?
- Stimme ich diesem Kommentar zu? Warum stimme ich nicht zu?

Karikatur

Die Betrachtung und Analyse von Karikaturen ist wegen des Wort- und Bildwitzes, der Ironie, des Sarkasmus und der oppositionellen Haltung immer ergiebig für den Unterricht.

Mögliche Leitfragen

- Was ist dargestellt?
- Welche Personen oder Themen sind angesprochen?
- Welche Kritik ist erkennbar?
- Wofür oder wogegen ergreift der Karikaturist Partei? Wie bringt er dies zum Ausdruck?
- Halte ich diese Kritik für berechtigt?

Für eine ausführlichere Beschäftigung mit Karikaturen sind beispielsweise zwei Vorgehensweisen möglich:

a) Die Schüler, die den Wochenbericht halten (s. dort), wählen eine *Karikatur der Woche* aus. Diese werden, entweder auf einer Wandzeitung oder als Fotokopie im Heft oder Ordner der Schüler gesammelt. Aus diesen kann die Klasse dann in Abständen eine *Karikatur des Monats, des Halbjahres* oder *des Schuljahres* wählen. Dieses Wahlverfahren ist Anlass für eine immanente Wiederholung des Unterrichtsstoffes, da die Aussagekraft der einzelnen Karikatur im Vergleich mit anderen begründet werden muss. Karikaturen können ebenso in der schriftlichen Wiederholungsarbeit den Schülern vorgelegt werden.

b) In Zusammenarbeit mit dem Fach Geschichte kann das Thema *Karikatur in Geschichte und Gegenwart* behandelt werden. Ausgang eines historischen Vergleichs könnte die Zeit der Reformation, des Vormärz oder die Weimarer Republik sein, die besonders viele Karikaturen hervorbrachten.

Literatur: HERBERT und WERNER KRÜGER: Geschichte in Karikaturen. Von 1848 bis zur Gegenwart. Stuttgart 1981 • Dieses Reclam-Heft (Nr. 9566) ist zwar schon einige Jahre alt, bereitet aber das Thema didaktisch auf. Vielleicht kann es von der Schule in einem Klassensatz angeschafft werden.

Erschöpfend wird die Geschichte der Karikatur in einer Neuerscheinung behandelt: GISOLD LAMMEL: Deutsche Karikaturen vom Mittelalter bis heute. Verlag Metzler, Stuttgart 1995 • Das Werk, das allerdings ca. 39,– € kostet, ist eine lohnende Anschaffung für die Schul- bzw. Lehrerbücherei.

Besuch einer Zeitung

Der Besuch einer regionalen Tageszeitung muss lange vorher bei dieser angemeldet werden. Die Adresse, Postanschrift und Telefonnummer kann dem Impressum der Zeitung entnommen werden. Das Besuchsprogramm dürfte sich bei den meisten Zeitungen so gestalten, dass die Zeitung sich (mittels eines Videofilms) selbst vorstellt, ein Rundgang durch das Gebäude und die Technik stattfindet und Gelegenheit für eine Aussprache mit einem Redakteur gegeben wird.
Zur inhaltlichen Vorbereitung der Schüler empfiehlt es sich, kurz vor dem Besuch in Gruppenarbeit Fragen entwickeln zu lassen, die dann, sofern sie nicht durch die Selbstvorstellung der Zeitung beantwortet werden, in der Aussprache gestellt werden können.

Mögliche Fragen

- Wem gehört die Zeitung?
- Wie viele Abonnenten hat die Zeitung? Wie hoch ist die tägliche Auflage?
- Welchen wirtschaftlichen Anteil hat die Werbung? Wie viel würde das Einzelexemplar der Zeitung kosten, wenn sie keine Werbung enthielte?
- Hat schon einmal ein finanziell wichtiger Anzeigenkunde aus Protest gegen eine Veröffentlichung in der Zeitung seinen Auftrag zurückgezogen?
- Wie viele Menschen beschäftigt Ihre Zeitung? Wie viele Redakteure? Wie viele freie Mitarbeiter? Wie viele Volontäre?
- Wie viele Korrespondenten beschäftigen Sie im In- und Ausland?
- Gibt es Arbeitsbereiche, in denen überdurchschnittlich viele Frauen bzw. Männer beschäftigt sind?
- Welche Zeitungen konkurrieren mit Ihnen in Ihrem Verbreitungsgebiet?
- Wie beschreiben Sie den Standort Ihrer Zeitung im politischen Meinungsspektrum? Gibt es eine große deutsche oder internationale Zeitung, die für Ihre Zeitung Vorbild ist?
- Gab oder gibt es in Ihrem Haus Kontroversen um die Darstellung bestimmter Themen?
- Gab es schon einmal in Ihrer Zeitung einen Artikel, dessen Veröffentlichung Sie heute als Fehler ansehen?
- Wie hat sich der Arbeitsplatz des Redakteurs durch den Einfluss der modernen Informations- und Kommunikationstechniken verändert?
- Welche Teile Ihrer Zeitung übernehmen Sie von Agenturen? Bilden Sie mit anderen Zeitungen Redaktionsgemeinschaften? Welche Teile Ihrer Zeitung erstellen Sie selbst?
- Zum Landes- und Regional- bzw. Lokalteil: Wie kommen Sie an die Themen? Wie recherchiert ein Reporter? Wie überprüfen Sie, ob die Informationen, die Sie erhalten, stimmen?
- Bedrohen das Fernsehen und die neuen Kommunikationstechniken die herkömmliche Zeitung?
- Was tun Sie um Jugendliche als Leser für Ihre Zeitung zu gewinnen?

Literatur: Eva Brand (Hrsg.): Medienkundliches Handbuch. Die Zeitung im Unterricht. Hahner Verlagsgesellschaft, Aachen-Hahn 1989, 491 S ● In über 30 Beiträgen von Lehrern werden praktisch erprobte Unterrichtseinheiten und -modelle vorgestellt, die die Zeitung in unterschiedlichen Schulfächern und für unterschiedliche Schulstufen als Thema bzw. Hilfsmittel verwenden.

BEATE BUCHWALD/MARTINA JÜRGENS: Zeitung macht Schule. Lübecker Nachrichten GmbH, Lübeck 1993, 104 S ● Für die schulische Medienerziehung werden die Bereiche Verlag, Redaktion, Anzeigen, Zeitungslandschaft in Deutschland, Medienvergleich Zeitung – Fernsehen und Produktion behandelt. Arbeitsblätter sind als Kopiervorlage abgedruckt.

Radio

Das Radio ist das Medium, das von Jugendlichen am meisten genutzt wird, mehr als das Fernsehen und, noch weiter abgeschlagen, die Zeitung. Musik hören ist die liebste Freizeitbeschäftigung der meisten Jugendlichen. Das liegt natürlich auch darin begründet, dass das Radio mit seinen „Jugendwellen" mehr als Fernsehen und Zeitung, das Lebensgefühl Jugendlicher anspricht und ausdrückt. Außerdem ist es leichter konsumierbar als die anderen Medien, weil es auch „nebenbei" genutzt werden kann, z. B. während der Hausaufgaben, während der Autofahrt oder während der Arbeiten im Haushalt.

„Wir machen Radio!"

Das Herstellen eines Radiobeitrages ist technisch und planerisch nicht so aufwendig wie das Herstellen eines Videofilms; auch kommt die Tonproduktion vielen Schülern entgegen, die mit den Feinheiten der Schriftsprache ihre liebe Not haben. Hörbeiträge lassen sich – was auch den Jugendlichen wichtig ist – in der Gruppe gemeinsam entwickeln, ohne dass sich relativ schnell, wie etwa bei der Produktion eines Videofilms, eine hierarchische Arbeitsteilung entwickelt. Jeder kann das Tonbandgerät bedienen, jeder kann Fragen stellen, jeder kann Musik aussuchen usw. Die Positionen wie Kameramann, Regisseur, Drehbuchautor, Hauptdarsteller(in) gibt es meistens nicht. Auch Mädchen, die (noch) eher reserviert gegenüber technischen Medien eingestellt sind, finden leichter Zugang zur Herstellung eines Hörbeitrages als zur Videoarbeit.

Literatur: HANS-JÜRGEN PALME/FRED SCHNELL (Hrsg.): Voll auf die Ohren. Jugendradioarbeit in der Bundesrepublik. Beispiele, Anregungen, Ideen. Reihe Medienpädagogik, Band 4, München 1992.

BERND PETER ARNOLD: ABC des Hörfunks. München 1991.

WALTER VON LA ROCHE/AXEL BUCHHOLZ (Hrsg.): Radio-Journalismus. München 1991.

Von der Zeitung zur (Jugend-)Radiosendung

Eine andere Art des methodischen Zugriffs auf die „Zeitung" ist eine Nachrichtensendung für einen (Jugend-)Radiosender zusammenzustellen. Materialbasis ist die Tageszeitung. Die Sendung, die auf Tonband aufgezeichnet werden sollte, sollte nicht länger als 15 Minuten dauern. Die Schüler arbeiten in Gruppen zu etwa fünf zusammen. Der Lehrer gibt sonst keine weiteren Vorgaben. Zwei bis drei Gruppen stellen ihre Ergebnisse der Klasse vor und begründen die Auswahl ihrer Nachrichten. Falls diese minimale Vorgabe zu vage erscheint, kann als Gliederung vorgeben werden: Welt - Deutschland - Bundesland - Kommune - Kultur/Sport/Forschung - Wetter.

Nicht zu allen genannten Punkten müssen Nachrichten formuliert werden; wenn es nur wenig oder nichts zu berichten gibt, kann ein anderes Thema umfangreicher dargestellt werden. Die Schüler dürfen ihre Sendezeit nicht überziehen, sie sollten sich mit der Stoppuhr auf ihre Aufnahme vorbereiten.

Die Schüler lernen bei diesem Vorgehen, sich mit folgenden Fragen zu beschäftigen:

- Was ist wichtig? Was sollen unsere Zuhörer erfahren (Adressatenschwerpunkt: Jugendliche? Oder Erwachsene?)?
- Wie wählen wir aus der Stoff-Fülle der angebotenen Nachrichten (aus der Zeitung) aus? Wie stark können wir kürzen, ohne dass die Kernaussage der Nachrichten verfälscht wird? Was muss alles gesagt werden, damit die Meldung richtig verstanden und in ihrer Bedeutung eingeschätzt werden kann?
- Wie machen wir das Ende einer Nachricht und den Anfang einer neuen hörbar?

Natürlich muss auch bedacht werden, dass dauernd Nachrichten gesendet werden und nicht jeder Sachverhalt neu erklärt werden muss.

„Fürs Hören schreiben"

Die Schüler müssen beim Formulieren der Nachrichtentexte darauf achten, dass sie Texte, die für Leser bestimmt sind, in Texte, die für Hörer bestimmt sind, umwandeln müssen.

Beispiel

„Noch am Abend dieser zweiten Nacht nach der Ermordung der zwei Frauen und drei Kinder aus der Großfamilie Genc in ihrem Fachwerkhaus in der Unteren Wernerstraße hatte der Düsseldorfer Innenminister Herbert Schnoor im Westdeutschen Fernsehen die Zuversicht geäußert, dass sich der Vandalismus der Vornacht nicht wiederholen werde." (aus: Frankfurter Rundschau)

Formulierungsvorschlag

Der Düsseldorfer Innenminister Herbert Schnoor glaubt, dass sich der Vandalismus von gestern nicht wiederholen wird. Das sagte er heute Abend im WDR-Fernsehen. Anlass seiner Äußerung ist die Ermordung von fünf Mitgliedern der türkischen Großfamilie Genc gestern Abend. Zwei Frauen und drei Kinder waren in ihrem Fachwerkhaus in der Unteren Wernerstraße ermordet worden.

Zweites Beispiel

Amtsdeutsch: „Beim verbotswidrigen Überfahren einer Lichtzeichenanlage verursachte der Führer eines PKW einen Unfall mit einem LKW."

Journalistisches Deutsch: Ein Autofahrer überfuhr eine rote Ampel und stieß mit einem Lastwagen zusammen.

Grundsätze für das Schreiben von Sprechtexten

Die gesprochenen Worte und Sätze huschen am Hörer vorüber. Versteht er etwas nicht, z. B. ein Fremdwort oder einen Gedankengang, verliert er den Anschluss an den Gedankengang und das Interesse. Nachlesen, Zurückblättern, wiederholtes Lesen, Denkpausen sind beim Hören nicht möglich. Optische Stützen wie Überschriften, Absätze, Fotos gibt es nicht. Der Hörer kann auch die Redegeschwindigkeit des Sprechers nicht beeinflussen, sondern er muss seine Aufnahmefähigkeit dem Medium anpassen. Wer mit den Gedanken abschweift, verpasst die Information. Deshalb ist „Hörerfreundlichkeit“ gefragt:

1. Kurze Sätze, höchstens mit einem kurzen Nebensatz. Möglichst nur eine Hauptaussage pro Satz. Satzlänge: max. 20 Wörter.
   Anschaulich und verständlich formulieren.
   Fremdwörter vermeiden!
   Abkürzungen vermeiden: statt „VHS“ „Volkshochschule“ sagen!
   Zahlenangaben vereinfachen: statt „61,2 % Wahlbeteiligung“ „Zwei Drittel aller Wahlberechtigten haben an der Wahl teilgenommen“ sagen; grundsätzlich wenig Zahlen nennen!
   Verbalstil verwenden! Kein Nominalstil, keine substantivierten Infinitive, keine Partizipialkonstruktionen, keine Passivkonstruktionen!
   Die direkte Rede ist der indirekten Rede vorzuziehen.
   Zitate deutlich als solche kenntlich machen!
2. Informationen logisch aufbauen und linear ordnen!
   Bezüge herstellen („vor einer Woche“).
   Sätze verbinden („andererseits“, „dennoch“, „das heißt also“).
3. Orientierungshilfen geben.
   Schlüsselworte wiederholen, nicht variieren!
   Zusammenfassen und resümieren (wenn also das und das der Fall ist, dann wird folglich ...).
   Nachricht und Meinung sehr deutlich trennen!

Ziel ist es, dem Hörer Information zu vermitteln! Dazu muss der Hörer das Gesagte verstehen, inhaltlich und akustisch.

Beispielsätze für „Übersetzungsübungen“

„Warschau – Ministerpräsidentin Suchocka hat heute mit der Gewerkschaft Solidarität erneut darüber gesprochen, wie der Streik im Öffentlichen Dienst beigelegt werden könnte.“

Verbesserungsvorschlag: ...

„Bonn – Bundesverkehrsminister Wissmann hat den EU-Beschluss, ab 1995 eine sog. Regional-Vignette für Lastwagen einzuführen, verteidigt.“

„London – Die Europäische Union hat dem wegen seiner Reformpolitik stark unter innenpolitischem Druck stehenden russischen Präsidenten Jelzin erneut finanzielle Hilfe zugesichert.“

„Bonn – Von Rechtsextremisten sind im ersten Halbjahr 1993 in Deutschland neun Menschen getötet worden.“

„Der neue Aktionsplan für Bosnien-Herzegowina sieht die Einrichtung von UNO-Schutzzonen für die Moslems und eine verschärfte Durchsetzung der Sanktionen gegen Rest-Jugoslawien vor.“

„SPD-Bundesgeschäftsführer Verheugen warf der FPD vor, mit Hilfe der Pflegeversicherung die Kostensituation der Wirtschaft verbessern zu wollen.“

Interviews

Die Schüler lernen eine Arbeitsform des *Rundfunks* kennen, wenn sie mit Hilfe eines Tonbandes Interviews durchführen. Ein guter Anlass für Interviews ist ein lokaler oder regionaler Konfliktfall, der noch nicht entschieden ist, z. B. der geplante Bau einer Umgehungsstraße, einer Müllverbrennungsanlage usw.
Dieses Vorgehen, zwei Aspekte des Lehrplans, wie hier **Medien** mit **Kommunal- und Landespolitik**, zu verknüpfen, empfiehlt sich aus Gründen der Lehrplanökonomie (Zeitgewinn) grundsätzlich. Solche Gelegenheiten für verbundenen Unterricht finden sich häufig in den Lehrplänen (z. B. aus Anlass des „Kruzifix-Urteils" können folgende Themen miteinander verknüpft werden: Bundesverfassungsgericht – Gesetzgebung – Föderalismus – Trennung von Staat und Kirche – Grundrechte – Parteien – Medien – christliche Erziehung/kulturelles Selbstverständnis – Toleranz u. a.).
Der öffentliche Konfliktfall sollte vor Durchführung der Interviews in der Klasse behandelt sein, sodass die Schüler die Konfliktparteien gleichwertig und mit guten Argumenten vertreten können.
Voraussetzung für handwerklich einwandfreie journalistische Arbeit ist die **Recherche.** Recherchieren bedeutet das systematische Einholen von Informationen, Fakten und Meinungen. Der Vergleich mit der polizeilichen Ermittlungsarbeit verdeutlicht vielleicht den Schülern, was gemeint ist. Auch muss den Schülern bekannt sein, was journalistische Verantwortung und Sorgfaltspflicht bedeuten. Fairness und Genauigkeit sind Leitprinzipien des Recherchierens.
Das Interview kann zur inhaltlichen Vorbereitung des journalistisch tätigen Schülers, der Recherche, dienen oder als direkte Sendeform im Schülerfunk eingesetzt werden.
Es gibt drei Formen des Interviews:
- **Sachinterview:** Ermittlung von Fakten durch Befragung von Experten oder Augenzeugen;
- **Meinungsinterview:** Darstellung von Meinung und Positionen (z. B. „Straßeninterviews");
- **Persönlichkeitsinterviews:** Vorstellen eines neuen Lehrers; Talkshows.

Vor einem Sach- und Persönlichkeitsinterview sollte ein Vorgespräch geführt werden um Inhalt und Zweck des Interviews abzusprechen, um die Gesprächsbereitschaft und die Argumentationslinie des Interviewpartners einschätzen zu können und um Vertrauen zwischen den Gesprächspartnern aufzubauen.
Wichtig: Nicht im Vorgespräch schon das Interview vorwegnehmen, die Fragen nicht exakt absprechen, sondern nur die Stichworte nennen, zu denen der Interviewer Fragen stellen wird. Auf keinen Fall sollten Fragen vorher schriftlich eingereicht werden.
Die Schüler sollten sich in kleinen Gruppen (zwei bis drei Schüler) auf diese Interviews vorbereiten und sie durchführen. Die entsprechende Anzahl an Kassettenrekordern mit Mikrofonen kann durch Ausleihe von anderen Klassen an der Schule besorgt werden. Der Lehrer sollte darauf achten, dass sprachlich und technisch geschickte Schüler etwa gleichmäßig auf die Gruppen verteilt sind.
Mögliche Interviewfragen für ein Meinungsinterview (Straßenbefragung) im Zusammenhang mit einem kommunalen/regionalen Streitfall:

- Sind Sie für oder gegen ...?
- Warum?
- Können Sie uns sagen, wie Sie sich Ihre Meinung gebildet haben: Auf Grund von Berichten im Fernsehen, im Radio, in der Presse? Oder durch Diskussionen in der Familie, mit Verwandten und Freunden?
- Glauben Sie, dass das Fernsehen, der Hörfunk, die Zeitung in diesem Fall richtig informieren?
- Was sagen Sie zu den Argumenten der politischen Parteien in diesem Fall?
- Wären Sie bereit, in einer Bürgerinitiative für/gegen ... mitzuarbeiten oder arbeiten Sie bereits in einer solchen mit?
- Haben Sie an einer Demonstration für/gegen ... teilgenommen oder wären Sie bereit an einer solchen teilzunehmen?

Vor der Durchführung der Interviews sollten die Schüler auf bestimmte Verhaltensregeln hingewiesen werden (oder diese selbst aufstellen):
- höflich auf Passanten zugehen;
- sich vorstellen;
- fragen, ob man Fragen zu ... stellen und die Antworten auf Tonband aufnehmen dürfe;
- sich fair und korrekt verhalten, auch wenn Passanten sich ungeschickt oder fehlerhaft äußern.

Fragen zum technischen Know-how:
- Ist der Kassettenrekorder technisch in Ordnung?
- Können wir den Kassettenrekorder richtig bedienen? Haben wir die Kassette richtig eingelegt? Sind alle Kabel richtig angeschlossen?
- Haben wir gute, leistungsfähige Mikrofone? (Nicht die Kassettenrekorder, sondern unzulängliche Mikrofone sind meistens das Problem!) Beherrschen wir den Umgang mit den Mikrofonen? Führen wir die Interviews im Freien oder in geschlossenen Räumen durch?
- Wissen wir, in welchem Abstand zum Mund das Mikrofon gehalten werden muss?
- Wissen wir, wie die Stimme richtig ausgesteuert wird?
- Können wir störende Hintergrundgeräusche ausschalten?

Es ist klar, dass die handwerkliche Seite vollkommen beherrscht werden muss um zu brauchbaren Ergebnissen zu kommen. Deswegen sollte genügend Zeit dafür aufgebracht werden, den Umgang mit der Technik und mit Menschen in „Stress-Situationen“ vor Beginn der Interviews, auch in Rollenspielen, zu üben.

Im Anschluss an die Interviews führt die Klasse selbst eine Diskussion zum Thema durch, indem sie die Argumente der Interviewpartner verwendet oder widerlegt. Die Argumentationen der Interviewten werden analysiert und auf ihre Stimmigkeit hin überprüft. Die Klasse analysiert kritisch ihr eigenes Frageverhalten und tauscht die Erfahrungen aus, die sie mit den Interviews gemacht hat.

Neben den Wortnachrichten, dem Interview, dem Feature und der Umfrage sind noch folgende Darstellungsformen des Hörfunks zu nennen, die auch von Schülern praktiziert werden können:
- **Nachrichtenminuten:** Sie setzen sich in den Nachrichtensendungen immer mehr durch. In der Nachrichtenminute ist eine Autorenschaft erkennbar, denn nicht der Nachrichtensprecher liest die Meldung, sondern der mit der Recherche vor

Ort (z. B. aus dem Parlament) beauftragte Redakteur. Nachrichtenminuten wird eine größere Bedeutung zugemessen als der Wortnachricht; sie werden anmoderiert und dauern zwischen einer halben und und einer Minute. Manchmal übernimmt die Nachrichtenminute die Funktion des Kommentars.
- **Statement:** Aussage einer Person zu einem bestimmten Sachverhalt; Dauer: etwa eine Minute. Statements ergänzen Meldungen und werden meistens in Interviewform produziert und danach zusammengeschnitten.
- **Bericht:** Der Journalist berichtet, was er recherchiert hat. Der Reporterbericht ist dann angebracht, wenn keine Gesprächspartner zur Verfügung stehen oder keine Tonaufnahmen erlaubt sind, wie z. B. aus dem Gerichtssaal.

Feature und Gebauter Beitrag

Die Tonbandinterviews können auch zur Produktion eines Features (aktuell aufgemachter Dokumentarbericht, der aus Interviews, Reportagen, Kommentaren, Glossen und Dialogen zusammengesetzt ist) verwendet werden. Das Feature kann auch Elemente des Hörspiels aufweisen. Dauer: 30–60 Minuten.
Sehr motivierend für die Klasse wäre es, wenn sich eine (private) Radiostation fände, die sich bereit erklärte das Tonbandfeature zu senden. Im Gegenzug ist dann auch damit zu rechnen, dass die Sendeanstalt bei der technischen und inhaltlichen Vorbereitung beratend zur Seite steht. In Nordrhein-Westfalen gibt es sogar die gesetzlich vorgesehene Möglichkeit, Radioprogramme selbst zu gestalten. Sie werden im Rahmen des Offenen Kanals im lokalen Hörfunk ausgestrahlt. 15 % ihrer lokal-redaktionellen Sendezeit müssen die privaten Lokalsender dafür bereitstellen. Interessierte erlernen das journalistische und technische Know-how in den zahlreichen „Anerkannten Radiowerkstätten“ von Radiofördervereinen und anderen Einrichtungen, die seit 1985 in NRW entstanden sind.
Alternativ bietet sich die Präsentation des Features bei Schulfesten an, ebenso kann es als Unterrichtsmaterial anderen Klassen oder anderen Schulen angeboten werden. Die Produktion eines Tonbandfeatures eignet sich auch gut für Projekttage.
Die Vorbereitung kann arbeitsteilig erfolgen, wenn sich die Klasse über die Gliederung, das „Drehbuch“ des Features, einig geworden ist. Ein Schema, das auf die Darstellung eines lokalen oder regionalen Konfliktfalles anwendbar ist, könnte so aussehen:
1. „Aufhänger“/Einstieg
2. Darlegung des Sachverhalts
3. Pro- und Contra-Stimmen
4. Resümee und Kommentar
5. Aussagen darüber, wie der Konflikt weitergehen wird und evtl. gelöst werden kann. (Kompetente Kenntnisse über die Rolle des Gesetzgebers, der Exekutive, der Bürgerinitiativen, der Verwaltungsgerichte unter anderem sind dazu notwendig.)

Eine wichtige Rolle bei der Gestaltung des Features kommt der Musik, Liedern und Songs zu, die die Gliederung hörbar machen, aber auch mit dem Gesagten korrespondieren.

Der Gebaute Beitrag (O-Ton-Bericht) ist eine Vorstufe zum Feature. Seine Dauer beträgt etwa zwei bis sechs Minuten. Der Beitrag besteht in der Regel aus der Kombination eines Autorentextes mit Beiträgen verschiedener Art, z. B. Statements, Interviews, Umfragen, Diskussionen, Hintergrundgeräuschen (z. B. Volksfest) u.v.m. Der Autorentext kann glossierend, kommentierend, reportierend oder auch im Nachrichtenstil verfasst sein.

Fernsehen

Nachrichtenanalyse

Schüler erhalten den Arbeitsauftrag, am Vorabend der Unterrichtsstunde arbeitsteilig die Fernsehnachrichten mit Hilfe des folgenden Beobachtungsbogens zu verfolgen. Zum einen kann die *Tagesschau* der ARD um 20 Uhr mit *heute* des ZDF um 19 Uhr verglichen werden, zum anderen könnte eine dritte Schülergruppe die Nachrichen einer privaten Fernsehanstalt beobachten (z. B. 19.55 Uhr: *Nachrichten* auf Pro 7; 20 Uhr: *Action News* auf RTL 2 o. a.).
Natürlich können diese Nachrichtensendungen auf Videoband aufgenommen und am folgenden Tag der Klasse gezeigt werden. So ist sichergestellt, dass alle Schüler die Aufgabe bearbeiten. Das Aufzeichnen der Nachrichten hat auch den Vorteil, dass im Fall einer Kontroverse in der Klasse um die Aussage oder die Gestaltung einer Nachricht der umstrittene Teil der Sendung zur Klärung noch einmal wiederholt werden kann.

Beobachtungsbogen

Sendung: Fernsehanstalt:		Uhrzeit:
1. Beitrag: (Aufmacher)	mit Filmbeitrag: ja/nein	mit Kommentar/Analyse: ja/nein
2. Beitrag:	mit Filmbeitrag: ja/nein	mit Kommentar/Analyse: ja/nein
3. Beitrag:	mit Filmbeitrag: ja/nein	mit Kommentar/Analyse: ja/nein
...	...	...

Belegen die gezeigten Bilder den gesprochenen Text oder nicht (Bild-Ton-Schere)? Das Auseinanderklaffen von Text und Bild ist sehr deutlich zu sehen, wenn z. B. mittwochs über die Sitzung des Bundeskabinetts berichtet wird: Während der Korrespondent die Beschlüsse des Kabinetts referiert und erläutert, werden Bilder der zum Kanzleramt an- bzw. abfahrenden Limousinen oder am Kabinettstisch plaudernde Minister gezeigt. Häufig sind auch Filmbeiträge zu sehen, in denen der ins Mikrofon sprechende Korrespondent den größten Teil des Beitrags ausmacht, also eigentlich „Radio mit Bild“ gezeigt wird.

Erweiterung

Unter europäischem Aspekt können Nachrichtensendungen des europäischen Auslands mit deutschen verglichen werden. Neben den Sendungen der Schweiz (*Tagesschau*) und Österreichs (*Zeit im Bild*) können, je nach Fremdsprachenkenntnissen der Schüler, französische (*Journal*) und englische (*World News* auf Super Channel) Nachrichtensendungen zum Vergleich herangezogen werden. Da im Unterricht der modernen Fremdsprachen auch Zeitungen und Wochenmagazine gelesen werden, empfiehlt sich ein fächerübergreifendes Projekt in Rücksprache mit dem Fachlehrer.

Nachrichten für Kinder?

Ähnlich wie bei der Zeitung kann auch beim Fernsehen gefragt werden, ob es möglich ist, Nachrichten in einer Form darzubieten, die Kinder und jüngere Jugendliche anspricht. Um diese Frage zu überprüfen kann die Klasse *logo. Nachrichten für Kinder* im ZDF anschauen, eine Sendung, die täglich ausgestrahlt wird, wenn sie nicht „wichtigeren" Sendungen zum Opfer fällt. Folgendes Vorgehen empfiehlt sich:

- Der Lehrer oder ein Schüler zeichnet die *logo*-Sendungen von zwei bis drei aufeinander folgenden Tagen auf.
- Die Klasse schaut diese *Nachrichtensendungen für Kinder* an und diskutiert die gezeigte Lösung.

Mögliche Fragen

- An welche Altersgruppe wendet sich die Sendung?
- Welche Themen werden ausgewählt? Sind sie relevant?
- Wie ist das Verhältnis von Information und Unterhaltung?
- Wird verständlich und kindgemäß erklärt?
- Brauchen Kinder einen Wetterbericht?
- Ist die Sendung insgesamt gut oder schlecht? (mit Begründung!)

Erweiterung

Das Thema kann erweitert und vertieft werden, indem man z. B. fragt, ob man Kinder grundsätzlich mit allen Meldungen konfrontieren darf (Kriege, Bürgerkriege, Hunger- und Naturkatastrophen, atomare Bedrohung u.v.m.), wie man mit dem entsprechenden Bildmaterial umgehen oder was man Kindern an Nachrichten und Bildern vorenthalten soll, damit sie seelisch nicht zu sehr belastet werden.

Politische Sendungen

In welchem Umfang und in welcher Art und Weise Politik im Fernsehen angeboten wird, können Schüler leicht feststellen, wenn sie das Programmheft in den Unterricht mitbringen. Bei der Suche nach den entsprechenden Sendungen genügt es, wenn sich die Schüler auf das Programmangebot von ARD (und des Dritten Programms des eigenen Bundeslandes), ZDF, Vox, 3sat und RTL (wegen *Spiegel TV*) beschränken.

Ein Grobraster könnte so aussehen:

Thema	Titel der Sendung	Sender	Tag	Uhrzeit
Bundesländer Politische Magazine: In- und Ausland (keine Boulevard-Magazine!) Wirtschaftsmagazine Dokumentationen Fernsehmagazine von Zeitungen Kabarett				

„Pro und Contra" – Regt die Darstellung von Gewalt im Fernsehen zur Nachahmung an?

Diskutiert wird nach dem Muster der gleichnamigen Fernsehsendung.
Zum Ablauf der TV-Sendung:

1. Die Zuschauer stimmen ab, ob sie die Streitfrage bejahen oder verneinen.
2. Pro- und Contra-Anwälte stimmen der Frage zu oder verneinen sie.
3. Sachverständige werden angehört und von den Anwälten – ähnlich einer Gerichtsverhandlung – befragt.
4. Die Anwälte resümieren kurz und pointiert noch einmal die Meinung ihrer „Partei".
5. Am Ende stimmen die Zuschauer erneut über die Frage ab. Eine Veränderung im Abstimmungsverhalten zeigt, welche Seite ihre Argumente glaubwürdiger vertreten hat.

Zum Vorgehen in der Klasse

1. Die Klasse bildet Pro- und Contra-Gruppen. Da eine Arbeitsgruppe nicht mehr als fünf bis sechs Schüler umfassen sollte, müssen jeweils drei Pro- und Contra-Gruppen gebildet werden. Beide Parteien sollten etwa gleich groß sein.
2. Jede Gruppe sammelt Argumente, die ihre Meinung unterstützen.
3. Eine der Pro-Gruppen und eine der Contra-Gruppen wählt einen Gruppensprecher, der als „Anwalt" die Position der Gruppe vertritt.
4. Die weiteren Pro- und Contra-Gruppen wählen jeweils einen „Sachverständigen", sodass also für die Diskussion jedem der beiden Anwälte zwei „Sachverständige" zur Verfügung stehen.
5. „Anwälte" und „Sachverständige" stimmen ihre Strategie miteinander ab.
6. Die Parallelklasse wird als Zuschauer eingeladen, die vor und nach der Diskussion abstimmen.

Sind erfahrene Video-Filmer in der Klasse, so könnte aus der Diskussion eine „richtige" Sendung werden.
Eine anschließende Besprechung der Video-Aufzeichnung könnte – neben dem Vergnügen, sich selbst und die Mitschüler im Film zu sehen – sehr viel Aufschluss über das Diskussions- und Gesprächsverhalten, die Verwendung der Argumente, die Körpersprache und den Einsatz der Stimme geben.

Kleiner Fragebogen zum Fernsehen

Warum siehst du Fernsehen?

- ☐ aus Langeweile
- ☐ weil die anderen auch fernsehen
- ☐ um mich zu informieren
- ☐ weil ich mich für eine bestimmte Sendung interessiere
- ☐ aus Neugier
- ☐ weil es bequem ist
- ☐ um unterhalten zu werden

Was schaue ich mir im Fernsehen am liebsten an?

- ☐ Nachrichten
- ☐ Tierfilme
- ☐ Sport
- ☐ Talkshows
- ☐ volkstümliche Musik
- ☐ Spielfilme
- ☐ Regionalsendungen
- ☐ Magazine
- ☐ Krimis
- ☐ Quizsendungen
- ☐ Game-Shows
- ☐ Rock- und Pop-Musik, Video-Clips
- ☐ Kultursendungen
- ☐ Serien
- ☐ Werbefernsehen
- ☐ Cartoons

Besuch einer Fernsehanstalt

Den Besuch einer Schulklasse bei einer (Landes-)Fernsehanstalt muss man lange vorher anmelden. Das Besuchsprogramm dürfte sich im Großen und Ganzen an das Schema halten, dass zuerst der Sender sich selbst vorstellt, anschließend ein Rundgang durch das Gebäude stattfindet, bei dem man die technischen Einrichtungen, Studios, Werkstätten, Fundus u. a. besichtigen kann. Zum Schluss wird Gelegenheit für eine Aussprache gegeben.

Zur Vorbereitung eines solchen Besuchs sollte die Klasse in Gruppen Fragen entwickeln, die in die folgende Richtung gehen könnten (Beispiel: Landessender der ARD):

- Von wem und wann ist Ihr Sender gegründet worden?
- Wie finanzieren Sie sich? Wer bestimmt die Höhe der Fernsehgebühren?
- Wer ist Ihr „Chef“? Von wem wird Ihr Sender kontrolliert und beaufsichtigt?
- Welche finanziellen Folgen für das öffentlich-rechtliche Fernsehen hat die Gründung privater Fernsehanstalten? In welchem Umfang sind die Werbeeinnahmen gesunken?
- Welche Änderungen im Programmangebot und in der Programmgestaltung hält die ARD für notwendig? Wie geht die Konkurrenz um die Sportberichterstattung weiter?
- Wer „macht“ das Programm der ARD?
- Wie viele Menschen beschäftigen Sie? Wie viele davon sind Frauen? In welchen Tätigkeitsbereichen sind Frauen über- bzw. unterrepräsentiert?
- Welche Arten von Arbeitsplätzen bietet eine Fernsehanstalt an? Bilden Sie auch Leute aus?
- Welche Voraussetzungen muss ein Bewerber oder eine Bewerberin um einen Ausbildungsplatz erfüllen?
- Wie schätzen Sie die gegenwärtigen und zukünftigen Möglichkeiten des Bildungsfernsehens ein?

– Bei welchen Sendungen orientieren Sie sich an Einschaltquoten, bei welchen nicht?
– Führt die Verpflichtung zur „Ausgewogenheit" des Programms nicht zur Langeweile?
– Wie arbeiten Sie mit den anderen Länderanstalten zusammen? Gibt es eine Art Arbeitsteilung zwischen diesen?
– Sind die Dritten Programme nicht die Stiefkinder der ARD?
– Wie sieht das Fernsehen der Zukunft aus?

Beim Besuch einer privaten Fernsehanstalt müssten die Fragen entsprechend modifiziert werden.

Vergleich der Medien, darstellendes Spiel und Videofilm

Zeitung – Radio – Fernsehen

Vor und nach einer Unterrichtseinheit „Massenmedien" kann man Fragebogen an die Schuler austeilen um ihre Vorcinstellung zum Thema zu ermitteln bzw. um Veränderungen in der Meinungsbildung und Lerneffekte festzustellen.

Fragebogen

Einstellung zu Nachrichten in Fernsehen, Hörfunk und Tageszeitung:
Das Medium, das die einzelne Aussage deiner Meinung nach am besten erfüllt, bitte ankreuzen!

	FS	HF	TZ
▶ bringt die neuesten Nachrichten am schnellsten			
▶ informiert ausführlich über alle wichtigen Ereignisse			
▶ hilft mir am besten, dass ich mir eine eigene Meinung bilden kann			
▶ berichtet ausführlich über Ereignisse in meiner näheren Umgebung			
▶ liefert Hintergrundinformationen			
▶ berichtet objektiv, wahrheitsgetreu			
▶ informiert anschaulich			
▶ löst bei mir manchmal Betroffenheit aus			
▶ ist sprachlich am verständlichsten			
▶ ist für mich am bequemsten um an Informationen zu kommen			
▶ informiert mich, ohne dass ich an eine bestimmte Zeit oder an einen bestimmten Ort gebunden bin			

Politik kann auch Spaß machen

– Die Nachrichten in der Zeitung werden „durcheinander geschüttelt" (zuerst nur die Überschriften, dann auch ganze, aber kurze Artikel) und zu neuen komischen, verfremdeten oder sinnlosen Überschriften und Texten zusammengefügt (Wandzeitung).

- Fotos werden mit witzigen Sprechblasen oder neuen Bildunterschriften versehen (Wandzeitung).
- Die Schüler entwerfen ein Nonsens-Interview mit einem Politiker um die Floskeln und Stereotypen der Politiker-Sprache zu entlarven.
- Die Schüler entwerfen einen Text: *Die geheimen Gedanken des Politikers M.: „Was muss ich tun, damit die Presse und das Fernsehen über mich berichten?“*
- Was Politiker/innen unbedingt lernen müssen: „Lehrplan für erfolgreiche Politiker/innen“.
- Rollenspiel: Ehepaar mit zwei Kindern - beide Eltern sind von Beruf Rechtsanwalt, beide sind in der selben Partei - streitet, wer hauptberuflich als Bundestagsabgeordnete(r) in die Politik gehen darf: er oder sie?

Die Video-Vorführung einer aktuellen politischen Kabarettsendung oder - falls das möglich ist - der Besuch eines Kabaretts motiviert die Schüler selbst einmal etwas in dieser Art zu probieren:

- Wesentlich leichter fällt Schülern das Spielen, wenn sie nicht vor aller Augen agieren müssen, sondern z. B. Handpuppen benutzen können. Handwerklich begabte Schüler basteln eine Guckkastenbühne, die leicht aus den im Klassenzimmer vorhandenen Möbeln, die mit Tüchern verhängt werden, aufgebaut werden kann. Die Handpuppen, die vermutlich keine Porträtqualität erreichen, werden mit Namensschildern versehen; mit diesen kann auch eine Puppe mehrmals verwendet werden. Die anderen Schüler entwerfen (kabarettistische) Texte, die nicht auswendig gelernt werden müssen, da sie hinter der „Bühne“ vom Blatt abgelesen werden können. Anderen Klassen, in der großen Pause, an Schulfesten können diese Produktionen vorgeführt werden.
- Mit interessierten Schülern aus der Sekundarstufe I, die mit Schülern aus der Sekundarstufe II und solchen mit Schultheatererfahrung „verstärkt“ werden, ist es bestimmt möglich, innerhalb von Projekttagen eine Kabarettaufführung vorzubereiten oder sogar eine „Arbeitsgemeinschaft Kabarett“ für ein ganzes Schuljahr ins Leben zu rufen.

Produktion eines Videofilms

Etliche Schüler der Klasse dürften bereits in ihren Familien Erfahrungen mit Videokameras und -filmen gemacht haben. Falls die Schule keine Videokamera und -ausrüstung hat, kann diese von der nächsten Bildstelle entliehen werden. Wahrscheinlich sind auch mehrere Schüler bereit der Klasse die Ausrüstung der Familie zur Verfügung zu stellen.

Die möglichen Inhalte eines Films sollten dem unmittelbaren Lebensumfeld der Schüler entnommen sein, z. B. ein kommunaler bzw. regionaler Konfliktfall, wie er im Abschnitt Interview/Feature beschrieben ist. Der Schulalltag und der Schulweg wären mögliche Themen, aber auch, was schon mehr handwerkliches Können verlangt, Spots (gegen Drogen, gegen Ausländerfeindlichkeit) oder Spielhandlungen.

In Zusammenhang mit dem Thema *Massenmedien* könnte ein Film *Diagnose: fernsehsüchtig* auf spielerische Art und Weise Empfehlungen von Jugendlichen für Jugendliche geben, welche Formen anderer Freizeitbeschäftigung es gibt.

Ein solches Vorhaben muss sorgfältig geplant werden und verlangt von den Schülern Ausdauer und Engagement. Wenn Thema und Ziel des Spielfilms festgelegt sind, sollte die Arbeit auf Gruppen verteilt werden, die allerdings in engem Austausch bleiben müssen, damit der rote Faden der Spielhandlung nicht verloren geht.
Die Schüler schreiben ein Exposé, dann ein Drehbuch, anschließend Dialog- und Sprechertexte. Die Sätze dürfen nicht zu lang sein, denn diese müssen der umgangssprachlichen Kommunikation entsprechen; außerdem ist die Konzentration der Zuschauer aufgeteilt auf Sprache, Bilder und evtl. noch auf Musik. Die verschiedenen Rollen müssen mit Darstellern besetzt, Spielorte für Innen- und Außenaufnahmen gefunden und auf ihre Kameratauglichkeit hin überprüft werden, d. h. darauf, ob das, was zur Bestimmung und Charakterisierung des Spielortes notwendig ist, auch im Bild zu sehen ist. Ein Drehplan, in dem Szenen des Drehbuches, die in derselben Kulisse stattfinden, zusammengestellt sind, hilft Zeit und Arbeit sparen.
Sehr wichtig ist natürlich bei einem Film für Jugendliche die Musik. Sie darf aber kein Eigenleben entfalten, sondern soll, sei es verstärkend oder widersprechend, mit dem Gezeigten korrespondieren. Sie kann Gefühle ausdrücken, sie kann leitmotivisch und damit gliedernd, Bezüge herstellend eingesetzt werden.
Sehr viel Zeitaufwand erfordert der Schnitt. Obwohl die Jugendlichen als Konsumenten der Musikvideoclips sehr schnelle Schnitte gewöhnt sind, neigen sie selbst dazu, eine Einstellung zu lange dauern zu lassen.
Alle Szenen müssen sorgfältig geprobt werden, bis die Schüler den Umgang mit der Technik und die verschiedenen Kameraeinstellungen (Totale, Halbtotale, Halbnah, Nah, Groß, Detail) und Kameraperspektiven (Normalsicht, Untersicht, Vogelperspektive), die für die Dramaturgie des Films wesentlich sind, beherrschen. Weitere dramaturgische Mittel zur Filmgestaltung sind der Einsatz von Licht und Schatten, die Bevorzugung bestimmter Farben, Bewegungen der Personen in das Bild und aus dem Bild und die Bewegungen der Kamera (Stand, Schwenk, Fahrt, Zoom). Jede Szene wird gleich mehrmals in Variationen aufgenommen um beim Schneiden Auswahlmaterial zu haben.
Technische Hilfestellung geben die Stadt- und Kreisbildstellen.
Wer gerne eine „Film AG“ gründen, Schulkino oder eine Schulkinowoche veranstalten, wer gerne mit Schülern einen Film drehen möchte und Beratung wünscht, wende sich an den

i Bundesweites Schülerfilm- und Videozentrum
Postfach 1967, 30019 Hannover, Tel.: 0511/661102, www.up-and-coming.de

Literatur: KLAUS-OVE KAHRMANN/NIELS REISE, BUNDESVERBAND JUGEND UND FILM E. V.: … Kamera läuft! – Medienarbeit an den Schulen. Handbuch zur Film- und Medienarbeit ● Die Broschüre stellt beispielhaft Modelle zur praktischen Medienarbeit aus verschiedenen Schularten vor. Rund 25 Lehrer schildern ihre Erfahrungen im handlungsorientierten Umgang mit Medien im Unterricht.

i *Bezug:* Bundesverband Jugend und Film e.V. (BJF)
Kennedyallee 105a, 60596 Frankfurt am Main, Tel.: 069/6312723,
www.bjf.bkj.de

JUGENDFILMCLUB KÖLN (JCF) E. V.: Herausforderung Video ● Die Arbeitsmappe enthält unter anderem Orientierungshilfen zu den Themen Videoarbeit, Filminhalte, Bausteine und Fallbeispiele aus der medienpädagogischen Arbeit mit Kindern und Jugendlichen.

i *Bezug:* Jugendfilmclub Köln, Medienzentrum, Hansaring 82–86, 50670 Köln, Tel.: 0221/120093, www.jfcmedienzentrum.de

G. ANFANG/M. BLOECKER/R. HUELTNER: Vom Plot zur Premiere. Gestaltung und Technik für Videogruppen. Materialien zur Medienpädagogik.

i *Bezug:* Institut für Jugend, Film und Fernsehen, Medienzentrum Rupprechtstr. 25, 80636 München, Tel.: 089/2906080

Filmtipps

Filmsprache 1984 – VHS – 40 Min. Bestell-Nr. 122.Q292 V
Der Film behandelt: Bilder (Aufbau, Struktur und Wirkung, Kamerastandort und -entfernung. Größe des Bildausschnitts, Brennweite des Kameraobjektivs, Farbigkeit und Helligkeit) – Zeit und Bewegung (Aufnahmegeschwindigkeit und Montage der Filmbilder, Schnitt-Tempo und Abfolge der einzelnen Bildeinstellungen und ihre Wirkung) – Töne, Gebärden und das Wort (Erläuterung der Funktionen der akustischen Filmmittel und der Körpersprache der handelnden Personen; verdeutlicht werden auch: Erzählung, Kommentar, innerer Monolog, Dialog).

Loriot – Fernsehen auf dem Sofa 1991 – VHS – 2 x 44 Min. Bestell-Nr. 509.X026 V
Vicco von Bülow kritisiert, indem er das Fernsehen als Medium benutzt, in bekannter Manier Fernsehen und Gesellschaft.

i *Bezug:* Deutsches Filmzentrum e. V. Dorotheenstr. 239, 53119 Bonn, Tel.: 0228/98559-11, www.dfz.de

Das Deutsche Filmzentrum bietet in seinem sehr umfangreichen Gesamtkatalog AV-Medien für den Einsatz zur Förderung von Bildung und Erziehung, Kunst und Kultur, des Umwelt-, Arten- und Landschaftsschutzes und der Völkerverständigung an. Der Verleih ist kostenlos, Versandkosten gehen zu Lasten des Empfängers.

Medienerziehung und Schulfernsehen

Medienerziehung

Die Bundeszentrale für politische Bildung bietet *Arbeitsmaterialien Medien* an, eine Reihe, deren Hefte kostenlos bezogen werden können.
Medienpädagogische Handreichungen gibt es zu den klassischen Medien Film, Funk und Fernsehen, aber auch zu Video- und Computerspielen, Heimcomputer und Videorekorder. Der zur Bundeszentrale gehörende Informationsdienst *Computerspiele auf dem Prüfstand*, der zwei- bis dreimal jährlich mit je acht Besprechungen von neuen Video- und Computerspielen erscheint, kann im Abonnement bestellt werden. Die Bundeszentrale legt zweimal jährlich (jeweils im Frühjahr und im Herbst) ein Gesamtverzeichnis ihrer Veröffentlichungen vor, in dem auch die Lieferbedingungen genannt werden.

i Bundeszentrale für politische Bildung Postfach 2325, 53013 Bonn, Tel.: 01888/515-0, www.bpb.de

Die *Stiftung Lesen* veröffentlicht Schriften zur Medienpädagogik. Neben ihren Leseempfehlungen, die z. T. Berührung mit dem Fach Politik haben, bietet sie die

Möglichkeit an, gegen einen Unkostenbeitrag von ca. 7,50 € bis 20,– Recherchen zu bestimmten Themen durchführen zu lassen.

i Stiftung Lesen
Fischtorplatz 23, 55116 Mainz, Tel.: 06131/28890-0,
www.stiftunglesen.de

Die Broschüren *Gewalt im Fernsehen. Ratgeber für Eltern und Erzieher* und *Computerspiele – Spielspaß ohne Risiko. Ratgeber für Eltern und Jugendliche* mit Beispielen für unbedenkliche Computerspiele sind kostenlos erhältlich beim

i Bundesministerium für Familie, Senioren, Frauen und Jugend
11018 Berlin, www.bmfsfjbund.de

Literatur: René Zey: Bildschirmspielereien. Der Elternratgeber über Video- und Computerspiele. Weinheim und Basel 1994.

Schulfernsehen

Das AV-Material, das von den Stadt- und Kreisbildstellen entliehen werden kann, ist leider oft veraltet. Eine Alternative bieten die Sendungen des Schulfernsehens, die aufgezeichnet und nach § 47 Urheberrechtsgesetz von Schulen genutzt werden dürfen.

Die Sendungen können nach der Ausstrahlung über die zuständige Landesbildstelle oder das Landesmedienzentrum gegen eine Überspielgebühr von ca. 6,50 € pro Sendung bezogen werden.

Eine zunehmende Zahl von Schulfernsehsendungen kann auch bei den Stadt- und Kreisbildstellen entliehen werden, die auch spezielle Kataloge oder die Jahresübersicht haben.

Die *Jahresübersicht Schulfernsehen S3* kann bezogen werden vom

i Südwestfunk
76522 Baden-Baden, Tel.: 07221/929-0,
www.swr.de

So werden z. B. in der Jahresübersicht 1995/96 Sendereihen zu den Themen Fernseh- und Drucktechnik, Geschichte der Medien und mehrere Reihen zur Medienerziehung angeboten.

Schulen ans Netz – das Internet

i Schulen ans Netz e. V., Max-Habermann-Str. 3, 53123 Bonn
Tel.: 0228/910480, www.schulen-ans-netz.de

Mindestens 10 000 Schulen in Deutschland sollen bis 1998 mit einem Kostenaufwand von ca. 29,5 Mio. € an die internationalen Datenautobahnen angeschlossen werden. Dieses Projekt wird gemeinsam vom Bundesministerium für Forschung und Technologie und der Deutschen Telekom AG durchgeführt. Zahlreiche Firmen aus der Software- und Kommunikationsbranche unterstützen das Projekt. Bis 1998 können die angeschlossenen Schulen das Wissenschaftsnetz des Vereins Deutsches Forschungsnetz zum Ortstarif nutzen. Außerdem soll ein deutscher Bildungsreserver, ein zentraler Computer, als Kommunikationsplattform eingerichtet werden.

Literatur: REINHARD DONATH/INGRID VOLKMER (Hrsg.): Das Transatlantische Klassenzimmer. Interkulturelles Lernen durch Online-Projekte im Unterricht (ca. 100 Seiten; ca. 14,50 €; erscheint Anfang 1997), ISBN 3-89684-002-9 • Ein hilfreicher Einstieg für alle, die neugierig sind auf E-Mail im Unterricht: Mit Erfahrungsberichten aus Online-Projekten wie dem *Transatlantischen Klassenzimmer*, das Kontakte und Diskussionen zwischen Schulen in Deutschland und den USA ermöglicht. Mit Tipps und Tricks für didaktisch gelungene Online-Produkte zu Themen wie Migration oder Teenage Life. Eine praxisnahe Lektüre für Lehrer in den Fremdsprachen, Deutsch, Geschichte oder Sozialkunde. Dazu: die Web-Page zum Buch – auf einer Internet-Seite findet man aktuelle Hinweise zu kreativen Online-Projekten (http:www.//stiftung.koerber.de/usa).
Das Buch kann über den Buchhandel oder über die

i Körber-Stiftung, Kurt-A.-Körber-Chaussee 10, 21033 Hamburg,
Tel.: 040/7250-2457, www.stiftung.koerber.de

bezogen werden.

Was braucht man um ins Internet zu kommen?

Voraussetzung für den Einstieg ins Internet ist ein Telefonanschluss. Ein Modem verbindet Computer und Telefonleitung. Je schneller das Modem, desto besser: Modems mit einer Geschwindigkeit von bereits 14 400 bps (Bits per Second) sind preiswert zu bekommen. Jeder handelsübliche Computer kann für den Rundgang im Cyberspace verwendet werden, wenn er 256 Farben darstellen kann. Neben der entsprechenden Software benötigt man einen Internet-Zugang von einem Internet-Anbieter, was mit dem Anmelden des Telefons vergleichbar ist.

Was hat das Internet zu bieten?

Die drei wichtigsten Internet-Dienste sind:

1. **Elektronische Post (E-Mail):** E-Mails sind elektronische Briefe. Normalerweise bestehen sie nur aus Text, jedoch bieten neue Programme auch die Möglichkeit, Bild und Ton in eine Nachricht einzubauen. Ein Fax, das in die USA verschickt wird, braucht eineinhalb Minuten, eine E-Mail ist schon nach wenigen Sekunden dort.
   An Stelle der Telefonnummer gibt es im Cyberspace für jeden Teilnehmer eine eigene Internet-Adresse. Für das Verschicken von E-Mails benötigt man Programme wie etwa *Eudora* oder *Pegasus-Mail*.
2. **World Wide Web (WWW):** Durch das World Wide Web ist das Internet populär geworden. Mit einem speziellen Internet-Programm können grafisch gestaltete Seiten angewählt werden (dem Aufschlagen einer Teletext-Seite vergleichbar). Diese Seiten können jede Art von Information enthalten, vom Lexikon bis zum Fotoalbum, und dienen beim Shopping zugleich als Bestellformulare.
   Prinzipiell kann jeder Anwender mit seiner eigenen Seite (Home-Page) ins Netz gehen. Eine Web-Seite kann im Prinzip alles, was man von einer CD-ROM her kennt – sogar Verbindungen herstellen zwischen Seiten und Begriffen. Eine Web-Page ist mit einer digitalisierten Zeitungsseite vergleichbar.

Für WWW benötigt man einen Web-Browser wie etwa NetScape oder den MS-Internet Explorer von Microsoft. Die Programme sind meist kostenlos im Lieferumfang des Internet-Zugangs enthalten. Der Fachhandel bietet darüber hinaus spezielle Starter-Kits, die die benötigte Software enthalten.

3. **Newsgroups:** Newsgroups sind ein Teil des Internets, der aus sog. schwarzen Brettern besteht, deren Inhalt wie elektronische Briefe öffentlich gelesen werden kann. Newsgroups dienen den Benutzern als Diskussionsforen. Wer seine Meinung öffentlich kundtun will, schreibt sie auf und „postet" sie als Nachricht in eines der etwa 7 000 Diskussionsforen. Diese werden um die ganze Welt geschickt und lösen vielleicht eine umfangreiche Reaktion aus. Alle Themen sind möglich, von der Gartenarbeit über Literaturkritik bis zur Lebensberatung.
   Der Benutzer braucht einen Newsreader, etwa News-Watcher, oder die entsprechende Funktion von NetScape. Die Programme sind meist kostenlos im Lieferumfang des Internet-Zugangs enthalten. Der Fachhandel bietet darüber hinaus spezielle Starter-Kits, die die nötige Software enthalten.

Kleines Lexikon der Fachbegriffe

Adresse: durch sie wird ein E-Mail-Teilnehmer oder eine WWW-Seite identifiziert.

Bit/Byte: ein Bit ist die kleinste Einheit, die ein Computer speichern kann. Ein Byte besteht aus 8 Bits und stellt ein Zeichen, beispielsweise einen Buchstaben oder eine Ziffer, dar.

Bps: Bps steht für Bits per Second, was wichtig für die Beschreibung der Leistungsfähigkeit der Modems ist, denn Bps gibt die Anzahl von Bits an, die pro Sekunde übertragen werden können. Standardmodems arbeiten mit 14 400 bps, Hochgeschwindigkeitsmodems mit 28 800 bps.

Browser: ist ein spezielles Programm zum Browsen durch das World Wide Web, beispielsweise *NetScape* oder *Mosaic*.

FAQ: für Frequently Asked Questions. FAQ sind Textdokumente im Internet, die Antwort auf häufig gestellte Fragen geben.

FTP: für File Transfer Protocol. FTP bezeichnet einen Standard, nach dem Dateien im Internet von einem Computer auf den anderen übertragen werden.

Home-Page: die „Leitseite" eines Unternehmens im Internet.

html: steht für Hyper Text Markup Language. html bezeichnet die „Sprache", in der World-Wide-Web-Seiten abgefasst sein müssen um von jedem Computer der Welt gleich dargestellt werden zu können.

IRC: für Internet Relay Chat. IRC bezeichnet eine Online-Diskussion, bei der sich die Teilnehmer simultan geschriebene Nachrichten zusenden.

Knoten: ein Schnittpunkt im Netz, der meist mit Modems ausgestattet ist und den Zugang ermöglicht.

Log-In: das Anwählen eines Internet-Knotens durch das Modem.

Modem: verbindet Computer und Telefonleitung.

Provider: der Anbieter eines Internet-Zugangs oder einer Information.

TCP/IP: ein sog. Netzwerkprotokoll, das dem Computer den Zugang zum Internet ermöglicht.

URL: für Universal Ressource Locator. URL bezeichnet die verschiedensten Internet-Adressen und definiert die Schreibweise.

Virtuell: als virtuell bezeichnet man alles, was nicht wirklich vorhanden, sondern in der Welt des Computers künstlich erschaffen wird. Eine künstlich auf dem Monitor erzeugte Schule, in der der Benutzer herumgehen kann, ist eine virtuelle Schule.

Beruf: Journalistin/Journalist

Von der Bundesanstalt für Arbeit werden die *Blätter zur Berufskunde* herausgegeben. Das Heft *Journalist/Journalistin* stammt allerdings bereits aus dem Jahre 1989, Bestellziffer: 2-XF 30.
Einzelexemplare können kostenlos beim

i W. Bertelsmann Verlag
Postfach 100633, 33506 Bielefeld, Tel.: 0521/91101-0, www.wbv.de

bestellt werden.
Das Gesamtverzeichnis der *Blätter zur Berufskunde* kann für die Schulbibliothek kostenlos (Schulstempel!) von der

i Bundesanstalt für Arbeit
90473 Nürnberg, Tel.: 0911/179-0, www.arbeitsamt.de

bezogen werden.
Über die Ausbildungswege und das Berufsbild *Publizistik, Journalistik* informiert auch die Broschüre *Studien- und Berufswahl. Informationen und Entscheidungshilfen*, herausgegeben von der Bund-Länder-Kommission für Bildungsplanung und Forschungsförderung und der Bundesanstalt für Arbeit, die alle zwei Jahre neu herausgegeben wird. Man kann sie kostenlos beim örtlichen Arbeitsamt erhalten.
Für den weiten Tätigkeitsbereich der Publizistik/Journalistik/Kommunikationswissenschaft/Medienwissenschaft/Medientechnik gibt es keine vorgeschriebene und einheitliche Berufsausbildung. Neben der guten Beherrschung der deutschen Sprache werden Kenntnisse der elektronischen Medien- und Datentechnik erwartet. Schüler, die sich für journalistische Berufe interessieren, sollten sich darum bemühen, praktische Erfahrungen in diesem Berufsbereich zu sammeln (Schülerzeitung, Hospitanz, Praktikum, freie Mitarbeiterschaft) um diese bei der Bewerbung um einen Arbeits- oder Ausbildungsplatz nachweisen zu können. Es gibt einen großen Bewerberüberhang, sodass vor jedem Einstieg in dieses Berufsfeld ein strenges Auswahlverfahren steht.
Als Zugänge in diese vielfältige Berufsgruppe sind möglich:

- ein Volontariat von zwei Jahren Dauer ohne Hochschulstudium,
- ein Hochschulstudium (Journalistik, Publizistik, Kommunikationswissenschaften, Medienwissenschaft, Medientechnik),
- Volontariat nach abgeschlossenem Studium (z. B. Physik: Wissenschaftsjournalist),
- Besuch einer Journalistenschule, z. B.:

i Hamburger Journalistenschule, Henri-Nannen-Schule
20444 Hamburg, Tel.: 040/37032376, www.journalistenschule.de

i Deutsche Journalistenschule
Altheimer Eck 3, 80331 München, Tel.: 089/235574-0, www.djs-online.de

i Journalistenschule Axel Springer, Axel-Springer-Platz 1, 20350 Hamburg,
Tel.: 040/347-22345 und Axel-Springer-Str. 65, 10888 Berlin,
Tel.: 030/2591-2801, www.asv.de/journalistenschule

Absolventen der Ausbildung *Journalistik* arbeiten in erster Linie bei Tages- und Wochenzeitungen, dann bei Zeitschriften und Anzeigenblättern, bei Fernsehen, Rundfunk, in Pressestellen, bei Agenturen und Pressebüros. Rund 15 000 arbeiten als freie Journalisten und Journalistinnen. 1994 lag der Frauenanteil in dieser Berufsgruppe bei etwa 31 %.

Film: Von Sensationsjournalismus und Watergate

Die verlorene Ehre der Katharina Blum, Deutschland 1975
Regie: Volker Schlöndorff *Buch:* V. Schlöndorff, Margarethe von Trotta, nach einer Erzählung von Heinrich Böll
Darsteller: Angela Winkler, Mario Adorf, Dieter Laser
Bundesfilmpreise 1976 für Darstellerin (A. Winkler) und Kamera (Jost Vacano)

Katharina Blum (A. Winkler) verliebt sich auf einer Karnevalsparty in den jungen Ludwig Göttens (Jürgen Prochnow), der ein von der Polizei gesuchter radikaler Rechtsbrecher ist. Sie verhilft ihm zur Flucht. Damit gerät sie in die Mühlen der reißerischen Sensationspresse, die sie als „Terroristenbraut" denunziert. Sie ist der öffentlichen Verfolgung nicht gewachsen und erschießt in unerwarteter Gegenwehr einen korrupten Journalisten der Boulevardpresse. Der Film, aber auch die Erzählung Heinrich Bölls, eignen sich für fächerübergreifenden Unterricht mit dem Fach Deutsch. Als Videokassette müsste der Film bei allen Bildstellen erhältlich sein.

Schtonk, Deutschland 1992
Regie: Helmut Dietl
Kamera: Xaver Schwarzenberger
Darsteller: Götz George, Uwe Ochsenknecht, Christiane Hörbiger, Rolf Hoppe, Harald Juhnke
Preise: Filmbänder in Gold für Produktion, Regie, Darsteller (G. George)

Im Frühjahr 1983 veröffentlichte die Zeitschrift „Stern" die angeblichen Tagebücher Adolf Hitlers und verursachte den größten Presseskandal in der deutschen Geschichte, als sich herausstellte, dass die Unterlagen gefälscht waren. In einer Satire, die sich von den tatsächlichen Ereignissen des Skandals löst, macht sich Dietl über Sensationsjournalismus und NS-Nostalgiker lustig.

Die Unbestechlichen, USA 1976
Regie: Alan J. Pakula
Buch: William Goldman
Kamera: Gordon Willis

Robert Redford und Dustin Hoffman spielen die zwei Reporter der „Washington Post", die die Hintergründe des Einbruchs in das Watergate-Gebäude der Demokratischen Partei recherchieren. Mit unlauteren Methoden und der Hilfe von CIA und FBI hatte die republikanische Regierungspartei versucht der Partei der Demokraten durch Einsichtnahme in deren Wahlkampfunterlagen zu schaden. Der Film hält sich in der Art eines Thrillers nahe an die Begebenheiten, die 1974 zum Sturz des US-Präsidenten Richard Nixon führten.

Citizen Kane, USA 1941
Orson Welles führte Regie, war Mitverfasser des Drehbuches und Hauptdarsteller des Films, der als eines der besten Werke der Filmgeschichte gilt.

Auf seinem Schloss stirbt der Pressezar Charles Foster Kane (O. Welles), der dem amerikanischen Pressezaren William Randolph Hearst nachempfunden ist. Ein Reporter versucht durch Interviews mit Personen, die Kane zu Lebzeiten nahe standen, das Leben des typisch amerikanischen Aufsteigers zu rekonstruieren. In einer Fülle von Einzelszenen, Rückblenden und dokumentarisch erscheinenden Sequenzen entsteht ein komplexes Persönlichkeitsbild, das Kanes Skrupellosigkeit, aber auch seine Vereinsamung zeigt.

Network, USA 1976
Regie: Sidney Lumet
Preise: Oscars 1977 für Hauptdarsteller (Peter Finch), Hauptdarstellerin (Faye Dunaway), Nebendarstellerin (Beatrice Straight) und Drehbuch

Lumets scharfe Satire auf das amerikanische Kommerzfernsehen schildert Aufstieg und Fall des Nachrichtensprechers Howard Beale (P. Finch) mit Sarkasmus und bösem Witz. Wegen der sinkenden Einschaltquoten wird der Moderator entlassen. In seiner letzten Sendung kündigt er vor laufenden Kameras seinen Selbstmord an, ändert aber seinen Plan und schreit statt dessen seine Meinung über den Zustand der amerikanischen Gesellschaft in die Mikrofone hinaus. Die Zuschauer sind begeistert und der Sender macht Kasse. Doch auch diese Erfolgsphase hält nicht lange an; der TV-Prophet wird den Verantwortlichen lästig. Die Programmchefin (F. Dunaway) will ihn während der Sendung von Killern erschießen lassen.

Under Fire, USA 1982
Regie: Roger Spootiswoode

Der Film thematisiert vordergründig eine Revolution in Südamerika. Dahinter steht aber die Rollenbewertung ausländischer Journalisten in den Kriegs- und Krisengebieten. Der Fotograf Russel Price (Nick Nolte) bereist die Kriegsschauplätze der Welt immer auf der Jagd nach spektakulären Fotos. 1979 kommt er nach Managua, der Hauptstadt Nicaraguas. Das Land befindet sich im Bürgerkrieg zwischen den Truppen von Diktator Somoza und der sandinistischen Befreiungsbewegung. Unversehens sieht er sich selbst in die politische Umbruchsituation hineingezogen und muss eine Entscheidung treffen – er schlägt sich auf die Seite der Sandinisten.
In der Geschichte wird die Auseinandersetzung der Protagonisten mit der Frage nach der moralischen Verantwortung der Journalisten und nach den Möglichkeiten zur Manipulation von Nachrichten vermittelt. Regisseur Spootiswoode hält mit diesem Film ein Plädoyer für die nationale Befreiung und die Selbstbestimmung der Völker der Dritten Welt.

Reporter des Satans, USA 1951
Regie: Billy Wilder

Im Stil der „Schwarzen Serie" drehte Billy Wilder eine zynische Kritik an der Sensationsgier der sog. Informationsgesellschaft. Der unbedeutende Reporter Charles Tatum (Kirk Douglas) sieht seine große berufliche Chance, als ein Mensch durch einen Mineneinsturz verschüttet wird. Bewusst verzögert er die Rettungsarbeiten um den Ereigniswert der „Story" zu erhöhen. Er nimmt dabei in Kauf, dass der Verschüttete stirbt. Wilder attackiert die Medien und ihre Konsumenten indirekt. Dabei mildert er seine Aussagen nicht durch komische Elemente, wie sonst in seinen Filmen. Seine bissigen Angriffe auf das Verhalten des Durchschnittsbürgers gingen dem Publikum allerdings zu weit: Der Film wurde ein finanzieller Misserfolg.

Ausflugsziele

Wilhelm-Busch-Museum Hannover
Deutsches Museum für Karikatur und kritische Grafik
Georgengarten, 30167 Hannover
Tel.: 0511/16999911, www.wilhelm-busch-museum.de

Öffnungszeiten: Dienstag bis Sonntag 10 – 17 Uhr
Eintrittspreise: Schülergruppen: ca. 0,75 € pro Schüler
Führungen: sind nach Vereinbarung möglich
Neben der Wilhelm-Busch-Sammlung verfügt das Museum über eine Sammlung Karikatur und kritische Grafik. Der Bestand umfasst z. Zt. fast 17 000 Zeichnungen und Grafiken aus fünf Jahrhunderten.
Zu den frühesten Zeugnissen kritischer Zeichenkunst gehören Radierungen von Jacques Callot aus dem 17. Jh. Von Francisco de Goya hat die Sammlung die berühmten Folgen *Los Caprichos* und *Los Desastres de la Guerra*. Mit umfangreichen Beständen sind die Künstler aus der großen Zeit der englischen Karikatur, dem 18. und frühen 19. Jh., vertreten: William Hogarth, George Cruikshank, James Gillray und Thomas Rowlandson; ebenso der französische Meisterkarikaturist des 19. Jh.s, Honoré Daumier.
Das 20. Jh. repräsentieren: Karl Arnold, Thomas Theodor Heine, Paul Flora, A. Paul Weber, Toni Ungerer, Ronald Searle, Jean-Jacques Sempé und F. K. Wächter.
An tagespolitischen Karikaturen verfügt die Sammlung über Werke von H. E. Köhler, Walter Hanel und Horst Haitzinger.
Eine Präsenzbibliothek mit historischen und aktuellen Karikaturzeitschriften, wissenschaftlichen Handbüchern, Anthologien und Monografien ist für Besucher nach Voranmeldung zugänglich.

Deutsches Rundfunk-Museum
c/o SFB Masurenallee 8-14, 14057 Berlin,
Tel.: 0331/5812-180,
www.drm-berlin.de

Öffnungszeiten: Mittwoch bis Montag 10 – 17 Uhr
Eintrittspreis: Schulklassen erhalten nach vorheriger telefonischer Anmeldung freien Eintritt.
Führungen: sind nach vorheriger Anmeldung möglich
Das Deutsche Rundfunk-Museum am Fuße des Funkturms wurde 1967 eröffnet. Neben Sonderausstellungen zu thematischen Schwerpunkten dokumentiert die Dauerausstellung die technische und medienpolitische Entwicklung des Rundfunks

(seit 1923) und des Fernsehens (seit 1935) in Deutschland. Seit 1989/90 wurde die dokumentarische Aufarbeitung der staatlich gelenkten Medien der ehemaligen DDR ein zusätzliches Aufgabengebiet. Das DRM verfügt über eine Bibliothek mit ca. 3 000 Titeln und über ein Fotoarchiv mit etwa 4 000 Fotos von den 20er Jahren bis heute.

Deutsches Filmmuseum
Schaumainkai 41, 60596 Frankfurt am Main
Tel.: 069/212-38830
www.deutsches-filmmuseum.de

Öffnungszeiten: Dienstag, Donnerstag, Freitag und Sonntag 10–20 Uhr, Samstag 14–20 Uhr, Montag geschlossen
Eintrittspreise und Führungen: Kostenlose Führungen durch das Haus, zu denen keine Anmeldung erforderlich ist, finden sonntags um 15 Uhr statt.
Alle anderen Führungen nur nach Voranmeldung: Tel.: 069/21233369
Führungen für Klassen kosten ca. 20,– € (zzgl. ca. 1,25 € Eintritt pro Person).
Informationen über weiter gehende Angebote (Workshops) sowie Beratung von Lehrerinnen und Lehrern sind unter Tel.: 069/21238826 zu erhalten.
Ein großes, ganz dem Film gewidmetes Haus ist das Deutsche Filmmuseum in Frankfurt am Main. Auf sieben Etagen befinden sich Kino, Ausstellungsräume, Archive, Bibliothek und Videothek, eine spezialisierte Buchhandlung und das Deutsche Institut für Filmkunde.
Das Kino zeigt Begleitprogramme zur jeweiligen Wechselausstellung. Die Dauerausstellung zeigt sehr anschaulich und in spielerischer Form die Geschichte des Films, da das Medium mit seinen eigenen Mitteln vorgestellt wird.
Für Kindergruppen und Schulklassen (Primarstufe/Sekundarstufe I) bietet das Museum objektbezogene Führungen an. In deren Mittelpunkt steht jeweils ein Exponat, mit dessen Funktion und Geschichte sich die Kinder beschäftigen können:
- Die Zauberlaterne: Frühe Projektionskunst mit der Laterna Magica. Ihr Prinzip, ihre Geschichte, ihre Bilder
- Die geheimnisvolle Kammer: Von der Camera obscura zur Fotografie
- Die Wundertrommel: Illusion der Bewegung
- Der Zeichentrick
- Tricks im Film

Objektübergreifende, nach Themen zusammengestellte Führungen sind für Jugendliche (Sekundarstufe I und II) und für Erwachsene gedacht:
- Was ist Film? Zur Vor- und Frühgeschichte des Films
- Wie entsteht ein Film? Filmproduktion und Kinogeschichte
- Technik: Die Kamera. Prinzip und Entwicklung
- Technik: Der Projektor. Prinzip und Entwicklung
- Der Zeichentrick
- Tricks im Film

Das Museum hat Bastelbogen entwickelt, mit denen Kinder und Jugendliche das Lebensrad, die Wundertrommel und die Camera obscura einfach nachbauen können. Sie eignen sich zur Vor- und Nachbereitung des Museumsbesuchs. Die Bogen zu Lebensrad und Wundertrommel kosten je 2,50, der zur Camera obscura ca. 1,75 €.

Filmmuseum Potsdam
Marstall, 14467 Potsdam
Tel.: 0331/27181-0
www.filmmuseum-potsdam.de

Öffnungszeiten: Dienstag bis Freitag 10–17 Uhr;
Samstag, Sonn- und Feiertag 10–18 Uhr; Montag geschlossen.
Eintrittspreise: ca. 2,– €/Schüler ca. 1,– € (Zuschlag für Wechselausstellungen)
Führungen: nach Voranmeldung (Dauer: etwa eine Stunde)
Zuschlag: ca. –,25 € pro Person (keine Gruppenermäßigung)
Das Filmmuseum Potsdam bietet neben Wechselausstellungen zum Thema Film als ständige Ausstellung zur Geschichte der UFA und der DEFA die *Filmstadt Babelsberg* an. Sie folgt nicht der Chronologie, sondern zeigt in acht verschieden gestalteten Themenräumen den Film im Spannungsverhältnis Unterhaltung – Propaganda – Kunst.
Das Interaktive Info-System der Ausstellung bietet zu etwa 1 000 Filmen und 500 Personen Inhaltsangaben, Biografien und Fotos, dazu Anekdoten und Schlaglichter der Zeitgeschichte und internationalen Filmgeschichte; Touch-screen-Monitore erleichtern die Information. Auf spielerische Weise gestaltet der Besucher seinen persönlichen Spaziergang durch 80 Jahre Studio-Geschichte.

Bavaria Filmstadt
Bavariafilmplatz 7, 82031 Geiselgasteig,
Tel.: 089/6499-0,
www.bavaria-film.de

Öffnungszeiten: März bis April 9–16 Uhr, Mai bis Oktober 8.30–17 Uhr
BavariaFilmTour: vom 1. März bis 31. Oktober täglich (auch am Wochenende)von 9–16 Uhr
Das filmende Klassenzimmer: ganzjährig, täglich geöffnet. Voranmeldung ist notwendig!
Info-Telefon: 089/64990
Informationsmaterial zur Bavaria-Filmtour erhältlich unter dieser E-Mail-Adresse:

BavariaFilmTour
E-Mail:
filmtour@bavaria-film.de

Die Bavaria Filmstadt Geiselgasteig hält für Schulklassen dieses Angebot bereit: Während einer Führung, die 90 Minuten dauert, haben die Schüler die Gelegenheit, einen Blick hinter die Kulissen von Film und Fernsehen zu werfen. So sind z. B. die Requisiten und Kulissen aus bekannten Filmen wie z. B. *Die Unendliche Geschichte*, *Das Boot* und *Enemy-Mine – Geliebter Feind* zu sehen und die Schüler erfahren viel über die Dreharbeiten.
Action, Spaß und Spannung bietet das Bavaria Stunt-Team während einer 30-minütigen Show. Prügeleien, Treppenstürze, Glas- und Fensterstunts werden die Schüler begeistern!

„Filme machen statt Aufsatz schreiben“ heißt es ganzjährig im Workshop *Das filmende Klassenzimmer*. Hier dreht die Schulklasse an einem Tag unter Anleitung von Profis ihren eigenen Film und lernt dabei Produktionsabläufe von der Drehbucherstellung bis hin zum Schnitt kennen.

Nützliche Adressen

Schüler machen Filme und Videos – Schülerfilmfestival

Im **Offenen Kanal** kann jeder in Eigenverantwortung und Eigenregie Fernseh- und Hörfunkbeiträge produzieren und senden. In Deutschland gibt es z. Zt. 39 Offene Kanäle, deren Reichweite in der Regel jeweils das örtliche Kabelnetz umfasst. Ohne inhaltliche oder formale Vorgaben stellen die lokalen Sender kostenlos Aufnahmegeräte, Studios, technische Einweisungen und Beratungen zur Verfügung. Die Nutzung eines Offenen Kanals erfolgt nach dem Grundsatz des gleichberechtigten Zugangs in der Reihenfolge der Anmeldungen. Weitere Informationen sind zu erhalten vom:

i Bundesverband Offene Kanäle e. V.
Voltastr. 5, 13355 Berlin,
Tel.: 030/4640050, www.bok.de

- Welche Zielsetzung hat der Wettbewerb?
  Förderung der Film- und Videoarbeit von Kindern und Jugendlichen in und außerhalb der Schule; Heranführung zu kreativer Film- und Videoarbeit. Der Wettbewerb wird seit 1982 veranstaltet und hat ca. 500 Teilnehmer. Schirmherr ist der Bundespräsident.
- Wer kann teilnehmen?
  Schüler an allgemein bildenden Schulen, beruflichen Schulen, Auszubildende, Wehr- und Zivildienstleistende, Studierende, auch in Gruppen
- Wie alt muss man sein?
  Drei Altersgruppen: 6 bis 12 Jahre, 13 bis 17 Jahre und von 18 bis 24 Jahre
- Welche Aufgaben werden gestellt?
  Aufforderung zu künstlerisch-kreativem Mediengebrauch. Keine Vorgabe zu Thema und Länge
  Zugelassen sind alle Video-Systeme und die Filmformate Super 8 mm und 16 mm.
  Es können mehrere Arbeiten eingereicht werden.
- Wann und wie wird der Wettbewerb durchgeführt und wann etwa werden die Preise verliehen?
  Von etwa Januar bis August des Folgejahres. Qualifizierung mit einer Arbeit in zwei Stufen:
  1. Vorauswahl für Festival
  2. Festivaljury
  Preisverleihung: November
- Werden Stipendien vergeben?
  Die Preisträger werden zum Weiterbildungsprojekt *Film-Schule* eingeladen.

- Welche Preise und Anerkennungen gibt es?
  Geldpreise bis ca. 2 500 €, Teilnahme-Diplom, Sonderpreise, Teilnahme am Schülerfilmfestival etwa im November in Hannover
- Und wie geht es international weiter?
  Teilnahme am europäischen Schüler-Film-Festival, Teilnahme an Auswahlprogrammen für internationale Film-Video-Festivals
- Wer finanziert und fördert den Wettbewerb?
  Bundesminister für Bildung und Wissenschaft, Kultusminister des Landes Niedersachsen, Landeshauptstadt Hannover
- Wer organisiert den Wettbewerb?

i Bundesweites Schülerfilm- und Videozentrum e.V., Postfach 1967
Lister Platz 1, 30163 Hannover, Tel.: 0511/661102, Fax: 0511/393025

Bundesverband Jugend und Film e.V. (BJF)
Kennedyallee 105 a
60596 Frankfurt am Main
Tel.: 069/6312723
www.bjf.info.de

Der Bundesverband Jugend und Film setzt sich für die Pflege, den Erhalt und die Förderung der nichtgewerblichen Kinder- und Jugendfilmarbeit ein. Der Verband zählt rund 1 200 Mitglieder, neben vielen anderen gehören auch Schul- und Jugendfilmklubs und Medienpädagogen dazu. In den einzelnen Bundesländern wird der BJF durch Landesverbände vertreten, an die sich an Filmarbeit interessierte Schüler oder Schulklassen wenden können. Die nächste Kontaktadresse kann vom Bundesverband erfragt werden.
Für Schulen mögen diese Angebote des Verbandes interessant sein:

- **Klubfilmothek:** Rund 250 Spiel- und Dokumentarfilme in 16-mm-Kopien, die besonders für die Kinder- und Jugendfilmarbeit geeignet sind, werden gegen eine Gebühr ausgeliehen, zusätzlich gibt es speziell für Kinder ein Angebot von rund 100 Spielfilmen. Ein Verleihkatalog (ca. 5,– €) informiert über das Filmangebot der Klubfilmothek. Der Verband bietet Initiativen und Institutionen an, preisgünstig ein 16-mm-Filmprogramm für Kinder und Jugendliche zu veranstalten.
- **Seminare und Tagungen:** Zu allen Aspekten des Films und der Praxis des „Filme-Machens“ werden jährlich rund 50 Seminare, Tagungen, Workshops und Lehrgänge angeboten (Videografie, Drehbuchschreiben, Film- und Videomontage, Computeranimation u. a.). Der Treffpunkt für junge Film- und Videoamateure ist die „Werkstatt für junge Filmer“, die jedes Jahr zu Pfingsten in Wiesbaden stattfindet, wo sich jährlich mehr als 100 junge Leute im Alter zwischen 15 und 25 Jahren treffen um ihre selbst produzierten Filme und Videos vorzustellen.
- **Filmliteratur:** Bücher und Broschüren mit zahlreichen Programm-Ideen für die Kinder- und Jugendfilmarbeit und über Medienpädagogik bietet der BJF an. Viermal im Jahr erscheint das BJF-Magazin mit aktuellen Informationen zur nichtgewerblichen Filmarbeit.
- **Beratung für Lehrer,** die einen Schulfilmklub gründen wollen; Beratung beim Einsatz von Filmen zu verschiedenen Unterrichtsthemen.
- **Anfragen jeder Art** rund um Film und Video werden donnerstags von 10 bis 18 Uhr unter der angegebenen Telefonnummer beantwortet.

Kinder- und Jugendfilmzentrum in der Bundesrepublik Deutschland (KJF)
Küppelstein 34, 42857 Remscheid
Tel.: 02191/794-233
www.kjf.de

Das KJF hat drei Arbeitsbereiche: Arbeit am und mit dem professionellen Film, praktische Medienarbeit mit Jugendlichen und Medienkritik bzw. -kunde. In den letzten Jahren lag der Schwerpunkt in der Auswahl und dem Lizenzerwerb von Filmen für Kinder und Jugendliche, in der Herausgabe von Katalogen und Arbeitshilfen u. a. Interessant für Schulen sind Seminarangebote des KJF für nichtgewerbliche Spielstellen und die Beratung bei der Filmarbeit. Im Auftrag des Bundesministeriums für Frauen und Jugend ist das KJF zuständig für die Verleihung des *Deutschen Jugend-Video-Preises* (Auszeichnung von Qualitätsfilmen für Kinder und Jugendliche auf Video). Eigenproduktionen von jungen Leuten werden durch den *Deutschen Jugendfotopreis* und durch den Wettbewerb *Jugend und Video* gefördert. Zu allen Arbeitsbereichen gibt es ausführliches Informationsmaterial sowie eine Liste der veröffentlichten Publikationen unter der oben genannten Adresse.

Institut Jugend Film Fernsehen (JFF)
Pfälzer-Wald-Str. 64
81539 München
Tel.: 089/68989-0
Fax: 089/68989-111

Das Institut wurde 1949 gegründet und dürfte die älteste Institution in der Bundesrepublik sein, die sich mit Medienerziehung und Medienforschung beschäftigt.
Im Mittelpunkt der Arbeit des JFF steht der Umgang von Kindern und Jugendlichen mit den Medien Film, Fernsehen, Video, Fotografie, Rundfunk und Computer. Das Spezifische der Tätigkeit des JFF ist die Verknüpfung von Praxis und Forschung, die Kinder und Jugendliche miteinbezieht. So werden pädagogische Modelle und Vorschläge für die Kulturarbeit mit Kindern und Jugendlichen erarbeitet. Die Arbeiten des Instituts werden im KoPäd Verlag veröffentlicht.

i KoPäd Verlag
Pfälzer-Wald-Str. 64, 81539 München, Tel.: 089/68890098, www.kopaed.de

FWU – Institut für Film und Bild
Bavariaplatz 3
82031 Grünwald
Tel.: 089/6497-1
www.fwu.de

Als Medieninstitut der Länder produziert und verbreitet das FWU Medien für den Unterricht (16-mm-Filme, VHS-Kassetten, Diareihen, Tonbänder, Computersoftware). Zu allen Medien gibt es schriftliches Begleitmaterial. Das Periodikum *FWU-Magazin* gibt medienpädagogische Beratung und informiert über Neuproduktionen und gerätetechnische Entwicklungen u. a.

Auch die Kirchen haben umfangreiche AV-Medienstellen, die sich in Arbeitsgemeinschaften zusammengeschlossen haben. Ansprechpartner für die 24 diözesanen AV-Medienstellen der Katholischen Kirche ist die

i Arbeitsgemeinschaft der diözesanen AV-Medienstellen
c/o DBK Barmer Talweg 177, 53113 Bonn, Tel.: 0228/103-327

Ansprechpartner für die 19 Medienzentralen der evangelischen Landeskirchen ist die

i Arbeitsgemeinschaft Evangelischer Medienzentralen
Hummelsteiner Weg 100, 90459 Nürnberg, Tel.: 0911/4304215

Das Angebot dieser AV-Medienstellen geht weit über kirchliche Themen hinaus. Einige der Medienstellen führen auch medienpädagogische und -didaktische Tagungen und Kurse, Projekte zur aktiven Mediengestaltung u. a. durch.

i atlas film + av
Wilhelmshöhe 12, 47058 Duisburg, Tel.: 0203/30199-30, www.atlas-film.de

Die 16-mm- und Videofilme der Atlas-Film können auch von Schulen angefordert werden. Neben Spielfilmen werden Literaturverfilmungen, Dokumentationen und Kinderfilme angeboten, die z. T. mit Begleitmaterial ausgestattet sind. Über das aktuelle Programm informieren ein Katalog und die vierteljährlich erscheinende Publikation *FilmSzene*.

Die **Landesfilmdienste** der Bundesländer verleihen kostenlos 16-mm-Filme, Videokassetten und sonstige AV-Medien. Die Landesfilmdienste haben unterschiedliche Schwerpunkte in ihrem Angebot. Sie verfügen über Gesamt- und Teilkataloge und beraten die Entleiher. Die AV-Medien können abgeholt oder auf dem Postweg bezogen werden, die Versandkosten gehen zu Lasten des Empfängers.

i Konferenz der Landesfilmdienste für Jugend- und Erwachsenenbildung
Rheinallee 59, 53173 Bonn, Tel.: 0228/355002, www.landesfilmdienste.de

i Landesfilmdienst Baden-Württemberg
Urbanstr. 134, 70191 Stuttgart, Tel.: 0711/251012, www.landesfilmdienste.de

i Landesfilmdienste Bayern
Postfach 440104, 80750 München, Tel.: 089/381609-0, www.landesmedien-dienste-bayern.de

i Landesfilmdienst Berlin-Brandenburg
Bismarckstr. 80, 10627 Berlin, Tel.: 030/327929-0, E-Mail: lfd-bb@t-online.de

i Landesfilmdienst Hamburg
Friedensallee 7, 22765 Hamburg, Tel.: 040/3905274, E-Mail: lfdhamburg@gmx.de

i Landesfilmdienst Hessen
Kennedyallee 105 a, 60596 Frankfurt am Main, Tel.: 069/630094-0, www.ffm.junetz.de/muk

i Landesfilmdienst Mecklenburg-Vorpommern
Bleicherstr. 3, 19053 Schwerin, Tel.: 0385/5813359, www.landesfilmdienste.de

i Landesfilmdienst Niedersachsen
Podbielskistr. 30, 30163 Hannover, Tel.: 0511/661393, www.landesfilmdienste.de

i Landesfilmdienst Nordrhein-Westfalen
Schirmerstr. 80, 40211 Düsseldorf, Tel.: 0211/360556, www.landesfilmdienste.de/lfd-nrw

i Landesfilmdienst Rheinland-Pfalz
Postfach 3004, 55020 Mainz, Tel.: 06131/28788-0, www.landesfilmdienste.de

i Landesfilmdienst Saarland
Halbergstr. 3, 66121 Saarbrücken, Tel.: 0681/633-92
E-Mail: medienlandensaar@t-online.de

i Landesfilmdienst Sachsen für Jugend- und Erwachsenenbildung Karl-Heine-Str. 83, 04229 Leipzig, Tel.: 0341/47741-55, www.lfdsn.bbwork.de

i Landesfilmdienst Sachsen-Anhalt, Mittelstr. 6, 39114 Magdeburg, Tel.: 0391/5437756, www.landesfilmdienste.de

i Landesfilmdienst Schleswig-Holstein, Thormannplatz 20–22, 24768 Rendsburg, Tel.: 04331/789855, www.landesfilmdienste.de

i Landesfilmdienst Thüringen, Brühler Str. 52, 99084 Erfurt, Tel.: 0361/22181-11, www.landesfilmdienst-thueringen.de

Die 19 **Landesbildstellen** sind, zusammen mit den ihnen zugeordneten **Stadt- und Kreisbildstellen,** die Zentren für den kostenlosen Verleih von AV-Medien in den Ländern und Kommunen. Darüber hinaus haben sie noch diese Aufgaben:

- Kurse und Seminare zur Fortbildung von Lehrern und anderen Multiplikatoren in Medienpädagogik, -didaktik, -technik und Gerätetechnik durchzuführen,
- Informationen und Beratung zu Fragen der pädagogisch begründeten Mediennutzung zu geben,
- Medienarbeit der Schulen zu unterstützen (Foto, Video, Film, Ton).

Adressen der Fernsehanstalten

i ARD, Arbeitsgemeinschaft der öffentlich-rechtlichen Rundfunkanstalten der Bundesrepublik Deutschland, Ständiges ARD-Büro, Postfach 101001, 60010 Frankfurt am Main, Tel.: 069/590607, www.ard.de

i ZDF, Zweites Deutsches Fernsehen
55100 Mainz, Tel.: 06131/70-1, www.zdfmsn.de

i ARTE Deutschland TV GmbH, Postfach 100213, 76483 Baden-Baden
Tel.: 07221/9369-0, www.arte-tv.com

i 3sat Satellitenfernsehen des deutschen Sprachraums ZDF – ORF – SRG – ARD, 55100 Mainz, Tel.: 06131/70-6479, www.3sat.de

i Eurosport Media
Rosenheimer Str. 145e, 81671 München, Tel.: 089/95829-0, www.eurosport.de

i Kabel 1 Fernsehen
Gutenbergstr. 1, 85774 Unterföhring, Tel.: 089/9507-2100, www.kabel1.de

i MTV Networks
Osterwaldstr. 10, 80805 München, Tel.: 089/25555-0, www.mtv.de

i n-tv Nachrichtenfernsehen GmbH & Co. KG,
Taubenstr. 1, 10117 Berlin, Tel.: 030/20190-0, www.n-tv.de

i Premiere Fernsehen
Medienallee 4, 85774 Unterföhring, Tel.: 089/9958-02, www.premiere.de

i ProSiebenSat.1 Media AG
Postfach 1310, 85767 Unterföhring, Tel.: 089/9507-10, www.prosiebensat1.com

i RTL Television
Aachener Str. 1044, 50858 Köln, Tel.: 0221/456-0, www.rtl.de

i RTL 2 – Fernsehen GmbH & Co. KG
Bavariafilmplatz 7, 82031 Grünwald, Tel.: 089/64185-0, www.rtl2.de

i SAT. 1 Satelliten Fernsehen GmbH
Oberwallstr. 6, 10117 Berlin, Tel.: 030/2090-0, www.sat1.de

- Deutsches Sport-Fernsehen
  Münchner Str. 101g, 85737 Ismaning, Tel.: 089/96066-0, www.dsf.com
- VIVA Media AG
  Schanzenstraße 22, 51063 Köln, Tel.: 0221/6509-0, www.vivamediaag.com
- Vox Film- und Fernseh-GmbH & Co. KG
  Postfach 301433, 50784 Köln, Tel.: 0221/9534-0, www.vox.de
- Spiegel TV GmbH, Brandstwiete 19, 20457 Hamburg, Tel.: 040/30108-0,
  E-Mail: mail@spiegel-tv.de

Länderanstalten der ARD

- Bayerischer Rundfunk
  80300 München, Tel.: 089/5900-01, www.br-online.de
- Sender Freies Berlin
  14046 Berlin, Tel.: 030/3031-0, www.sfb.de
- Radio Bremen
  28323 Bremen, Tel.: 0421/246-0, www.radiobremen.de
- Hessischer Rundfunk
  60222 Frankfurt am Main, Tel.: 069/155-1, www.hr-online.de
- Mitteldeutscher Rundfunk
  04360 Leipzig, Tel.: 0341/300-0, www.mdr.de
- Norddeutscher Rundfunk, Rothenbaumchaussee 132
  20149 Hamburg, Tel.: 040/4156-0, www.ndr.de
- Ostdeutscher Rundfunk Brandenburg, Postfach 909090, 14439 Potsdam
  Tel.: 0331/731-0, www.orb.de
- Saarländischer Rundfunk
  Funkhaus Halberg, 66100 Saarbrücken, Tel.: 0681/602-0, www.sr-online.de
- Südwestrundfunk
  70150 Stuttgart, Tel.: 0711/929-0, www.swr.de
- Südwestrundfunk
  76522 Baden-Baden, Tel.: 07221/929-0, www.swr.de
- Westdeutscher Rundfunk
  50600 Köln, Tel.: 0221/220-0, www.wdr.de
- Deutsche Welle
  50588 Köln, Tel.: 0221/389-0, www.dw-world.de
- Deutschlandradio
  50963 Köln, Tel.: 0221/345-0, www.dradio.de

Materialkiste und Literatur

Jeder, der an einer Veröffentlichung in einer Zeitung oder Zeitschrift etwas auszusetzen hat, weil sie seiner Meinung nach gegen die Regeln eines fairen Journalismus verstößt, kann sich an den Presserat wenden:

- Deutscher Presserat
  Postfach 7160, 53071 Bonn, Tel.: 0228/985720, www.presserat.de

Was macht eigentlich … die Bundesprüfstelle für jugendgefährdende Schriften?

i Bundesprüfstelle für jugendgefährdende Schriften (BPjS)
Postfach 140165, 53065 Bonn, Tel.: 0228/3766-31, www.bpjs.bmfsfj.de

Zensur? Entmündigung? Übertriebene staatliche Fürsorge? – Mit einer sehr ausführlichen und gründlichen Broschüre mit dem Titel *Gesetzlicher Jugendmedienschutz*, die so gestaltet ist, dass sie Jugendliche anspricht, informiert das Bundesamt über die Indizierung von Medien, die die Gewalt, die NS-Ideologie, Rassenhass, Kriegsverherrlichung und -verharmlosung und Pornografie in jugendgefährdender Weise darstellen. Da auch alle mit der Indizierung zusammenhängenden Rechtsfragen behandelt werden und die einschlägigen Gesetzestexte abgedruckt sind, eignet sich die Broschüre besonders um in „verbundenem Unterricht" die Themen *Massenmedien* und *Recht* zusammen zu behandeln. Sie kann im Klassensatz als Unterrichtsmaterial verwendet werden.

Das Heft *Zeitlupe*, Nr. 31: *Fernsehen*, herausgegeben von der Bundeszentrale für politische Bildung, wendet sich an Schüler der Sekundarstufe I und kann, weil es viele Anregungen und Aufgaben für die Schüler enthält, direkt als Unterrichtsmaterial eingesetzt werden. Schulen können das Heft kostenlos beziehen von

i Franzis' print & media, Vertrieb
Postfach 200754, 80007 München

Der Spiegel veranstaltet einen jährlichen Wettbewerb, in dem die besten Schülerzeitungen des Jahres ermittelt werden. Der Einsendeschluß der Bewerbungen ist Ende März. Die Wettbewerbsunterlagen können angefordert werden unter:

i www.schule.spiegel.de

Eine fünfköpfige Jury begutachtet die Beiträge und die Gestaltung der Schülerzeitungen. Die Juroren vergeben für die eingereichten Exemplare Noten! Die besten Zeitungen kommen auf die sog. Shortlist potentieller Preisträger.
Zwei Wochen nach dem Einsendeschluss geht die Jury in Klausur. Aus den „Einsern" und „Zweiern" der Vorbewertung werden nach erneuter Prüfung und Diskussion jeweils drei Preisträger in den Kategorien Politik/Gesellschaft, Schule/Bildung, Kultur/Unterhaltung und Gestaltung gekürt – und die Zeitung, die nach Inhalt und Lay-out den besten Gesamteindruck vermittelt.
Einen Monat nach Einsendeschluss erhalten die Preisträger ihre Einladung zur Preisverleihung.

Recht

„Menschenrechte“

Rechtsfälle aller Art

Tages- und Wochenzeitungen

Fast jede Ausgabe einer Tages- und Wochenzeitung bietet Material zum Thema *Recht* an. Viele Tageszeitungen bieten an bestimmten Tagen eine thematische Seite wie z. B. „Alles, was Recht ist“ oder mit einem ähnlichen Titel an.
Größere Strafverfahren, die sich über einen längeren Zeitraum erstrecken, eignen sich gut für eine parallele Besprechung im Unterricht, weil die einzelnen Schritte des Hauptverfahrens in Artikeln der Tageszeitung besprochen und kommentiert werden. Außerdem können die Schüler Vorerwartungen auf künftige Prozessschritte formulieren, bis hin zu einem möglichen Urteil.

Beispiele

Obwohl die Eltern des elfjährigen Schülers vom Schulleiter bereits eindringlich dazu aufgefordert worden waren, ihren Sprössling zu einem ordentlichen Benehmen im Schulbus anzuhalten, setzte dieser seine Flegeleien unvermindert fort. Ständiges Wechseln des Sitzplatzes, Verschmutzung der Sitze beim Essen und mehrfache Prügeleien mit Mitschülern gehörten weiterhin zum allmorgendlichen Repertoire der Busfahrt. Als sich die Busfahrerin eines Morgens nicht einmal mehr richtig auf den Straßenverkehr konzentrieren konnte, wurde es dem Schulleiter zu viel. Er erwirkte beim zuständigen Landkreis den Randalierer für zehn Tage vom Schulbusverkehr auszuschließen. Die Eltern des Jungen wollten dies nicht einfach hinnehmen und beantragten beim Verwaltungsgericht Braunschweig eine einstweilige Anordnung zur Aufhebung des Beförderungsausschlusses.
Wie würdest du entscheiden?

Nachdem die Klasse verschiedene Vorschläge für ein Urteil diskutiert hat, stellt der Lehrer das tatsächlich ergangene Urteil vor:
Viel Erfolg hatten sie damit nicht. Das Gericht bestätigte, dass die Gefährdung der Sicherheit im Schulbus ein ausreichender Grund ist, den betreffenden Störer vom Schulbusverkehr auszuschließen. Allerdings gebiete es die Verhältnismäßigkeit, den Ausschluss bei einem erst elfjährigen Schüler zunächst auf eine Woche zu begrenzen um diesen zur Einhaltung der Ordnung im Bus zu bewegen. Erst wenn dies nichts helfe, sei ein längerfristiger Ausschluss gerechtfertigt (VG Braunschweig Az.: 6 B 61040/94).

Ein Mercedes-Fahrer schneidet einen Fahrradfahrer beim Abbiegen. Dieser beschimpft den Autofahrer als „Penner", worauf dieser anhält und mit einer Reitpeitsche den Radler verprügelt.
Wie würdest du entscheiden?
(Urteil: 30 Tagessätze zu je 200 Mark, Entzug der Fahrerlaubnis)

Das Fernsehen

Das Fernsehen bietet Sendungen zum Thema *Recht* an, z. B. das ZDF: *Wie würden Sie entscheiden? Rechtsfälle im Urteil des Bürgers* und SWF 3: *Alles was Recht ist.*

Der Deutsche Mieterbund

In den Broschüren und Ratgebern des Deutschen Mieterbundes können viele Streit- und Rechtsfälle gefunden werden, die an die Alltagserfahrungen der Familien der Schüler anknüpfen. So werden z. B. in dem Ratgeber *Wohnungsmängel und Mietminderung* 300 Gerichtsurteile erläutert. In der Broschüre *Viel Streit um Heizung und andere Nebenkosten* sind ebenfalls aktuelle Urteile zu finden.

i Deutscher Mieterbund (DMB)
Postfach 021041, 10212 Berlin, Tel.: 030/22323-0, www.mieterbund.de

Bücher

JÖRG-MICHAEL GÜNTHER: Justitia in Verlegenheit. Kuriose Rechtsfälle von 1885 bis 1995 vergnüglich kommentiert. Frankfurt am Main 1995.
Um Schüler nicht mit trockenen juristischen Lehrfällen zu langweilen, kann man Rechtsfälle aus diesem Buch nehmen, um sie von den Schülern diskutieren zu lassen. Die angeführten Fälle vermitteln trotz oder gerade wegen ihrer Komik und Kuriosität Grundvorstellungen des Rechts: In den längeren Zitaten aus den Urteilen und in den Fußnoten wird auf die entsprechenden Paragraphen verwiesen, sodass Lehrer und Schüler, evtl. unter Heranziehung der entsprechenden Gesetzestexte, sich mit den Urteilen auseinandersetzen können.

Zum Vorgehen

Der Lehrer wählt einen Rechtsstreit aus und präsentiert ihn der Klasse mündlich oder schriftlich so, dass nicht erkennbar ist, wie das tatsächlich gesprochene Urteil lautet. Die Schüler diskutieren den Fall und urteilen.

Ein einfaches Beispiel

In und um die Narrenmetropole Köln ist es üblich, dass Frauen an Weiberfastnacht die „Herrschaft“ ausüben und, um das augenfällig zu demonstrieren, Männern als symbolische Handlung für ihren Autoritätsverlust die Krawatte abschneiden.
Ausgerechnet an diesem Tag betrat ein gut gekleideter Geschäftsmann auf dem Weg zu einem wichtigen Termin ein Reisebüro. Die Angestellte stürzte sich in Vollstreckung rheinischer Karnevalstradition auf ihn und schnitt dem völlig Verblüfften, der mit diesem Brauch offensichtlich überhaupt nicht vertraut war, die Krawatte ab. Der so abrupt um seine Zierde Gebrachte verklagte die das rheinische Karnevalsbrauchtum Pflegende auf Schadenersatz in Höhe von ca. 20,– €.
Wie würdet ihr entscheiden? Was wiegt schwerer: die Sachbeschädigung oder die Pflege karnevalistischen Brauchtums?
Weitere Fälle, die in diesem Buch vorgestellt werden:

- Ein Arbeitgeber weigert sich, für seine Arbeitnehmer die Kirchensteuer abzuführen, weil eine seiner weiblichen Vorfahren als Hexe verbrannt worden ist.
- Ein Sozialhilfeempfänger verlangt, dass ihm das Sozialamt Geld für zwölf Kondome pro Woche bewilligt.
- Beleidigung mit dem Götz-Zitat.
- Eine geschiedene Frau verlangt von ihrem ehemaligen Ehemann, dass sie neben dem Trennungsunterhalt noch zusätzlich an seinen beträchtlichen Gewinnen aus dem Skatspiel beteiligt wird.
- Eine Frau möchte den Besuch bei einem brasilianischen Geistheiler als Werbungskosten von der Steuer absetzen.

Mit dem gleichen methodischen Vorgehen kann man den Schülern Einblicke in die Geschichte der Rechtsprechung geben, indem man diese Werke heranzieht:
WALTHER SKAUPY: Angeklagt. Große Prozesse der Weltgeschichte. Stuttgart 1976.
ALEXANDER DEMANDT: Macht und Recht. Große Prozesse in der Geschichte. München 1991.
BERNHARD DIESTELKAMP: Rechtsfälle aus dem Alten Reich. Denkwürdige Prozesse vor dem Reichskammergericht. München 1995.

UWE SCHULZ (Hrsg.): Große Prozesse. Recht und Gerechtigkeit in der Geschichte. München 1996.
FRIEDRICH KARL KAUL: Prozesse, die Geschichte machten. Deutscher Pitaval 1887–1993. (Ost-)Berlin 1988.
Folgende Buchtitel sind empfehlenswert, weil sie auf Stoffe zurückgreifen, die den Schülern bekannt sind. Die ungewohnte Perspektive aus der Sicht des Juristen bereitet Vergnügen und stellt gleichzeitig eine Einführung in die Welt des Rechts und Strafrechts dar.
BOTHO BREMER: Der Fall Entenhausen. Die Machenschaften von Dagobert, Donald und der übrigen Brut auf dem juristischen Prüfstand. Frankfurt am Main 1994.
JENS PETER GIESCHEN/KLAUS MEIER: Der Fall „Christkind“. Juristisches Gutachten über die denkwürdigsten Umstände von Zeugung und Geburt eines Glaubensstifters. Frankfurt am Main 1993.
JÖRG-MICHAEL GÜNTHER: Der Fall Max & Moritz. Juristisches Gutachten über die Umtriebe zweier jugendlicher Straftäter zur Warnung für Eltern und Pädagogen. Frankfurt am Main 1988.
JÖRG-MICHAEL GÜNTHER: Der Fall Rotkäppchen. Juristisches Gutachten über die Umtriebe der sittenlosen Helden der Brüder Grimm, zur Warnung für Eltern und Pädagogen. Frankfurt am Main 1990.
JÖRG-MICHAEL GÜNTHER: Der Fall Struwwelpeter. Juristisches Gutachten über Umtriebe von Kindern zur Warnung für aufsichtspflichtige Eltern und Pädagogen. Frankfurt am Main 1989.
HANS TRAXLER: Die Wahrheit über Hänsel und Gretel. Reinbek bei Hamburg 1983.
Zusätzlich sei noch verwiesen auf:
ERNST VON PIDDE: Richard Wagners „Ring des Nibelungen“ im Lichte deutschen Strafrechts. Hamburg 1987[4].
GUSTAV RADBRUCH: Das Strafrecht der Zauberflöte. München 1948.
JENS PETER GIESCHEN/KLAUS MEIER: Strafakte Faust. Goethes berühmter Triebtäter auf dem juristischen Prüfstand. Tathergang, Schuldfrage, Anklageschrift. Frankfurt am Main 1994.
Einen ernsthafteren Zugang zu Problemen des Rechts, die auch keine historischen Erklärungen verlangen, bieten diese Werke:
JÖRN ECKERT: Wenn Kinder Schaden anrichten. Beck-Rechtsberater im dtv, Nr. 5290. 1993.
ALBERT LORZ: Mein Haustier. Beck-Rechtsberater im dtv, Nr.5241. 1992.
RAINER SCHOLZ: Probleme mit Jugendsekten. Beck-Rechtsberater im dtv, Nr. 5633. 1993.
KLAUS FARIN/EBERHARD SEIDEL-PIELEN: Skinheads. München 1994.

Schulfernsehen: „Grundlagen des Rechts“

Folge 1: *„Alles beschränkt!“ – Teilnahme am Rechtsverkehr*; Nr. 4281150
Dem Lehrling Rasmus (16 Jahre) unterlaufen an seinem ersten Ausbildungstag nicht nur kleine Ungeschicklichkeiten, wie etwa, dass er nicht weiß, dass sein Lehrvertrag von seinen Eltern unterschrieben werden muss, da er mit 16 Jahren nur beschränkt geschäftsfähig ist, was auch für den von ihm beabsichtigten Kauf eines Mofas gilt.

Nach einem Verkehrsunfall entfernt er sich vom Unfallort und macht sich der Unfallflucht schuldig. Rasmus ist über 14 Jahre alt und damit strafmündig.
Folge 2: *„Finger weg!" - Strafrecht, Diebstahl*; Nr. 4281151
Im Mittelpunkt der Sendung stehen unterschiedliche strafbare Handlungen, an denen die Schuldformen *Vorsatz* und *Fahrlässigkeit* erarbeitet werden können.
Folge 3: *„Immer wenn der Vertreter kommt ..." - Vertrag*; Nr. 4281152
Schrittweise werden die Grundlagen und Grundformen von Verträgen erarbeitet. In drei Szenen versuchen Vertreter Frau Kramer auf unterschiedliche Art und Weise Dinge zu verkaufen und immer ist ein Haken dabei.
Folge 4: *„Ruhe, Herr Nachbar!" - Privatrecht, Öffentliches Recht*; Nr. 4281153
Diese Folge behandelt den Unterschied zwischen öffentlichem und privatem Recht.
Folge 5: *„Wer den Schaden hat ..." - Rechtsquelle, Rechtsgefühl, Gesetz*; Nr. 4281154
Anhand eines Fallbeispiels wird gezeigt, wie Rechtsgefühl und Gesetz voneinander abweichen können.
Folge 6: *„Die vertauschten Taschen" - Eigentum, Besitz*; Nr. 4281155
Die beiden Begriffe *Besitz* und *Eigentum* bereiten dem juristischen Laien Schwierigkeiten, weil die Umgangssprache den juristischen Unterschied nicht beachtet.
Falls die zuständige Stadt-, Kreis- oder Landesbildstelle nicht weiterhelfen kann, kann man sich mit Fragen, die das Schulfernsehen betreffen, an diese Adresse wenden:

i Südwestrundfunk (SWR), 76522 Baden-Baden, Tel.: 07221/929-0, www.swr.de

Aktuelle Informationen zum Schulfernsehen sind auch abrufbar über Videotext 625 ff.

Vor Ort – Gerichtsbesuch

Gerichtsbesuche von Schulklassen sind üblich. Das Gericht hilft bei der Auswahl einer für Schüler geeigneten Verhandlung. Meistens werden Strafprozesse, in denen Verkehrsdelikte oder Körperverletzung verhandelt werden, besucht, denn Zivilprozesse wirken auf Schüler eher langweilig.
Da die Schüler Gerichtsprozesse im Allgemeinen nur aus (amerikanischen) Kino- und Fernsehfilmen kennen, in denen hauptsächlich dramatisch inszenierte Ausschnitte von Rededuellen und Kreuzverhören gezeigt werden, empfiehlt es sich, vor dem Gerichtsbesuch auf die Sitzordnung im Gerichtssaal und auf den Verlauf einer Hauptverhandlung im Strafprozess einzugehen (§§ 226–275 StPO). Um die Wahrnehmung der Schüler für den Verlauf der Verhandlung zu schärfen und um eine präzise Basis für die notwendige Nachbereitung des Verfahrens zu erreichen ist es sinnvoll, jedem Schüler für die Verhandlung einen Beobachtungsbogen mitzugeben, den er nach und nach während der Verhandlung ausfüllt.

Beobachtungsbogen (Hauptverhandlung in einem Strafprozess)

Beteiligte Personen: Richter, Beisitzer, Protokollführer, Staatsanwalt, Verteidiger, Angeklagter, Zuschauer

Zeichne einen Plan, in den du einträgst, wo im Gerichtssaal die Personen sitzen!

Verlauf:

1. Vorsitzender vernimmt den Angeklagten zu seiner Person.
   Mache dir Notizen zum Auftreten und Verhalten des Angeklagten!
2. Staatsanwalt verliest die Anklage.
   Was wird dem Angeklagten vorgeworfen?
3. Vorsitzender vernimmt den Angeklagten zu der ihm vorgeworfenen Straftat.
   Welche Erklärungen gibt der Angeklagte zu den vorgetragenen Beschuldigungen? Verweigert er Aussagen zur Tat?
4. Beweisaufnahme: Vorsitzender vernimmt Zeugen und Sachverständige.
   Was sagen Zeugen und Sachverständige aus?
   1. Zeuge:
   2. Zeuge:
   3. Zeuge:
   ...
   Werden die Zeugen vereidigt?
   1. Sachverständiger:
   2. Sachverständiger:
   ...
   verliest dem Beweis dienende Urkunden,
   erster schriftlicher Beweis:
   zweiter schriftlicher Beweis:
   ...
   wobei alle am Verfahren Beteiligte – Beisitzer, Staatsanwalt, Angeklagter, Verteidiger – das Recht haben, Fragen zu stellen.
   Stellen die Beisitzer Fragen?
   der Staatsanwalt?
   der Angeklagte?
   der Verteidiger?
   Weitere Beweisanträge können gestellt und neue Zeugen können benannt werden, über die das Gericht zu entscheiden hat.
   Werden neue Beweisanträge gestellt und neue Zeugen benannt?
   Wenn ja, wie entscheidet das Gericht?
5. Staatsanwalt hält sein Abschlussplädoyer und stellt einen Antrag zu Art und Höhe der Strafe.
   Auf welche Aspekte legt der Staatsanwalt in seinem Vortrag besonderes Gewicht? Welchen Strafantrag stellt er?
6. Verteidiger hält sein Abschlussplädoyer und stellt einen Antrag zur Art und Höhe der Strafe.
   Auf welche Aspekte legt der Verteidiger in seinem Vortrag besonderen Wert? Welchen Antrag stellt er?
7. Der Angeklagte hat das „letzte Wort".
   Äußert sich der Angeklagte? Bittet er das Gericht etwas besonders zu bedenken?
   – Pause – (In dieser Pause gibt es evtl. die Möglichkeit, dass sich der Vorsitzende den Fragen der Schüler stellt und Erklärungen zum Ablauf des Verfahrens gibt.)
8. Verkündung des Urteils, das der Vorsitzende kurz begründet.
   Urteil:
   Begründung:
   Wie unterscheidet sich das Urteil vom Antrag des Staatsanwaltes und des Verteidigers?
   Belehrung des Angeklagten darüber, welche Rechtsmittel er gegen das Urteil einlegen kann.
   Kann er Rechtsmittel einlegen? Wenn ja, welche?

Abschließende Fragen:
War das Auftreten und Verhalten der an der Hauptverhandlung Beteiligten angemessen, sachlich, ruhig, geduldig und fair?
Hältst du das Urteil für gerecht und seine Begründung für stichhaltig?
Was ist dir sonst noch aufgefallen?
(Vielleicht besteht die Möglichkeit, dass sich der Vorsitzende nach der Verhandlung den Fragen der Klasse stellt.)
Der Lehrer sollte bei der Auswertung der Beobachtungsbögen darauf achten, bis zu welchem Grad die subjektiven Wahrnehmungen und Bewertungen der Schüler voneinander abweichen und sie darauf aufmerksam machen. So wird schnell klar, wie schwer es ist, *Gerechtigkeit* zu schaffen.

Gerichtsspiel

Wie schwierig die Suche nach *Gerechtigkeit, Wahrheit, gerechter Strafe* usw. sein kann, erfahren die Schüler nicht nur, wenn sie vergangene und aktuelle Fälle und die gesprochenen Urteile diskutieren, sondern auch, wenn sie selbst ein Gerichtsspiel durchführen. Im Folgenden soll ein Gerichtsspiel skizziert werden, das auf dem Roman von LEONIE OSSOWSKI: Die große Flatter. Frankfurt am Main 1980, basiert. Der mehrfach ausgezeichnete Roman könnte als Ganzschrift in einer Unterrichtseinheit *Recht*, evtl. verbunden mit einer UE *Sozialisation* oder *Soziale Wirklichkeit in der Bundesrepublik* u. a. gelesen werden.
Das Buch ist vom ZDF unter dem gleichen Titel wie der Roman verfilmt worden; diese Verfilmung ist bei den Bildstellen erhältlich und eignet sich ebenso gut zur Vorbereitung des Spiels wie das Buch.
Der Roman spielt in einer Obdachlosensiedlung am Rande einer Großstadt. Die beiden Jungen, Richy und Schocker, möchten gerne dem zerrütteten Familienleben, den menschenunwürdigen Behausungen und ihrer eigenen Hoffnungslosigkeit entfliehen, „die große Flatter machen". Ihre Ausbruchsversuche führen zu keinem Erfolg, sondern zu einem Abstieg in die Kriminalität.
Der Roman eignet sich für ein Gerichtsspiel, weil er spannend erzählt ist und sehr einfühlsam die Schicksale beider Jungen beschreibt, sodass die Schüler nach der Lektüre bzw. nach dem Film die beiden Helden und ihre Lebensläufe sehr gut kennen. Ein weiterer Vorteil des Romans ist, dass er offen endet. Die fehlende Gerichtsverhandlung kann die Klasse im Spiel nachholen. Das Buch endet damit, dass beide Jungen in Untersuchungshaft sitzen.

Zum Vorgehen

Nach der häuslichen Lektüre des Romans, bzw. nachdem die Klasse den Film gesehen hat, bereiten die Schüler in Gruppen die benötigten Rollen für eine Hauptverhandlung laut Strafprozessordnung (s. o.) vor und wählen aus ihrer Gruppe den oder die Mitschüler aus, die die Rolle eines Prozessbeteiligten für das Gerichtsspiel übernehmen. Die Schüler, die die Rollen mit vorbereiten, aber nicht spielen, übernehmen die Rolle der Zuschauer. Diese diskutieren nach dem Ende der Gerichtsverhandlung ihren Verlauf, das Auftreten der Prozessparteien und das Urteil mit seiner Begründung. Für die Vor- und Nachbereitung ist jeweils eine Schulstunde, für die Durchführung des Spiels zwei Stunden, am besten eine Dop-

pelstunde anzusetzen. Im vorliegenden Beispiel wird vor dem Jugendkammergericht nur gegen Schocker und nicht gegen Richy verhandelt, der in diesem Fall auch nicht aussagen muss, weil ihn ein eigenes Verfahren erwartet. Natürlich kann in einem Gerichtsspiel auch gegen Richy oder, je nach Größe der Klasse, auch in einem Verfahren, gegen beide verhandelt werden.
Benötigte Personen: Drei Berufsrichter und zwei Laienrichter (Jugendkammer), Staatsanwalt, Verteidiger, Angeklagter, Sachverständiger.
Zeugen: Polizisten, die den Kindergarteneinbruch aufgenommen haben; Herr Wittek; Ehefrau des erschlagenen Juweliers; Passanten, die den Raubüberfall beobachtet haben; Polizisten, die an der Verfolgung und Festnahme Joachims beteiligt waren; Frau Schock; Elli Grün; Frau Grün; Frau Köpping; Herr Adam; Chef der Kfz-Werkstatt, in der Joachim als Hilfsarbeiter beschäftigt war.

Vorbereitung des Spiels

Zur Vorbereitung des Spiels, das nach dem Muster der Strafprozessordnung (s. o.) ablaufen soll, wird ein Ermittlungsbericht verfasst und werden die Spielkarten für die Beteiligten vorbereitet.
Die Schüler benutzen als Material den Text L. Ossowkis, ein Begriffslexikon *Recht* (Literaturangaben s. o.), das Strafgesetzbuch (StGB) und das Jugendgerichtsgesetz (JGG).
Je nach Leistungsstand der Klasse kann der Lehrer die folgenden Vorgaben den Schülern an die Hand geben oder weglassen und die Schüler die Materialien selbst erstellen lassen.

Materialien

Ermittlungsbericht: Zusammenfassung der Ermittlungen gegen Joachim Schock

Tathergang: Am (Datum), um (Uhrzeit), eine Viertelstunde vor Ladenschluss, betraten Joachim Schock und Richard Piech das Juweliergeschäft (Name) in der Absicht, Uhren und Schmuck zu rauben. Sie täuschten im Gespräch Erwin (Nachname) um sein Vertrauen zu gewinnen und ihn dazu zu bringen, möglichst viele Schmuckstücke und Uhren auf den Verkaufstisch zu legen um sie von dort leicht entwenden zu können. Als der Juwelier zum Schaufenster ging um weitere Schmuckstücke zur Ansicht zu holen, raffte Joachim Schock sofort Uhren, Armbänder und ein paar Broschen in seine Taschen. Der Juwelier bemerkte die räuberische Absicht der beiden Jungen und wurde von R. Piech sofort – ohne dass er Zeit und Gelegenheit fand, auch nur irgendwie auf das Vorgefallene reagieren zu können – mit einer mitgeführten Stahlfeder auf den Kopf geschlagen, was unmittelbar zu seinem Tod führte. Auf der anschließenden Flucht verlor Joachim Schock bereits einen Teil der Beute, nach kurzer Zeit konnte ihn die Polizei festnehmen.
Zur Person: Joachim Schock ist 17 Jahre alt, besitzt den Hauptschulabschluss und ist ohne Berufsausbildung. Er arbeitet als Hilfsarbeiter in der Kfz-Werkstatt des (Namen). Joachim Schock wohnt in der Obdachlosensiedlung (Ortsangabe) zusammen mit seiner verwitweten Mutter, die mit Herrn Warga in Hausgemeinschaft lebt, mit dem sie sechs Kinder hat. Die Wohnung umfasst ein kleines Zimmer und eine Wohnküche.

Joachim Schock hat als 15-Jähriger mit seinem Freund R. Piech an Heiligabend (Jahresangabe) einen Einbruch in einen Kindergarten begangen um die Tageskasse zu entwenden. Ebenfalls mit R. Piech hat er Herrn Wittek in dessen Anwesenheit aus seiner Wohnung 50 Mark und eine silberne Uhr gestohlen.
Joachim Schock gab – laut Polizeiprotokoll – an den Juwelier überfallen zu haben, um seiner Freundin Elli Grün eine goldene Uhr schenken zu können. Um sie nicht zu enttäuschen, verschwieg er vor der Familie Grün, dass er eine von Frau Grün vermittelte Lehrstelle nicht bekommen habe, sondern spielte allen vor, dass er in der Ausbildung sei.
Dr. Argus, Staatsanwalt

Spielkarte – Staatsanwalt –

Die Aufgabe des Staatsanwaltes ist es, den Beschuldigten vor Gericht anzuklagen und seine Bestrafung zu erreichen. Dabei muss er allerdings auch berücksichtigen, was den Angeklagten entlastet und für ihn spricht.
Grundlage für seine Darstellung des Falles ist, dass der Angeklagte eine kriminelle Karriere eingeschlagen hat, die zwar unter dem Einfluss R. Wargas stand, aber die Teilnahme des Angeklagten geschah aus freien Stücken. R. Piech hat den Überfall auf den Juwelier, in dessen Verlauf er diesen ermordete, geplant und durchgeführt, um dem Angeklagten einen Gefallen zu erweisen, der seiner Freundin eine Uhr schenken wollte und sich außer Stande sah, diese auf legalem Weg zu erwerben. Die Verwerflichkeit seines Tuns zeigte sich auch darin, dass er dem Juwelier nicht nur die für seine Freundin Elli Grün zugedachte Uhr, sondern eine größere Anzahl an Schmuckstücken und Uhren raubte. Wenn auch die Vergabe der Lehrstelle etwas unkorrekt abgelaufen sein mag, so rechtfertigte dies noch lange nicht, die Familie Grün, die sich mehr als seine eigene Familie um ihn sorgte, zu belügen und aus Liebe zu Elli einen eiskalt geplanten Raubüberfall zu begehen, bei dem er den Mord an dem Juwelier billigend in Kauf nahm.
Auf der folgenden Verhandlung wird das Abschlussplädoyer des Staatsanwalts basieren, in dem er einen Strafantrag, der begründet sein muss, stellen wird.

Spielkarte – Verteidiger –

Die Aufgabe des Verteidigers ist es, den Angeklagten zu verteidigen und eine Bestrafung abzuwenden bzw. gering zu halten. Der Verteidiger führt vor Gericht alles an, was seinen Mandanten entlastet und für ihn spricht. Er wird herausstellen, unter welchen katastrophalen Verhältnissen der Angeklagte aufwuchs, dass er ein guter Schüler war, sich sehr um eine Lehrstelle bemühte, ein Opfer der hoch gesteckten Erwartungen Ellis und der Familie Grün wurde und Richy Warga nicht aus krimineller Energie, sondern aus Hilflosigkeit folgte. Alle Personen, die den Angeklagten kennen, bestätigen, dass er nur durch unglückliche Umstände zum Straftäter wurde. Wenn ihm von außen geholfen würde, vor allem mit einer zur Sicherung des eigenen Lebensunterhalts ausreichend bezahlten Arbeit, so könnte sicher davon ausgegangen werden, dass der Angeklagte nicht mehr straffällig würde. Eine Gefängnisstrafe würde das Gegenteil dessen bewirken, was das Gericht nur wollen kann: Dass der Angeklagte eine Chance bekommt, „künftig einen rechtschaffenen und verantwortungsbewussten Lebenswandel zu führen“ (§ 91 Abs. 1 JGG). Deshalb muss es Ziel des Verteidigers sein nachzuweisen, dass die Ermordung des Juweliers niemals Ziel des Angeklagten war und er aus einer extremen seelischen

Notlage heraus den Diebstahl begangen hat. Mit seinem Schlussplädoyer wird der Verteidiger versuchen für den Angeklagten eine Bewährungsstrafe (§§ 21 ff. JGG) zu erreichen. Ein Bewährungshelfer, der dem Angeklagten zur Seite gestellt wird, wird ihm helfen beruflich Fuß zu fassen.

Spielkarte – Richter/Beisitzer –
Die Richter und Beisitzer wägen ab, was Ankläger und Verteidiger vortragen. Der Richter ist in seiner Entscheidung unabhängig, er muss aber den zur Entscheidung anstehenden Fall juristisch richtig qualifizieren (z. B. ob es sich um Mord oder Totschlag handelt) und die Gesetze richtig anwenden. Das Urteil des Gerichts wird das weitere Leben des Angeklagten entscheidend beeinflussen. Wenn der Angeklagte, Staatsanwalt oder Verteidiger das Urteil für ein Fehlurteil halten, können sie dagegen Rechtsmittel einlegen.

Spielkarte – Angeklagter –
Der Angeklagte muss durch seine Aussagen und sein Auftreten dem Gericht glaubhaft machen, dass er sich ernsthaft bemüht hat, sich von Richys Einfluss freizumachen, eine Lehrstelle zu bekommen und nicht zuletzt wegen Elli alles versuchen will um ein ordentliches Leben zu führen. Vor der Urteilsverkündung hat der Angeklagte das „letzte Wort“, von dem er aber nicht Gebrauch machen muss. Aber hier bietet sich für den Angeklagten die Gelegenheit, dem Gericht die Straftaten, die ihm vorgeworfen werden, aus seiner Sicht zu erklären, seine Reue und sein Bedauern, vor allem gegenüber der Frau des Juweliers, auszudrücken; allerdings wird es sehr schwer sein, dafür die richtigen Worte zu finden.

Spielkarte – Polizisten –
Die Polizeibeamten sagen aus, was sie am Heiligabend, als Schocker und Richy in den Kindergarten eingebrochen hatten, wahrgenommen haben, vor allem das unterschiedliche Verhalten der beiden Jungen. Seit der Tat bis zur heutigen Verhandlung ist allerdings einige Zeit vergangen: Erinnern sich die Polizisten noch genau?

Spielkarte – Polizisten –
Die Polizeibeamten sagen aus, wie sie Schocker und Richy nach dem Raubüberfall verfolgt und festgenommen haben. Auch hier wird dargelegt, wie sich das Verhalten des Angeklagten von dem Richys unterschied.

Spielkarte – Herr Wittek –
legt dar, dass er ein Opfer der böswilligen Jungen geworden ist, dass sein Mitleid, seine Freigebigkeit und seine Gastfreundschaft schamlos ausgenutzt wurden. Seine homosexuelle Annäherung an den Angeklagten wird er bestreiten. Der Verteidiger wird nachweisen, dass Herr Wittek den Namen und die Adresse des Angeklagten nur von diesem erfahren haben kann, was die Arglosigkeit des Angeklagten beweist. Herr Wittek muss damit rechnen, dass der Vorsitzende ihn unter Eid aussagen lässt.

Spielkarte – Ehefrau des Juweliers –
Sie berichtet, was sie beim Betreten des Ladens gesehen hat.

Spielkarte – Passanten –
Sie haben vor und nahe dem Juweliergeschäft Unterschiedliches gesehen und gehört. Ihre Aussagen weichen voneinander ab und widersprechen sich zum Teil.

Spielkarte – Frau Schock –
Eigentlich braucht sie als Mutter des Angeklagten vor Gericht nicht auszusagen (Zeugnisverweigerungsrecht), tut es aber um ihrem Sohn zu helfen. Sie räumt ein, dass sie ihren Sohn vernachlässigt hat, dass ihn Herr Warga sehr deutlich gegenüber seinen eigenen sechs Kindern zurückgesetzt hat, sodass Joachim schließlich immer seltener zu Hause war.

Spielkarte – Elli Grün –
sagt aus, dass Joachim und sie sich lieben und später einmal heiraten wollen. Sie erklärt dem Gericht, dass sie sich an Joachims Lüge und vor allem an dem Diebstahl „mitschuldig" fühlt, weil sie Erwartungen an Joachim hatte (Lehrstelle, Geschenke), die dieser nicht erfüllen konnte. Sie bittet das Gericht inständig darum, dass Joachim keine Gefängnisstrafe bekommt.

Spielkarte – Frau Grün –
sagt aus, dass sie Joachim als häufigen Gast ihrer Familie kennen und schätzen gelernt hat. Sie schildert dem Gericht, wie Joachim ihren Schrebergarten neu anlegte und das Gartenhäuschen renovierte. Sie sagt aus, dass Joachim immer pünktlich zur Arbeit ging und diese sehr ernst genommen hat. Obwohl Joachims Hände sehr unter der Arbeit in der Kfz-Werkstätte litten, hat er sich keine andere Arbeit gewünscht. Sie bedauert sehr, durch ihre Erwartungen an ihn dazu beigetragen zu haben, dass Joachim glaubte lügen und stehlen zu müssen.

Spielkarte – Frau Köpping, Herr Adam –
Die Zeugen schildern das Leben der Familien in der Obdachlosensiedlung, das von Alkoholismus, Gewalt und Kleinkriminalität geprägt ist, wie es den Kindern und Jugendlichen dort geht, welche Schwierigkeiten es gibt, bei den städtischen Ämtern Verbesserungen für die Bewohner der Siedlung zu erreichen. Arbeitssuchende aus der Siedlung haben kaum Chancen, auf dem Arbeitsmarkt unterzukommen oder sich zu verbessern. Selten schafft es eine Familie, aus der Siedlung wegziehen zu können. Die Sozialarbeiter sagen aus, dass Joachim ohne Richys Einfluss nicht in kriminelle Handlungen verstrickt worden wäre.

Spielkarte – Frau Rese –
erzählt um zu veranschaulichen, dass Joachim – im Gegensatz zu Richy – einen „guten" Charakter habe, den Vorfall mit dem Schweinepenis. So wie sie Joachim als Schüler kennt, kann sie sich gar nicht vorstellen, dass ihm so schwere Straftaten vorgeworfen werden.

Spielkarte – Kfz-Meister –
Der Meister ist voll des Lobes über die Arbeit, die Joachim in seiner Werkstatt geleistet hat. Verlegen gibt er zu, dass Joachim eigentlich die Lehrstelle verdient hätte, aber er ist mit Herrn Wuttge geschäftlich verbunden. Hätte er Peter Wuttge nicht als Lehrling genommen, hätte das für ihn erhebliche finanzielle Einbußen bedeutet.

Spielkarte – Sachverständiger –
Der Sachverständige sagt aus, dass auf der Tatwaffe nur die Fingerabdrücke des R. Piech, aber keine des Angeklagten zu finden sind.

Geeignete Lektüren für ein Gerichtsspiel

Viele der in Sekundarstufe I im Fach Deutsch gelesenen „Lektüre-Klassiker" eignen sich zur Durchführung eines Gerichtsspiels. Neben der Möglichkeit, fächerverbindenden Unterricht praktizieren zu können, dürfte dieser methodische Ansatz auch die Schüler neu für diese Lesestoffe motivieren, die häufig als langweilig empfunden werden.

- FRIEDRICH VON SCHILLER: *Maria Stuart:* Zum einen könnte gegen Maria ein „Strafprozess" nach heutigen Regeln durchgespielt, zum anderen könnte auch gegen Elisabeth wegen „Justizmordes" verhandelt werden.
- FRIEDRICH VON SCHILLER: *Verbrecher aus Infamie, eine wahre Geschichte = Der Verbrecher aus verlorener Ehre:* Diese kurze Erzählung Schillers schildert den Abstieg des Christian Wolf in die Kriminalität. Obwohl in der Einleitung kurz erwähnt wird, dass der Held hingerichtet worden ist, endet die Erzählung mit seinem freiwilligen Geständnis; von einem Verfahren und Urteil wird nichts berichtet. In der Absicht Schillers liegt es, dass an diesem Beispiel immer wieder neu über Schuld und Sühne reflektiert wird. So ist diese Erzählung besonders gut geeignet über Christian Wolf neu zu verhandeln und besonderen Wert auf seine Verteidigung zu legen.
- JOHANN WOLFGANG VON GOETHE: *Götz von Berlichingen:* Gegen Götz kann wegen Landfriedensbruch, Freiheitsberaubung, Vertragsbruch u. a. verhandelt werden. Auch gegen Adelheid könnte ein Prozess wegen Mordes u. a. geführt werden. Das Drama thematisiert rechtsgeschichtlich die Durchsetzung des abstrakten Römischen Rechts gegen das überlieferte Gewohnheitsrecht.
- ANNETTE VON DROSTE-HÜLSHOFF: *Die Judenbuche:* Die Novelle spielt um die Mitte des 18. Jh.s., in einer Zeit, in der, so die Autorin, „die Begriffe von Recht und Unrecht einigermaßen in Verwirrung geraten waren". Gegen Friedrich Mergel kann verhandelt werden wegen Beihilfe zum Mord an dem Oberförster Brandes bzw. wegen Mordes an dem Juden Aaron.
- HEINRICH VON KLEIST: *Michael Kohlhaas:* Diese Erzählung Kleists von Michael Kohlhaas, „einem der rechtschaffensten zugleich und entsetzlichsten Menschen seiner Zeit", dessen Verabsolutierung seines Gefühls für Gerechtigkeit dazu führt, dass er selbst Unrecht schafft und Leid über unschuldige Menschen bringt („summum ius summa iniuria"), eignet sich in hervorragender Weise für ein Gerichtsspiel um Recht, Unrecht und Gerechtigkeit zu problematisieren.

Nicht für ein Gerichtsspiel geeignet, da sie bereits „Gerichtsdramen" sind, sind folgende Werke, die aber sehr zur Lektüre oder für eine Buchvorstellung zu empfehlen sind:

- HEINRICH VON KLEIST: *Prinz Friedrich von Homburg*
- DERS.: *Der zerbrochene Krug*
- FRIEDRICH DÜRRENMATT: *Die Panne*
- DERS.: *Der Besuch der alten Dame*
- BERTOLT BRECHT: *Der kaukasische Kreidekreis*

Möglich ist auch, dass nicht nur im Deutsch-, sondern auch im Politikunterricht Werke, wie z. B. die zuletzt genannten, in einer Buchvorstellung der Klasse bekannt gemacht werden: Ein oder zwei Schüler tragen den Inhalt des Werkes vor und lesen daraus Passagen vor, die zentral, typisch sind oder sonst in besonderer Weise das

Werk charakterisieren. Abschließend begründen die Schüler, was ihnen an dem Werk gefallen hat und was nicht. Die Buchvorstellung sollte nicht länger als 15 Minuten dauern.

Literatur: EBERHARD SCHMIDHÄUSER: Verbrechen und Strafe. Ein Streifzug durch die Weltliteratur von Sophokles bis Dürrenmatt. München 1995.
Der Autor, von Beruf Jurist, der sich auch mit Literaturwissenschaft beschäftigt, stellt 13 Werke der Weltliteratur vor, die er unter dem Aspekt *Verbrechen und Strafe* behandelt. Unter anderem sind Schillers *Verbrecher aus verlorener Ehre*, Kleists *Michael Kohlhaas*, *Prinz Friedrich von Homburg* und *Die Marquise von O.*, Zuckmayers *Hauptmann von Köpenick* und Dürrenmatts *Der Besuch der alten Dame* und *Die Panne* besprochen.

Gesetzgebung

Schüler als „Gesetzgeber"

Den Schülern wird die Schulordnung ihrer Schule zur „Novellierung" vorgelegt. Sie bearbeiten sie in Gruppen unter folgenden Fragen:
- Welche Bestimmungen sollen unverändert auch in Zukunft gelten?
- Welche Bestimmungen sollen verändert werden? Welche sollen weggelassen werden? Welche sollen neu formuliert werden? Verfasst Vorschläge!
- Gibt es „Lücken" in der vorliegenden Schulordnung? Besteht tatsächlich Regelungsbedarf? Wenn ja, dann verfasst Vorschläge für neue Bestimmungen!

Die Schüler vergleichen und diskutieren ihre Vorschläge. Der Lehrer überprüft ihre praktische Anwendbarkeit, vor allem anhand von Fallbeispielen.

Wandel der Wertvorstellungen

Der Klasse werden gesetzliche Bestimmungen zur Familie aus dem BGB in der Fassung von 1896 vorgelegt. Die Schüler passen die Gesetzestexte den heutigen Wertvorstellungen an, vergleichen ihre Novellierungsvorschläge und diskutieren diese. (In kursiver Schrift sind im Folgenden die entsprechenden Neufassungen abgedruckt, die, falls es notwendig sein sollte, in der auswertenden Diskussion den Schülern zum Vergleich mit ihren Vorschlägen vorgestellt werden können.)

§ 1354: Dem Manne steht die Entscheidung in allen das gemeinschaftliche eheliche Leben betreffenden Angelegenheiten zu; er bestimmt insbesondere Wohnort und Wohnung.
(aufgehoben)

§ 1356: Die Frau ist, unbeschadet der Vorschriften des § 1354, berechtigt und verpflichtet, das gemeinschaftliche Hauswesen zu leiten.
Zu Arbeiten im Hauswesen und im Geschäfte des Mannes ist die Frau verpflichtet, soweit eine solche Tätigkeit nach den Verhältnissen, in denen die Ehegatten leben, üblich ist.

§ 1356 (1977): Die Ehegatten regeln die Haushaltsführung im gegenseitigen Einvernehmen. Ist die Haushaltsführung einem der Ehegatten überlassen, so leitet dieser den Haushalt in eigener Verantwortung.

§ 1627: Der Vater hat kraft der elterlichen Gewalt das Recht und die Pflicht, für die Person und das Vermögen des Kindes zu sorgen.
§ 1626 (1980): (1) Der Vater und die Mutter haben das Recht und die Pflicht, für das minderjährige Kind zu sorgen ... (2) Bei der Pflege und Erziehung berücksichtigen die Eltern das wachsende Bedürfnis des Kindes zu selbstständigem verantwortungsbewusstem Handeln. Sie besprechen mit dem Kind, soweit es nach dessen Entwicklungsstand angezeigt ist, Fragen der elterlichen Sorge und streben Einvernehmen an.

§ 1631: (1) Die Sorge für die Person des Kindes umfasst das Recht und die Pflicht, das Kind zu erziehen, zu beaufsichtigen und seinen Aufenthalt zu bestimmen. (2) Der Vater kann kraft des Erziehungsrechts angemessene Zuchtmittel gegen das Kind anwenden. Auf seinen Antrag hat das Vormundschaftsgericht ihn durch Anwendung geeigneter Zuchtmittel zu unterstützen.
§ 1631 (1980): (1) Die Personensorge umfasst insbesondere das Recht und die Pflicht, das Kind zu pflegen, zu erziehen, zu beaufsichtigen und seinen Aufenthalt zu bestimmen. (2) Entwürdigende Erziehungsmaßnahmen sind unzulässig. (3) Das Vormundschaftsgericht hat die Eltern auf Antrag bei der Ausübung der Personensorge in geeigneten Fällen zu unterstützen.

§ 1666: (1) Wird das geistige oder leibliche Wohl des Kindes dadurch gefährdet, dass der Vater das Recht der Sorge für die Person des Kindes missbraucht, das Kind vernachlässigt oder sich eines ehrlosen oder unsittlichen Verhaltens schuldig macht, so hat das Vormundschaftsgericht die zur Abwendung der Gefahr erforderlichen Maßregeln zu treffen.
§ 1666 (1980): (1) Wird das körperliche, geistige oder seelische Wohl des Kindes durch missbräuchliche Ausübung der elterlichen Sorge, durch Vernachlässigung des Kindes, durch unverschuldetes Versagen der Eltern oder durch das Verhalten eines Dritten gefährdet, so hat das Vormundschaftsgericht ... die erforderlichen Maßnahmen zu treffen ...

Spiel mit Textvarianten

An diesen Textbeispielen lässt sich auch zeigen, wie geringfügige Veränderungen den Sinn und das Ziel eines Gesetzes verändern können.
Beispiele:

§ 1631, Abs. 2 (1896):	„angemessene“ weglassen;
§ 1631, Abs. 2 (1980):	„entwürdigende“ weglassen: „entwürdigende“ durch „körperliche“ ersetzen;
§ 1626, Abs. 2 (1980):	„und streben Einvernehmen an“ weglassen; Abs. 2: zweiter Satz weglassen; Abs. 2 ganz weglassen.

Recht und Gesetz – Was ist der Rechtsstaat?

Das Wesen des Rechtsstaates

Das Wesen des Rechtsstaates zu verstehen fällt Schülern manchmal schwer. Der Zugang gelingt leichter, wenn man den methodischen Zugang über seine Verneinung, z. B. die nationalsozialistische Diktatur, wählt. Dazu fertigen Schüler ein „rechtsstaatliches Gutachten" an.

> **Beispiel (Arbeitsblatt)**
> Verordnung des Reichspräsidenten „zum Schutz von Volk und Staat", vom 28. Februar 1933:
> „Auf Grund des Art. 48, Abs. 2 der Reichsverfassung wird zur Abwehr kommunistischer staatsgefährdender Gewaltakte folgendes verordnet:
> § 1. Die Art. 114, 115, 117, 118, 123, 124 und 153 der Verfassung des Deutschen Reiches werden bis auf weiteres außer Kraft gesetzt. Es sind daher Beschränkungen der persönlichen Freiheit, des Rechts der freien Meinungsäußerung, einschließlich der Pressefreiheit, des Vereins- und Versammlungsrechts, Eingriffe in das Brief-, Post-, Telegrafen- und Fernsprechgeheimnis, Anordnungen von Haussuchungen und von Beschlagnahme sowie Beschränkungen des Eigentums auch außerhalb der sonst hierfür bestimmten gesetzlichen Grenzen zulässig."

Zur Information: Wie wurde das Gesetz angewandt?
Am 28. Februar wurde Carl von Ossietzky, ein antinazistischer und radikaldemokratischer Journalist, in „Schutzhaft" genommen; über drei Jahre lang wurde er im Konzentrationslager festgehalten, wo er schwer misshandelt wurde. 1936 wurde ihm – Hitler schäumte vor Wut und verbot die Annahme – der Friedensnobelpreis verliehen. Aber diese weltweit beachtete Auszeichnung bewirkte immerhin, dass der schwer kranke von Ossietzky aus dem Lager in eine überwachte Privatklinik gebracht wurde, wo er am 4. Mai 1938 an den Folgen der KZ-Haft starb.
Insgesamt wurden 1933 mehr als 100 000 Menschen verhaftet – Mitglieder der SPD und KPD, vereinzelt auch der bürgerlichen Parteien, missliebige Schriftsteller, Künstler und Journalisten. 500 bis 600 von ihnen kamen ums Leben.
Diese willkürliche Freiheitsberaubung wurde „Schutzhaft" genannt. Ihre Anordnung, Durchführung und Dauer unterlag weder einer richterlichen noch einer anderweitigen staatlichen Kontrolle. SA und SS hatten polizeiliche Funktionen inne, der Schutzhäftling war schutzlos. Das angebliche Ziel der Notverordnung, die „Abwehr kommunistischer staatsgefährdender Gewaltakte", hatte – mit Billigung der Gerichte – keine praktische Bedeutung. Es galt Ausnahmerecht gegen jedermann, aus jedem Anlass. Die Verordnung, die „bis auf weiteres" gelten sollte, blieb bis zum Ende der nationalsozialistischen Herrschaft in Kraft.

Aufgaben

- Welche Artikel im GG entsprechen den in der Notverordnung genannten Artikeln?
- Können diese Artikel des GG eingeschränkt, verändert oder aufgehoben werden? Von wem? Mit welchem Verfahren (s. Art. 79 GG)? Wer hat die Notverordnung erlassen?

- Warum konnte C. von Ossietzky nicht mehr mit gesetzlichen Mitteln geholfen werden?
- Erkläre, warum die „Schutzhaft" gegen rechtsstaatliche Grundsätze verstößt (s. Art. 104 und Art. 101, 102, 103 GG)! Ziehe auch Art. 20 heran!
- Erkläre an diesem Beispiel den Unterschied zwischen Gesetz und Recht!

Hinweis
Eine Zusammenarbeit mit dem Fach Geschichte ist zwar wünschenswert, aber da nicht der historische, sondern der rechtsstaatliche Aspekt im Vordergrund steht, müssten erklärende Hinweise des Lehrers (z. B. zu SA und SS) ausreichen um mit dem Material arbeiten zu können.

Menschen-, Grund- und Freiheitsrechte

Aktuelles Material zu Fällen von Menschenrechtsverletzungen kann den Jahresberichten von Amnesty International entnommen werden. Für den Unterricht ist aber die Beschränkung auf Einzelfälle notwendig um sich nicht in Details und in der Fülle des Materials zu verlieren.
Neben den politischen und rechtlichen sollten auch – in Zusammenarbeit mit Erdkunde – die kulturellen, sozialen und wirtschaftlichen Verhältnisse des Beispiellandes und unsere kulturellen, außenpolitischen, wirtschaftlichen und militärischen Beziehungen zu diesem Land untersucht werden um die Ursachen für Menschenrechtsverletzungen erkennen zu können.
Der Jahresbericht von Amnesty International ist im Buchhandel als Fischer-Taschenbuch erhältlich und erscheint jährlich neu.

Organisationen und Vereine

Amnesty International
Sektion der Bundesrepublik
Deutschland e.V.
53108 Bonn
Tel.: 0228/98373-0
www.amnesty.de

Amnesty International wurde 1961 gegründet. Die Organisation, die sich als Teil der internationalen Menschenrechtsbewegung versteht, betreut Menschen in aller Welt, vorausgesetzt, dass sie keine Gewalt angewandt haben, die aus politischen, religiösen oder ethnischen Gründen in Haft gehalten werden. Die Organisation setzt sich für die Erleichterung der Haftbedingungen, einen fairen Prozess und die Freilassung widerrechtlich Verfolgter ein. Sie kämpft gegen die Folter, gegen das „Verschwindenlassen" von Menschen, gegen extralegale Hinrichtungen und für die Abschaffung der Todesstrafe. Sie versucht die Abschiebung von Menschen in ihr Heimatland zu verhindern, wenn sie dort von Inhaftierung, Folter oder Todesstrafe bedroht sind. Sie setzt sich für den Schutz von Frauen und Kindern ein, vor allem in Kriegsgebieten, und fördert die Menschenrechtserziehung. Der Arbeit von ai ist es zu verdanken, dass unzählige Menschenrechtsverletzungen öffentlich bekannt und Tausende von politischen Gefangenen durch den Druck der Öffentlichkeit freigelassen wurden.
Amnesty International erhielt 1977 den Friedensnobelpreis.
1995 unterstützten ai mehr als 1,1 Mio. Mitglieder, Förderer und Abonnenten in mehr als 150 Staaten. Die Organisation finanziert sich allein aus Spenden, Geld-

mittel von Regierungen werden weder beantragt noch entgegengenommen. Die deutsche Sektion von ai umfasste 1994 10 300 aktive Mitglieder in 587 lokalen Gruppen und über 60 thematisch oder länderbezogen arbeitende Gruppen sowie über 4 000 aktive Einzelmitglieder.

Mitglieder der örtlichen ai-Gruppen sind bereit Schulklassen zu besuchen und über ihre Arbeit zu berichten. Außerdem gibt Amnesty International Hilfestellung, auch mit schriftlichen Unterlagen, bei der Gründung einer ai-Schüler- und Jugendgruppe. Von den vielen Veröffentlichungen, die ai herausgibt, sei auf folgende besonders verwiesen:

- Eine Information über Amnesty International (1996), Bestell-Nr. 51012, ca.3,75 €
- *Frauen in Aktion - Frauen in Gefahr.* Weltweite Kampagne gegen Menschenrechtsverletzungen an Frauen, (1995), Bestell-Nr. 7800, ca. 5,– €
- *Ein Mensch weniger - Ein Lesebuch gegen die Todesstrafe* (1995), Bestell-Nr. 62002, ca. 4,90 €
- Menschenrechtserklärung für Kinder. Illustrierte Ausgabe mit erklärenden Texten (1988), Bestell-Nr. 50011, ca. 2,– €
- *Jugendliche im Gefängnis.* Malaktion von Amnesty International, DuMont Verlag, Bestell-Nr. 52001, ca. 12,– €
- Menschenrechtserziehung - Informationsmappe für Lehrer, Bestell-Nr. 74012
- Unterrichtsmaterialien: *Unterrichtspraxis Menschenrechte*, erscheint vierteljährlich und kann abonniert werden
- Fotoausstellungen zu verschiedenen Themen, Postkarten, Schallplatten, CDs, Autoaufkleber
- amnesty interactive - CD-ROM über Amnesty International (engl.), (1995), Bestell-Nr. 51096, ca. 12,50 €
- *Am Pranger*, Kommunikationsspiel um Menschenrechte für drei bis zehn Spieler ab 14 Jahre, Bestell-Nr. 90070, ca. 22,40 €

Pro Asyl – Bundesweite Arbeitsgemeinschaft für Flüchtlinge
Postfach 160624, 60069 Frankfurt am Main
Tel.: 069/230688
www.proasyl.de

Pro Asyl wurde 1985 als bundesweiter Zusammenschluss von Mitarbeitern von Flüchtlingsinitiativen, der Kirchen, Gewerkschaften, Wohlfahrts- und Menschenrechtsorganisationen gegründet. Die Organisation umfasst heute 5 000 Mitglieder und einen Spenderkreis von etwa 7 000 Personen. Pro Asyl wird durch den Vertreter des Hohen Flüchtlingskommissars der Vereinten Nationen in der Bundesrepublik beraten.

Pro Asyl setzt sich für Flüchtlinge ein, die politisch, rassisch oder religiös verfolgt werden. Unterstützt werden auch solche Flüchtlinge, die nicht unter den Begriff der „politischen Verfolgung“ der Genfer Flüchtlingskonvention oder Art. 16 a Grundgesetz fallen, wie z. B. Flüchtlinge, die über einen „sicheren Drittstaat“ oder aus „sicheren Herkunftsstaaten“ oder aus Kriegs- und Krisengebieten eingereist sind.

Pro Asyl setzt sich für die Flüchtlinge vor allem durch Öffentlichkeitsarbeit und durch konkrete Rechtshilfe ein.

Internationale Liga für Menschenrechte e. V.
Greifswalder Str. 4, 10405 Berlin,
Tel.: 030/39621-22
www.ilmr.org

Die Geschichte der Liga reicht bis in die Weimarer Republik zurück. Sie ist die Nachfolgeorganisation der *Deutschen Liga für Menschenrechte*, die 1922 gegründet wurde. Bekannte Mitglieder waren Kurt Tucholsky und Carl von Ossietzky. 1933 wurde die Organisation von den Nationalsozialisten verboten. Nach dem Zweiten Weltkrieg wurde die Organisation unter dem Namen *Internationale Liga für Menschenrechte* wieder gegründet. Seit 1962 vergibt sie jährlich die Carl-von-Ossietzky-Medaille an Personen und Gruppen, die sich um die Verteidigung der Menschenrechte besonders verdient gemacht haben. Ausgezeichnet wurden unter anderem Erich Fried, Rudolph Bahro, Gert Bastian und Robert Kempner. Die Organisation finanziert sich aus Spenden und Mitgliedsbeiträgen. Die Liga setzt sich ein für den Erhalt und die Erweiterung der Grund- und Menschenrechte. Sie wendet sich mit verschiedenen Aktionsformen gegen einen europaweiten Ausbau der Polizeibefugnisse, gegen eine Einschränkung des Asylrechts, sie ist für die doppelte Staatsangehörigkeit und für ein Antidiskriminierungsgesetz. Sie engagiert sich, unter anderem mit Mahnwachen vor Flüchtlingsheimen, gegen Rassismus und Rechtsradikalismus. Da man erst mit 18 Jahren Mitglied werden kann, gibt es keine Arbeitsgruppen für Jugendliche.

Internationale Gesellschaft für Menschenrechte (IGFM)
Postfach 101132
60011 Frankfurt am Main
Tel.: 069/420108-0
www.igfm.de

Die IGFM wurde 1972 gegründet. 1995 bestanden in 36 Staaten Sektionen und Kontaktgruppen der IGFM. Die Gesellschaft unterstützt Menschen, die sich gewaltlos für die Verwirklichung der Menschenrechte einsetzen oder wegen Inanspruchnahme dieser Rechte verfolgt werden. Dabei bemüht sich die IGFM nicht nur um politische Gefangene, sondern auch um verfolgte Christen, um die Zusammenführung getrennter Familien, um Kinder- und Frauenrechte und um humanitäre Hilfe u. a. Das Engagement der IGFM für die Durchsetzung der Menschenrechte hatte 1994 folgende Schwerpunkte: Staaten des ehemaligen Ostblocks, des ehemaligen Jugoslawien, in Afrika, Asien und Lateinamerika – Verfolgte religiöse Minderheiten – Deutsche in der GUS, Rumänien, Polen. Ausführliche Beschreibungen aller IGFM-Projekte und Gutachten, die in Asylverfahren Verwendung finden, können von der Geschäftsstelle in Frankfurt angefordert werden. Die IGFM gibt sechsmal im Jahr die Zeitschrift *Menschenrechte* heraus, die umfassend über die Arbeit der Organisation informiert.

Gesellschaft für bedrohte Völker (GfbV)
Postfach 2024
37010 Göttingen
Tel.: 0551/49906-0
www.gfbv.de

Tilman Zülch gründete 1970 die Gesellschaft für bedrohte Völker, deren Vorsitzender er auch ist. Die Organisation setzt sich weltweit für ethnisch und religiös verfolgte Minderheiten ein. Die Organisation hat beim Wirtschafts- und Sozialrat der Vereinten Nationen beratenden Status. Sie finanziert sich aus Spenden und Mitgliedsbeiträgen. Die Gesellschaft zählt 6800 Mitglieder, in der Bundesrepublik arbeiten 17 Regionalgruppen mit unterschiedlichen thematischen Schwerpunkten.
Die GfbV bietet an:

- Das Archiv darf auch von Schülern genutzt werden (Tel.: 0551/49906-13).
- Der *Arbeitsbericht*, der im zweijährigen Turnus herausgegeben wird, legt detailliert Rechenschaft über die Arbeit der Organisation ab.
- Die Zeitschrift *pogrom* mit wechselnden Schwerpunktthemen erscheint jeden zweiten Monat.
- Ein *Gesamtverzeichnis* informiert über Zeitschriften und Bücher, über Jugend- und Kinderbücher, Reporte, Gutachten, Dokumentationen und Plakate. Besonders hingewiesen sei darauf, dass die GfbV speziell Schulen Ausstellungen und Unterrichtsmaterial anbietet. Die UE *Sinti und Roma - eine Minderheit in Deutschland* und *Minderheiten auf der Flucht - Asyl in der Bundesrepublik* enthalten zu jedem Kapitel didaktische und methodische Hinweise sowie variabel einsetzbare Medien: Zeitungsberichte, informative Texte, Interviews, Buchauszüge, Grafiken und Karikaturen. Sie sind mit ausführlichen Literatur- und Medienhinweisen versehen und sind zum Preis von ca. 12,40 € bei der GfbV (Tel.: 0551/459906-11) erhältlich.

Ausstellungen

- *Sinti und Roma: „In Auschwitz vergast - bis heute verfolgt"* (15 bis 16 Tafeln)
- *Eine Zukunft für indigene Völker* (18 Tafeln)
- *500 Jahre Widerstand und Vertreibung indianischer Völker* (30 Tafeln)

Zu jeder Ausstellung gibt es eine Broschüre mit Hintergrundinformationen.

HELP e.V.
Hilfsorganisation für die Opfer politischer Gewalt in Europa
Ruschestr. 103, Haus 1
10365 Berlin
Tel.: 030/5536767
www.help-e-v.de

HELP sorgt in vielfältiger Weise für Menschen, die Opfer der nationalsozialistischen und stalinistischen Diktatur, aber auch der SED-Diktatur in der DDR wurden. Dabei erstreckt sich die Tätigkeit der Organisation sowohl auf die Aufklärung und Information der Öffentlichkeit über den Unrechtscharakter dieser Regime, der sich an Einzelschicksalen nachweisen lässt, als auch auf die konkrete karitative Hilfe in den Bereichen, die von staatlichen Maßnahmen nicht erreicht werden und wo schnelle Hilfe notwendig ist.

HELP hat vier Arbeitsbereiche:

- Soziale Kontakt- und Beratungsstelle für Opfer der drei Diktaturen,
- die Forschungs- und Gedenkbibliothek, die aus Gefängnis-Büchereien ehemaliger DDR-Gefängnisse hervorgegangen ist,
- Dokumentation/Archiv für die wissenschaftliche Aufarbeitung der SED-Diktatur und für die vergleichende Erforschung der SED- mit der NS-Diktatur,
- Bildungsarbeit und Zusammenarbeit mit Osteuropa um allen radikalen antidemokratischen Strömungen entgegenzuwirken.

Komitee für Grundrechte und Demokratie e.V.
Aquinostr. 7-11, 50670 Köln,
Tel.: 0221/97269-20, -30
www.grundrechtekomitee.de

Die Gründung des Komitees 1980 ging von Leuten aus, die aktiv beteiligt waren am Zustandekommen des Russell-Tribunals über die Situation der Menschenrechte in der Bundesrepublik Deutschland (1978/79). Organisatorisch besteht das Komitee aus einem kleinen Mitgliederkreis von etwa 100 engagierten Prominenten und Experten zu rechtlichen und spezifischen Fragen der Grund- und Menschenrechte. Darüber hinaus gibt es noch einen Förderkreis von etwa 1 000 Personen und einen Interessenten- und Sympathisantenkreis von etwa 10 000 Personen.

Das Komitee ist insbesondere in rechtspolitischen Fragen, in der Gefangenenbetreuung im Strafvollzug, in Fällen von Berufsverbot, in Sachen Demonstrationsrecht sowie Asyl- und Flüchtlingspolitik, in der Friedens- und Umweltschutzpolitik und zur rechtlichen Situation der Frau tätig. Als neues Aufgabenfeld ist das Engagement im ehemaligen Jugoslawien dazugekommen.

Neben einem *Komitee-Jahrbuch* (erscheint seit 1983) publiziert das Komitee Bücher und Broschüren zu Themen, an denen es selbst gearbeitet hat. In unregelmäßiger Folge gibt das Komitee *BürgerInnen-Informationen* zu aktuellen Themen heraus.

Terre des femmes e.V.
Postfach 2565
72015 Tübingen
Tel.: 07071/7973-0
www.terre-des-femmes.de

Terre des femmes ist eine Menschenrechtsorganisation für Frauen – ungeachtet ihrer konfessionellen, politischen, ethnischen und nationalen Angehörigkeit –, die durch internationale Frauenvernetzung, Öffentlichkeitsarbeit, Aktionen, Einzelfallhilfe und Förderung von einzelnen Frauenprojekten gegen geschlechtsspezifische Menschenrechtsverletzung kämpft. Die Organisation wurde 1981 in Lausanne gegründet und hat etwa 550 Frauen als Mitglieder und einige männliche Fördermitglieder. Die Mitglieder sind z. T. in Städtegruppen organisiert, deren Kontaktadressen vom Bundesbüro in Tübingen erfragt werden können. Die örtlichen Frauengruppen machen Öffentlichkeitsarbeit mittels Infoveranstaltungen und -ständen, Pressemitteilungen, Unterschriftenaktionen, Vorträgen und Lobbyarbeit. Schwerpunktthemen sind der Kampf gegen den Frauenhandel, Sextourismus, Kinderprostitution, Ausbeutung von Arbeiterinnen in der Dritten Welt durch internationale Firmen, Vergewaltigung in der Ehe, Mitgiftmorde, Gewalt gegen Frauen in Deutschland u.v.m.

Die Bundesgeschäftsstelle bietet an:

- eine *Material-Bestell-Liste* für Info- und Werbematerial,
- den *Tdf-Rundbrief*, der vierteljährlich erscheint und über weltweite Menschenrechtsverletzungen an Frauen und über Aktionen zur Verbesserung ihrer Lage informiert.

terre des hommes
Bundesrepublik Deutschland e.V.
Hilfe für Kinder in Not
Postfach 4126, 49031 Osnabrück
Tel.: 0541/71010, www.tdh.de

Die deutsche Sektion der internationalen Kinderhilfsorganisation wurde 1967 gegründet. In der Bundesrepublik sind 170 ehrenamtliche Arbeitsgruppen tätig. Terre des hommes unterstützte 1996 320 Projekte in mehr als 20 Staaten. In der Bundesrepublik mischt sich tdh als Anwalt für Kinderrechte in die Politik ein. Der Zweck des Vereins ist es – laut Satzung – Not leidenden Kindern in ihrem sozialen Umfeld zu helfen, vor allem durch

- Erziehungs-, Ernährungs- und Gesundheitsprogramme,
- Förderung der Berufsausbildung,
- Unterstützung von allein erziehenden Frauen,
- Fürsorge für politisch, rassisch, religiös und auf Grund ihres Geschlechts Verfolgte, Flüchtlinge sowie Opfer von Krieg und Vertreibung.

Die Arbeitsschwerpunkte von tdh sind z. Zt. *Kinder und Krieg, Kinderarbeit* und *Kinderprostitution*. Ein wesentlicher Bestandteil der Tätigkeit von tdh ist die Öffentlichkeitsarbeit. Tdh bietet an:

- Aktionen: Arbeitsgruppen vor Ort, Treffpunkte und Einzelaktionen. Mit der *Aktion: Schülersolidarität* bietet tdh Klassen oder Schulen Projektpartnerschaften an (Bestell-Nr. 100.2623.01).
- Die Zeitung mit aktuellen Hintergrundberichten, Reportagen aus den Projekten, die fünfmal im Jahr erscheint.
- Themen- und Länderhefte zu einzelnen Schwerpunkten und Projekten, z. B. El Salvador, Indien, Kinderarbeit, Kinderprostitution.
- Unterrichtsmaterial: In einem *Handzettel für Lehrerinnen und Lehrer* (Bestell-Nr. 100.2614.02) werden Unterrichtsmaterialien vorgestellt: Länderberichte, Themenhefte, Diabücher, Kinder- und Jugendbücher, Spiele, Plakate, Ausstellungen im Aktenordner, Diaserien im Verleih, Unterrichtsbögen (z. B. das bekannte *Papiertütenspiel*), Video, Handzettel und Verschiedenes.

Anschriften von weiteren Organisationen, die im Menschenrechtsbereich tätig sind oder über die Unterrichtsmaterial zum Thema Menschenrechte bezogen werden kann:

i Humanistische Union e. V.
Greifswalder Str. 4, 10405 Berlin, Tel.: 030/20450256,
www.humanistische-union.de

i Deutsche Unesco-Kommission e. V.
Colmantstr. 15, 53113 Bonn, Tel.: 0228/60497-0, www.unesco.de

i Deutsche Kommission Justitia et Pax
Kaiser-Friedrich-Str. 9, 53113 Bonn, Tel.: 0228/103-217,
www.justitia-et-pax.de

i Internationales Katholisches Missionswerk e. V. (missio)
Postfach 011248, 52012 Aachen, Tel.: 0241/7507-00,
www.missio-aachen.de

Freiabonnements für Gefangene e.V.
Köpenicker Str. 175, 10997 Berlin,
Tel.: 030/6112189,
www.freiabos.de

Der Verein wurde 1985 gegründet „um die Informationsversorgung Strafgefangener durch unentgeltliche Überlassung von Zeitungen und Zeitschriften zu gewährleisten". Für dieses Ziel bittet der Verein um Spenden. Zeitungen als Leseangebot hat der Verein gewählt, weil sie zusätzlich zum allgemeinen Informationsangebot praktische Hilfestellung, z. B. bei der Wohnungs- und Arbeitssuche, geben.
Der Verein kooperiert mit 28 Verlagen, darunter mit allen großen deutschen Zeitungsverlagen. Für die wachsende Zahl der ausländischen Inhaftierten sind eine türkische, arabische und englische Tages- bzw. Wochenzeitung in das Leseangebot aufgenommen worden.

Weißer Ring
Gemeinnütziger Verein zur Unterstützung von Kriminalitätsopfern zur Verhütung von Straftaten e.V.
Postfach 261355, 55059 Mainz
Tel. 06131/8303-0, www.weisser-ring.de
Info-Telefon: 01803/343434

Der Weiße Ring verfolgt zwei Ziele: den Opfern von Kriminalität und Gewalt zu helfen und der Kriminalität vorzubeugen. 1976 von dem Fernsehjournalisten Eduard Zimmermann gegründet hat der Weiße Ring als Hilfsorganisation mittlerweile rund 400 Anlaufstellen für in Not geratene Kriminalitätsopfer eingerichtet. Neben der unmittelbaren Hilfe für Betroffene setzt sich der Verein auch öffentlich für die Belange der Kriminalitätsopfer ein. So fordert er von Politik, Justiz und Verwaltung mehr Solidarität gegenüber Opfern von Kriminalität und die Verbesserung der rechtlichen und sozialen Situation der Geschädigten. Deshalb ist eines der zentralen Anliegen des Vereins die Verbesserung des Opferentschädigungsgesetzes. Darüber hinaus fördert der Weiße Ring Forschungsprojekte, z. B. *Aggression im Rahmen der Schule – am Beispiel von Bochum* (Universität Bochum), *Opfer in der Zeitungsberichterstattung* (Institut für Publizistik, Universität Mainz) u. a.
Folgende Materialien werden vom Weißen Ring gegen Erstattung des Portos – auch in Klassensätzen – versandt:

- die Arbeitsmappe *Jugendkriminalität – wir diskutieren*, die von der Aktion Jugendschutz, Landesarbeitsstelle Nordrhein-Westfalen e.V. Köln, erarbeitet wurde,
- die Broschüre *Rauschgift – ohne mich*, die vom Innenministerium Baden-Württemberg herausgegeben wird,
- die Broschüre *Sexueller Missbrauch an Mädchen und Jungen*,
- die Broschüre *Jung und Alt – gegen Gewalt*,
- auch die mit verschiedenen Motiven gestalteten Warnschilder *Stopp dem Diebstahl* haben vielleicht an manchen Schulen, z. B. in Umkleideräumen, ihre Berechtigung.

Berufe: Jurist, Rechtspfleger ...

Jurist

Wer Rechtswissenschaft an der Universität studiert, wird für das Richteramt ausgebildet. Das juristische Hochschulstudium ist für eine Tätigkeit als Richter oder Staatsanwalt, aber auch als Rechtsanwalt oder Notar notwendig. Juristen arbeiten auch im höheren Verwaltungsdienst und als Wirtschaftsjuristen.
Ausbildung: Studium von mindestens sieben Semestern, das mit der Ersten juristischen Staatsprüfung (Referendarexamen) abschließt. Anschließend folgt ein zweijähriger Vorbereitungsdienst, der mit der Zweiten juristischen Staatsprüfung (Assessorexamen) endet.
Inhalte des Studiums: Bürgerliches Recht, Strafrecht, Öffentliches Recht, Verfahrensrecht mit europäischen Bezügen, rechtswissenschaftliche Methoden und die philosophischen, geschichtlichen und gesellschaftlichen Grundlagen unserer Rechtsordnung.
Beschäftigung: Zwischen 1980 und 1990 hat die Anzahl der Juristen um 80 % zugenommen. 1992 betrug der Anteil der Frauen an dieser Berufsgruppe etwa 40 %. Die Anzahl der Absolventen übersteigt die Anzahl der offenen Stellen bei weitem. Im Öffentlichen Dienst einschließlich der Hochschulen arbeiten etwa 46 %, in der Rechts- und Wirtschaftsberatung 32 %, bei Kreditinstituten und im Versicherungsgewerbe 6 % und ein kleiner Prozentsatz der Juristen in Verbänden.

Rechtspfleger

Rechtspfleger sind bei den Gerichten der Zivil-, Straf- und Arbeitsgerichtsbarkeit tätig. Besonders viele Aufgaben sind in der freiwilligen Gerichtsbarkeit von Richtern auf Rechtspfleger übertragen worden.
Ausbildung: Der Vorbereitungsdienst dauert drei Jahre und vermittelt in einem Studiengang an einer Fachhochschule die wissenschaftlichen Erkenntnisse und Methoden. In berufspraktischen Studienzeiten lernen die künftigen Rechtspfleger alle Aufgabengebiete in der Lebenspraxis kennen: Freiwillige Gerichtsbarkeit, Grundbuchrecht, Zwangsvollstreckungs- und Zwangsversteigerungsrecht, Konkurs- und Vergleichsrecht, Handelsrecht, Wirtschaftskunde und Wertpapierrecht, Kostenrecht, Strafvollstreckungsrecht, Registerrecht, Familien- und Erbrecht, Handelsrecht, Zivilprozessrecht, Strafrecht und Strafverfahrensrecht. Die Ausbildung wird mit der Rechtspflegerprüfung abgeschlossen (Laufbahnprüfung für den gehobenen Justizdienst).
Auskünfte erteilen die zuständigen Oberlandesgerichte und die Justizverwaltungen der Bundesländer.

Beamter im Justizvollzugsdienst

Beamte des gehobenen Justizvollzugsdienstes arbeiten als Sachbearbeiter oder als Abteilungsleiter in großen Vollzugsanstalten oder als Leiter kleiner Vollzugsanstalten an der Resozialisierung der Strafgefangenen mit.

Ausbildung: Inhalte der Ausbildung an einer Fachhochschule sind Vollzugsrecht, Staats- und Verwaltungsrecht, Bürgerliches Recht, Zivilprozess-, Straf-, Strafprozess- und Jugendstrafrecht, Kriminologie und Sozialwissenschaften.
Auskünfte erteilen die Justizministerien der Länder und örtliche Justizämter.

Diplom-Sozialpädagoge

Für die Arbeit mit Straffälligen, für die Heimerziehung, aber auch für die Arbeit mit Behinderten, mit psychisch Kranken oder für die Sozialarbeit überhaupt werden in Baden-Württemberg und Sachsen Diplom-Sozialpädagogen ausgebildet.
Ausbildung: Die Vermittlung von wissenschaftsbezogener Theorie und Praxis erfolgt im Wechsel an der Staatlichen Studienakademie und einer Einrichtung der Sozialpädagogik. Die gesamte Ausbildung dauert drei Jahre.

Sozialarbeiter, Sozialpädagoge

Absolventen der Fachhochschulen, also diplomierte Sozialarbeiter, sind in der Familienfürsorge, in der Jugend-, Gesundheits- und Sozialhilfe, in der Gefährdetenhilfe, in der Ausländerbetreuung und in der Strafrechtspflege tätig.

Zur Information: Alle genannten Berufe werden in den *Blättern zur Berufskunde* vorgestellt, die von der Bundeszentrale für Arbeit herausgegeben und vom Bertelsmann Verlag ausgeliefert werden.

i W. Bertelsmann Verlag KG
Postfach 100633, 33506 Bielefeld, Tel.: 0521/91101-0, www.wbv.de

Auskünfte erteilen auch das Arbeitsamt und das Berufsinformationszentrum (BIZ).

Film: Geschworene, Staatsanwälte und Mörder

Die zwölf Geschworenen, USA 1957
Regie: Sidney Lumet
Preis: Goldener Bär Filmfestspiele Berlin 1957 für Film

In diesem „Klassiker“ der Gerichtsfilme beraten zwölf Geschworene, ob der Angeklagte, der seinen Vater ermordet haben soll, schuldig oder unschuldig ist. Die Geschworenen – bis auf einen – sind von der Schuld des Angeklagten überzeugt und hoffen, dass sie schnell ein einstimmiges Urteil fällen können um dem Gerichtsgebäude und der sommerlichen Hitze entfliehen zu können. Doch der Geschworene Nr. 8 (Henry Fonda) argumentiert geduldig zu Gunsten des Angeklagten, bis sich bei den anderen Geschworenen auch Zweifel an der Richtigkeit des vorgefassten Urteils breit machen. Hinter der anfänglichen Sicherheit der Geschworenen kommen Vorurteile und persönliche Schwächen zum Vorschein, die eine „faire“ Beratung bisher erschwerten. Durch die „Gefangenschaft“ der Geschworenen in einem Raum und durch die Konzentration auf die Argumentation der Geschworenen spricht der Film die Zuschauer stark an.
Dieser Spielfilm müsste bei den meisten Bildstellen vorhanden sein.

JFK – Tatort Dallas, USA 1991
Regie: Oliver Stone
Preise: Oscars 1992 für Kamera und Schnitt; Golden Globe 1992 für Regie

Der Mordanschlag auf J. F. Kennedy im Jahre 1963 ist bis heute nicht völlig aufgeklärt. So setzt sich Regisseur Oliver Stone mit den Widersprüchen und offenen Fragen des Warren-Berichts auseinander. Kevin Costner spielt den Staatsanwalt im Kennedy-Fall, Jim Garrison. Garrison kommt nach langen Untersuchungen zu dem Schluss, dass es sich bei dem Mord um ein Komplott auf höchster Regierungsebene gehandelt haben muss. Durch die Mischung aus Dokumentation und Polit-Thriller gestaltet sich die Wahrheitssuche spannend.

Zeugin der Anklage, USA 1958
Regie: Billy Wilder

Nach dem Bühnenstück von Agatha Christie spielt Billy Wilder eine raffinierte Mördersuche durch: Leonard Vole (Tyrone Power) ist angeklagt eine Witwe ermordet zu haben. Ihm ist kein Motiv nachzuweisen, er hat aber auch kein Alibi. Sein Verteidiger, Wilfried Robarts, der von Charles Laughton gespielt wird, glaubt an die Unschuld seines Mandanten. Die zentrale Rolle fällt Voles Ehefrau zu, die Marlene Dietrich in ihrer letzten großen Rolle spielt. Mrs. Vole trägt nicht dazu bei, ihren Ehemann zu entlasten, sie schadet ihm durch ihr Auftreten vor Gericht. Auf einen anonymen Anruf hin trifft sich Robarts mit einer Frau, die ihm Hinweise gibt, wie er Mrs. Vole im Kreuzverhör befragen soll. Tatsächlich wird sie im Verhör des Verteidigers der Lüge überführt und ist nun selbst dringend mordverdächtig. Mr. Vole wird freigesprochen.
Robarts erkennt, dass die unbekannte Frau, die ihm zu seiner erfolgreichen Verteidigung verholfen hat, Mrs. Vole war, die ihren Mann vor einer Bestrafung schützen wollte. Doch jetzt, als ihr Plan gelungen zu sein scheint, erfährt sie, dass ihr Mann schon längere Zeit ein Verhältnis hat, und erschießt ihn.

Rosen für den Staatsanwalt, Deutschland 1959
Regie: Wolfgang Staudte

Wolfgang Staudte zeigt in diesem Film die Problematik der personellen Kontinuität der NS-Justiz im demokratischen Nachkriegsdeutschland. Der Kriegsgerichtsrat Schramm (Martin Held) hat Rudi Kleinschmidt (Walter Giller) wegen des Diebstahls zweier Tafeln Schokolade zum Tod verurteilt. Durch Zufall wird das Urteil nicht vollstreckt. Nach dem Kriege arbeitet Kleinschmidt als Straßenhändler, Schramm ist ein angesehener Oberstaatsanwalt. Als sich die beiden Männer treffen, versucht Schramm die Aufdeckung seiner Vergangenheit zu verhindern, indem er Kleinschmidt schikaniert um ihn zum Verlassen der Stadt zu bewegen. Kleinschmidt stiehlt zwei Tafeln Schokolade, wird vor Gericht gestellt und erzwingt so eine erneute Begegnung mit Schramm. Dieser verliert vor Gericht die Nerven und beantragt für Kleinschmidt die Todesstrafe. Nun erzählt Kleinschmidt seine Geschichte, worauf dem Staatsanwalt der Prozess gemacht wird.
Abgesehen vom Happyend und einiger verniedlichender Details zeigt der Film die Notwendigkeit, die Vergangenheit der deutschen Justiz aufzuarbeiten.

Ein Schrei in der Dunkelheit, USA/Australien 1988
Regie: Fred Schepisi

Der Film beruht auf einem authentischen Fall, der in Australien jahrelang die Öffentlichkeit beschäftigte. Eine junge Frau (Meryl Streep) wird angeklagt ihr Baby, das erst neun Wochen alt war, getötet zu haben. Die Mutter beteuert, dass das Kind während eines Campingurlaubs von einem Dingo verschleppt worden sei. Das Gericht – und die Öffentlichkeit – glauben ihr nicht. Die Medien veranstalten eine wahre „Hexenjagd" auf die junge Frau und verbreiten immer neue Gerüchte über die Tat. Sie wird verurteilt, ebenso ihr Mann wegen Beihilfe, obwohl keinerlei Beweise für eine Schuld der Eltern vorliegen. Erst nach mehrjährigem Kampf gegen die Justizbehörden erreicht ihr Ehemann die Aufhebung der Gefängnisstrafe. Gericht und Öffentlichkeit hatten nicht wahrgenommen, dass die Mutter die Kraft, mit dem Tod des Kindes umgehen zu können, aus dem Glauben bezogen hat; ihnen war sie wie eine gefühlskalte, berechnende Mörderin erschienen.

Ein kurzer Film über das Töten, Polen 1988
Regie: Krzysztof Kieslowski

Die Filme *Ein kurzer Film über …* wurden ursprünglich für das Fernsehen gedreht: Aus dem an religiösen Wertvorstellungen orientierten Zyklus *Dekalog* wurden Versionen für die Kinoverwertung geschnitten, die sich mit der Aktualität der Zehn Gebote in der heutigen Zeit befassen.
In *Ein kurzer Film über das Töten* bringt ein einsamer junger Mann einen Warschauer Taxifahrer auf brutale Weise um und wird schließlich selbst hingerichtet.

Lasst mich leben, USA 1958
Regie: Robert Wise

Auf der Grundlage eines authentischen Mordprozesses im Jahr 1953 drehte Robert Wise ein engagiertes Plädoyer gegen die Todesstrafe.
Eine reiche Witwe ist ermordet worden. Bei der Suche nach dem Mörder gerät eine vorbestrafte Frau (Susan Hayward) aus zwielichtigem Milieu unter Verdacht. Sie wird festgenommen und vor Gericht gestellt. Obwohl ihre Schuld nicht eindeutig bewiesen ist, wird sie, nicht zuletzt durch Voreingenommenheit des Gerichts, schuldig gesprochen und zum Tode verurteilt. Die Hinrichtung in der Gaskammer ist in einer quälenden Sequenz bis zur letzten Sekunde zu sehen.

Schwurgericht, Frankreich 1950
Regie: André Cayatte

Eine Frau wird des Mordes an ihrem kranken Mann angeklagt. Zwar gibt es Anzeichen dafür, dass sie nur Sterbehilfe geleistet hat, andererseits aber war sie ihm auch untreu und hätte ein finanzielles Motiv gehabt. Die sieben Geschworenen untersuchen das Leben der Frau und versuchen zu einem Urteil zu kommen: Drei von vier Stimmen sprechen sie schuldig. Der Film verfolgt minutiös die Verhandlungen des Gerichts, die in all ihrer Widersprüchlichkeit gezeigt werden. Im Mittelpunkt des Films stehen aber die persönlichen Motive der Geschworenen, die offenbar einen größeren Einfluss auf die Urteilsfindung haben als die Fakten. Der studierte Jurist Cayatte kritisiert mit seinem Film das System der Justiz in seinen Grundsätzen und erregte damit in der französischen Öffentlichkeit erhebliches Aufsehen.

Der Hass ist blind, USA 1950
Regie: Joseph L. Mankiewicz

Ein schwarzer Arzt (Sidney Poitier) wird von einem weißen Rassenfanatiker (Richard Widmark) des Mordes beschuldigt, weil er seinen durch eine Schießerei schwer verletzten Bruder nicht mehr retten konnte. Der Ankläger beschwört durch seinen Schuldvorwurf eine Kette von rassistischer Gewalt herauf. Der Film von Mankiewicz setzt sich engagiert mit der Rassenproblematik in den USA auseinander. Sidney Poitier ist hier in seiner ersten Rolle zu sehen. Wie in den meisten seiner nachfolgenden Filme verkörpert er ein unschuldiges Opfer des Rassenhasses.

Dead Man Walking, USA 1995
Regie: Tim Robbins

Die Ordensschwester Helen (Sarah Sarandon) wird von dem wegen zweifachen Mordes und Vergewaltigung zum Tode verurteilten Matthew Poncelet (Sean Penn) um Briefkontakt gebeten. Obwohl dies nicht zu ihrem üblichen Aufgabengebiet – Arbeit in einem schwarzen Armenviertel – gehört, folgt sie der Bitte. Bei einem Besuch im Gefängnis bittet er sie sich für eine Wiederaufnahme des Verfahrens und eine Begnadigung einzusetzen. Beim Gerichtstermin lernt Schwester Helen auch die Eltern der Opfer kennen und deren Probleme, das Verbrechen zu verarbeiten. Die Begnadigung wird verweigert und Schwester Helen begleitet Matthew die letzten Tage seines Lebens bis zur Aufforderung „Dead Man Walking“, dem Gang zur Todeszelle.

Ausflugsziele

Reichskammergerichtsmuseum
Hofstatt 19
35578 Wetzlar
Tel.: 06441/99612, www.reichskammergericht.de

Öffnungszeiten: Dienstag bis Sonntag 10–13 und 14–17 Uhr
Eintrittspreise: kostenlos
Führungen: kostenlos; um telefonische Anmeldung wird gebeten
Das Reichskammergericht war 1495 von Kaiser Maximilian I. gegründet worden. Neben dem Reichshofrat in Wien war es das oberste Gericht im Heiligen Römischen Reich Deutscher Nation, bis 1806 Kaiser Franz II. unmittelbar nach der Niederlegung der Kaiserkrone die Auflösung des Reichskammergerichts verfügte. 1690 war es aus dem zerstörten Speyer nach Wetzlar verlegt worden.
Das Reichskammergericht war in erster Instanz zuständig für Landfriedensbruch und bei Streitfällen zwischen dem Kaiser und den Reichsständen. Daneben war es Berufungsinstanz gegen Urteile territorialer Gerichte, wobei es in vielen Fällen den damaligen „Untertanen“ in Klagen gegen ihre „Obrigkeiten“ zum Recht verholfen hat. Als Praktikanten haben unter anderem Goethe, Freiherr vom Stein und Fürst Hardenberg in Wetzlar die oberste Rechtsprechung studiert.
Das Reichskammergerichtsmuseum besteht seit 1987. Eine Tonbildschau vermittelt einen ersten Überblick über den Aufbau, die Arbeitsweise und die Zuständigkeit des

Reichskammergerichts. Hier und in den sich anschließenden fünf Ausstellungsräumen wird deutlich, dass trotz der großen Schwierigkeiten, denen das Gericht sich gegenübergestellt sah, wie maßgeblich die Praxis des Reichskammergerichts für die Rechtsentwicklung und für das Rechtsbewusstsein in Deutschland war.

Haus am Checkpoint Charlie
Friedrichstr. 43–45, 10969 Berlin
Tel.: 030/253725-0, www.mauer-museum.com

Öffnungszeiten: täglich 9–22 Uhr (auch an Sonn- und Feiertagen!)
Eintrittspreise: Gruppen ab zehn Personen: ca. 2,– € pro Person
(Busfahrer, Lehrer etc. frei)
Führungen: keine
An Stelle von Führungen bietet das Haus einen kostenfreien Vortrag eines Erlebniszeugen aus der ehemaligen DDR an (Themen: Mauerbau, Opposition in der DDR, politische Haft u. a.), wozu allerdings das gewünschte Datum und die gewünschte Uhrzeit dem Haus mitgeteilt werden sollte.
Im Dezember 1961, vier Monate nach dem Beginn des Mauerbaus mitten durch Berlin, fand die erste Pressekonferenz der *Arbeitsgemeinschaft 13. August* mit zwei geflüchteten Volksarmisten statt. Am 16. Oktober 1962 wurde die erste Ausstellung eröffnet, in der Bernauer Straße unmittelbar gegenüber den Häusern, deren Fenster zugemauert worden waren. Der starke Besuch ermutigte zum Aufbau einer weiteren Ausstellung am Grenzübergang Checkpoint Charlie, die am 14. Juni 1963 eröffnet und seitdem laufend erweitert wurde. Nur wenige Tage zuvor hatte sich die Arbeitsgemeinschaft als ein eingetragener Verein konstituiert und fungiert seitdem als Träger des Museums. 1971 wurde die Ausstellung in der Bernauer Straße in das *Haus am Checkpoint Charlie* integriert. Das Museum bietet – neben täglichen Filmvorführungen – vier Dauerausstellungen an:
- *Die Mauer – Vom 13. August bis heute* (mit den berühmt gewordenen Fluchtobjekten)
- *Maler interpretieren die Mauer*
- *Berlin – Von der Frontstadt zur Brücke Europas*
- *Von Gandhi bis Walesa – Gewaltfreier Kampf für Menschenrechte*

Die Freiluftausstellung *Topographie der deutsch-deutschen Grenze* ist (Februar 1996) wegen Baumaßnahmen bis auf weiteres geschlossen.
Der Verlag – Haus am Checkpoint Charlie – hat viele Publikationen, Dias, Poster und Postkarten zu den Themen des Museums herausgebracht.

Zentrale Mahn- und Gedenkstätte Berlin-Hohenschönhausen
Genslerstr. 66
13055 Berlin
Tel.: 030/98696101, E-Mail: oeffentlichkeit@senstadt.verwalt-berlin.de

Besuche sind werktags in der Zeit zwischen 9 und 16 Uhr nach Anmeldung möglich.
Eintritt: frei
Führungen: Am Dienstag, Mittwoch, Donnerstag um 13 Uhr; Freitag und Samstag um 11 Uhr

Gesprächsrunden mit Zeitzeugen sind nach telefonischer Vereinbarung möglich. Die ehemalige Untersuchungshaftanstalt Hohenschönhausen soll als Gedenkstätte die Erinnerung an jene Opfer wach halten, die in Internierungslagern oder in Haftarbeitslagern und Untersuchungshaftanstalten der Sowjetischen Besatzungszone und der späteren DDR gelitten haben oder starben.
Hohenschönhausen diente als zentrale Untersuchungshaftanstalt des NKWD (Volkskommissariat für Innere Angelegenheiten der UdSSR) und später des Ministeriums für Staatssicherheit in der ehemaligen DDR und dokumentiert in besonderem Maße die Willkürherrschaft und totale Missachtung der Menschenwürde.

Nützliche Adressen

i Bundesverfassungsgericht, Postfach 1771, 76006 Karlsruhe, Tel.: 0721/9101-0, www.bundesverfassungsgericht.de

i Bundesgerichtshof
76125 Karlsruhe, Tel.: 0721/159-0, www.bundesgerichtshof.de

i Bundesarbeitsgericht
99113 Erfurt, Tel.: 0361/2636-0, www.bundesarbeitsgericht.de

i Bundessozialgericht
34114 Kassel, Tel.: 0561/3107-1, www.bundessozialgericht.de

i Der Bundesbeauftragte für die Unterlagen des Staatssicherheitsdienstes der ehemaligen Deutschen Demokratischen Republik
Postfach 218, 10106 Berlin, Tel.: 030/2324-50, www.bstu.de

i Bundesamt für Verfassungsschutz
Postfach 100553, 50445 Köln, Tel.: 0221/792-0, www.verfassungsschutz.de

Der jährliche Verfassungsschutzbericht und Materialien und Texte zur inneren Sicherheit, die sich z. T. direkt an Jugendliche wenden, können vom Innenministerium bezogen werden. Einen Überblick schafft das Publikationsverzeichnis des Ministeriums.

i *Bestelladresse:* Bundesministerium des Innern,
11014 Berlin, Tel.: 01888/681-0, www.bmi.bund.de

Materialien, die das Bundesministerium der Justiz versendet, können für den Unterricht zum Thema Recht interessant sein. So werden z. B. im Verzeichnis der kostenlos erhältlichen Broschüren vom März 1996 unter anderem angeboten: *Kinder suchen Eltern. Eltern suchen Kinder. Informationen zum Adoptionsrecht und Adoptionsvermittlungsrecht* und *Das Mietrecht. Eine Information über das geltende Mietrecht.*

i Bundesministerium der Justiz,
11015 Berlin, Tel.: 030/2025-70, www.bmj.bund.de

i Bundesministerium für Familie, Senioren, Frauen und Jugend
11018 Berlin, Tel.: 030/20655-0, www.bmfsfj.de

Hier sind unter anderem diese Broschüren erhältlich:
– UN-Kinderkonvention. Wortlaut mit Materialien
– Sonderdruck *Die Rechte des Kindes.* Erklärung der UN-Kinderkonvention für Kinder (bitte beachten: Dieser Sonderdruck ist zu bestellen beim BM, Referat 415, 53107 Bonn)

– *Kinder- und Jugendhilfegesetz*. Information und Gesetzestext
– Gesetzestexte zum Jugendschutz: *Gesetz zum Schutz der Jugend in der Öffentlichkeit* (JÖSchG), *Gesetz über die Verbreitung jugendgefährdender Schriften* (GjS)
– *Jugendschutz in Stichworten*. Übersicht über den Jugendschutz nach systematisch geordneten Stichworten

Aus der Reihe *Informationen zur politischen Bildung* können die Hefte
Der Rechtsstaat (Neudruck 1989), Bestell-Nr. 4200
Menschenrechte (Neudruck 1991), Bestell-Nr. 4210
Grundrechte (1993), Bestell-Nr. 4239
einzeln oder im Klassensatz (Schulstempel!) über

i Franzis' print & media, Vertrieb
Postfach 200754, 80007 München

schriftlich bestellt werden.

Materialkiste und Literatur

Nachschlagewerke

Für den juristischen Laien - für Schüler, Lehrer, Zeitungsleser, Radiohörer und Fernsehzuschauer - ist die juristische Fachsprache nicht immer leicht zu verstehen (z. B. der Unterschied zwischen *Berufung* und *Revision*). Diesen Schwierigkeiten versuchen mehrere Fachlexika abzuhelfen, die sich an Nichtjuristen wenden um die Fachsprache ins Allgemeinverständliche zu übersetzen. Da diese Lexika alphabetisch gegliedert sind, muss man den Fachbegriff kennen um die entsprechende Erklärung finden zu können.

Eine Ausnahme bildet das *Jugendlexikon Recht*, das auf den ersten Seiten einen „Orientierungsrahmen" anbietet, in dem wichtigen Rechtsbereichen die dazu gehörenden Begriffe zugeordnet werden (z. B. *Am Arbeitsplatz* oder *Behörden und ihre Aufgaben* u. a.). Ein Register hilft bei der Suche des Schlagworts, so findet man z. B. *Revision* unter dem Stichwort *Rechtsmittel*. Dieses Jugendlexikon beschränkt sich bewusst im Umfang um für Jugendliche leicht verständlich zu sein ● HANS JOACHIM TOSBERG/SUSANNE TOSBERG: Jugendlexikon Recht. Hamburg 1976 (rororo handbuch 6201).

Umfangreicher ist folgendes Lexikon, das sich vor allem an Schüler und Lehrer wendet ● GERD JAUCH (Hrsg.): Lexikon Recht: 2 000 Rechtsbegriffe nachschlagen - verstehen - anwenden. Wiesbaden 1985.

An Lehrer und Zeitungsleser wendet sich dieses Lexikon, das 9 000 Stichwörter umfasst ● OTTO GRITSCHNEDER: Ullstein Lexikon des Rechts. Frankfurt am Main, Berlin, Wien 1971.

Satirisch und spöttisch werden über 1 000 Rechtswörter bzw. juristisch relevante Begriffe in diesem Werk erläutert ● ERNST TEUBNER: Satirisches Rechtswörterbuch. 2. enorm verbesserte und angereicherte Auflage, Köln 1992.

Lange bevor sie volljährig sind, haben Jugendliche viele Rechte und natürlich auch Pflichten. Taschengeld, Liebe, Schule, Jugendhaus und Familie – fast in allen Bereichen spielen Gesetze eine wichtige Rolle. In der Reihe *Ratgeber Recht* zur gleichnamigen ARD-Sendereihe liegt mit *Jugend* ein gut gemachtes Jugendbuch vor, das das Leben Jugendlicher unter dem Aspekt des Rechts begleitet. Die „Sauftour" nach der Disko, das Kondom beim Sex, das frisierte Mofa: „Jurifix, der Skateboardfahrer mit dem Paragraphenrucksack" führt den jungen Leser als witzige Figur durch das Labyrinth der Gesetze. Da ist z. B. der Babysitter: Wer sich auf diesen Job einlässt, übernimmt eine große Verantwortung und muss, wenn dem Kind während der Betreuung etwas passiert, mit riesigen Haftungssummen rechnen. Jeder kann vom Kirchturm pinkeln, seinen Nachbarn als „Kackhaufen" beschimpfen, am Strand die auffällige Pärchennummer durchziehen: Teuer, weil eine Ordnungswidrigkeit, wird das alles erst dann, wenn das dem Nachbarn überhaupt nicht gefällt und er Anzeige erstattet ● SIGRUN VON HASSELN: Jugend. Frankfurt am Main 1996. (Suhrkamp Taschenbuch, 265 Seiten; ca. 8,40 €).

Weitere empfehlenswerte Titel

MANFRED LÖWISCH U. A. (Hrsg.): Funkkolleg Recht 1–3. Frankfurt am Main 1985 ● Unser Recht. Die wichtigsten Gesetze für den Staatsbürger. Textausgabe mit Sachverzeichnis. Beck-Texte im dtv, Nr. 5000, München 1995.

WALTHER J. FRIEDRICH: Rechtskunde für jedermann. Beck-Rechtsberater im dtv, Nr. 5206, München 1992.

TILMANN STEINER: Fall auf Fall. Recht für jeden. München 1988.

WERNER TERPITZ: Zwischen 14 und 18. Rechte und Pflichten der Jugendlichen. Beck-Rechtsberater im dtv, Nr. 5249, München 1991.

„In dubio pro reo": Für Schulklassen, die Latein lernen, sei – auch unter fächerübergreifendem Aspekt – dieses Werk empfohlen ● DETLEF LIEBS: Lateinische Rechtsregeln und Rechtssprichwörter. München 1991.

Eine grundsätzliche Einführung in unser Rechtsverständnis bietet dieses Werk, das sich an Lehrer und interessierte Laien wendet ● PETER KOLLER: Theorie des Rechts: eine Einführung. Wien, Köln, Weimar 1992.

GUSTAV RADBRUCH/HEINRICH GWINNER: Geschichte des Verbrechens. Versuch einer historischen Kriminologie. Frankfurt am Main 1951 (Neuauflage 1991) ● Mag das Werk wissenschaftlich vielleicht nicht mehr auf dem neuesten Stand sein, so stellt es doch die Geschichte der Kriminalität unterhaltsam und spannend dar. Verbrechen und Vergehen werden nicht nur unter rechtsgeschichtlichen Aspekten erfasst, sondern in ihrem kultur- und sozialgeschichtlichen Kontext untersucht.

EBERHARD SCHMIDT: Einführung in die Geschichte der deutschen Strafrechtspflege. Göttingen 1965 ● Diese spannende und umfassende Einführung behandelt die Geschichte der deutschen Strafrechtspflege von der Zeit der Germanen bis zum Dritten Reich im Spannungsfeld zwischen Macht und Recht, zwischen Zweckmäßigkeit und Gerechtigkeit. Sie zeigt, wie mühsam der Weg zur modernen Strafrechtspflege war und wie gefährdet ihr Erhalt ist.

„Misereor“ bietet an: Handbuch der Menschenrechtsarbeit. 200 Seiten; Bestell-Nr. 528296; ca. 12,– ● € Das Nachschlagewerk nennt Arbeitsschwerpunkte und Anschriften der wichtigsten deutschen und internationalen Menschenrechtsorganisationen. Zudem vermittelt es praxisorientierte Kenntnisse über die Menschenrechtsarbeit von Bundestag, Ministerien und internationalen Gremien wie Europarat und UNO. Außerdem wird die Nutzung neuer Medien wie des Internet für die Menschenrechtsarbeit erläutert.

Jugendliteratur

WERNER J. EGLI: *Tarantino.* dtv pocket plus 78068 ● Der Traum von Reichtum und Freiheit in Kalifornien wird für die drei „Illegalen“ Tarantino, Marcela und Jacinto aus Guatemala schnell zum Alptraum. Als Leibeigene der Drogenmafia, die ihnen zur Flucht verholfen hat, geraten die drei jungen Menschen immer tiefer in den Strudel der Kriminalität.

URS M. FIECHTNER: *Annas Geschichte.* dtv pocket plus 7889 ● Aus politischen Aktionen gegen das herrschende Militärregime hatte sich Anna bisher herausgehalten. Doch plötzlich wird sie gezwungen Stellung zu beziehen. Gemeinsam mit dem Medizinstudenten Rodrigo besucht sie die Elendsquartiere der lateinamerikanischen Großstadt um den „Hemdlosen“ zu helfen. Eines Tages werden Anna und ihre Schwester von der Geheimpolizei abgeholt.

NIGEL HINTON: *Buddy.* dtv pocket plus 78025 ● Buddys Dad ist Rock-’n’-Roll-Fan und immer zu Späßen aufgelegt, aber leider kein zuverlässiger und verantwortungsbewusster Vater. Er war im Gefängnis und ist jetzt arbeitslos. In der Familie gibt es wenig Geld und viel Streit. Eines Tages zieht Buddys Mutter aus und lässt ihn mit seinem Dad allein. Beide versuchen mit der Situation klarzukommen, bis Buddy herausfindet, dass sein Vater wieder auf kriminelle Abwege geraten ist.

HANSJÖRG MARTIN: *Die Sache im Supermarkt. Eine Kriminalgeschichte.* Rotfuchs Taschenbuch Band 144, ab zwölf Jahre ● Zwei 15-jährige Jungen stehen vor dem Jugendgericht. Sie sind angeklagt in einen Supermarkt eingebrochen zu haben. Die Jungen bestreiten den Vorwurf nicht. Aber was hat sie dazu angetrieben? Durch einen Zufall geraten Holger und Henriette, die Kinder des Richters, an die Akten des Vaters und stellen auf eigene Faust Nachforschungen an.

IRENE RODRIAN: *Küss mich, Knacki.* Rotfuchs Taschenbuch Band 450, ab 14 Jahre ● Bert wird als Mitglied einer Jugendbande nach einem Raubüberfall zu einer Haftstrafe verurteilt. Aus der Haft entlassen muss er sich nun im Leben zurechtfinden.

OTHMAR FRANZ LANG: *Wenn du verstummst, werde ich sprechen. Ein Jugendroman über Amnesty International.* Rotfuchs Taschenbuch Band 206, ab 13 Jahre ● Claudia und Thomas setzen sich in ihrer Gruppe von Amnesty International für Menschen ein, die aus politischen, religiösen oder rassistischen Gründen gefangen gehalten werden.

DIETER SCHENK: *Es geschah vor meinen Augen. Amnesty International: Isabels Geschichte.* Rotfuchs Taschenbuch Band 676, ab 14 Jahre ● Isabel muss mit ansehen, wie ihr Vater in El Salvador von einer Todesschwadron erschossen wird. Sie geht nach Deutschland, lernt dort Amnesty International kennen und erfährt Neues über Menschenrechtsverletzungen in ihrer Heimat und anderswo auf der Erde.

Krieg und Frieden

Sinnkrise

Vorschläge für den Unterricht

Der literarische Einstieg

Als Einstieg in die Unterrichtseinheit eignen sich literarische Kleinformen, vor allem folgende Parabeln Bertolt Brechts, die wegen ihrer Mehrdeutigkeit ein problemerschließendes Unterrichtsgespräch sehr gut ermöglichen:

Maßnahmen gegen die Gewalt
Vaterlandsliebe, der Hass gegen Vaterländer
Der hilflose Knabe
Wenn die Menschen Haifische wären

(Bertolt Brecht: Geschichten vom Herrn Keuner, Suhrkamp Taschenbuch 16, Frankfurt am Main 1970)

Weiterhin für einen literarischen Einstieg geeignet sind Brechts Gedicht *Und was bekam des Soldaten Weib?* (aus: Walter Urbanek: Lyrische Signaturen. Bamberg

1985) und die Erzählung von Wolfgang Borchert *Dann gibt es nur eins!* (aus: WOLFGANG BORCHERT: Draußen vor der Tür, Reinbek 1956).

Weltpuzzle: Krieg und Frieden in der Welt

Der Lehrer verteilt den Umriss-Stempel einer Weltkarte, die allerdings nicht zu klein ausfallen darf. Die Schüler markieren die Umrisse der Staaten, die gegeneinander Krieg führen, in denen Bürgerkriege stattfinden oder Völker oder Volksgruppen mit Waffengewalt um ihre Unabhängigkeit kämpfen.
Ziel: Der unterschiedliche Wissensstand der Schüler über die bewaffneten Konflikte in der Welt wird im auswertenden Unterrichtsgespräch ausgeglichen.
Erweiterung: Nachdem in der Klasse besprochen wurde, was „Frieden" bedeutet, markieren die Schüler in einer anderen Farbe die Umrisse der Staaten, von denen sie annehmen, dass sie diese Kriterien erfüllen.

Fragebogen „Frieden"

Folgende Kriterien müssen erfüllt sein, damit man sagen kann, dass „Frieden" herrscht:

	ja	nein
▶ wenn kein Krieg zwischen zwei Staaten stattfindet	☐	☐
▶ wenn in einem Staat kein Bürgerkrieg stattfindet	☐	☐
▶ wenn in einem Staat nicht eine Volksgruppe mit Waffengewalt um ihre Unabhängigkeit kämpft	☐	☐
▶ wenn es keinen Hunger mehr in der Welt gibt	☐	☐
▶ wenn die Bevölkerungsexplosion gestoppt ist	☐	☐
▶ wenn der Nord-Süd-Konflikt gelöst ist	☐	☐
▶ wenn die globale Umweltzerstörung beendet ist	☐	☐
▶ wenn weltweit eine umfassende Abrüstung eingeleitet ist	☐	☐
▶ wenn alle Atomwaffen beseitigt sind	☐	☐
▶ wenn alle Staaten den Grundsatz des Gewaltverzichts tatsächlich befolgen und Konflikte im Rahmen der UNO lösen	☐	☐
▶ wenn ideologische, religiöse, nationale und rassische Vorurteile keine Rolle mehr spielen	☐	☐
▶ wenn es keinen Mord und Totschlag mehr gibt	☐	☐
▶ wenn alle Staaten demokratisch regiert werden	☐	☐
▶ wenn alle Staaten Rechtsstaaten sind	☐	☐
▶ wenn in allen Staaten die Menschen- und Bürgerrechte gelten	☐	☐
▶ wenn es keine Gewaltanwendung mehr zwischen Menschen gibt	☐	☐
▶ wenn weltweit der Analphabetismus besiegt ist	☐	☐
▶ wenn alle Menschen Zugang zur Gesundheitsfürsorge haben	☐	☐

Anschließend vergleichen und diskutieren die Schüler ihre Ergebnisse.

Eid und Gehorsam des Soldaten

Bis zum Tod Hindenburgs (2.8.1934) lautete die Eidesformel der Soldaten:

> „Ich schwöre bei Gott diesen heiligen Eid, dass ich meinem Volk und Vaterland allzeit treu und redlich dienen und als tapferer Soldat bereit sein will jederzeit für diesen Eid mein Leben einzusetzen."

Nach dem Tod Hindenburgs bis zum Ende des Zweiten Weltkriegs schworen die Soldaten:

> „Ich schwöre bei Gott diesen heiligen Eid, dass ich dem Führer des Deutschen Reiches und Volkes, Adolf Hitler, dem Oberbefehlshaber der Wehrmacht, unbedingten Gehorsam leisten und als tapferer Soldat bereit sein will jederzeit für diesen Eid mein Leben einzusetzen."

Die Soldaten der Bundeswehr legen folgendes Gelöbnis ab:

> „Ich gelobe der Bundesrepublik Deutschland treu zu dienen und das Recht und die Freiheit des deutschen Volkes tapfer zu verteidigen."

Aufgaben

- Erkläre den Unterschied zwischen einem Eid und einem Gelöbnis!
- Wem werden die Soldaten jeweils verpflichtet?
- Welcher Grad von Einsatz wird jeweils vom Soldaten verlangt?
- Welche Art von Befehlen muss ein Soldat der Bundeswehr verweigern?

Kriegerdenkmäler

In der Schulgemeinde und/oder in Orten der Umgebung sind auf Friedhöfen und öffentlichen Plätzen Kriegerdenkmäler zu finden. So können die Denkmäler, die an den Krieg von 1870/71, an den Ersten und Zweiten Weltkrieg erinnern, miteinander verglichen werden.
Der einfachere Weg ist, wenn der Lehrer Diaaufnahmen von Kriegerdenkmälern der Klasse Fragen entwickelnd vorführt. Die direkte Konfrontation ist natürlich besser, weil es nicht nur auf das Denkmal und seine Inschrift, sondern auch auf seine Größe und den Ort, den es im öffentlichen Raum einnimmt, ankommt.
Auf einen Rundgang zu verschiedenen Denkmälern, die der Lehrer zuvor ausgewählt hat, wird den Schülern ein Beobachtungsbogen mitgegeben, den jeder vor Ort ausfüllt.

Beobachtungsbogen

- An welchen Krieg erinnert das Denkmal?
- Wie wirkt die äußere Gestaltung auf mich? (eher groß oder eher klein? bescheiden oder protzig? triumphierend oder Trauer vermittelnd?)
- Wie sieht die Umgebung aus? Liegt das Denkmal zentral oder eher unauffällig am Rande? Kommen viele Menschen daran vorbei oder eher wenige?
- Welche Inschrift trägt das Denkmal? Welches Vermächtnis wird der Nachwelt mitgegeben?
- In welchem Jahr wurde das Denkmal errichtet? (Jahreszahl ist meistens an der Schmalseite angebracht.)
- Kann die Inschrift heute noch gelten? – Begründe deine Meinung!

Eine Auswertung im Unterricht kann unter diesen Fragen erfolgen:
- Sind diese Denkmäler nur noch historische Zeugnisse oder Bestandteil unseres öffentlichen Bewusstseins?

– Wie sollte – aus heutiger Sicht – ein Denkmal aussehen, das der Kriegstoten gedenkt, und welche Inschrift sollte es tragen?

Literatur: REINHART KOSELLECK/MICHAEL JEISMANN (Hrsg.): Der politische Totenkult. Kriegerdenkmäler in der Moderne. München 1994 ● Der Band enthält zahlreiche Abbildungen und ermöglicht einen internationalen Vergleich.

Familiengeschichte

Die Schüler befragen ihre Großeltern über ihre Erlebnisse im Krieg und in der Nachkriegszeit. Jeder Schüler verfasst nach diesen Erzählungen einen Bericht, wie Krieg und Frieden in der eigenen Familie erlebt wurden. Diese Berichte werden in Klassenstärke fotokopiert und zu Broschüren geheftet. Interessierte Schüler gestalten das Deckblatt.

Fragen der Schüler an ihre Großeltern können sich beziehen auf:

Front- und Kriegserlebnisse – Bombenangriffe – Zwangsarbeiter und Kriegsgefangene in Deutschland – „Verschwinden" der jüdischen Mitbürger aus dem Alltag – Gerüchte über Vernichtungslager – Flüsterwitze – Bedeutung des Rundfunks („Volksempfänger") – Erlebnis des Kriegsendes; „Stunde Null": Niederlage oder Befreiung? – Erste Begegnung mit Soldaten der Siegermächte – Hunger und Not; Essensmarken; Hamsterfahrten; Wohnungsnot – Flucht und Vertreibung – Aufräumen der Bombenschäden; „Trümmerfrauen" – Rückkehr der Kriegsgefangenen – Das Leben in den Besatzungszonen; Neuaufbau einer staatlichen Ordnung – Neuer Anfang im Berufsleben – Währungsreform – Gründung der Bundesrepublik.

Literatur

Die Körber-Stiftung führt den Schülerwettbewerb *Deutsche Geschichte um den Preis des Bundespräsidenten* durch. Um die Ergebnisse der lokalgeschichtlichen Spurensuche allgemein zugänglich zu machen, werden alle preisgekrönten Wettbewerbsbeiträge in Findbüchern durch kurze Inhaltsangaben der Forschungsarbeiten vorgestellt. Die nach Bundesländern und Orten katalogisierten Arbeiten sind durch Schlagwortregister auch inhaltlich erfasst. Die Körber-Stiftung stellt allen staatlichen Archiven die Findbücher zur Verfügung und ist mit ihrem Archiv, in dem alle Beiträge ab 1976 zu finden sind, am Fernleihsystem beteiligt.

Für die Themen dieses Kapitels eignen sich folgende Bände:

Band 4: Wettbewerb 1980/81: Alltag im Nationalsozialismus. Vom Ende der Weimarer Republik bis zum Zweiten Weltkrieg.

Band 5: Wettbewerb 1982/83: Alltag im Nationalsozialismus. Die Kriegsjahre in Deutschland.

Band 6: Wettbewerb 1984/85: Vom Zusammenbruch zum Wiederaufbau. Alltag im Nachkriegsdeutschland.

Band 10: Wettbewerb 1992/93: Denkmal: Erinnerung – Mahnung – Ärgernis.

LOTHAR DITTMER/DETLEF SIEGFRIED (Hrsg.): Spurensucher. Ein Praxisbuch für historische Projektarbeit. Weinheim/Basel 1997, ISBN 3-407-62331-3 (260 Seiten; ca. 24,90 €)

Viele Spurensucher lernen beim Wettbewerb *Deutsche Geschichte um den Preis des Bundespräsidenten* ungewohnte Arbeitsmethoden kennen: Expertengespräche vorbereiten, Zeitzeugen interviewen, Ergebnisse auswerten, einen Bericht schreiben.

Viele Anregungen und Hilfen für Jugendliche und Lehrer, die ein historisches Projekt durchführen, bietet dieses Praxisbuch, das der Beltz-Verlag in Zusammenarbeit mit der Körber-Stiftung veröffentlicht.

i Körber-Stiftung
Kurt-A.-Körber-Chaussee 10, 21033 Hamburg, Tel.: 040/7250-2457, www.stiftung.koerber.de

Wer war's? – Friedensnobelpreisträger

(1) Jassir Arafat (2) Menachem Begin (3) Willy Brandt (4) Henri Dunant (5) Henry Kissinger (6) Toni Morrison (7) Shimon Peres (8) Yitzhak Rabin (9) Anwar el Sadat (10) Gustav Stresemann (11) Bertha v. Suttner (12) UNICEF (13) UNHCR.

(A) Ihn bewegte das Elend der verletzten Soldaten, die fast völlig sich selbst überlassen waren, sodass die Sterberate unter ihnen sehr hoch war. Er veranlasste die Einberufung der Konferenz, die 1864 die „Genfer Konvention" zum Schutz der kranken und verwundeten Soldaten beschloss. Letztlich gab er den Anstoß zur Gründung des „Roten Kreuzes". 1901 erhielt er den Friedensnobelpreis.

(B) Sie wurde mit ihrem Aufsehen erregenden Roman „Die Waffen nieder!" (1889) eine Mitbegründerin der Friedensbewegung. 1905 erhielt sie den Friedensnobelpreis.

(C) Er wurde 1923 in Fürth geboren und wanderte 1938 mit seiner Familie in die USA aus. Er schuf als US-Außenminister die Voraussetzungen für den militärischen Rückzug der USA aus Vietnam, wofür er 1973 mit dem vietnamesischen Außenminister Le Duc Tho den Friedensnobelpreis erhielt.

(D) 1965 erhielt das Kinderhilfswerk der UNO den Friedensnobelpreis. Es hilft Kindern und Müttern in Entwicklungsländern in den Bereichen Gesundheitsfürsorge, Wasser, Hygiene, Ernährung und Erziehung.

(E) Drei Männer, der eine von 1992 bis 1995 Ministerpräsident Israels, der andere sein Außenminister, der dritte seit 1969 Vorsitzender der PLO, der Palästinensischen Befreiungsorganisation, erhielten 1993 den Friedensnobelpreis dafür, dass sie die jahrzehntelange Feindschaft zwischen Israelis und Palästinensern beenden wollen.

(F) 1971 erhielt ein deutscher Bundeskanzler für die Gewaltverzichtsverträge, die er mit mehreren damals noch kommunistisch regierten osteuropäischen Staaten abschloss, den Friedensnobelpreis.

Aufgabe

Ordne die Beschreibungen sieben Friedensnobelpreisträgern zu.

Variante: Wenn man Porträtabbildungen der Personen und Embleme der Organisationen besorgt, können diese in einem ersten Schritt den Namen zugeordnet werden.

Wir diskutieren

Wehrdienst oder Ersatzdienst?
Wehrpflicht auch für Frauen?
Dienstpflicht für alle?
Wehrpflichtigenarmee oder Berufsarmee?

Plenumsdebatten haben die Nachteile,

- dass Schüler u. U. längere Zeit warten müssen, bis sie ihren Beitrag zur Diskussion beisteuern können,
- dass die Diskussionsteilnehmer keinen Bezug auf die Beiträge der anderen nehmen,
- dass nur ein Teil der Klasse mitdiskutiert, zurückhaltende Schüler, oft auch Mädchen, sich „aus dem Streit heraushalten“,
- dass der Lehrer oft eingreifen und stark steuern muss.

Vorschlag: die „amerikanische Debatte"

1. Der Lehrer teilt zwei zahlenmäßig gleich starke Mannschaften ein, eine Pro- und eine Contra-Gruppe.
   Der persönliche Wunsch eines Schülers, einer bestimmten Partei anzugehören, kann u. U. nicht berücksichtigt werden, da sonst die Gruppen zahlenmäßig wohl kaum auf die gleiche Stärke zu bringen wären. Außerdem ist es eine gute intellektuelle Übung, eine Sache, die nicht die eigene ist, vertreten zu müssen.
2. Die Pro- und die Contra-Partei sammeln mindestens so viele Argumente, wie sie Mitglieder haben.
3. Die Befürworter und Gegner sitzen in Reihen gegenüber. Jeder Schüler trägt ein Argument seiner Partei im Wechsel mit der Gegenpartei vor. Die Argumente müssen sich nicht aufeinander beziehen. Nach diesem Schritt sind alle Argumente der Klasse bekannt.
4. Im zweiten Durchgang, der ebenfalls nach diesem „Reißverschlussverfahren“ erfolgt, muss der zweite Redner auf das Argument seines Vorredners mit einem passenden Gegenargument eingehen. Der zweite Redner bietet dann dem dritten Redner, der der zweite der ersten Partei ist, ein neues Argument an, auf das der dritte Redner antwortet um dann den vierten wieder mit einem neuen Argument zu konfrontieren.

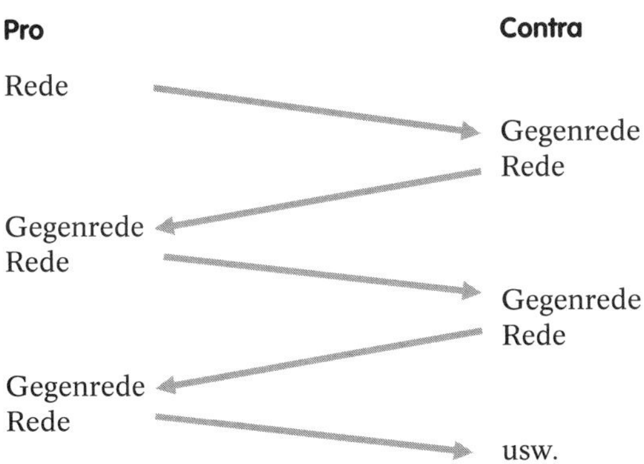

Zur Organisation: Je nach Größe der Klasse bzw. je nach der Menge der Argumente kann nicht die ganze Klasse mitdiskutieren (wofür zwei Schulstunden zu veranschlagen sind). Alle Schüler können sich aber beim Sammeln der Argumente beteiligen. Bei dieser Art der Vorbereitung und Diskussion sollte der Lehrer die „stilleren" Schüler in die Diskussionsmannschaften berufen.
Wenn die Gruppen ihre Argumente ausgetauscht haben, kann die Diskussion wieder für das Plenum eröffnet werden.
Erweiterung: Zu Beginn der Stunde wird eine erste Pro- und Contra-Abstimmung durchgeführt, die am Ende wiederholt wird um Veränderungen im Meinungsbild festzustellen.

Der Jugendoffizier im Unterricht

Das Informationsangebot der Jugendoffiziere umfasst die Grundfragen von Frieden, Freiheit, Sicherheit und aktuelle Probleme der Sicherheitspolitik und der Bundeswehr. Neben den Grundlagen der deutschen Sicherheitspolitik und der Konzeption der NATO gehören auch die Fragen nach der ethisch-moralischen und politischen Legitimation deutscher Streitkräfte in der heutigen Zeit zu seinem Aufgabengebiet. Außerdem bieten die Jugendoffiziere an:
- Einbeziehung des interaktiven Simulationsspieles *Politik und internationale Sicherheit* (POL & IS) in den Unterricht: Thema sind die internationalen Beziehungen in Politik, Wirtschaft und Sicherheit. Die Spieler benötigen keine Vorkenntnisse, sie müssen sich lediglich mit den Spielregeln vertraut machen. Das Spiel verlangt mindestens elf Teilnehmer, nach oben gibt es keine zahlenmäßige Begrenzung, das Optimum liegt bei 46 Mitspielern. Da das Spiel etwa eineinhalb bis zweieinhalb Tage dauert, lässt es sich nicht im Rahmen des „normalen" Unterrichtsablaufs durchführen.
- Vermittlung von Truppenbesuchen
- Mitarbeit bei Projekttagen, Vorträge und Teilnahme an Diskussionen

Den Jugendoffizier wird man erst am Ende der Unterrichtseinheit *Krieg und Frieden/Bundeswehr* einladen. Die Vor- und Nachbereitung des Besuchs liegt beim Fachlehrer. Sinnvoll ist, dass die Klasse in der letzten Stunde vor dem Besuch des Jugendoffiziers in Gruppenarbeit die Fragen vorbereitet, die sie stellen will. Für die Diskussion sollten zwei Unterrichtsstunden, für einen Truppenbesuch einschließlich der An- und Abreise mindestens ein halber Tag zur Verfügung stehen. Dem Schulleiter müssen diese Veranstaltungen rechtzeitig gemeldet werden.
Wenn die Adresse des zuständigen Jugendoffiziers der Schule nicht bekannt ist, so kann diese erfragt werden beim:

i Bundesministerium der Verteidigung,
Postfach 1328, 53003 Bonn, Tel.: 0228/12-00, www.bundeswehr.de

Unter dieser Adresse können auch sehr viele aktuelle Informationen über die Bundeswehr und die Sicherheitspolitik der Bundesregierung bezogen werden. Besonders hingewiesen sei auf das *Weißbuch zur Sicherheit der Bundesrepublik Deutschland und zur Lage und Zukunft der Bundeswehr*, herausgegeben vom Bundesministerium der Verteidigung, das grundsätzliche und sehr ausführliche Informationen liefert.

Bei der Behandlung des Themas Wehrdienst/Ersatzdienst oder eines anderen, kontrovers diskutierten Themas, wie z. B. Auslandseinsätze der Bundeswehr, ist es empfehlenswert, zusätzlich zum Jugendoffizier einen **Kriegsdienstverweigerer** oder einen **Vertreter einer KdV-Organisation** einzuladen. Falls an der Schule keine Adressen bekannt sind und das örtliche Telefonbuch nicht weiterhilft, können Adressen von den Geschäftsstellen der angeführten Organisationen, von der evangelischen und katholischen Kirche und von Basisgruppen der Selbstorganisation der Zivildienstleistenden erfragt werden:

i Zentralstelle für Recht und Schutz der Kriegsdienstverweigerer aus Gewissensgründen, Dammweg 20, 28211 Bremen
Tel.: 0421/340025, www.zentralstelle-kdv.de

i Deutsche Friedensgesellschaft/Vereinigte KriegsdienstgegnerInnen Schwanenstr. 16, 42551 Velbert, Tel.: 02051/4217, www.dfg-vk.de

i Bundeszentrale der Selbstorganisation der Zivildienstleistenden, Vogelsbergstr. 17, 60316 Frankfurt am Main, Tel.: 069/4980364, www.dfg-vk.de

i Evangelische Arbeitsgemeinschaft zur Betreuung von Kriegsdienstverweigerern, Wachmannstr. 65, 28209 Bremen
Tel.: 0421/344037, www.eak-online.de

i Katholische Arbeitsgemeinschaft für Kriegsdienstverweigerung und Zivildienst, www.friedenspaedagogik.de

Organisationen und Vereine

Bundesamt für den Zivildienst
50964 Köln
Tel.: 0221/3673-0
www.zivildienst.de

Das Bundesamt für den Zivildienst entscheidet über den Antrag auf Kriegsdienstverweigerung der ungedienten Wehrpflichtigen. Das Amt ist auch für die Durchführung des Zivildienstes zuständig. In der Bundesrepublik gibt es über 30 000 Zivildienststellen mit mehr als 160 000 Zivildienstplätzen. 1994 wurden 125 765 Anträge auf Kriegsdienstverweigerung gestellt; 1991 gab es mit 151 212 Anträgen die bisher höchste Zahl von Antragstellern. Die meisten Zivildienstplätze gibt es bei den Wohlfahrtsverbänden, deren Adressen vom Bundesamt angefordert werden können. Wer sich nicht selbst einen Zivildienstplatz suchen möchte, kann sich von einer Verwaltungsstelle, deren Anschriften das Amt mitteilt, helfen lassen. Wenn sich ein Antragsteller nicht um einen Zivildienstplatz kümmert, wird ihm eine Dienststelle zugewiesen.
Zu dem eigentlichen Antrag auf Kriegsdienstverweigerung ist noch
- eine schriftliche Begründung für die Gewissensentscheidung, die dem Antragsteller zwingend verbietet einen Dienst mit der Waffe abzuleisten,
- ein ausführlicher Lebenslauf,
- ein polizeiliches Führungszeugnis

vorzulegen.
Anfragen, die die Kriegsdienstverweigerung und den Zivildienst betreffen, werden vom Bundesamt beantwortet.

Deutsche Friedensgesellschaft, Vereinigte KriegsdienstgegnerInnen (DFG-VK)
Schwanenstr. 16
42551 Velbert
Tel.: 02051/4217
www.dfg-vk.de

Im Mittelpunkt der Arbeit der DFG-VK steht die Kriegsdienstverweigerung. Die Gesellschaft unterhält über 150 Beratungsstellen in der Bundesrepublik. Die DFG-VK ist für die Abschaffung der Wehrpflicht, der Bundeswehr überhaupt und unterstützt Totalverweigerer, sie ist gegen eine allgemeine Dienstpflicht und ruft zur „Rüstungssteuerverweigerung“ auf. Ihre Arbeit, vor allem die Beratung der Kriegsdienstverweigerer, stellt die Gesellschaft in Broschüren und Zeitschriften (*Zivilcourage*, 4/3) vor, die unter der angegebenen Adresse bezogen werden können.
In der kleinen Broschüre *Jahrgang 1892. Zur Geschichte der ältesten deutschen Friedensorganisation* wird ein durchaus selbstkritischer Abriss der Geschichte der Deutschen Friedensgesellschaft gegeben.
Die Geschichte der DFG ist ausführlich in einem Buch dargestellt, dessen Herausgeber der internationale Sprecher der DFG-VK ist: GUIDO GRÜNEWALD (Hrsg.): Nieder die Waffen! Hundert Jahre Deutsche Friedensgesellschaft (1892–1992). Donat-Verlag, Bremen 1992, ca. 12,40 €.

Volksbund Deutsche Kriegsgräberfürsorge e.V.
Werner-Hilpert-Str. 2
34117 Kassel
Tel.: 0561/7009-0
www.volksbund.de

Der Volksbund erhält und pflegt die Gräber von 1,4 Mio. Kriegstoten auf 416 Soldatenfriedhöfen in 33 Staaten. Seit der politischen Wende in Osteuropa kümmert sich der Volksbund auch dort um die Kriegsgräber. Die Friedhöfe dienen der Erinnerung und dem Gedenken an die Opfer von Krieg und Gewalt. Der Volksbund fördert die Friedenserziehung und die internationale Jugendbegegnung. Diesem Zweck dienen vielfältige Aktivitäten, die in dem Sonderprospekt *Jugend und Kriegsgräberfürsorge ... Was soll das?* vorgestellt werden, der speziell an die Schulen gerichtet ist.
Der Volksbund unterhält Jugendbegegnungsstätten auf Soldatenfriedhöfen in mehreren Staaten, wo Arbeiten zur Pflege der Gräber und die historisch-politische Bildung auf Tagungen, in Seminaren und Projekten einander ergänzen. Zentrales Anliegen ist die Begegnung mit Jugendlichen aus dem Gastland.
Der Volksbund führt Jugendlager zur Pflege von deutschen Kriegsgräbern und der anderer Nationen und von KZ-Gedenkstätten durch, bei denen durch die Begegnung mit der Bevölkerung des Gastlandes ein Beitrag zur Völkerverständigung geleistet wird.
Er unterstützt die Arbeit an den Schulen, indem er z. B.
- Vorschläge für Unterrichtsgänge zu Kriegsgräbern und Gedenkstätten,
- Unterstützung des Unterrichts im Rahmen der Friedenserziehung, z. B. bei der Spurensuche und Forschung im heimatlichen Umfeld,
- Vorschläge für die zeitgemäße Gestaltung von Gedenkstunden zum Volkstrauertag unter Beteiligung von Schülern

anbietet.

Institut für Friedensforschung und Sicherheitspolitik an der Universität Hamburg (IFSH)
Falkenstein
22587 Hamburg
Tel.: 040/866077-0
www.ifsh.de

Das Institut für Friedensforschung und Sicherheitspolitik an der Universität Hamburg (IFSH) hat nach der Satzung den Auftrag, „sich im Rahmen der Friedensforschung speziell mit sicherheitspolitischen Problemen zu befassen und dabei die Kriterien von freier Forschung und Lehre, Förderung des wissenschaftlichen Nachwuchses und Publizierung der Forschungsergebnisse zu erfüllen“.
Am Institut arbeiten überwiegend wissenschaftliche Referenten, daneben ausländische Gastwissenschaftler, Offiziere der Bundeswehr, Beamte des Auswärtigen Amtes sowie Hamburger Pädagogen. Egon Bahr ist seit 1984 der Wissenschaftliche Direktor.
Nach den politischen Umwälzungen im ehemaligen Ostblock legte das IFSH eine Studie zu einer europäischen Sicherheitsgemeinschaft vor, die den Umriss eines regionalen Systems Kollektiver Sicherheit im Rahmen des OSZE-Prozesses entwirft.
Von den Veröffentlichungen des Instituts kann die für die Schule konzipierte Reihe *Pädagogische Informationen*, die unregelmäßig erscheint, kostenlos bezogen werden.
Die Ausgabe 3/1991 hat *Kriegsdienstverweigerung und Zivildienst*, die Ausgabe 5/1995 *Nie wieder Krieg? Wege zum Frieden* zum Thema.

Internationale Ärzte für die Verhütung des Atomkrieges/Ärzte in sozialer Verantwortung e.V. (IPPNW)
Körtestr. 10
10967 Berlin
Tel.: 030/6930244
www.ippnw.de

Die IPPNW hat ihre Wurzeln im Jahre 1962, als amerikanische Ärzte die möglichen Folgen eines Atomangriffs untersuchten und Widerstand gegen die atomare Rüstung leisteten. Im Laufe der Jahre wuchs die Anerkennung für die Arbeit der Organisation, die 1984 den Friedenspreis der UNESCO und 1985 den Friedensnobelpreis erhielt.
Neben der Arbeit gegen Atomwaffen wendet sich die IPPNW gegen die Nutzung der Kernenergie und gegen die krank machende Umweltverschmutzung.
In Deutschland sind über 10 000 Mediziner in der IPPNW organisiert, das entspricht einem Anteil von etwa 4 % dieser Berufsgruppe.
Über die zahlreichen Aktivitäten der Vereinigung (Atomteststopp, medizinische Hilfe für das ehemalige Jugoslawien, Asylgesetzgebung u.v.m.) informiert der Jahresbericht, der über die oben genannte Anschrift bezogen werden kann.

Aktion Sühnezeichen/ Friedensdienste (ASF)
Auguststr. 80
10117 Berlin
Tel.: 030/28395-184
www.asf-ev.de

Die Aktion Sühnezeichen wurde 1958 von evangelischen Christen gegründet um gegen das Vergessen und Verdrängen der deutschen Schuld am Zweiten Weltkrieg einen persönlichen Einsatz für den Frieden, für Versöhnung und Verständigung zu leisten. Die Aktion ist eine ökumenische christliche Organisation, die weltanschaulich offen ist. Heute arbeiten etwa 140 Freiwillige der ASF in Israel, Norwegen, in den Niederlanden,

Belgien, Frankreich, Großbritannien, Tschechien, Polen, den USA, Weißrussland und Russland. Die Projekte reichen vom Zusammenleben und -arbeiten mit benachteiligten Kindern und Jugendlichen, Behinderten, Drogenabhängigen, mit ethnischen Minderheiten und Flüchtlingen, Mitarbeit in KZ-Gedenkstätten, bis hin zu Stadtteilarbeit in Slums oder jüdisch-arabischen Versöhnungsinitiativen in Israel, sowie der Bildungs- und Erinnerungsarbeit.
Die langfristigen Dienste dauern 18 Monate. Mitarbeiten können Frauen und Männer ab 18 Jahren. Kriegsdienstverweigerer können diesen Friedensdienst an Stelle des Zivildienstes leisten. Kurzfristige Dienste sind die jährlich stattfindenden Sommerlager, in denen die Teilnehmer zwei Wochen gemeinsam leben und arbeiten. Die Sommerlager finden sowohl in Deutschland als auch in mehreren anderen, vor allem osteuropäischen Ländern statt. Bei einigen Sommerlagern beträgt das Mindestalter 16 Jahre. Die Anzahl der Bewerber ist größer als die Zahl der Projektplätze.
Unter der angegebenen Adresse können

- Bewerbungsunterlagen mit weiteren Informationen zu einem sozialen Friedensdienst,
- *Zeichen*, das Mitteilungsblatt der ASF, das alle drei Monate erscheint,

bezogen werden.

Evangelische Arbeitsgemeinschaft zur Betreuung der Kriegsdienstverweigerer (EAK)
Wachmannstr. 65
28209 Bremen
Tel.: 0421/344037
www.eak-online.de

Die EAK betreut Kriegsdienstverweigerer und Ersatzdienstleistende. Sie bietet an: Hinweise für Wehrpflichtige, Broschüren für Verweigerung aus religiösen Gründen, Ratgeber *Anhaltspunkte* für Beistände und Beisitzer, Vermittlung der Anschriften erfahrener Berater, die Zeitschrift für Kriegsdienstgegner und Zivildienstleistende *was uns betrifft* (wub), Begleitung und Seelsorge für Zivildienstleistende, Veröffentlichungen zu friedensethischen Diskussionen und zur Friedenspädagogik.
Die EAK fordert, die Militärdienstverweigerung als Bestandteil der Gedanken-, Glaubens- und Gewissensfreiheit als Menschenrecht anzuerkennen.
Die der EAK entsprechende katholische Organisation ist:

i Katholische Arbeitsgemeinschaft für Kriegsdienstverweigerung und Zivildienst
www.friedenspaedagogik.de

Pax Christi
Internationale Katholische Friedensbewegung
Postfach 1345
61103 Bad Vilbel
Tel.: 06101/2073
www.paxchristi.de

Die Pax-Christi-Bewegung geht auf das Jahr 1945 zurück, als französische Laien, Priester und Bischöfe den Deutschen vergaben und zum Gebet für den Frieden in der Welt aufriefen. Die deutsche Sektion entstand 1948 aus der Auseinandersetzung mit dem Nationalsozialismus; die Bitte um Vergebung und die Versöhnung mit den Nachbarvölkern standen zunächst im Mittelpunkt der Pax-Christi-Arbeit in Deutschland. Bereits in den 50er Jahren kamen die Arbeit für die Dritte Welt und in den 60er Jahren für Kriegsdienstverweigerer und Friedenserziehung dazu. In den 70er Jahren waren die deutsch-polnische Verständigung und der Einsatz für Abrüstung zentrale

Anliegen.
Aktuelle Schwerpunkte von Pax Christi sind die Asyl- und Flüchtlingspolitik und die Kampagne gegen den „Jäger 2 000“. Weitere Themen sind der Stopp der Rüstungsexporte, Konzepte für gewaltfreie Konfliktlösungen, die Vorbereitung und Durchführung von Friedensdiensten (z. B. im ehemaligen Jugoslawien), Nationalismus und Rechtsradikalismus, Israel und Palästina, Frauenrechte in Kirche und Gesellschaft.
In Deutschland hat Pax Christi etwa 6 000 Mitglieder, die in rund 200 lokalen Gruppen organisiert sind. Die Mehrzahl der Mitglieder ist katholisch, die Organisation ist aber auch offen für Angehörige anderer Konfessionen. In allen Bistümern Deutschlands ist Pax Christi vertreten.

Versöhnungsbund e. V.
Schwarzer Weg 8
32423 Minden
Tel.: 0571/850875
www.versoehnungsbund.de

Die Anregung für die Einrichtung eines zivilen Friedensdienstes geht auf die Evangelische Kirche in Berlin-Brandenburg zurück und befindet sich in der Planungs- und Vorbereitungsphase. Er soll im Vorfeld sich anbahnender Konflikte deeskalierend einwirken, und zwar sowohl international als auch innergesellschaftlich, z. B. um der Gewalt an Schulen, auf den Straßen und um fremdenfeindlichen Taten zu begegnen. Der Friedensdienst soll international vernetzt und aus Steuermitteln finanziert werden. Geplant ist, dass nach einer Ausbauphase von zehn bis 20 Jahren neben einer ausreichenden Zahl von Hauptamtlichen eine große Zahl von freiwilligen Frauen und Männern jeden Alters durch eine grundlegende Ausbildung zur gewaltfreien Konflikt-Intervention befähigt werden.
Die Konzeption des Zivilen Friedensdienstes weist große Ähnlichkeit mit der Arbeit der „Internationalen Friedensbrigaden“ auf.

i Peace Brigades International (PBI), Deutscher Zweig e.V.
Hohenesch 72, 22765 Hamburg, Tel.: 040/3806903, www.pbi-deutschland.de

Service Civil International (SCI)
Deutscher Zweig
Blücherstr. 14
53115 Bonn
Tel.: 0228/212086/7
www.sci-d.de

Der SCI organisiert internationale Freiwilligeneinsätze und interkulturelle Begegnungen im Rahmen von Workcamps. Gegründet wurde der SCI 1920, als Freiwillige nach dem Ersten Weltkrieg beim Wiederaufbau der zerstörten Stadt Verdun halfen.
Gemeinsam arbeiten und lernen Freiwillige für zwei bis drei Wochen in Projekten der Friedensarbeit, mit Minderheiten, mit Kindern und Jugendlichen, im Natur- und Umweltschutz oder mit Kulturgruppen. Diese Einsätze sollen zu Abrüstung und internationaler Verständigung, zu sozialer Gerechtigkeit, zu gleichberechtigten Beziehungen zwischen Nord und Süd sowie zu einer lebenswerten Umwelt beitragen. Die meisten Workcamps finden im Sommer statt (Juni bis Oktober). Die Gruppen bestehen aus zehn bis 20 Teilnehmern aus verschiedenen Ländern. Ab 16 Jahren kann man im Inland, ab 18 Jahren im Ausland mitmachen.

Aktionsgemeinschaft Dienst für den Frieden e.V. (AGDF)
Blücherstr. 14
53115 Bonn
Tel.: 0228/24999-0
www.friedensdienst.de

Die AGDF ist ein Zusammenschluss von 31 Organisationen und Institutionen für Friedensarbeit aus dem gesamten Bundesgebiet, die im Rahmen der evangelischen Kirchen ökumenisch arbeiten. Jedes Jahr arbeiten durchschnittlich etwa 5 000 jüngere und ältere Menschen in kurz-, mittel- und langfristigen freiwilligen Friedensdiensten mit.
Die AGDF-Geschäftsstelle selbst bietet keine Programme an, sendet aber auf Anfrage ein Verzeichnis der 31 Mitgliedsorganisationen mit einer kurzen Beschreibung der Programme zu.
Organisationen, die Aufbaulager, Gemeinschafts- und Sozialdienste anbieten:

- i Arbeitsgemeinschaft der Evangelischen Jugend e.V. (aej)
Otto-Brenner-Str. 9, 30159 Hannover, Tel.: 0511/1215-0,
www.evangelische-jugend.de
- i Internationaler Christlicher Friedensdienst e. V.
Postfach 1322, 56503 Neuwied, Tel.: 02631/8379-0, www.eirene.org
- i Internationale Jugendgemeinschaftsdienste e. V.
Kaiserstr. 43, 53113 Bonn, Tel.: 0228/228000, www.ijgd.de
- i Internationaler Bauorden, Deutscher Zweig
Liebigstr. 23, 67551 Worms, Tel.: 06241/37900, www.ibo-d.bei.t-online.de
- i Pro international, Aufbauwerk der Jugend in Deutschland e.V.
Bahnhofstr. 26, 35037 Marburg, Tel.: 06421/65277,
www.pro-international.de

In der Regel wird vormittags gearbeitet, je nach Einsatz im Spiel- und Sportplatzbau, Renovierungsarbeiten von Wohnungen, Betreuung von Kindern, Kranken- oder Behinderten- und Familienhilfe, in Krankenhäusern und Altenheimen, im Natur- und Umweltschutz. Nachmittags und abends finden kulturelle und gesellige Veranstaltungen statt.
Alter: 16–25 Jahre
Dauer: zwei bis drei Wochen oder zehn bis zwölf Monate

Film: Vom Ersten Weltkrieg zum Atomkrieg

Im Westen nichts Neues, USA 1930
Regie: Lewis Milestone

Der Film basiert auf dem gleichnamigen Roman von Erich Maria Remarque (1929). Er schildert die Erlebnisse des jungen Paul Bäumer, der im Ersten Weltkrieg begeistert Soldat wird, von einem Unteroffizier schikaniert wird, die Schrecken des Grabenkrieges durchleidet und schließlich fällt – an einem Tag, an dem der Heeresbericht meldet: „Im Westen nichts Neues!"
Der Film erhielt 1930 den Oscar für Film und Regie.

Die Brücke, Deutschland 1959
Regie: Bernhard Wicki

Noch in den letzten Kriegstagen des Jahres 1945 werden sieben Jungen einer kleinen deutschen Stadt zum Militärdienst eingezogen. Stolz darauf, sich endlich beweisen

zu können, beziehen sie unter der Leitung des Unteroffiziers Heilmann Stellung an einer militärisch völlig unwichtigen Brücke in ihrer ebenso unwichtigen Stadt. Doch als einer der Jungen durch einen Tiefflieger getötet wird, beschließt die Gruppe, auch ohne Heilmann, der erschossen wurde, gegen die anrückenden Amerikaner zu kämpfen. Dem grausamen Kampf entkommt nur einer der Jungen lebend. Ihm wird klar, wie sinnlos der Tod seiner Freunde war.
Diese beiden Filme müssten in allen Bildstellen vorhanden sein. Wegen der thematischen Überschneidung mit dem Fach Geschichte empfiehlt sich eine Rücksprache mit dem betreffenden Lehrer.

Wargames – Kriegsspiele, USA 1982
Regie: John Badham

Der 17-jährige Computerfreak David, der seine Freizeit damit verbringt, in fremde Programme einzudringen, gerät durch Zufall in den Speicher der US-amerikanischen Raketenverteidigung. Eigentlich wollte er den Rechner einer Spielzeugfirma knacken und sich mit aktuellen Videospielen versorgen. Er ist deswegen auch nicht überrascht, als ihm neben Schach, Dame und anderen Programmen eine Reihe strategischer Optionen angeboten wird. Er entscheidet sich für das Programm „Weltweiter thermonuklearer Krieg“, wobei er sich in dem vermeintlichen Spiel für die östliche Seite entscheidet und einen Raketenangriff auf Las Vegas startet. Obwohl David ausfindig gemacht wird, läuft das Programm weiter und die Menschheit steht vor dem Dritten Weltkrieg. Im letzten Augenblick gelingt es David, die Katastrophe zu verhindern.
Regisseur John Badham hat einen spannenden Thriller inszeniert, der mit den Mitteln des Hollywood-Kinos vor der atomaren Rüstung und einem unbegrenzten Vertrauen in die Computertechnik warnt.

Verbotene Spiele, Frankreich 1952
Regie: René Clément

Frankreich im Zweiten Weltkrieg: Eine Gruppe von Flüchtlingen wird Opfer eines Flugzeugangriffs. Dabei kommen auch die Eltern der kleinen Paulette (Brigitte Fossey) ums Leben. Bei einer Bauernfamilie findet das Mädchen eine neue Bleibe. Dort freundet sie sich mit Michel (Georges Poujouly) an, einem Sohn der Familie. Die Kinder beziehen das grauenvolle Kriegsgeschehen um sich herum arglos in ihre Spiele mit ein: Sie legen einen Tierfriedhof an, auf dem sie tote Tiere, die Michel besorgt, mit gestohlenen Kränzen beerdigen. Eines Tages aber findet die Eintracht der beiden Kinder ein jähes Ende: Paulette wird, entgegen den Versprechungen der Gastgeberfamilie, in ein Waisenhaus gebracht. Michel bleibt zurück und zerstört verzweifelt den Tierfriedhof.
Selten zuvor oder danach werden in einem Film die verheerenden Auswirkungen des Krieges auf Kinder in derartig erschütternder Offenheit dargestellt. Daher darf der Film 1953 – z. Zt. des Kalten Krieges – bei den Filmfestspielen in Cannes nicht öffentlich aufgeführt werden. In der Bundesrepublik Deutschland wird *Verbotene Spiele* erst 1980 ungekürzt gezeigt.

Iwans Kindheit, UdSSR 1962
Regie: Andrej Tarkowskij

Im Zweiten Weltkrieg stoßen sowjetische Truppen auf einen Jungen, der verlangt den Hauptmann Cholin zu sprechen. Iwans Eltern und Geschwister sind verschollen, er selbst knapp einem Konzentrationslager entflohen. Cholin will ihn auf eine Schule schicken, doch der Junge besteht darauf, bei der Armee bleiben zu dürfen. Als Mitglied eines Spähtrupps fällt er in die Hände deutscher Soldaten und wird, wie seine Eltern, hingerichtet.
Der Film gilt als Meisterwerk des Antikriegsfilms. Tarkowskij zeigt mit verfremdeten Traum- und Fantasiesequenzen die Zerstörung einer Kindheit durch den Krieg.

Catch 22, USA 1970
Regie: Mike Nichols

Der Film wird von der Kritik als einer der „ehrlichsten Antikriegsfilme" bezeichnet. Handlungsort ist ein US-Luftwaffenstützpunkt im Mittelmeerraum. Dort erlebt der Bomberpilot Captain Yossarian (Alan Arkin) 1944 den Irrsinn des Krieges. Die Flieger leben in der ständigen Angst, wieder auf Feindflug zu müssen; immer mehr Kameraden kehren von ihren Einsätzen nicht zurück. Yossarian muss mit ansehen, wie nach und nach alle seine Freunde den Tod finden oder Selbstmord begehen. Schließlich setzt er all seinen Erfindungsreichtum daran, um sich vor den gefährlichen Einsätzen zu drücken.
Mike Nichols inszenierte eine bitter-schwarze Kriegskomödie, wie sie bis dahin im Film nicht üblich war.

Rotes Kornfeld, China 1987
Regie: Zhang Yimon
Preis: Goldener Bär Filmfestspiele Berlin 1988

Die gerade 18-jährige Jiuer wird mit einem schwer erkrankten 50-jährigen Mann verheiratet. Eine Wende in ihrem unglücklichen Leben tritt mit der Ermordung ihres ungeliebten Mannes ein. Sie übernimmt die Führung der eigenen Brennerei und hat schon bald beruflich wie privat wieder Glück, denn in Yu findet sie den richtigen Mann. Das geht neun Jahre lang gut, die Geschäfte laufen und sie freuen sich über ihr gemeinsames Kind. Diese Idylle wird allerdings jäh durch die Invasion der Japaner in China zerstört: Jiuer gerät in Kämpfe und wird getötet.

Briefe eines Toten, UdSSR 1986
Regie: Konstantin Lopuschanskij

Nach einem Atomkrieg konnten sich einige Überlebende in den Schutzraum eines Museums retten. Dort findet sich auch ein Professor (Rolan Bykow) ein, der nach seinem Sohn sucht und dem Verschollenen in Briefen die Situation schildert. Währenddessen versuchen in dem anonymen Land Armee und Polizei dem Chaos und Tod eine neue Ordnung abzuringen. Aus den Überlebenden der atomaren Katastrophe werden die Gesündesten ermittelt, um in einen Zentralbunker gebracht zu werden, der für eine lange Zeit geschlossen werden soll. Der Professor hat die Vision, dass irgendwo ein Teil der Welt verschont geblieben sein muss. Eine Gruppe von Waisenkindern schenkt ihm Glauben. Nach seinem Tod machen sich die Kinder auf den Weg.

Anders als in Nicholas Meyers *The Day After* (1983) erzielt der Tarkowskij-Schüler Lopuschanskij die filmische Wirkung nicht durch die drastische Darstellung des Atomkrieges selbst, sondern durch die beklemmende Schilderung des Lebens nach dem Atomschlag.
Satirische Bearbeitungen des Themas *Krieg* im Film sind:
- *Der große Diktator*, USA 1940 (Regie: Charles Chaplin),
- *M. A. S. H.*, USA 1970 (Regie: Robert Altman),
- *Wo, bitte, geht's zur Front?*, USA 1970 (Regie: Jerry Lewis),
- *Dr. Seltsam oder Wie ich lernte die Bombe zu lieben*, Großbritannien 1964 (Regie: Stanley Kubrick).

Ausflugsziele

Der Besuch eines militärgeschichtlichen Museums muss mit der Klasse gründlich vorbereitet werden, damit er nicht auf den kriegsgeschichtlichen Aspekt verengt wird. Die Militärgeschichte sollte in den Kontext der politischen Geschichte, der Sozial- und Wirtschaftsgeschichte eingebunden werden.

Militärhistorisches Museum der Bundeswehr
Postfach 100637, 01076 Dresden
Tel.: 0351/823-2803
www.milhistmuseum.de

Öffnungszeiten: Dienstag bis Sonntag 9–17 Uhr; Montag geschlossen
Eintritt frei
Das Museum, das ehemalige *Armeemuseum der DDR*, befindet sich z. Zt. im völligen Umbau und in einer tief greifenden Neugestaltung der Konzeption und Präsentation. Die Ausstellung soll 1998, der Umbau des Gebäudes im Jahre 2000 fertig sein.

Wehrgeschichtliches Museum Rastatt
Postfach 1633
76406 Rastatt
Tel.: 07222/34244, www.wgm-rastatt.de

Öffnungszeiten: Dienstag bis Sonntag 9.30–17 Uhr
Eintritt frei
Das Wehrgeschichtliche Museum, das seit 1956 im Rastatter Schloss untergebracht ist, zeigt die Wehrgeschichte vom Mittelalter bis zur Gegenwart.
Da Teile des Schlosses renoviert werden, kann z. Zt. nur die Ausstellung im Mittelbau, die Wehrgeschichte bis zum Ende der Napoleonischen Zeit, besucht werden. Ab 1999 kommt als neu gestaltete Abteilung im Südflügel des Schlosses die Zeit von 1815 bis 1918 hinzu.

Bayerisches Armeemuseum
Hausadresse: Neues Schloss, Paradeplatz 4, 85049 Ingolstadt
Tel.: 0841/93770
www.bayerisches-armeemuseum.de

Öffnungszeiten: Dienstag bis Sonntag 8.45–16.30 Uhr
Eintritt: Schulklassen in Begleitung von Lehrkräften haben freien Eintritt.
Führungen sind zwei bis drei Wochen vor dem geplanten Besuch schriftlich zu beantragen.
In 35 Ausstellungsräumen wird ein militärgeschichtlicher Überblick vom 9. Jh. bis zum Ersten Weltkrieg gegeben. Für die Abteilung *Erster Weltkrieg* werden vom Medienpädagogischen Zentrum in München Führungen durchgeführt (z. B. zu den Themen *Die Frau im Krieg, Heimatfront* u. a.).
Eine Führung von 45 Minuten Dauer kostet ca. 15,– € (60 Minuten: ca. 20,– €).
Auskünfte und Anmeldung bei Adalhard Biederer (Tel.: 0841/17877).

Materialkiste und Literatur

Einen Einblick in die Alltagswirklichkeit der Bundeswehr und ihre vielfältigen Probleme gibt der jährliche Bericht des Wehrbeauftragten an den Bundestag.

i Der Wehrbeauftragte des Deutschen Bundestages
Platz der Republik 1, 11011 Berlin, Tel.: 030/726160-0, www.bundestag.de/gremien/145/index.html

Informationen zu Kriegsdienstverweigerung, Zivildienst usw. bieten an:

i Zentralstelle für Recht und Schutz der Kriegsdienstverweigerer aus Gewissensgründen e.V.
Dammweg 20, 28211 Bremen, Tel.: 0421/340025, www.zentralstelle-kdv.de

i Bundesbeauftragter für den Zivildienst
53107 Bonn, Tel.: 0228/930-2722, Fax: 0228/930-4905

Aus der Reihe *Informationen zur politischen Bildung*, die von der Bundeszentrale für politische Bildung herausgegeben wird, kann das Heft *Internationale Beziehungen II. Frieden und Sicherheit in den 90er Jahren*, das die internationale Entwicklung bis Februar 1995 berücksichtigt, als Einzelexemplar oder in Klassensätzen schriftlich (Schulstempel!) beim Verlag bestellt werden:

i Franzis' print & media, Vertrieb
Postfach 200754, 80007 München

Von der Arbeitsgemeinschaft Jugend und Bildung e. V. wird das Heft *Frieden und Sicherheit. Ein Heft für die Schule. 1996* herausgegeben, das mit Unterstützung des Bundesministeriums der Verteidigung erstellt wurde. Das Heft kann kostenlos bezogen werden von der

i Universum Verlagsanstalt GmbH KG
Taunusstr. 64, 65183 Wiesbaden, Tel.: 0611/90300, www.universum.de

Umfangreiches Material zum Thema *Kriegsdienstverweigerung*, das für den Unterricht aufbereitet ist, kann gegen ca. 4,– € pro Stück (zuzüglich Versand) bezogen werden von:

i Deutsche Jugendpresse e. V.
Perleberger Str. 31, 10559 Berlin, Tel.: 030/3969519,
www.deutsche-jugendpresse.de

i Verein für Friedenspädagogik Tübingen e. V.
Corrensstr. 12, 72076 Tübingen, Tel.: 07071/920510,
www.friedenspaedagogik.de

Der Verein bietet eine große und vielseitige Fülle von Publikationen zum Thema an: Materialien für Schule und Unterricht, einen *Datenbankführer Frieden, Umwelt und Entwicklung* und Broschüren zur Gewaltprävention, in denen unter anderem über den Umgang mit Gewalt in Computerspielen, mit Gewaltspielzeug, Gewaltdarstellungen in Filmen und Videos informiert wird. Der *Friedenspädagogische Medienservice* liefert zu Videofilmen, 16-mm-Filmen, Tonbild- und Diaserien und Ausstellungen eine kurze Besprechung, die notwendigen technischen Daten und die Verleihanschriften.

Bücher, Broschüren, Ratgeber zum Thema können, sofern sie nicht über den Buchhandel oder von den entsprechenden Organisationen besorgt werden können, von

i DFG-VK Bundesgeschäftsstelle
Schwanenstr. 16, 42551 Velbert, Tel.: 02051/4217,
www.dfg-vk.de

bezogen werden. Es gibt ein kostenloses Materialverzeichnis.

Seit 1989 erscheint jeweils für das folgende Jahr ein *Jahrbuch Frieden* in der Beck'schen Reihe des C. H. Beck-Verlags, München, herausgegeben von HANNE-MARGRET BIRCKENBACH u. a., in dem über wichtige Ereignisse aus den Bereichen Rüstung/Abrüstung, Konflikt/Konfliktverarbeitung und Friedensarbeit berichtet wird. Das Werk ist im Buchhandel erhältlich.

Das Brettspiel *Out of Area* greift die Diskussion um die Bundeswehreinsätze außerhalb des NATO-Gebietes auf und versucht die Problematik spielerisch umzusetzen. Die Bundeswehr-Blauhelme und die Friedensbewegung versuchen den Konflikt zu verhindern oder zu beenden. Vier Spieler übernehmen jeweils die Rolle der zwei Bürgerkriegsparteien, der Bundeswehr-Blauhelme und der Friedensbewegung. Das Spielprinzip entspricht einer Mischung aus den bekannten Brettspielen *Mensch ärgere dich nicht* und *Malefiz*. Preis ca. 12,50 € plus Porto.

i *Bestelladresse:* DFG-VK
Erwin Eisenhardt, Goethestr. 16, 72272 Renningen, Tel.: 07159/920525,
www.dfg-vk.de

i Denk-Stein-Verlag
Erasmusstr. 14, 10553 Berlin, Tel.: 030/3989810,
E-Mail: verlag@denk-stein.com

Der Verlag hat neben themenbezogenen Büchern als Schwerpunkt ein VHS-Videoprogramm mit Dokumentarfilmen zu den Themen Kriegsdienstverweigerung, Wehrpflicht u. a. im Programm.

i DFG/Rüstungsinformationsbüro
Nägeleseestr. 4, 79102 Freiburg, Tel.: 0761/767-8088, www.dfg-vk.de/freiburg

Das Büro informiert über Rüstungsexporte deutscher Firmen.

Literatur: JÜRGEN GRÄSSLIN: Daimler-Benz. Der Konzern und seine Republik. Knaur Taschenbuchverlag, ca. 8,45 €.

Jugendbücher

RUPERT NEUDECK: Verjagt und vernichtet. Kurden kämpfen um ihr Leben. Rowohlt. Rotfuchs 653 ● Der Autor, Vorsitzender des „Komitees Cap Anamur. Deutsche Notärzte“, war Zeuge, als im Frühjahr 1991 Tausende von Kurden vor den Truppen Saddam Husseins aus dem Irak ins türkische Grenzgebiet flüchteten. Rupert Neudeck erläutert Geschichte, Kultur und Tradition der Kurden, die seit Jahrhunderten verfolgt werden.

DAVID KHERDIAN: Der Schatten des Halbmonds. Das Schicksal eines armenischen Mädchens. dtv pocket 7856 ● Veron, die Tochter eines reichen armenischen Geschäftsmannes, ist sieben Jahre alt, als ihre bisher heile Welt zusammenbricht. Im Sommer 1915 werden die Armenier von der türkisch-nationalistischen Regierung verfolgt und zu Tausenden deportiert. Veron überlebt als Einzige ihrer Familie.

VOLKER LANGE: Mahatma Gandhi. Der gewaltlose Rebell. dtv junior 78002 ● Der Autor erzählt das spannende Leben M. Gandhis, des Führers der indischen Unabhängigkeitsbewegung, des Verkünders des zivilen Ungehorsams gegen die Kolonialregierung, des Versöhners der verfeindeten Religionen und Kasten.

SUSANNE MÜLLER-MARTIN/ARIANE KESENHAGEN: Krieg und Frieden in der Kinder- und Jugendliteratur der BRD, in: Deutschunterricht (DU), 44. Jg., H. 2, S. 95–102 ● Die in diesem Beitrag vorgestellten Bücher können nach Ansicht der Autorinnen nicht nur Betroffenheit auslösen, sondern die Leser sollten Grundmuster von Konfliktentstehung und -lösung erkennen. Die Autorinnen geben einen Überblick über Kinder- und Jugendbücher zum Thema und weisen darauf hin, welche Bücher für welche Altersgruppe geeignet sind und welche sich als Schullektüre eignen. In einem Anhang werden sowohl Kinder- und Jugendbücher als auch Hilfen und Materialien für die praktische Arbeit aufgelistet.

Die Stiftung Lesen hat eine Leseempfehlung mit dem Titel *1945. Literatur gegen das Vergessen. Programme zur Erinnerung* herausgegeben ● Diese Leseempfehlungen entstanden in Zusammenarbeit mit den Redaktionen von ARD und ZDF, die im Jahre 1995 Programme anlässlich des Themas *50 Jahre Kriegsende* produzierten. Die getroffene Literaturauswahl bezieht sich auf empfehlenswerte Bücher mit den Themenschwerpunkten Ursachen des Zweiten Weltkrieges, Krieg, Kriegsende und Nachkriegszeit. (Adresse s. S. 28)

Ebenfalls auf den Zweiten Weltkrieg beziehen sich die Literaturempfehlungen für den Unterricht, die HARALD FREILING in *Schweigen in der Schule ist kein Kontrastprogramm zu öffentlichen Pflichtveranstaltungen* (in: Pädagogik 7–8/89, S. 81–85) gibt.

Europäische Einigung

Europäische Währungsküche: Und Ihr seid ganz sicher, dass Gold dabei rauskommt?

Vorschläge für den Unterricht

Europa-Quiz

- Welcher Gott hat sich in einen Stier verwandelt um die junge Europa zu entführen: Zeus, Apollo, Mars? (Zeus)
- In welchem Staat liegt der Ort Schengen, nach dem das „Schengener Abkommen“ benannt ist: Belgien, Luxemburg, Niederlande? (Luxemburg)
- In welcher Stadt wird die Europäische Zentralbank eingerichtet werden: Rom, London, Frankfurt am Main? (Frankfurt am Main)
- Die Europäische Flagge weist einen Kreis von Goldsternen auf blauem Grund auf. Wie viele Sterne sind es: 6 – 12 – 15? (12)
- Wie viele und welche Schriften werden in Europa geschrieben? (drei: das lateinische, griechische und kyrillische Alphabet)
- Welchen Namen tragen die Europa-Raketen: Ariane – Marianne – Sojus? (Ariane)
- Gehören die Kanarischen Inseln zur EU: ja oder nein? (ja)
- Nimmt Russland an der „Partnerschaft für den Frieden“ der NATO teil: ja oder nein? (ja)

- Welche zwei außereuropäischen Staaten sind Mitglied der OSZE? (USA und Kanada)
- In welcher Stadt befindet sich der Sitz der NATO: Straßburg – Luxemburg – Brüssel? (Brüssel)
- In welcher Stadt hat der EuGH seinen Sitz: Straßburg – Luxemburg – Brüssel? (Luxemburg)
- In welcher Stadt befindet sich das Europa-Parlament: Straßburg – Luxemburg – Brüssel? (Es tagt abwechselnd in Luxemburg und Straßburg)
- Wie heißt Finnland in der Landessprache? (Suomi)
- Wie heißt Griechenland in der Landessprache? (Hellas)
- Nenne die 15 EU-Mitgliedsstaaten! (Portugal, Spanien, Frankreich, Großbritannien, Irland, Luxemburg, Belgien, Niederlande, Dänemark, Schweden, Finnland, Bundesrepublik Deutschland, Österreich, Italien, Griechenland)
- Nenne die Staaten, mit denen die Bundesrepublik Deutschland gemeinsame Grenzen hat! (Dänemark, Polen, Tschechien, Österreich, Schweiz, Frankreich, Luxemburg, Belgien, Niederlande)
- In welchem Staat Europas wird Katalanisch gesprochen: Portugal, Spanien oder Italien? (Spanien)
- In welchem Staat Europas wird Sorbisch gesprochen: Deutschland, Polen oder Tschechien? (Deutschland)
- Wie hieß die Währung in Griechenland vor der Einführung des Euro? (Drachme)
- Welches europäische Land gilt als die Heimat des Fußballspiels: Deutschland, England oder Belgien? (England)
- In welcher europäischen Stadt wurden die ersten Olympischen Spiele der Moderne ausgetragen: London, Rom oder Athen? (Athen)
- Welches internationale Autokennzeichen hat Finnland? (SF)
- Zähle die europäischen Staaten auf, die als Staatsform eine konstitutionelle Monarchie haben!
  (Spanien, Dänemark, Belgien, Luxemburg, Großbritannien, Norwegen, Schweden)
- Aus welchem europäischen Land kommen die kleinen bunten Plastikbausteine, die die Kinder sehr schätzen („Lego“)? (Dänemark)
- Welcher europäische Staat ist nur begrenzt Mitglied der NATO? (Frankreich)
- Was heißt (Speise-)Eis auf Italienisch? (Gelati)
- Welcher europäischen Nation gehörte Pablo Picasso (1881–1973) an? (Spanien)
- Wie hieß der spanische Dichter (1547–1616), dessen bekanntestes Werk *Der scharfsinnige Edle Don Quijote de la Mancha* ist? (Cervantes)
- Wie heißt die Hauptstadt der Niederlande? (Amsterdam)
- Wie hieß die Währung in Portugal vor der Einführung des Euro? (Escudo)
- Wie sieht die belgische Flagge aus? (schwarz-gelb-rot parallel zur Stange)
- Welches europäische Land hat rund 55 000 Seen? (Finnland)
- Was sind „schwedische Gardinen“? (eiserne Kerkergitter)
- Wie heißt die schwedische Autorin, die mit ihren Kinderbüchern *Pippi Langstrumpf* und *Wir Kinder aus Bullerbü* weltberühmt wurde? (Astrid Lindgren)
- In welchem europäischen Land wachsen Korkeichen? (Portugal)
- In welchem europäischen Land entstand die Oper? (Italien)
- Wie heißt der Preis, den die EU jährlich an Persönlichkeiten verleiht, die sich für die Menschenrechte, für die Freiheit der Forschung und für die Respektierung des Völkerrechts einsetzen: Karlspreis, Sacharow-Preis oder Nobel-Preis? (Sacharow-Preis)
- Die Europahymne ist das Vorspiel zur *Ode an die Freude* der 9. Symphonie. Wer hat diese komponiert: Mozart, Beethoven, die Beatles? (Beethoven)

Fragen dieser Art können natürlich noch viele gestellt werden (Hauptstädte, Regierungssitze, Währungen, Regierungschefs, Flüsse, Berge, Kunst und Kultur, Geschichte, Sport u.v.m.).

Durchführung

- Der Lehrer stellt der gesamten Klasse die Fragen.
- Der Lehrer teilt die Klasse in vier Gruppen ein, die gegeneinander „kämpfen“. Für jede richtige Antwort gibt es einen Punkt. Die Schüler der einzelnen Gruppen dürfen sich miteinander beraten. Wenn eine Gruppe die richtige Antwort nicht weiß, geht die Frage an die nächste Gruppe weiter.
- Der Lehrer gewichtet die Fragen nach Schwierigkeitsgrad, die durch eine entsprechende Anzahl von Punkten, die erreicht werden kann, ausgedrückt wird. Die Gruppe wählt den Schwierigkeitsgrad der Frage, die sie beantworten will, aus. Wenn die Gruppe die Frage nicht beantworten kann, wird die entsprechende Punktzahl abgezogen.
- Der Lehrer schreibt die Fragen auf kleine Karteikarten, die richtige Antwort steht auf der Rückseite. Mit diesem Verfahren können sich die Schüler paarweise oder in Gruppen gegenseitig abfragen.

Eine Quizkartei kann immer wieder mit neuen Fragen erweitert werden. Sie bietet auch die Möglichkeit, Vertretungsstunden und letzte Stunden vor den Ferien abwechslungsreich zu gestalten. Der Lehrer kann auch statt der Punkte Bonbons, Kaugummis o. Ä. als Belohnung aussetzen, die die Gruppen (nicht einzelne Schüler) gewinnen können.

Rollenspiel: Erweitern oder vertiefen?

Die EU umfasst 15 Mitgliedsstaaten. Seit dem Zerfall der Sowjetunion und des Ostblocks drängen die ostmitteleuropäischen Staaten darauf, in die EU (und in die NATO) aufgenommen zu werden. Wie soll die EU reagieren? Soll sie diese Staaten möglichst bald aufnehmen oder soll sie zuerst interne Schwierigkeiten lösen?
Im Art. 0 des Vertrages über die Europäische Union heißt es:

> „Jeder europäische Staat kann beantragen Mitglied der Union zu werden. Er richtet seinen Antrag an den Rat; dieser beschließt einstimmig nach Anhörung der Kommission und nach Zustimmung des Europäischen Parlaments, das mit der absoluten Mehrheit seiner Mitglieder beschließt.
> Die Aufnahmebedingungen und die durch eine Aufnahme erforderlich werdenden Anpassungen der Verträge, auf denen die Union beruht, werden durch ein Abkommen zwischen den Mitgliedsstaaten und dem antragstellenden Staat geregelt. Das Abkommen bedarf der Ratifikation durch die Vertragsstaaten gemäß ihren verfassungsrechtlichen Vorschriften.“

Hinweis

Im Folgenden können nur grundsätzliche Argumente angeführt werden, die nicht der Tagesaktualität unterliegen. Um differenzierter, um auch mit neuen Fakten und aktuellen Zahlen argumentieren zu können sei auf den jeweils neuesten *Fischer Weltalmanach* verwiesen, der sehr viel Material für diese Diskussion liefert.

Beispiel Polen

Polen hat sein offizielles Beitrittsgesuch am 16.7.1990 eingereicht. Die EU hat mit Polen am 6.12.1991 ein Assoziierungsabkommen abgeschlossen.

Erweiterung vor Vertiefung

- Der Westen, vor allem die Bundesrepublik Deutschland, hat eine historische Verpflichtung, die ostmitteleuropäischen Staaten in das „europäische Haus" aufzunehmen.
- Angesichts der politischen Entwicklung nach dem Zerfall der UdSSR entspricht es dem polnischen Sicherheitsinteresse, der EU und der NATO beizutreten, denn der Erfolg Europas basiert auf der Verknüpfung von Wirtschaft mit Sicherheit.
- Die EU hat in ihrer zweiten Erweiterungsrunde („Süderweiterung") 1981/86 Griechenland, Spanien und Portugal aus politischen Gründen aufgenommen um ihre innere Entwicklung zu stabilisieren und nicht aus ökonomischen Gründen. Die Polen fühlen sich ebenso den europäischen Wertvorstellungen verpflichtet wie diese Völker. Polen gehört zum Kern Europas.
- Polens Mitgliedschaft in der EU und in der NATO entspricht auch deutschem Interesse, da Deutschlands Ostgrenze nicht mehr Außengrenze der EU und der NATO wäre.
- Polen hat in wenigen Jahren und unter großen Schwierigkeiten eine Demokratie westlichen Musters eingerichtet, Rechtsstaatlichkeit und die Einhaltung der Menschenrechte durchgesetzt und die Entwicklung zu einem marktwirtschaftlichen Wirtschaftssystem vorangetrieben. Damit erfüllt es die Bedingungen und Kriterien gemäß Art. F des Vertrages von Maastricht. Eine Aufnahme in die EU würde diese Entwicklung absichern und weiterführen.
- Die EU soll die Aufnahme Polens (und der anderen Visegrád-Staaten = Tschechien, Slowakei, Ungarn) als Bereicherung und als Erfüllung des Gebots der europäischen Einigung auffassen. Die EU darf kein exklusiver Klub der reichen westeuropäischen Staaten sein. Die Aufnahme neuer Mitgliedsstaaten wird auch die interne Entwicklung der EU vorantreiben.

Vertiefung vor Erweiterung

- Die Volkswirtschaft Polens ist noch nicht in der Lage, in freie Konkurrenz mit Westeuropa zu treten. Der bessere Weg ist, wenn die Visegrád-Staaten möglichst eng zusammenarbeiten und gemeinsam den wirtschaftlichen Abstand zu den EU-Staaten verringern.
- Der landwirtschaftliche Anteil an der polnischen Wirtschaft ist zu hoch. Die Agrarprobleme in der EU würden weiter verschärft oder sogar unlösbar.
- Die Probleme, die die Mittelmeerländer haben, müssen gelöst werden, bevor neue Mitglieder aufgenommen werden. Wenn Polen und andere Staaten aufgenommen würden, müssten alle EU-Hilfen und -Gelder in diese Länder fließen. Für die Entwicklung des Mittelmeerraums bliebe kein Geld mehr übrig.
- Anerkannter Grundsatz ist, dass die Vergrößerung der Gemeinschaft zu ihrer Stärkung führen muss. Durch den Beitritt Polens und anderer Staaten würde die Zahl der Empfängerländer, aber nicht die der „Nettozahler" vergrößert. Wenn die EU insgesamt geschwächt, „ärmer" würde, wäre niemandem geholfen. Wünschenswert ist daher, dass Norwegen und die Schweiz vor allen anderen Antragstellern EU-Mitglied werden.
- Die kulturellen und politischen Unterschiede und die Interessen der Mitgliedsstaaten sind sehr unterschiedlich und manchmal gegensätzlich. Die EU-Staaten finden schon heute nur sehr schwer einen Kompromiss; je mehr Mitgliedsstaaten

die EU umfasst, desto schwieriger wird die Artikulation eines einheitlichen Willens.

- Der Golf-Krieg und der Krieg im ehemaligen Jugoslawien haben gezeigt, dass die EU nicht zu einer gemeinsamen Außenpolitik fähig ist; die gemeinsame Außen- und Sicherheitspolitik (GASP) ist gescheitert.
- Die Diskussion um die Konvergenzkriterien zur Wirtschafts- und Währungsunion (WWU) zeigt, wie weit die Mitgliedsstaaten noch voneinander entfernt sind.
- Die Zusammenarbeit bei der Innen- und Rechtspolitik stagniert und erfährt Rückschläge.
- Diese Aspekte zeigen, dass die EU großen Konsolidierungs- und Reformbedarf hat und in den kommenden Jahren nicht in der Lage sein wird, neue Mitglieder aufzunehmen.

Durchführung

Die Klasse diskutiert, indem sie die vorgegebenen und neue, aktuelle Argumente verwendet, die Frage *Erweiterung oder Vertiefung*? Mit dem *Fischer-Weltalmanach* und anderem Informationsmaterial kann die Diskussion vorbereitet werden. Die Kompromissformel, zu der die Klasse vermutlich finden wird, wird „Vertiefung vor Erweiterung" lauten.

Der Lehrer teilt die Klasse in fünf Gruppen auf:

Gruppe A: Polen, s. o.,
Gruppe B: Spanien, eher ablehnend gegenüber der Aufnahme ostmitteleuropäischer Staaten,
Gruppe C: BRD, offen für den Beitritt ostmitteleuropäischer Staaten,
Gruppe D: Großbritannien, für Erweiterung, um die Zentralisierung, die Vereinheitlichung Europas zu verlangsamen,
Gruppe E: Kommission, gibt einen Bericht und eine Empfehlung an den Rat.

Die ganze Klasse oder die einzelne Gruppe formuliert unter Verwendung der oben angeführten Argumente die Interessenlage für jede beteiligte Partei A bis D. Die Schüler der Gruppe E müssen wissen, wie sich die Kommission zusammensetzt.

Räumt der Lehrer den Gruppen fünf Minuten Redezeit ein, kann das Rollenspiel in einer Schulstunde durchgeführt werden. Bei einer längeren Redezeit sind zwei Schulstunden anzusetzen.

Der „Europäische Rat" kann weggelassen werden, da nicht die Entscheidung einer Aufnahme Polens im Mittelpunkt des Spiels stehen soll, sondern die Problematisierung des Dilemmas zwischen Vertiefung und Erweiterung.

Europa ist älter als die EU

Stelle mit Hilfe eines Fremdwörterlexikons die Herkunft folgender Wörter fest:

Anorak	Automobil	Computer	Fisimatenten	Giro	Konto
Loipe	Menü	Jeans	Parfüm	Orange	Pullover
Pumps	Stewardess	Slalom	Sofa	Television	Zucker

Dass auch die **Vornamen** der Schüler vielen Sprachen entstammen, lässt sich gut mit einem *Lexikon der Vornamen*, wie z. B. Band 4 der Duden-Taschenbücher, beweisen, in dem Herkunft und Bedeutung von mehreren Tausend Vornamen aufgelistet sind.

Mit folgender Worttabelle kann man zeigen, dass die meisten europäischen Sprachen derselben Sprachfamilie angehören bzw. in engen Austauschbeziehungen standen und stehen.

Je nach Fremdsprachenkenntnissen der Schüler lässt der Lehrer ganze Spalten oder einzelne Kästchen frei um sie von den Schülern ausfüllen zu lassen.

deutsch	englisch	französisch	italienisch	spanisch	russisch
Mutter	mother	mère	madre	madre	mat
Schule	school	école	scuola	escuela	schkola
Garten	garden	jardin	giardino	jardin	gorod („Stadt")
Platz	place	place	piazza	plaza	ploschtschad
drei	three	trois	tre	tres	tri
Kirsche	cherry	cérise	ciliegia	cereza	–
Salz	salt	sel	sale	sal	sol
Meer	–	mer	mare	mar	morje
mein	my	mon	mio	mi	moj
Minute	minute	minute	minuto	minuto	minuta
Karl	Charles	Charles	Carlo	Carlos	korol („König")
Georg	George	Georges	Giorgio	Jorge	Grigorij
Katze	cat	chat	gatto	gato	kot

Personenrätsel

Die Schöne und das Biest?

Die Gesuchte ist eine Gestalt aus der griechischen Mythologie, die die Fantasie der Menschen seit dem 7. Jh. v. Chr. beschäftigt. Der Göttervater Zeus verliebte sich in die schöne Tochter des Königs von Phönizien. Um ihre Aufmerksamkeit zu erregen verwandelte er sich in einen schneeweißen Stier mit einem Streifen zwischen den Hörnern. Die Angebetete war von seiner Schönheit überwältigt, fand den Stier sanft wie ein Lamm und spielte mit ihm. Als sie auf seinen Rücken kletterte, lief er plötzlich ins Meer und schwamm nach Kreta. Aus dieser unfreiwilligen Verbindung gingen drei Söhne hervor: Minos, Rhadamanthys und Sarpedon. Wer war's?
(Europa)

Der „Vater Europas"?

Das Europabewusstsein wurde stärker, nachdem der Gesuchte, der 742–814 n. Chr. lebte, im Frankenreich Alleinherrscher geworden war. Als König der Franken herrschte er über ein Reich, das Gebiete des heutigen Deutschland, Frankreich, Spanien, Italien, der Beneluxstaaten, der Schweiz und Österreich umfasste. An Weihnachten im Jahre 800 wurde er vom Papst in Rom zum Kaiser gekrönt. Da er in seinem Reich die drei Säulen der mittelalterlichen Reichsidee – Latinität, Germanentum, Christentum – vereinte, wird er als „Vater Europas" angesehen.

Er, der Bildung, Kunst und Wissenschaft nach Kräften förderte und so zur kulturellen Einheit Europas beitrug, lernte erst im Alter zu schreiben, beherrschte es aber nie, wie uns sein Biograf Einhard berichtet. Wer war's?
(Karl der Große)

Seiner Zeit weit voraus!

Trotz der nationalen, politischen und ideologischen Gegensätze zwischen den europäischen Staaten nach dem Ersten Weltkrieg, vor allem zwischen Frankreich und Deutschland, gab es Stimmen aus mehreren Staaten, die den Aufbruch Europas in ein neues Zeitalter der Zusammenarbeit und Einheit forderten.
1930 schlug der gesuchte französische Staatsmann die Bildung einer *Europäischen Föderalen Union* vor. Vertreter aller europäischen Regierungen außer der sowjetischen und der türkischen sollten eine *Europäische Konferenz* bilden. Als Ziele wurden die Unverletzlichkeit der Grenzen und die Einrichtung eines europäischen Marktes genannt. Der Plan scheiterte an der Krankheit der Zeit, dem Nationalismus der Staaten und Völker Europas, und konnte erst – nach der Katastrophe eines neuen Weltkrieges – nach 1945 wieder aufgegriffen werden.
Unser gesuchter Europäer, der 1862–1932 lebte, war von 1906 an in den meisten französischen Kabinetten Minister und wiederholt Ministerpräsident. Für seine Friedens- und Aussöhnungspolitik erhielt er zusammen mit dem Deutschen Gustav Stresemann und dem Engländer Joseph Austen Chamberlain 1926 den Friedensnobelpreis. Wer war's?
(Aristide Briand)

Ein großer Europäer!

Der Gesuchte war ein entschiedener Verfechter des europäischen Zusammenschlusses. Als Außenminister Frankreichs schlug er im Mai 1950 die Schaffung einer europäischen Gemeinschaft für Kohle und Stahl vor, aus der dann die Montanunion wurde. Ebenso förderte er die Bildung der Europäischen Verteidigungsgemeinschaft, die allerdings nicht verwirklicht wurde. Von 1956–1962 wirkte er als Präsident der *Europäischen Bewegung*, 1958–1962 auch als Präsident des Europäischen Parlaments, dessen Ehrenpräsident er 1960 wurde. 1958 erhielt er den Internationalen Karlspreis der Stadt Aachen, der jährlich an Persönlichkeiten vergeben wird, die sich besonders für die europäische Einigung einsetzen.
Dass sich der Gesuchte für die deutsch-französische Aussöhnung einsetzte, war vor dem Hintergrund seines persönlichen Schicksals keineswegs selbstverständlich: 1940 war er im von den Deutschen besetzten Frankreich verhaftet und nach Deutschland deportiert worden. 1942 konnte er fliehen und schloss sich der französischen Widerstandsbewegung an. 1963 starb er im Alter von 77 Jahren. Wer war's?
(Robert Schuman)

Leicht zu verwechseln …

(1) Europarat und (2) Europäischer Rat,
(3) Parlamentarische Versammlung und (4) Europäisches Parlament,
(5) Europäische Kommission für Menschenrechte und (6) Europäische Kommission,
(7) Europäischer Gerichtshof für Menschenrechte und (8) Europäischer Gerichtshof und (9) Internationaler Gerichtshof,
(10) Europäische Menschenrechtskonvention und (11) Allgemeine Menschenrechtserklärung.
(A) Internationales Exekutivorgan, das im Rahmen der Europäischen Menschenrechtskonvention die Zulässigkeit von Individual- oder Staatenbeschwerden gegen einen Mitgliedsstaat prüft; es nimmt zu der vorgebrachten Beschwerde in den Fällen Stellung, in denen die Beschwerde für zulässig erklärt und keine gütliche Einigung erzielt wurde.
(B) Internationale Organisation mit Sitz in Straßburg, die 36 demokratische Staaten umfasst.
(C) Sie wurde 1948 von der UNO angenommen um die Menschenrechte auf internationaler Ebene zu schützen.
(D) Vertrag, durch den sich die Mitgliedsstaaten des Europarats verpflichten die Grundfreiheiten und Grundrechte zu achten.
(E) Exekutivorgan der Europäischen Union, das über die korrekte Anwendung der Römischen Verträge und der Beschlüsse der Institutionen der Union wacht.
(F) Regelmäßige Zusammenkunft (mindestens zweimal jährlich) der Staats- bzw. der Regierungschefs der Europäischen Union zur Bestimmung der Gemeinschaftspolitik.
(G) Parlamentarisches Organ des Europarats; es setzt sich aus 248 Abgeordneten (und 248 Stellvertretern) der nationalen Parlamente zusammen.
(H) Sitz in Den Haag; Rechtsprechungsorgan der Vereinten Nationen.
(I) Sitz in Straßburg; oberste Instanz für die Einhaltung der in der Menschenrechtskonvention festgelegten bürgerlichen und politischen Rechte durch die Vertragspartner.
(J) Sitz in Luxemburg; zuständig für die Auslegung und Anwendung der Verträge der Europäischen Union.
(K) Parlamentarisches Organ der Europäischen Union, dessen 626 Abgeordnete in den 15 Mitgliedsstaaten direkt gewählt werden.

Aufgabe

Ordne den Institutionen die richtige Beschreibung zu!

(Oder der Lehrer lässt die Erklärungen weg und lässt die Schüler mit Hilfe des Schulbuches und anderer Materialien die richtigen Definitionen für die jeweiligen Institutionen finden.)
Lösung 1 – B; 2 – F; 3 – G; 4 – K; 5 – A; 6 – E; 7 – I; 8 – J; 9 – H; 10 – D; 11 – C.

„Wir lernen Europa kennen!"

Mit einer fächerübergreifenden Fragestellung, die Geschichte, Geografie, Politik, Deutsch, Fremdsprachen, Musik, Bildende Kunst umfassen kann, könnten sich die Schüler einer Klasse die Mitgliedsstaaten der EU näher bringen. Wenn jeweils zwei Schüler in einem Referat die Vorstellung eines Staates übernehmen, so braucht man, die Bundesrepublik eingeschlossen, 30 Schüler oder, ohne die Bundesrepublik, 28 Schüler. Bei kleineren Klassen könnten zwei Schüler auch die Vorstellung zweier kleinerer EU-Staaten übernehmen.

Neben den Schulbüchern, der Stadtbücherei, den Fremdenverkehrsbüros stehen den Schülern auch die Berufsinformationszentren der Arbeitsämter (BIZ) zur Information über einzelne Länder zur Verfügung.
Zusätzlich sind für die Vorbereitung zu empfehlen:
Die *Ländermerkblätter*, die jeweils über ein einzelnes Land informieren, sind zu beziehen vom:

i Bundesverwaltungsamt
50728 Köln, Tel.: 01888/358-0, www.bva.bund.de

Die *Sympathie-Magazine* mit länderkundlichen Informationen zu ca. 30 europäischen und außereuropäischen Ländern sind erhältlich beim

i Studienkreis für Tourismus und Entwicklung e. V., Kapellenweg 3,
82541 Ammerland/Starnberger See, Tel.: 08177/1783, www.studienkreis.org

Spezielle Fragen zu einzelnen Ländern beantwortet auch der

i Internationale Jugendaustausch- und Besucherdienst der Bundesrepublik Deutschland e. V. (IJAB)
53137 Bonn, Tel.: 0228/95060, www.ijab.de

Europäisches Kochbuch

Wenn – je nach Größe der Klasse – jeder Schüler ein oder zwei typische Rezepte, die allerdings in Bezug auf den Einkauf und die Zubereitung nicht allzu kompliziert sein sollten, aus einem Mitgliedsland der EU beisteuert und sauber geschrieben abliefert, die dann fotokopiert und geheftet werden, so entsteht in kürzester Zeit ein *EU-Kochbuch*. Sollte eine Schulküche vorhanden sein, so steht einem praktischen Versuch nichts mehr im Wege. Kochbücher finden die Schüler zu Hause oder in der Gemeinde- und Stadtbibliothek.

Bildnerisches Gestalten

Unter einem Motto, wie z. B. *Jugend für Europa* oder *Europa wählen* o. a. entwerfen Schüler Plakate oder Motive für *Europa-Briefmarken*.

Berufliche Qualifikation und Bildungsprogramme

Europakompetenz

In der zusammenwachsenden europäischen Wirtschaft werden Fremdsprachenkenntnisse immer wichtiger. Englisch, Französisch und Spanisch werden am häufigsten und zwar in dieser Reihenfolge als Fremdsprachen erwartet.
Doch dabei wird oft mehr gewünscht als lediglich Sprachbeherrschung. Kenntnisse in der Landeskunde, Einfühlungsvermögen in andere Mentalitäten und Kulturen, Sozial- und Handlungskompetenz im jeweiligen Land sollte der Bewerber um einen Arbeitsplatz mitbringen. Die Bildungsprogramme der EU verfolgen das Ziel, dass möglichst viele Europäer einen Teil ihrer Ausbildung im Ausland absolvieren. Nachweisbare Auslandsaufenthalte verbessern die beruflichen Chancen.
Alle Fragen, die mit einem *Studium* oder *Praktikum* im Ausland im Zusammenhang stehen, beantworten die Akademischen Auslandsämter, die an allen Hochschulen eingerichtet sind und der Deutsche Akademische Austauschdienst (DAAD).

Von diesem kann
- der *Länderstudienführer*,
- die jährlich im April neu erscheinende Broschüre *Studium-Forschung-Lehre, Förderungsmöglichkeiten im Ausland für Deutsche*,
- die jährlich erscheinende Broschüre *Studienland EU – geförderte Kooperationsprogramme deutscher Hochschulen*,
- Informationen über die EU-Programme zur Förderung des Auslandsstudiums (für Hochschulen und Fachhochschulen)

bezogen werden.

i Deutscher Akademischer Austauschdienst (DAAD)
Kennedyallee 50, 53175 Bonn, Tel.: 0228/882-0, www.daad.de

Angehörige der Lehrberufe, die aus beruflichen Gründen im Ausland arbeiten möchten, wenden sich an die *Euro-Berufsberater* (EURES), die Arbeitnehmer, die unionsweit auf Stellensuche gehen wollen, beraten. EURES-Berater gibt es in den größeren Städten, die Anschriften nennt jedes Arbeitsamt, sie sind auch in der Broschüre *Europa konkret* des Presse- und Informationsamtes der Bundesregierung abgedruckt. Auch das Berufsinformationszentrum (BIZ) des Arbeitsamtes und die Handwerkskammer können angesprochen werden.

Einen ausgezeichneten Überblick über die europäischen Möglichkeiten für Berufsanfänger bietet die Broschüre *Informationen für eine Arbeitsaufnahme in der Europäischen Union* (Heft 8 der Reihe *Ihre berufliche Zukunft*, das beim Arbeitsamt erhältlich ist). Die Broschüre enthält viele gute Tipps – z. B. Angaben über Namen und Erscheinungstag der Zeitungen, in denen die meisten Stellenangebote erscheinen.

Wer sehr genaue Auskünfte dazu will, der kann sich bei den *Beratungsstellen für Auslandstätige und Auswanderer* des Bundesverwaltungsamtes *Ländermerkblätter* besorgen, die für jedes einzelne Mitgliedsland der EU herausgegeben werden. Die Ländermerkblätter enthalten sehr umfassende Informationen über Gehälter und Arbeitsbedingungen bis hin zu Steuersätzen. Sie kosten zwischen ca. 5,– und 10,– € pro Exemplar.

i Bundesverwaltungsamt
50728 Köln, Tel.: 01888/358-0, www.bva.bund.de

Für arbeitslose Jugendliche, die ohne oder mit abgebrochener Berufsausbildung und unter 20 Jahre alt sind, gibt es das Programm *Youth Start*. Ansprechpartner sind das Arbeitsamt oder das Jugendamt.

Das älteste Austauschprogramm für Auszubildende und Berufsschüler besteht mit Frankreich. Bewerben können sich nur Berufsschulen, Betriebe und Kammern, weil sie für die Ausbildung verantwortlich sind. Informationen sind erhältlich bei:

i Französische Industrie- und Handelskammer
Postfach 100543, 66005 Saarbrücken, Tel.: 0681/9963-0, www.ccfa.de

Wer in seinem Beruf im Ausland arbeiten möchte, wendet sich an die ZAV, die Stellen nicht nur in der EU, sondern auf der ganzen Welt anbietet:

i Zentralstelle für Arbeitsvermittlung (ZAV)
53107 Bonn, Tel.: 0228/713-0
www.arbeitsamt.de/zav/zav.home.htm

Ihre Hauptaufgabe ist die Vermittlung von Fach- und Führungspersonal. Im Rahmen von speziellen Programmen vermittelt sie außerdem

- junge Menschen zur sprachlichen und beruflichen Fortbildung ins Ausland,
- Personal für entwicklungspolitische Zusammenarbeit,
- Führungskräfte zu internationalen Organisationen.

Angebote für Arbeitsplätze im europäischen Ausland werden auch regelmäßig im zentralen Stellenanzeiger der Bundesanstalt für Arbeit, *MARKT+CHANCE*, veröffentlicht, der in den Arbeitsämtern ausliegt.

- *Informationen für eine Arbeitsaufnahme in der Europäischen Union*, kostenlos beim Arbeitsamt erhältlich,
- *Europa für junge Leute – Tipps zu Bildung und Ausbildung*, kostenlos vom Presse- und Informationsamt der Bundesregierung zu beziehen,
- die *Ländermerkblätter* des Bundesverwaltungsamtes.

„Jobben" im Ausland

Wer nur für kurze Zeit und nicht in einem erlernten Beruf im europäischen Ausland arbeiten will, also z. B. als Schüler im Ausland jobben will, wendet sich an die ZAV in Frankfurt. Zu beachten ist, dass man sich schriftlich sechs bis zehn Monate vor dem beabsichtigten Beginn des Jobs bewerben muss. Informationen bietet die kostenlose Broschüre *Jobben im Ausland* der ZAV.

Die EU-Bildungsprogramme

SOCRATES

Das Programm SOCRATES umfasst die allgemeine Bildung. Dazu gehören

- die Hochschulbildung (ERASMUS),
- die Schulbildung (COMENIUS),
- bereichsübergreifende Maßnahmen, wie die Förderung der Fremdsprachenkenntnisse in der Gemeinschaft (LINGUA), Offener Unterricht und Fernlehre, Informations- und Erfahrungsaustausch (EURYDICE, ARION und NARIC), Erwachsenenbildung.

COMENIUS innerhalb des SOCRATES-Programms stellt eine der wichtigsten Neuerungen dar, mit deren Hilfe die Kooperation in der Schulerziehung auf allen Ebenen – Vorschul-, Primar- und Sekundarstufe – gefördert werden soll:

Aktion 1: Schulpartnerschaften für die Entwicklung Europäischer Bildungsprojekte (EBP);

Aktion 2: Schulerziehung der Kinder von Wanderarbeitnehmern, Sinti und Roma; Interkulturelle Erziehung;

Aktion 3: Aktualisierung und Verbesserung der Qualifikation des Lehrpersonals.

Im Rahmen des COMENIUS-Programms sollen mindestens drei Schulen aus drei verschiedenen europäischen Ländern zusammenarbeiten um gemeinsame Unterrichtsprojekte durchzuführen, die alle das gleiche Ziel verfolgen: Erlernen von Fremdsprachen und das Kennenlernen der europäischen Kulturen. Dazu werden Projekte zum Umweltschutz oder zur Geschichte und Politik unterstützt. Die Schulpartnerschaft erstreckt sich zunächst über ein Schuljahr, kann jedoch auf max. drei Jahre verlängert werden.

Den Lehreraustausch fördert die EU bereits seit 1989. Jährlich gehen 400 Lehrkräfte für einen Zeitraum von jeweils drei bis vier Wochen ins Ausland. Das neue Programm intensiviert den Informations- und Erfahrungsaustausch von Lehrern,

die die Qualität ihrer Lehrmittel gegenseitig prüfen oder neue Unterrichtsmaterialien entwickeln. Durch Partnerschaften sollen auf allen Ebenen möglichst langfristige Kontakte entstehen, die auch nach der Förderung durch ein EU-Programm weiter bestehen.
Kontaktadressen:

i PAD – Pädagogischer Austauschdienst – Sekretariat der Ständigen Konferenz der Kultusminister der Länder in der Bundesrepublik Deutschland
Lennéstr. 6, 53113 Bonn, Tel.: 0228/501-0, www.kmk.org

i Deutscher Akademischer Austauschdienst (DAAD)
Kennedyallee 50, 53175 Bonn, Tel.: 0228/8820, www.daad.de

Nähere Informationen über das SOCRATES-Programm sind in einem *Vademecum* und in sechs *Leitfäden* zu finden. Diese sind auch im Internet zu erhalten unter http://www.cec.lu/en/comm/dg 22/socrates.html
Alle Aktionen von LINGUA sind für Schulen interessant. Das ARION-Programm wendet sich an Schulleiter und an Personen, die in der Schulverwaltung tätig sind.

LEONARDO DA VINCI

Das Programm LEONARDO DA VINCI deckt den Bereich der beruflichen Bildung ab. Es basiert auf den Erfahrungen der bisherigen Programme PETRA, FORCE, EUROTECNET, COMETT und z. T. der LINGUA-Programme.
Berufsbildenden Schulen, jungen Arbeitnehmern, Auszubildenden und Arbeitslosen mit einer Berufsausbildung bietet LEONARDO Vermittlungs- und Austauschprogramme an, die es den Teilnehmern ermöglichen, einen Teil ihrer Berufsbildung in einem anderen Mitgliedsstaat der EU zu erhalten, Auslandserfahrungen durch Praktika zu sammeln und ihre Fremdsprachenkenntnisse zu verbessern. Ausbildern, Berufsschullehrern und Experten in der Berufsbildung wird es ermöglicht, die Qualität ihrer Arbeit durch einen Austausch zu verbessern.
Ein *Vademecum* mit einer detaillierten Beschreibung der einzelnen Maßnahmen und mit einem *Leitfaden für Antragsteller* kann unter diesen Kontaktadressen angefordert werden:

i Bundesinstitut für Berufsbildung
53043 Bonn, Tel.: 0228/107-0, www.bibb.de

i Carl Duisberg Gesellschaft
Postfach 260120, 50514 Köln, Tel.: 0221/2098-0, www.cdg.de

Angebote für Jugendliche

Jugend für Europa

Das Programm JUGEND FÜR EUROPA fördert den internationalen Jugendaustausch in ganz Europa. Das Programm ermöglicht Begegnungen von jungen Leuten zwischen 15 und 25 Jahren, gleichgültig, ob sie Schüler, Studierende oder Auszubildende sind. Die Grundpfeiler des Programms sind Eigeninitiative, Kreativität und eine europäische Dimension des Projekts. Deshalb werden in erster Linie Programme gefördert, die von Jugendlichen selbst konzipiert und organisiert werden.

Da Jugendliche nur in Gruppen am Austausch teilnehmen können, werden die Projekte von Jugendorganisationen betreut und durchgeführt.
Informationen und Kontaktadressen bei:

i JUGEND FÜR EUROPA
Deutsches Büro beim IJAB – Internationaler Jugendaustausch- und Besucherdienst der Bundesrepublik Deutschland
53113 Bonn, Tel.: 0228/9506-0, www.ijab.de

Viele Jugendverbände beschränken ihr Tätigkeitsfeld nicht mehr nur auf Deutschland, sondern haben sich auch europaweit organisiert und pflegen enge Kontakte zu den Partnerverbänden im Ausland. Das Europäische Jugendforum ist der Zusammenschluss der nationalen Jugendringe und der europäischen Jugendverbände auf EU-Ebene. Durch dieses Gremium werden die Interessen Jugendlicher gegenüber den Institutionen der EU vertreten. Für die deutschen Jugendlichen sitzt das Deutsche Nationalkomitee für Internationale Jugendarbeit (DNK) im Europäischen Jugendforum. Die Adresse lautet:

i Deutsches Nationalkomitee für Internationale Jugendarbeit
c/o Deutscher Bundesjugendring
Mühlendamm 3, 10178 Berlin, Tel.: 030/400404-00, www.dbjr.de

Wer sich direkt an das Europäische Jugendforum wenden will, schreibt an:

i Europäisches Jugendforum
Rue Joseph II 120, B-1040 Brüssel

Das DNK ist auch Träger der Europäischen Jugendkampagne gegen Rassismus, Antisemitismus, Intoleranz und Fremdenfeindlichkeit, die der Europarat ausgerufen hat.

Europäischer Freiwilligendienst

Die Europäische Kommission hat auf Initiative der Jugendkommissarin Edith Cresson einen Europäischen Freiwilligendienst eingerichtet.
Für Jugendliche im Alter von 18 bis 25 Jahren, die ihren Wohnsitz in der EU haben, besteht die Möglichkeit, für sechs bis zwölf Monate in einem gemeinnützigen Projekt zu arbeiten. Dabei haben sie die Chance, als Freiwillige Solidarität und Verantwortung zu üben, zusätzliche Qualifikationen zu erwerben (Kennenlernen eines anderen Landes, dessen Sprache und Kultur; berufliche und soziale Qualifikationen). Das europäische Netz von Projekten im humanitären, sozialen, kulturellen und ökologischen Bereich soll durch die Tätigkeit der Freiwilligen gestärkt werden.
Kontaktadresse:

i Experiment e. V.
Friesdorfer Str. 194a, 53175 Bonn, Tel.: 0228/957220, www.experiment-ev.de

Was es sonst noch gibt

Der DAAD gibt auch Übersichten über die in den einzelnen europäischen Ländern angebotenen Sprachkurse heraus, für die es auch Stipendien gibt. Manche Länder der EU bieten über ihre Kulturorganisationen oder die Kulturabteilung ihrer Botschaft Stipendien für Sprachkurse an.

Europarat

Informationen über die Arbeit des Europarates können unter dieser Anschrift bezogen werden:

i Ständige Vertretung der Bundesrepublik Deutschland beim Europarat Straßburg
Postfach 1170, 77671 Kehl, Tel.: 0033-3/88378550,
E-Mail: rp.allemagne@wanadoo.fr

Von den vielen Themen, denen sich der Europarat widmet, seien stellvertretend zwei herausgegriffen, die für die Schule Relevanz haben:

Bildung

Der Europarat sucht Antwort auf folgende Fragen:

> „Wie kann Schule den Europäern die Kenntnisse, Fähigkeiten und Einstellungen vermitteln, die sie für das Leben in einer Welt vorbereiten, die von wechselseitiger Abhängigkeit, von großer Diversität und von raschem und ständigem Wandel gekennzeichnet ist? Wie kann Schule zur Annäherung der europäischen Völker und zur Entwicklung einer europäischen Identität und eines europäischen Bewusstseins beitragen? Wie kann sie ein aktives Engagement für die Menschenrechte und die Grundideen der pluralistischen Demokratie fördern?"
> *(zitiert aus: Der Europarat: Aufbau; Arbeit und Ergebnisse, S. 34)*

Diese Broschüre, die einen Überblick über die Arbeit und die Publikationen des Europarates gibt, die im Allgemeinen nur in Englisch und Französisch verfügbar sind, kann unter der oben angeführten Anschrift angefordert werden.

Jugend

Der Europarat startete 1995 mit Veranstaltungen, Videoclips, Stickern und Informationsmaterial eine europaweite Jugendkampagne gegen Rassismus und Fremdenfeindlichkeit unter dem Motto *alle anders – alle gleich*.
Eines der Ziele des Europarates ist die Einbeziehung junger Menschen in den Aufbau eines demokratischen Europas. Dazu dienen das Europäische Jugendzentrum und das Europäische Jugendwerk. Das Europäische Jugendzentrum (EJZ) ist eine Bildungsstätte in Straßburg, die eine Vielzahl von Bildungsprogrammen für Mitglieder von Jugendorganisationen anbietet.
Das Europäische Jugendwerk (EJW) fördert Aktivitäten der internationalen Jugendarbeit, die von jungen Menschen für junge Menschen organisiert werden und die „dem Frieden, der Verständigung und der Kooperation zwischen den Völkern Europas und der Welt unter der Wahrung der Menschenrechte und der Grundrechte dienen" (aus der Satzung des EJW).
Informationen enthält das *Europa Abc*, jeweils neueste Auflage, das ein Leitfaden zur Internationalen Jugendarbeit in Europa ist. Detaillierte Informationen – auch über die Zuschussrichtlinien – sind unter folgender Adresse zu erhalten:

i Jugendabteilung des Europarates
Europäisches Jugendzentrum (EJZ), Europäisches Jugendwerk (EJW)
30, rue Pierre de Coubertin, F-67000 Strasbourg
EJZ: Tel.: 0033/88-412300, Fax: 0033/88-412777
EJW: Tel.: 0033/88-412019, Fax: 0033/88-412778
www.ijab.de, www.coe.fr/goath

Europa in der Praxis

Zusammenarbeit in den Regionen

Als Ergänzung zu den EU-Darstellungen in Schulbüchern und Broschüren bietet sich an zu untersuchen, wie Europa in der Praxis funktioniert.
Schüler, die im grenznahen Raum wohnen, können aus ihren eigenen Erfahrungen als Konsumenten und Reisende, vielleicht auch aus beruflichen Erfahrungen ihrer Eltern berichten. Wie mühsam die Wirklichkeit der grenzüberschreitenden Zusammenarbeit sein kann und dass sie viel guten Willen voraussetzt, kann man an einer der europäischen Modellregionen nachweisen.

Die Regio am Oberrhein

Sie verfolgt das Ziel, im Dreiländereck zwischen der Schweiz, Frankreich und Deutschland die Nachbarschaft zu vertiefen, indem die Entwicklung der Wirtschaft, der Schutz der Umwelt und die kulturelle und wissenschaftliche Zusammenarbeit gefördert werden.
Schwerpunkte der Zusammenarbeit sind:
- Wirtschaft und Verkehr
- Forschung und Lehre
- Umwelt und Energie
- Kultur und Medien

Kontaktadresse:

i Freiburger Regio-Gesellschaft e. V.
Gauchstr. 12, 79098 Freiburg, Tel.: 0761/31701, www.regio-gesellschaft.de

i EURO-INFO, Deutsch-Französische Informations- und Beratungsstelle für Verbraucher
Kinzigstr. 22, 77694 Kehl, Tel.: 07851/99148-0, www.euroinfo-kehl.com

Die Stelle informiert, falls es grenzüberschreitende Probleme zwischen Deutschland und Frankreich gibt oder solche vermieden werden sollen, in den Bereichen:
- Tourismus/Freizeit
- Wohnen und Bauen
- Energie
- Haushalt
- Ernährung
- Finanz- und andere Dienstleistungen
- Automobil und Zubehör
- Verkehr und öffentliche Anbieter
- Umwelt
- Versicherungen

EUREGIO – Europäische Region

Sie besteht seit 1958 als grenzüberschreitender Zusammenschluss von niederländischen und deutschen Gemeinden, Städten und Kreisen zwischen den Flüssen Rhein, Ems und Ijssel. Durch intensive Förderung der Zusammenarbeit auf sozialem, kulturellem, wirtschaftlichem und infrastrukturellem Gebiet soll die bisherige nationale Randlage in eine europäische Zentrallage umgewandelt und ein regionaler

Beitrag zur europäischen Einigung geleistet werden.
Von den sozial-kulturellen Aktivitäten der EUREGIO dürften für Jugendliche und Schüler folgende Angebote von Interesse sein:

- Jugendaustausch
- Familienbegegnungen
- Kunst und Kultur
- Zusammenarbeit im schulischen Bereich (Schulbegegnungen, Lehreraustausch, Sprachkurse, gemeinsame Projekte u. a.)

Das große Angebot der EUREGIO umfasst auch Informationen zu vielen grenzüberschreitenden Themen:

- EURES EUREGIO: Informationen über Wohnen, Arbeiten, Soziales, Berufsausbildung
- EURO INFO EUREGIO: Informationen für Mittel- und Kleinbetriebe
- EUREGIO VERBRAUCHERBERATUNG: Informationen und Beratung zum Thema *Kaufen im Nachbarland*

Kontaktadresse:

i EUREGIO Gronau
Postfach 1164, 48599 Gronau, Tel.: 02562/7020, www.euregio.de/euregio

Von den vielen Broschüren sei für eine vertiefende Beschäftigung mit der Organisation besonders auf diese verwiesen:

- *Operationelles Programm für die EUREGIO 1994–1999 im Rahmen von Interreg II*: In diesem Heft wird detailliert und kritisch die Bilanz der bisherigen Zusammenarbeit gezogen und die Ziele der künftigen Arbeit beschrieben.
- *EUREGIO: Das alltägliche Europa in der Praxis*: Diese zweisprachige Broschüre wendet sich an Schüler der Grundschulen und der Sekundarstufe I und stellt den Werdegang und die Aufgaben der Organisation dar.
- EUREGIO gibt jährlich Tätigkeits- und Rechenschaftsberichte heraus.

EUREGIO Bodensee und Rheinschutz

Ihr Ziel ist die wirtschaftliche und technologische Stärkung des Bodenseeraums als europäische Region im Zusammenwirken der Schweiz, Österreichs und der angrenzenden Länder der Bundesrepublik Baden-Württemberg und Bayern; gemeinsamer Umweltschutz, vor allem Reinhaltung des Bodenseewassers.
Kontaktanschrift:

i Bundesamt für Umwelt, Wald und Landschaft
CH-3003 Bern, www.umwelt-schweiz.ch

i Internationale Rheinschutzkommission (IKSR)
Hohenzollernstr. 18, 56068 Koblenz, www-iksr.org

Die Mitglieder Deutschland, Frankreich, Luxemburg, Niederlande, Schweiz und die EU-Kommission verfolgen das Ziel, die Qualität des Rheinwassers zu verbessern.

Wege ins Europäische Parlament

Das Europäische Parlament hat seinen Sitz in Straßburg; dort tritt es in der Regel einmal im Monat für eine Woche zu seinen Plenartagungen zusammen. In Brüssel liegt der Schwerpunkt der Ausschuss- und Fraktionsarbeit, außerdem gibt es dort zusätzliche Plenartagungen. Das Generalsekretariat, also die Verwaltung des Parlaments (Übersetzer, Wissenschaftlicher Dienst etc.) befindet sich in Luxemburg. An allen drei Orten werden Besuchergruppen empfangen, pro Jahr z. Zt. rund 200 000 Besucher.

Das Besuchsprogramm
Das Besuchsprogramm dauert in der Regel max. zwei Stunden und umfasst an allen drei Orten Informationsgespräche und Diskussionen mit Abgeordneten und/oder Mitarbeitern des Parlaments über Aufgaben und Arbeit des Europäischen Parlaments. Als Einführung wird ein Informationsfilm gezeigt. Außerdem haben die Besucher nach Möglichkeit Gelegenheit, die Plenarsäle zu besichtigen. Während der Plenartagungen besteht zudem die Gelegenheit, von der Besuchertribüne aus das Plenum des Parlaments eine Stunde lang bei den Beratungen zu beobachten. Außerhalb der Plenarwochen gibt es in Straßburg neben dem normalen Besuchsprogramm auch die Möglichkeit von Kurzvisiten (Führung durch das Gebäude und Besichtigung des Plenarsaals).

Wer lädt ein?
Besuchergruppen werden entweder auf Vorschlag von Abgeordneten oder direkt vom Besucherdienst des Parlaments eingeladen. Besuchergruppen, die von Abgeordneten in ihr offizielles Kontingent aufgenommen werden, haben Vorrang bei der Vergabe von Terminen, insbesondere während der Plenarsitzungen.
Wichtig: Die Kontaktadresse des örtlichen Europaabgeordneten kann man bei den Parteien oder direkt beim Besucherdienst des Parlaments in Luxemburg erfragen.

Wer zahlt?
Jeder Abgeordnete kann pro Jahr zwei Besuchergruppen vorschlagen, die aus dem Haushalt des Parlaments einen Reisekostenzuschuss erhalten. An andere Gruppen werden in der Regel keine Zuschüsse zu den Reisekosten bezahlt.

Teilnehmerzahl
Die Gruppengröße sollte 40 Personen nicht über- und 15 Personen nicht unterschreiten.

Mindestalter
Das Mindestalter für Besucher des Europäischen Parlaments wurde vom Parlamentspräsidium auf 16 Jahre festgesetzt.

Euroscola
Für die 12. und 13. Klassen der Gymnasien besteht die Möglichkeit, an Euroscola-Begegnungstreffen mit Schülern aus anderen Mitgliedsstaaten der EU teilzunehmen. Teilnahmebedingung: gute Fremdsprachenkenntnisse.

Anmeldung

i Europäisches Parlament, Informationsbüro für Deutschland
Unter den Linden 78, 10117 Berlin, Tel.: 030/2280-1000, www.europaparl.de

i Europäisches Parlament, Informationsbüro München
Erhardtstr. 27, 80331 München, Tel.: 089/2020879-0, E-Mail: epmuenchen@europaparl.eu.int

Die Anmeldung sollte ein halbes Jahr vor dem gewünschten Besuchstermin vorliegen!

Nützliche Adressen

i Deutsch-Französisches Jugendwerk (DFJW)
Molkenmarkt 1, 10179 Berlin, Tel.: 030/288757-0
www.dfjw.org

i 51, rue de l'Amiral-Mouchez
F-75013 Paris, Tel.: 0140781818

Das Deutsch-Französische Jugendwerk (DFJW) wurde 1963 durch den Vertrag über die Zusammenarbeit zwischen Frankreich und der Bundesrepublik Deutschland gegründet. Der französische Staatspräsident Charles de Gaulle und Bundeskanzler Konrad Adenauer riefen die Jugend beider Staaten dazu auf, sich für die deutsch-französische Freundschaft zu engagieren. Das DFJW erhielt den Auftrag, Begegnung und Zusammenarbeit der Jugend beider Länder in großem Umfang anzuregen und zu fördern.

Die Tätigkeit des DFJW erstreckt sich auf alle Bereiche, die die Jugend betreffen, z. B. Schule, Universität, Beruf, Kultur, Städtepartnerschaften, Jugend- und Sportverbände. Die Formen des Austauschs sind vielfältig, sie reichen von Gruppenbegegnungen bis zu Studien- und Arbeitsaufenthalten und Individualprogrammen im anderen Land. Die Arbeit des DFJW umfasst auch die außerschulische Sprachförderung, pädagogische Ausbildung und Forschung sowie die Information über den Austausch und das andere Land.

Seit 1963 wurden über 5 Mio. junge Franzosen und Deutsche an über 175 000 vom DFJW unterstützten Veranstaltungen gefördert. Im Jahre 1994 nahmen über 152 000 französische und deutsche Jugendliche an etwa 7 000 Austauschprogrammen teil. Die deutsch-französische Freundschaft manifestiert sich in mehr als 1 500 Städte- und mehr als 3 500 Schulpartnerschaften.

Die Broschüre *Begegnung und Austausch mit Franzosen*, jeweils neueste Auflage, bietet eine sehr umfangreiche und differenzierte Palette von Möglichkeiten des deutsch-französischen Jugendaustausches an. Sehr viele Adressen und Literaturhinweise machen das Heft zu einem nützlichen Nachschlagewerk für die Schule.

i Deutsch-Polnisches Jugendwerk (DPJW)
Polsko-Niemiecka Wspolpraca Mlodziezy (PNWM)
Büro Potsdam: Deutsch-Polnisches Jugendwerk (DPJW)
Postfach 600516, 14405 Potsdam, Tel.: 0331/28479-0, www.dpjw.org
Büro Warschau: Polsko-Niemiecka Wspotpraca Mlodziezy (PNWM)
ul. Alzacka 18, PL-03-972 Warszawa
Tel.: 004822/6162952

Seit dem 1. Januar 1993 arbeitet das DPJW für die Förderung des Jugendaustausches zwischen Deutschland und Polen nach dem Vorbild des Deutsch-Französischen Jugendwerkes.

Das Büro in Warschau ist zuständig für

- den Schüleraustausch, auch für den zwischen Frankreich, Polen und Deutschland,
- die Lehrerfortbildung,
- die sportliche Jugendbildung und
- die Sprachförderung.

Das Büro in Potsdam ist zuständig für
- den außerschulischen Jugendaustausch (Jugendverbände und Organisationen; kulturelle und kirchliche Zusammenarbeit),
- die kommunalen Programme und den Jugendaustausch zwischen den drei Ländern und
- den Haushalt und die Finanzen.

Unter dem Titel *Deutsch-Polnischer Sommer* gibt das DPJW jährlich eine Broschüre mit den Programmen heraus.
Das Mindestalter der Teilnehmer beträgt zwölf Jahre, das Höchstalter 26 Jahre.
Aufgabe beider Büros ist auch die Hilfestellung bei der Suche nach Partnern im anderen Land, dazu werden auch Partnerbörsen organisiert und gefördert.
Programme, die rein touristische Ziele verfolgen, werden nicht gefördert; eine Vorfinanzierung eines Programms durch das DPJW ist in keinem Fall möglich.
1994 konnten bereits 60 000 Jugendliche gefördert werden. Der Schwerpunkt der Arbeit des DPJW lag 1996 auf der Intensivierung des Austauschs im grenznahen Raum und der Ausweitung der regionalen Zusammenarbeit.

Was können junge Menschen in Europa alles unternehmen? Das Angebot ist fast schon zu groß um den Überblick bewahren zu können.
Der Internationale Jugendaustausch- und Besucherdienst der Bundesrepublik Deutschland e. V. (IJAB) gibt im Auftrag des Bundesministeriums für Familie, Senioren, Frauen und Jugend drei Übersichten in Form von Faltblättern heraus, die über die verschiedenen Möglichkeiten, an internationalen Veranstaltungen teilzunehmen, informieren: *Deutschland*, *Europa* und *Übersee*. Allein das Faltblatt *Europa* bietet 53 Kontaktadressen mit 14 Programmarten an!
Aufgenommen sind die Programme überregionaler deutscher Veranstalter, die für Einzelinteressenten offen sind. Die meisten dieser Organisationen bieten außerdem Programme für geschlossene Gruppen wie Schulklassen, Lehrlingsheime, Vereine usw. an oder stellen Reisen nach den speziellen Wünschen einer Gruppe zusammen.
Bezug der Faltblätter:

i Internationaler Jugendaustausch- und Besucherdienst
der Bundesrepublik Deutschland e. V. (IJAB)
53137 Bonn, Tel.: 0228/9506-0, www.ijab.de

Das Reisenetz ist eine Bundesarbeitsgemeinschaft unabhängiger Veranstalter von Kinder- und Jugendreisen, Jugendaustausch und Städtetouren. Es verschickt kostenlos *Die Liste*, ein Faltblatt, auf dem Veranstalter aufgelistet sind, die besonderen Wert auf sozialverantwortliches und umweltverträgliches Reisen legen.

i Das Reisenetz e. V.
Paulshofstraße 11, 50767 Köln, Tel.: 0221/9592190, www.das-reisenetz.de

Eine Orientierungshilfe für Unternehmungen in europäischen Ländern bietet das Heft *Jugend in Europa* des Bundesministeriums für Familie, Senioren, Frauen und Jugend. Das Heft beschreibt auf ca. 60 Seiten übersichtlich und präzise Möglichkeiten, die Europa jungen Menschen bietet, vom Schulbesuch und Studium über Praktika, Au-pair-Aufenthalte, Angebote für Arbeitslose bis hin zum Spracherwerb.

i Bundesministerium für Familien, Senioren, Frauen und Jugend
11018 Berlin, Tel.: 030/20655-0, www.bmfsfj.de

Sprachreisen, Sprachschulen im Ausland

Neben den vielen kommerziellen Anbietern, die in Zeitungen, Zeitschriften und an den Schulen für sich werben, führen viele Schulen selbst einen Austausch mit Partnerschulen im Ausland durch, damit die Schüler Sprache und Land und Leute kennen lernen.
Tipps und viele Informationen für einen Sprachaufenthalt sowie eine Qualifizierung der einzelnen Veranstalter gibt die

i Aktion Bildungsinformation e. V. (ABI)
Postfach 100164, 70001 Stuttgart, Tel.: 0711/22021630, www.abi-ev.de

Im Fachverband Deutscher Sprachreise-Veranstalter sind führende deutsche Veranstalter von Schüler- und Erwachsenensprachreisen zusammengeschlossen, die sich strengen Qualitätsrichtlinien unterwerfen. Die Richtlinien, die sich gut als Checkliste zum Vergleich der verschiedenen Angebote eignen, sind mit vielen nützlichen Informationen sowie einer detaillierten Angebots- und Adressenliste enthalten im *Ratgeber Sprachreisen*, der zu beziehen ist vom

i Fachverband Deutscher Sprachreise-Veranstalter
Kolonnenstr. 26, 10829 Berlin, Tel.: 030/22161597, www.fdsv.de

Sprachkurse in Französisch oder Polnisch werden auch vom Deutsch-Französischen bzw. vom Deutsch-Polnischen Jugendwerk angeboten.

Politische Bildung

Gewerkschaften, Parteien, Kirchen, Jugendverbände, Jugendbildungsstätten bieten Seminare, Fahrten u.v.a. zum Thema Europa an.
Wenn die lokale oder regionale Suche nach Informationen zu keinem Erfolg führt, so können diese Kontaktadressen weiterhelfen:

i Arbeitskreis deutscher Bildungsstätten (AdB)
Mühlendamm 3, 10178 Berlin, Tel.: 030/400401-00, www.adbildungsstaetten.de

i Arbeitsgemeinschaft katholisch-sozialer Bildungswerke
in der Bundesrepublik Deutschland (AKSB)
Heilsbachstr. 6, 53123 Bonn, Tel.: 0228/2892930, www.aksb.de

i Evangelische Akademien in Deutschland e. V., Akademieweg 11
73087 Bad Boll, Tel.: 07164/79-272, -230, www.evangelische-akademien.de

i Deutscher Bundesjugendring (DBJR)
Mühlendamm 3, 10178 Berlin, Tel.: 030/400404-00, www.dbjr.de

i Arbeitsgemeinschaft der Evangelischen Jugend in der Bundesrepublik
Deutschland e. V. (aej), Otto-Brenner-Str. 9, 30159 Hannover, Tel.:
0511/1215-0, www.evangelische-jugend.de

i Bund der Deutschen Katholischen Jugend (BDKJ)
Postfach 320520, 40420 Düsseldorf, Tel.: 0211/4693-0, www.bdkj.de

i Arbeit und Leben, Arbeitskreis für die Bundesrepublik Deutschland
Hans-Böckler-Str. 39, 40476 Düsseldorf, Tel.: 0211/4301-150, www.arbeitundleben.de

Soziale und ökologische Aktivitäten

Jugendliche, die zwei bis sechs Wochen oder auch mehrere Monate lang zusammen mit Jugendlichen aus anderen europäischen Ländern an einem sozialen oder an einem ökologischen Projekt mitarbeiten wollen, wenden sich an folgende Kontaktadressen:

i Internationale Jugendgemeinschaftsdienste e. V. (IJGD)
Kaiserstr. 43, 53113 Bonn, Tel.: 0228/228000, www.ijgd.de

i Service Civil International (SCI)
Blücherstr. 14, 53115 Bonn, Tel.: 0228/21208-6/-7, www.sci-d.de

i Aktionsgemeinschaft Dienst für den Frieden (AGDF)
Blücherstr. 14, 53115 Bonn, Tel.: 0228/24999-0, www.friedensdienst.de

i Arbeitsgemeinschaft der Evangelischen Jugend (aej), Otto-Brenner-Str. 9, 30159 Hannover, Tel.: 0511/1215-0, www.evangelische-jugend.de

i Bundesarbeitsgemeinschaft Internationale Soziale Dienste e. V. (BISD)
Kolpingplatz 5–11, 50667 Köln, Tel.: 0221/207010, www.aaonline.dkf.de/iv/ausland/fuehrung.html

Information und Beratung für alle Fragen der freiwilligen sozialen Dienste bietet die

i fid – Service- und Beratungsstelle für freiwillige internationale Dienste
bei der Arbeitsgemeinschaft für Entwicklungshilfe
Postfach 210128, 50527 Köln, Tel.: 0221/8896-0, www.ageh.de

Sportliche Aktivitäten

Viele Sportvereine organisieren internationale Begegnungen für ihre Mitglieder und auch, wenn Plätze frei sind, für Gastteilnehmer. Informationen geben das Sportamt der Stadtverwaltung und die Verbände der einzelnen Sportdisziplinen.
Kontaktadresse:

i Deutsche Sportjugend im DSB, Otto-Fleck-Schneise 12
60528 Frankfurt am Main, Tel.: 069/6700-338, www.dsj.de

Kulturelle Aktivitäten

Film, Theater, Musik, Tanz ... für Anfänger und Fortgeschrittene. Interessenten wenden sich an die

i Bundesvereinigung Kulturelle Jugendbildung e. V. (BKJ)
Küppelstein 34, 42857 Remscheid, Tel.: 02191/794-390, www.bkj.de

Individuelle Aktivitäten

Jugendreisen zu verschiedenen europäischen Themen für nicht organisierte Jugendliche bieten an:

i Deutsches Jugendherbergswerk e. V. (DJH)
Bad Meinbergerstr. 1, 32760 Detmold, Tel.: 05231/9936-0, www.jugendherberge.de

i Naturfreundejugend Deutschlands (NFJD)
Haus Humboldtstein, 53424 Remagen, Tel.: 02228/9415-0, www.naturfreundejugend.de

Die Deutsche Bahn AG bietet Jugendlichen viele Vergünstigungen, z. B. Interrail oder das Wochenendticket. Die Broschüre Jugendreisen ist an jedem Bahnhof erhältlich.

i Gesellschaft der Europäischen Akademien e. V. (GEA)
Bonner Talweg 42, 53113 Bonn, Tel.: 0228/949301-0, www.gea-deutschland.de

Die GEA vertritt zwölf europäische Akademien, die über das Bundesgebiet verteilt sind. Sie vermittelt geschlossene Gruppen, wie z. B. Schulklassen, die eine Tagung oder eine Veranstaltung zu einem bestimmten Thema suchen.

Au-pair, Schüleraustausch

i Gesellschaft für internationale Jugendkontakte e. V. (GIJK)
Baunscheidtstr. 11, 53113 Bonn, Tel.: 0228/957300, www.gijk.de

Die GIJK wurde 1983 als Verein von Lehrern und Studenten gegründet. Mit Erlaubnis und unter Beaufsichtigung der Bundesanstalt für Arbeit vermittelt die Gesellschaft junge Menschen aus dem In- und Ausland als Au-pair.
Ziele der GIJK sind:

- einen Beitrag zum Kulturaustausch zu leisten
- das Interesse und Verständnis junger Ausländer für die deutsche Kultur, Sprache und Geschichte zu fördern
- die internationale Verständigung zu fördern, indem jungen Ausländern ein Aufenthalt in Deutschland ermöglicht wird
- die Deutschkenntnisse junger Ausländer zu fördern
- jungen Deutschen vergleichbare Erfahrungen im Ausland zu ermöglichen

Um diese Ziele zu verwirklichen bietet die GIJK diese Programme an:

- GIJK Au pair Europa, Au pair in Amerika und Au pair in Deutschland e. V.: vermittelt jungen Frauen und Männern im Alter von 18 bis 27 Jahren Au-pair-Aufenthalte in allen europäischen Staaten und in den USA. Voraussetzung sind gute Sprachkenntnisse und Erfahrung im Umgang mit Kindern. Die Aufenthalte dauern sechs bis zwölf Monate.
- GIJK High School International GmbH:
  Für deutsche Schüler zwischen 15 und 18 Jahren werden Schulaufenthalte in Europa, den USA, Kanada und Australien sowie für ausländische Gastschüler Schulaufenthalte in deutschen Gastfamilien vermittelt.
- GIJK Lingua International GmbH:
  ermöglicht durch verschiedene Angebote weltweit das Lernen und Erleben fremder Sprachen, Sprachintensivkurse im Ausland, individuelle Ferien- und Familienaufenthalte sowie Arbeiten und Lernen durch Ferienjobs oder Praktika im Ausland.

Au-pair-Stellen im Ausland vermitteln ebenfalls:

i Verein für internationale Jugendarbeit
Goetheallee 10, 53225 Bonn, Tel.: 0228/698952, www.vij-deutschland.de

i Experiment e. V.
Vereinigung für praktisches Zusammenleben der Völker
Friesdorfer Str. 194a, 53175 Bonn, Tel.: 0228/957220, www.experiment-ev.de

i In Via – Katholische Mädchensozialarbeit
Postfach 420, 79004 Freiburg, Tel.: 0761/200-231, www.invia.caritas.de

Eine Liste weiterer Au-pair-Vermittlungsstellen findet sich beim örtlichen Arbeitsamt, der Zentralen Arbeitsvermittlung (ZAV) in Frankfurt oder in der kostenlosen Broschüre *Berufliche Aus- und Weiterbildung im Ausland* der Carl-Duisberg-Gesellschaft in Köln.

Wer Fragen, vor allem rechtlicher Natur, zu einem Auslandsaufenthalt innerhalb der EU hat, kann sich an den Bürgerberater der Kommission wenden:

i Europäischen Kommission, Bürgerberater RA Claudia Keller, Unter den Linden 78, 10117 Berlin, Tel.: 030/2280-0, www.eu-kommission.de

Lehreraustausch, Auslandsschulen

Lehrer, die im Ausland unterrichten wollen, erhalten Informationen vom Kultusministerium ihres Bundeslandes, vom Sekretariat der Ständigen Konferenz der Kultusminister der Länder in der Bundesrepublik Deutschland oder von:

i Pädagogischer Austauschdienst
Lenéestr. 6, 53113 Bonn, Tel.: 0228/501-0, www.kmk.org

i Bundesverwaltungsamt, Zentralstelle für das Auslandsschulwesen
50728 Köln, Tel.: 01888/358-1431, E-Mail: zfa@bva.bund.de

Europäischer Wettbewerb

i Europa in der Schule
Europäischer Wettbewerb, c/o Zentrum für Europ. Bildung, Bachstr. 32, 53115 Bonn, Tel.: 0228/7290064, www.europaeischer-wettbewerb.de

Das Zentrum ist in erster Linie Organisator des seit 1953 jährlich durchgeführten Europäischen Wettbewerbs, der sich an Schüler aller Schulformen und Jugendliche im Alter von 6 bis 21 Jahren richtet. Sein Ziel ist es, die Bereitschaft von Lehrern und Schülern zu fördern, sich mit der fortschreitenden Einigung Europas auseinander zu setzen.

Für jede Altersgruppe (bis 13 Jahre, 14 bis 16 Jahre und 17 bis 21 Jahre) werden jeweils zwei Themen zur Auswahl gestellt, die entweder im Rahmen des bildnerischen Wettbewerbs oder im Aufsatzwettbewerb bearbeitet werden können. Es sind nur Einzelarbeiten zugelassen. Der Wettbewerb startet zu Beginn des Schuljahres. Die besten Arbeiten werden in den Schulen ausgewählt und bis zum 15. Februar des nachfolgenden Jahres an die entsprechende Landesstelle zur Jurierung eingesandt. Von dort werden wiederum die besten Arbeiten zur Bundesjury weitergeleitet, die im Monat darauf tagt. Die Preisverleihung findet national bis zum 5. bzw. 9. Mai und europäisch bis Juli statt. Anerkennungen gibt es in Form von Buch-, Sach- und Geldpreisen, Europatalern und Urkunden. Zu den attraktivsten Wettbewerbspreisen zählt die Teilnahme an nationalen und internationalen Begegnungen der Preisträger im In- und Ausland.

1995 nahmen 150 020 Schüler aus dem gesamten Bundesgebiet teil, Arbeiten von 5 491 Schülern wurden an die Bundesjury weitergeleitet und 2 227 Bundespreise wurden bereitgestellt.

Materialkiste und Literatur

Die Europäische Union online: www.europa.eu.int

i Europäisches Parlament
www.europarl.eu.int

i Europäischer Gerichtshof, Centre européen –
L-2925 Luxemburg, Tel.: 00/352/4303-1, www.cunia.eu.int

i Europäischer Rechnungshof
12, rue Alcide de Gasperi, L-1615 Luxemburg, Tel.: 00/352/439845410
www.eca.eu.int

i Wirtschafts- und Sozialausschuss
2, rue Ravenstein, B-1000 Brüssel, Tel.: 00/32/2/5199011, www.cas.eu.int

i Rat der Europäischen Union
170, rue de la Loi, B-1040 Brüssel, Tel.: 00/32/2/2346111,
www.ue.eu.int

i Europäische Kommission
www.europa.eu.int/comm/index_html

i Ausschuss der Regionen
2, rue Ravenstein, B-1000 Brüssel, Tel.: 00/32/2/5199011,
www.cor.eu.int/home.htm

i Europäischer Bürgerbeauftragter
www.euro-ombudsmann.eu.int

Schul-, Gemeinde- und Städtepartnerschaften

Wahrscheinlich haben alle Schulen Partnerschulen im europäischen Ausland; aber auch die Gemeinden und Städte pflegen Gemeinde- und Städtepartnerschaften. Da sich wohl meistens die Partnerschule in der Partnergemeinde befindet, wird auch ein Austauschprogramm für Schüler und Jugendliche angeboten. Auskünfte – auch über die Fördermöglichkeiten – geben die kommunalen Verwaltungen bzw. die Partnerschaftskomitees oder die Schulaufsichtsbehörden. Wer sich über bestehende Städtepartnerschaften informieren will oder sich bei der Vermittlung einer Städtepartnerschaft beraten lassen will, wende sich an den

i Rat der Gemeinden und Regionen Europas, Deutsche Sektion –
Lindenallee 13-17, 50968 Köln, Tel.: 0221/3771-311, www.rgre.de

Eine Fülle von Informationen zum Thema Schulpartnerschaft bietet das Buch *Von Argentinien bis Zimbabwe. Planungshilfen für schulische Aufenthalte im Ausland*, das gegen eine Gebühr bezogen werden kann von der

i Thomas-Morus-Akademie Bensberg, Overather Str. 51–53
51429 Bergisch Gladbach, Tel.: 02204/408472, www.tma-bensberg.de

Informationsmaterial und Publikationen zu den Themen Europa, europäische Einigung und EU versenden:

i Bundeszentrale für politische Bildung
Postfach 2325, 53013 Bonn, Tel.: 01888/515-0, www.bpb.de

- Zweimal jährlich (jeweils im Frühjahr und Herbst) legt die Bundeszentrale ein *Verzeichnis der Publikationen* vor, das ein breites und vielfältiges Spektrum von Publikationen auch zum Thema Europa umfasst.
- Unterrichtspraktische Veröffentlichungen zum Thema sind in der Reihe *Bibliografien zu Unterrichtseinheiten der politischen Bildung*, die von der Bundeszentrale herausgegeben wird, verzeichnet.
- Von den Landeszentralen für politische Bildung werden weitere Publikationen verteilt, jedoch nur an Interessenten im betreffenden Bundesland (die Adressen der Landeszentralen s. S. 76 f.).

Das Presse- und Informationsamt der Bundesregierung veröffentlicht Informationen über die EU, die unentgeltlich bezogen werden können.

i Presse- und Informationsamt der Bundesregierung
11044 Berlin, Tel.: 01888/272-0, www.bundesregierung.de

Das Amt bittet darum, schriftlich oder per Fax zu bestellen. Anforderungen aus den neuen Bundesländern können auch direkt an die i Presse- und Informationsamt der Bundesregierung, Welckerstr. 11, 53113 Bonn, E-Mail: posteingang@bpa.bund.de, www.bundesregierung.de

gesandt werden.

Auch die Publikationen des Amtes für amtliche Veröffentlichungen der Europäischen Gemeinschaften, Luxemburg, werden vom Presse- und Informationsamt versandt.

Zum Thema *Europa* seien folgende Broschüren des Amtes besonders empfohlen, die sich an Jugendliche wenden und kostenlos bezogen werden können:

- *Wir in Europa* (Inhalt: Geschichte und Zukunft Europas),
- *Europa 2000 – Die Europäische Union der 15 Staaten* (didaktisch aufbereitet, eignet sich gut als Unterrichtsmaterial),
- *Europa in Stichworten* (Entwicklung und Ziele der EU),
- *Europa konkret* (konkrete Hinweise zu Themen wie Verbraucherschutz, Reisen, Auto, Sozialleistungen usw., nützliche Adressen),
- *Informationen für junge Leute* (viele nützliche Hinweise und Adressen).

i Europäische Kommission – Vertretung in der Bundesrepublik Deutschland Unter den Linden 78, 10117 Berlin, Tel.: 030/2280-0, www.eu-kommission.de

Vertretung in Bonn:

i Europäische Kommission – Vertretung in Bonn
Bertha-von-Suttner-Platz 2-4, 53111, Bonn, Tel.: 0228/53009-0
E-Mail: eu-de-bonn@cec.eu.int

Vertretung in München:

i Europäische Kommission – Vertretung in München
Erhardtstr. 27, 80331 München, Tel.: 089/242448-0, E-Mail: eu-de-muenchen@cec.eu.int

Die Vertretungen der Europäischen Kommission sind der wichtigste Ansprechpartner für alle Fragen zum Thema *EU*. Aus dem großen Angebot der Kommission seien diese stellvertretend genannt, die für Schulen interessant sein könnten:

- Der Rednerdienst *Team Europa* bietet EU-Experten zu jedem Thema an, die auch von Schulen und Schulklassen eingeladen werden können.
- Der *EU-Almanach* ist ein Wegweiser zu den EU-Anlaufstellen in der Bundesrepublik Deutschland. Die Ansprechpartner sind nicht nur nach ihrer Aufgabe, sondern auch nach Regionen gegliedert.
- Übersichten zu den EU-Informationsstellen, zu den Euro-Buchhandlungen und zu den Europäischen Dokumentationsstellen.
- Einen Ein- und Überblick über die große Zahl der Veröffentlichungen der Kommission gibt die Broschüre *Die Europäische Union als Verleger 1995/96. Auszug aus den Veröffentlichungskatalogen*, die 180 Seiten umfasst.

i Europäische Kommission – Vertretung in der Bundesrepublik Deutschland Unter den Linden 78, 10117 Berlin, Tel.: 030/2280-0, www.eu-kommission.de

bietet Unterrichtsmaterialien zum Thema *Aufgaben und Arbeitsweise der europäischen Institutionen* an.

Europa-Pass für Abiturienten

Wer nach dem Abi nicht so recht weiterweiß, aber nichts gegen einen Wechsel ins europäische Ausland hat, dem bietet die Europäische Kommission den Europa-Pass für Abiturienten an. Aufgezeigt werden die Möglichkeiten, die der Binnenmarkt

jungen Studenten, Lehrlingen, Berufsschülern oder Berufstätigen bietet. Zudem unterrichtet der Pass über Programme, Praktika und Au-pair und verweist auf Jugendbegegnungen und Kontaktadressen.
Den Europa-Pass gibt es kostenlos bei der Vertretung der

i Europäische Kommission – Vertretung in der Bundesrepublik Deutschland
Unter den Linden 78, 10117 Berlin, Tel.: 030/2280-0, www.eu-kommission.de

Wer selber einmal einen Staats- oder Regierungschef bei einer Regierungskonferenz nachahmen möchte, kann dies anhand eines Simulationsspiels ausprobieren, das sich die Jungen Europäischen Föderalisten des Landesverbandes Bayern ausgedacht haben.
Jeder Teilnehmer erhält die Vorgaben, die den realen Vorstellungen des jeweiligen EU-Mitgliedsstaates entsprechen; er muss versuchen seine Wünsche und Interessen durchzusetzen, indem er auch Kompromisse schließen muss. Das Rollenspiel dauert ca. zwei bis drei Stunden. Bezug:

i Junge Europäer Bayern
Postfach 330420, 80064 München, E-Mail: info@bayern.de, www.je-bayern.de

Informationen über die Jungen Europäischen Föderalisten sind unter dieser Adresse erhältlich:

i Junge Europäische Föderalisten Deutschland e. V.
Greifswalder Str. 4, 10405 Berlin, Tel.: 030/42809035, www.jef.de

Im Auftrag des Auswärtigen Amtes ist eine Broschüre erschienen, die auf 32 Seiten immer wiederkehrende Märchen, Enten und andere Unwahrheiten über die EU, ihre Institutionen und ihre Rechtsvorschriften enthält. Die Broschüre mit dem Titel *Fabelhaftes Europa. Glaubhaftes und Unglaubhaftes aus der Europäischen Union* kann kostenlos bestellt werden bei

i Auswärtiges Amt
11013 Berlin, Tel.: 01888/17-0, -2058, www.auswaertiges-amt.de

Reizwort „Euro"

Über das Für und Wider der Europäischen Währungsunion, über Verschiebung oder Einhaltung des Starttermins, über Vor- und Nachteile sowie Chancen und Risiken des gemeinsamen Geldes wird nahezu täglich in den Medien berichtet. Unter dem Titel *Der Euro – stabiles Geld für Europa* hat der Bundesverband deutscher Banken eine ausführliche Publikation zum Thema herausgebracht. In ihr werden die politischen Wirkungen der europäischen Integration, die Prinzipien des Maastrichter Vertrages, die möglichen Auswirkungen der Währungsunion für die Sparer, die Europäische Zentralbank, die Umstellung auf den Euro etc. behandelt. Die kostenlose Broschüre kann bestellt werden beim

i Bundesverband deutscher Banken
Burgstr. 28, 10178 Berlin, Tel.: 030/1663-0, www.bdb.de

Der Bundesverband deutscher Banken ist auch Herausgeber von SCHUL/BANK, einem Informationsdienst für Schule und Lehrer, der viele nützliche Informationen enthält. Interessierte können sich in den Verteiler aufnehmen lassen.

i Internet-Adresse:
www.schul-bank.de

Weitere nützliche Adressen

i Europäisches Parlament, Informationsbüro für Deutschland
Unter den Linden 78, 10117 Berlin, Tel.: 030/2280-1000, www.europarl.de

i Auswärtiges Amt
11013 Berlin, Tel.: 01888/17-0, -2058, www.auswaertiges-amt.de

i Goethe-Institut Inter Nationes e. V.
Postfach 190419, 80604 München, Tel.: 089/15921-0, www.goethe.de

Medienpakete und Computer-Software zum Thema gibt es aus der Produktion des Instituts für Film und Bild in Wissenschaft und Unterricht (FWU), das von den Bildstellen ausgeliehen werden kann. Evtl. Anfragen können gerichtet werden an:

i Institut für Film und Bild in Wissenschaft und Unterricht (FWU)
Postfach 1261, 82026 München, Tel.: 089/6497-1, www.fwu.de

Eine Auskunftsdatei *Europa* befindet sich im Aufbau und ist im Internet abrufbar unter folgendem Zugangsschlüssel: http://www.cec.lu

Literatur

THOMAS LÄUFER (Bearb.): Europäische Gemeinschaft – Europäische Union. Die Vertragstexte von Maastricht, Bonn 1992 ● Die Vertragstexte sind mit einer kurzen Einleitung und einem ausführlichen Register versehen. Sie sind kostenlos erhältlich bei der Bundeszentrale für politische Bildung und beim Presse- und Informationsamt der Bundesregierung.

GÜNTER RENNER: Vom Binnenmarkt zur Europäischen Union. Arbeitsbuch für Schule und Erwachsenenbildung, Bühl (Baden) 1992 ● Sehr anschauliche Einführung in Geschichte, Strukturen, Leistungen und Probleme der EG auf dem Weg zur Europäischen Union; mit zahlreichen Schaubildern und Hinweisen für den Unterricht.

WERNER WEIDENFELD/WOLFGANG WESSELS (Hrsg.): Jahrbuch der Europäischen Integration. Bonn (erscheint seit 1981 fortlaufend) ● Standardwerk über Veränderungen in der Europapolitik, in den europäischen Institutionen und den Mitgliedsstaaten; mit ausführlichen Literaturhinweisen.

WERNER WEIDENFELD/WOLFGANG WESSELS (Hrsg.): Europa von A – Z: Taschenbuch der europäischen Integration. Bonn 1994 ● Inhalt: Einführungs- und 60 Stichwortartikel, Chronik, Abkürzungs- und Stichwortverzeichnis.

MICHAEL BRÜCKNER/ROLAND MEIER/ANDREA PRZYKLENK: Der Europa-Ploetz: Basiswissen über das Europa von heute. Freiburg/Würzburg 1993 ● Inhalt: Stationen der europäischen Integration; wichtige europäische Organisationen werden vorgestellt; Chronik.

Eurodesk

Wer die Adresse des Jugendinformationsdienstes in Genf braucht, etwas über Förderungsmöglichkeiten für die Jugendarbeit mit den baltischen Republiken wissen will, eine Partnerschule für ein europäisches Projekt sucht, erhält Information und Beratung unter der **Telefon-Hotline 0228/9506-208**.

Eurodesk ist ein Netzwerk, das Partner in den 15 Mitgliedsstaaten der EU sowie Island und Norwegen betreiben.
Aufgearbeitet werden Informationen über Literatur, Organisationen sowie (Förder-)Programme, die Jugend, Bildung und Ausbildung unter europäischem Aspekt beinhalten. Dazu gehören die Fördermöglichkeiten der 16 Bundesländer, das Deutsch-Französische und das Deutsch-Polnische Jugendwerk, der Kinder- und Jugendplan der Bundesregierung, Informationen über Programme der Europäischen Kommission u.v.m.
Die Antworten werden per Telefon, Fax, Post oder E-Mail weitergegeben, sodass nur Telefonkosten für die Anfrage entstehen.

FREIZEIT

„Europäische Sprachen“ © 1997 OTTIFANT PRODUCTIONS/Distr. Bulls

Vorschläge für den Unterricht

Broschüre mit Tipps für Ausflüge

Die Klasse verfasst eine Broschüre mit Ausflugtipps für Klassenfahrten (bzw. auch für Familienausflüge), die zu Fuß, mit dem Fahrrad, dem öffentlichen Nahverkehr oder mit der Kombination von allen Möglichkeiten unternommen werden können. Bei der Wahl der Ausflugsziele ist das Alter der Schüler zu berücksichtigen, dass das Ausflugsziel den altersgemäßen Erwartungen entspricht und dass die mit dem Fahrrad zu leistende Kilometerzahl auf verkehrsarmen Nebenstraßen und Radwegen nicht zu hoch wird. Wenn möglich, sollte ein Rundkurs geplant werden.
Die Broschüre sollte folgende Angaben umfassen:

- Öffentlicher Nahverkehr: Fahrplanangaben mit mehreren Rückfahrmöglichkeiten. Besteht eine Mitnahmemöglichkeit für Fahrräder? Welche Fahrtkosten fallen an? Was kostet der Fahrradtransport?
- Angaben zu den Sehenswürdigkeiten, die unterwegs beachtet bzw. besucht werden sollten mit jeweils kurzer Beschreibung. Das können landschaftliche Besonderheiten, Burgruinen, Freizeitparks, Kulturdenkmäler, landwirtschftliche Nutzung, Fauna und Flora, Museen u. Ä. sein. Dabei dürfen Angaben zur Kilometerzahl der einzelnen Wegabschnitte, über Öffnungszeiten und Eintrittspreise nicht fehlen.
- Empfehlenswerte Raststationen: Spielplätze, Gasthäuser, Grillplätze o. a. Zu beachten ist, dass eine Schulklasse zu Fuß oder mit dem Fahrrad wesentlich mehr Zeit braucht als ein Einzelner oder eine kleine Gruppe, denn sie muss sich nach dem langsamsten Teilnehmer richten. Da auch immer mit Fahrradpannen, Wespenstichen und anderen Aufregungen gerechnet werden muss, ist der Zeit-

aufwand für die Fahrradtour bzw. für die Wanderung sehr großzügig zu veranschlagen.
Bei Fahrradtouren und Wanderungen ist es sehr sinnvoll, wenn der Lehrer die „Spitze“ bildet, vor dem sich, vor allem wegen der Gefahr, dass Schüler den falschen Weg wählen, kein Schüler aufhalten darf, und ein zweiter Lehrer bzw. ein verantwortungsbewusster Schüler oder ein Elternteil das „Schlusslicht“ bildet, hinter dem kein Schüler mehr nachkommen darf. Die „Spitze“ muss in Abständen immer wieder anhalten, sodass alle „auflaufen“ können.

Zur Planung werden benötigt:
- Fahrpläne bzw. Kursbuch
- Wander- und Freizeitkarten (um Ziele und Wege festzulegen, um Entfernungen und Zeitaufwand ausrechnen zu können)
- Telefonbuch (um Öffnungszeiten, Eintrittspreise und Führungen erfragen zu können)

Broschüre mit Freizeittipps

Die Klasse fertigt eine Broschüre mit Freizeittipps für Jugendliche an, die das Angebot des Schulortes und der Wohnorte der Schüler auflistet.
Neben einer kurzen Beschreibung des Angebots sollten Angaben über anfallende Unkosten (Mitgliedsbeiträge u. a.), Bedingungen bzw. Voraussetzungen einer Teilnahme, Altersbeschränkungen, Häufigkeit der Treffen, Angaben zum zeitlichen Aufwand, Angaben über Öffnungszeiten nicht fehlen. Vielleicht bietet auch das Jugendamt der Kommune eine derartige Broschüre an, die von den Schülern entsprechend modifiziert werden kann. Oder das Jugendamt hilft mit Informationen weiter oder erstellt gemeinsam mit der Klasse eine solche Broschüre.

Checkliste

- ▶ Theater: Jugendabonnements, Laienbühnen
- ▶ Festivals: Film, Musik, Theater
- ▶ Kabarett
- ▶ Musik: Jugendorchester, Jugendmusikschulen, Musikvereine, Musikwettbewerbe
- ▶ Tanzschulen, Tanzgruppen
- ▶ Programmkinos
- ▶ Haus der Jugend
- ▶ informelle Treffpunkte: Halfpipe, Basketballplätze, BMX-Gelände
- ▶ Sportvereine
- ▶ Jugendgruppen der Kirchen, Parteien, Gewerkschaften
- ▶ Gemeinde-, Stadtbücherei
- ▶ Diskotheken, Jugendlokale
- ▶ Volkshochschulen und andere Bildungseinrichtungen
- ▶ Jugendrotkreuz, THW, Jugendfeuerwehr
- ▶ Natur- und Umweltschutz, Bürgerinitiativen
- ▶ Amnesty International
- ▶ Hobbygruppen (Briefmarkensammler, Modellbauer)
- ▶ Helferkreise (Asylbewerber, Nachbarschaftshilfe) und Selbsthilfegruppen
- ▶ Bürgervereine (Geschichtswerkstätten)
- ▶ Jugendparlament, Stadtteilgruppen

...

Erweiterung: Durch die Beschäftigung mit diesem Thema stellen die Schüler Defizite im örtlichen Freizeitangebot fest, überlegen sich – realisierbare – Vorschläge und wenden sich mit diesen an die kommunale Verwaltung und Politik.
Wer sich grundsätzlich über Jugendarbeit informieren möchte, kann sich an folgende Adressen wenden:

i Deutscher Bundesjugendring e. V. (DBJR)
Mühlendamm 3, 10178 Berlin, Tel.: 030/400404-00, www.dbjr.de

Der DBJR erfasst ca. 5 Mio. Jugendliche im Alter von zehn bis 25 Jahren. Der DBJR vertritt 21 Jugendverbände, 16 Landesjugendringe und drei Anschlussverbände. Dazu zählen unter anderem die

i Arbeitsgemeinschaft der Evangelischen Jugend
in der Bundesrepublik Deutschland e. V., Otto-Brenner-Str. 9
30159 Hannover, Tel.: 0511/1215-0, www.evangelische-jugend.de

i Bund der Deutschen Katholischen Jugend (BDKJ)
Postfach 320520, 40420 Düsseldorf, Tel.: 0211/4693-0, www.bdkj.de

i Bund Deutscher Pfadfinder/innen,
Baumweg 10, 60316 Frankfurt am Main, Tel.: 069/431030, www.bdp.org

i Bund der Deutschen Landjugend e. V.
Reinhardtstr. 18, 10117 Berlin, Tel.: 030/31904-0, www.landjugend.de

i Deutsche Jugendfeuerwehr
Koblenzer Str. 133, 53177 Bonn, Tel.: 0228/95291-0, www.jugendfeuerwehr.de

i Deutsches Jugendrotkreuz
Carstennstr. 58, 12205 Berlin, Tel.: 030/85404-390, www.jrk.de

i Jugend des Deutschen Alpenvereins
Von-Kahr-Str. 2-4, 80997 München, Tel.: 089/818971-0, www.jdav.de

i Naturschutzjugend im Naturschutzbund Deutschland (NAJU)
Postfach 301045, 53190 Bonn, Tel.: 0228/4036-190, www.naju.de

i Jugend im Bund für Umwelt und Naturschutz Deutschland e. V., Am Köllnischen Park 1a, 10179 Berlin, Tel.: 030/275865-0, www.bundjugend.de

„Freizeit" in der Schule

Mit Tischtennisplatten, Basketballkörben, Freiluftschach, der Bereitstellung von Bällen, Federballspielen u.v.a. wird an vielen Schulen etwas für die Freizeitgestaltung in der großen Pause getan.
Aber auch Vertretungsstunden lassen sich für Karten- und Brettspiele in der Klasse nutzen. Die Schule muss nur für eine zentrale und leicht erreichbare Möglichkeit der Unterbringung für die Spiele im Sekretariat oder beim Hausmeister, die auch die Ausleihe verwalten, sorgen und schon kann ein Spieleschrank eingerichtet werden, der aus den nicht mehr benötigten Beständen der Elternhäuser gefüllt wird. Sollten Neuanschaffungen gewünscht werden, so wird ein Kuchenverkauf o. Ä. der SMV schnell das nötige Geld einbringen.
Als ein Beitrag zum gegenseitigen Kennenlernen der Schüler und für ein gutes Schulklima kann die SMV Schulwettbewerbe in Ballsportarten, aber auch Schach- und Kartenturniere, Tipp-Kick-Turniere u. a. veranstalten.
Die große Pause stellt auch eine gute Gelegenheit für Arbeitsgemeinschaften dar, sich vorzustellen und für sich zu werben: Die Theater-AG kann kurze Szenen

spielen, auch in der Form des Straßentheaters. Der Chor, das Orchester, die Jazztanzgruppe können etwas vorführen und die Foto-AG und die AG Regionalgeschichte können ihre Arbeiten auf Stellwänden im Eingangsbereich der Schule präsentieren usw.

„Suche/Biete-Börse" der SMV

Die SMV richtet eine Nachhilfebörse ein: Schüler bieten gegen Bezahlung ihre Dienste als Nachhilfelehrer an. Das Angebot und die Nachfrage wird von der SMV koordiniert, die auch die Einhaltung von Terminabsprachen und die faire Preisgestaltung überwacht.
Die Idee ist nicht neu, kann aber auch einmal in einer Schulklasse ausprobiert werden: Alle Schüler der Klasse setzen einen „Leistungskreislauf“ in Gang, indem sie einander ihre Fähigkeiten als Dienstleistung anbieten. Der Tauschwert der Leistung, der in einer Bonus-Zahl ausgedrückt wird, wird zwischen dem Anbieter und dem Nachfrager frei ausgehandelt. Schüler A gibt Nachhilfe in Mathematik und will das Schachspiel erlernen. Schüler B ist ein sehr guter Schachspieler und sucht jemanden, der ihn auf die nächste Englischarbeit vorbereitet. Schüler C backt ausgezeichnet Pizza und und Kuchen und sucht jemanden, der ihm seinen Fernsehapparat repariert. Schüler D veranstaltet eine Klassenparty und verlangt 1 Bonus Eintritt je Teilnehmer usw. Der Zeitraum des Bonus-Ringtausches geht über ein halbes Schuljahr. Ein oder zwei Schüler, die zuverlässig sind und über gute Computerkenntnisse verfügen, führen Buch und werden dafür mit Bonussen bezahlt. Sie führen exakt Buch darüber, wer mit welcher Bonuszahl welche Leistung erbracht und wer sie in Anspruch genommen hat. Vor allem muss verhindert werden, dass einseitig Leistung nur entgegengenommen und nicht erbracht wird. Eine – klasseninterne – öffentliche Buchführung und eine gut gemeinte, helfende Aktivierung der Bonus-Armen kann ein vorzeitiges Scheitern des Experiments verhindern helfen.

Meine Traumreise: Von fernen Ländern träumen ...

Ein solches Vorhaben lässt sich in Zusammenarbeit mit Erdkunde, Geschichte, Kunst/Kunstgeschichte verwirklichen. Die Schüler legen sich – einzeln oder in kleinen Gruppen – auf ein beliebiges Reiseziel ihrer Wahl fest. In einer Vorbereitungszeit von 14 Tagen sammeln sie alle notwendigen Informationen in Reisebüros, aus Katalogen, aus Karten und Büchern (aus der Stadt-, Gemeindebücherei) und füllen einen „Reisebogen“ aus, der so gegliedert sein könnte:

Reiseziel:	....
Reisedauer:	....
Anreise (Verkehrsmittel, Dauer):	....
Besuchsprogramm (Aufzählung):	....
Unterbringung:	....
Reisekosten:	....
geschätzte Gesamtkosten:	....
Begründung der Wahl meines Reiseziels:	....

Diese Fragen sollten ausführlicher beantwortet werden:
- Was weiß ich über mein Reiseziel? (Sind mir die touristischen Highlights und sog. Geheimtipps bekannt?)
- Was weiß ich über die kulturellen Besonderheiten, auf die ich besonders zu achten habe? (Bekleidung, Regeln der Gastfreundschaft, Essen und Trinken u. a.)
- In welcher Sprache werde ich mich verständigen? Beherrsche ich die Landessprache so, dass ich eine einfache Konversation in der Landessprache führen kann?
- Was weiß ich über die Lebensverhältnisse, unter denen die Mehrheit der Bevölkerung lebt?
- Was weiß ich über die politischen Verhältnisse im Land?

Tipp: An Reisende, an die schulische und außerschulische Bildungsarbeit wenden sich die *Sympathie-Magazine* (ca. 3,25 € zzgl. Versandkosten) zu folgenden Ländern: Peru, China, Thailand, Jamaika, Indonesien, Kenia, Tunesien, Ägypten, Türkei, Bolivien, Indien, Israel, Jemen, Singapur, Marokko, Nepal. Die Sympathie-Magazine *Islam verstehen* und *Fremdes verstehen* ergänzen das Angebot. Die Länderreihe wird ständig ergänzt.
Bezugsadresse:

i Studienkreis für Tourismus und Entwicklung e. V.
Kapellenweg 3, 82541 Ammerland, Tel.: 08177/1783, www.studienkreis.org

Alle Reisevorschläge der Schüler werden mit einer Ziffer und einem Stichwort versehen und an der Tafel notiert (z. B. „1: Ceylon"). Wenn alle Reisevorschläge vorgestellt sind, wählen alle Schüler ein Reiseziel, das ihnen auf Grund des Vortrages des oder der Mitschüler(s) am attraktivsten zu sein scheint (aber nicht ihr eigenes). Zweck der Abstimmung ist es, dass die Schüler nicht nur Interesse für ihre eigene Reise entwickeln, sondern auch für die ihrer Mitschüler und bei der Besprechung der „Hitparade", die sich durch die Wahl ergibt, begründet argumentieren können.

Taschengeld und Freizeit

Die Schüler führen in der Klasse eine statistische Erhebung durch, wie hoch das wöchentliche oder monatliche Taschengeld ist, das jeder Mitschüler erhält. Evtl. sollte man die Erhebung anonym durchführen, wenn es schwierig ist, offen über Geld zu reden. In Zusammenarbeit mit dem Fach Informatik stellen die Schüler die Ergebnisse ihrer Befragung in Säulen- und Kreisdiagrammen dar. Zusätzlich wird ermittelt, wie viele Schüler mit ihrem Taschengeld allein ihre Freizeitvergnügen, wie viele damit auch ihren Schulbedarf und wie viele damit sogar ihre Bekleidung, Schuhe und sonstigen Lebensbedarf finanzieren. Wenn sich die Ausgaben der Schüler für die Freizeit systematisieren lassen, (Kino, Disko, CDs, Sportveranstaltungen, Zeitschriften usw.), so können diese ebenfalls mit dem Computer grafisch dargestellt werden. Ein auswertendes Gespräch gibt Aufschluss über das Freizeitverhalten der Mitschüler und die Geldbeträge, die sie dafür aufwenden.

Freizeit und Fernsehen

Da die Schule keinen direkten Einfluss auf den Fernsehkonsum der Schüler hat, bietet vielleicht folgendes Vorgehen die Chance, die Wahrnehmung der Schüler für ihren Fernsehkonsum zu schärfen:
Die Schüler bringen die Programmzeitschriften der kommenden Woche in den Unterricht mit. Sie erstellen in Gruppenarbeit eine Programmempfehlung, die sie begründen können sollten. Der tägliche Fernsehkonsum sollte zwei Stunden nicht überschreiten; ein Tag in der Woche bleibt fernsehfrei. Die Schüler vergleichen und diskutieren ihre Vorschläge.

Was tun nach der Schulzeit?

Viele Schüler wollen nach bestandenem Abitur nicht sofort mit einem Studium oder einer Berufsausbildung beginnen und wissen nicht so recht, was sie machen sollen, denn für die Traumreise fehlt leider oft das Geld. Wie wär's also mit einem Freiwilligendienst im Ausland?
Da die persönlichen Voraussetzungen für die Dienste und und die Leistungen der einzelnen Träger sehr unterschiedlich sind, müssen diese vom einzelnen Träger erfragt werden.

- i Aktion Sühnezeichen/Friedensdienste e. V.
  Auguststr. 80, 10117 Berlin, Tel.: 030/28395184, www.asf-ev.de
- i Diakonisches Werk der Evangelischen Kirche in Deutschland e. V.
  Postfach 101142, 70010 Stuttgart, Tel.: 0711/2159-0, www.diakonie.de
- i Aktionsgemeinschaft Dienst für den Frieden e. V.
  Blücherstr. 14, 53115 Bonn, Tel.: 0228/24999-0, www.friedensdienst.de
- i Deutsches Youth For understanding Komitee e. V.
  Postfach 762167, 22069 Hamburg, Tel.: 040/227002-0, www.yfu.de
- i Partnership International e. V.
  Ehemals Fulbright Gesellschaft e. V.
  Hansaring 85, 50670 Köln, Tel.: 0221/9139733, www.partnership.de
- i Service Civil International e. V.
  Blücherstr. 14, 53115 Bonn, Tel.: 0228/212086, www.sci-d.de
- i Internationaler Christlicher Friedensdienst e. V. (EIRENE)
  Postfach 1322, 56503 Neuwied, Tel.: 02631/8379-0, www.eirene.org
- i IN VIA Kth°lische Mädchensozialarbeit
  Postfach 420, 79004 Freiburg, Tel.: 0761/200-231, www.invia.caritas.de
- i Attac Deutschland
  Artilleriestr. 6, 27283 Verden, Tel.: 04231/957591, www.attac-netzwerk.de

Drogen

Der musikalische Einstieg

Herbert Grönemeyer hat sich auf seiner CD *Bochum* kritisch an die Alltagsdroge Alkohol herangewagt:

> „Wir haben wieder die Nacht zum Tag gemacht.
> Ich nehm mein Frühstück abends um acht.
> Gedanken zäh wie Kaugummi.
> Mein Kopf ist schwer wie Blei, mir zittern die Knie.
> Gelallte Schwüre in rotblauem Licht.
> Vierzigprozentiges Gleichgewicht.
> Graue Zellen in weicher Explosion.
> Sonnenaufgangs- und Untergangsvision.
> Was ist los, was ist passiert?
> Ich hab bloß meine Nerven massiert.
> Alkohol ist dein Sanitäter in der Not.
> Alkohol ist dein Fallschirm und dein Rettungsboot.
> Alkohol ist das Drahtseil auf dem du stehst.
> Alkohol, Alkohol …
>
> Die Nobelscene träumt vom Kokain.
> Und auf dem Schulklo riecht's nach Gras.
> Der Apotheker nimmt Valium und Speed.
> Und wenn es dunkel wird, greifen sie zum Glas.
> Was ist los, was ist passiert?
> Ich hab bloß meine Nerven massiert.
> Alkohol …"

Folgenden Fragen werden nach mehrmaligem Abspielen des Liedes beantwortet:
- Glaubt ihr, dass eigene Erfahrungen eine Rolle spielen? Was spricht dafür?
- Wie fühlt man sich nach einem Alkoholgelage?
- Warum wird Alkohol getrunken? „Sanitäter", „Fallschirm" und „Rettungsboot" werden genannt. Was ist gemeint?
- Könnt ihr euch Personen vorstellen, die diese Rolle an Stelle des Alkohols übernehmen?
- Welche anderen Drogen werden konsumiert?

Abschließend erfolgt eine Erörterung: Stellt Alkohol das Drogenproblem Nr. 1 dar?

Ein besonderer Fall

Bei Drogenkarrieren treffen häufig familiäre Probleme, schlechtes Umfeld, ungeeignete Maßnahmen des Staates und weitere negative Faktoren zusammen. Nicht immer lässt sich dabei das suchtartige Verhalten an legalen oder illegalen Drogen festmachen. Schlaglichtartig stellt *Der Spiegel* vom 2.9.96 das tragische Leben des Crash-Kids Dennis dar:

> „... 1989: Dennis Mutter wird mit dem Zehnjährigen nicht mehr fertig und gibt ihn in ein heilpädagogisches Heim ... Hier beendet Dennis die 2. und seine bis heute letzte Klasse der Grundschule.
> 1990: Dennis zieht zu seiner Pflegemutter nach Hamburg. Nachts treibt er sich am Bahnhof herum. Nach sechs Monaten gibt die Pflegemutter auf.
> 1991: Dennis kommt in ein Heim ... Er bricht in eine Hamburger Werkstatt ein und rast mit einem Ford durch das Hallentor. ca. 35 000 € Schaden. Kurz darauf rammt er mit einem gestohlenen Opel ... bei einer Verfolgungsjagd einen Streifenwagen.
> 1992: Dennis fährt mit einem gestohlenen Opel ... gegen eine Mauer. Sein ebenfalls 13-jähriger Beifahrer Sven kommt bei dem Unglück ums Leben. Nun gibt es erstmals Erlebnispädagogik für Dennis: Zwei Betreuer reisen mit ihm nach Österreich um ihn auf andere Gedanken zu bringen.
> 1993: Dennis hat angeblich bereits an die 100 Autos geknackt. Er wird zusammen mit anderen Crash-Kids in das umstrittene Jugenddorf Kuttula gebracht. Kosten: ca. 160 € pro Tag. Während seiner Zeit dort versucht Dennis zweimal mit gestohlenen Autos die Fähre nach Deutschland zu erreichen ...
> 1995: Die Hamburger Jugendbehörde holt Dennis aus Kuttula zurück ... Dennis wird nach Dänemark verlegt. Wegen mehrerer Autodiebstähle wird er ausgewiesen.
> 1996: Dennis wird zusammen mit seiner Freundin Melanie W., 20, festgenommen. Den beiden wird vorgeworfen, innerhalb von zwölf Tagen rund ein Dutzend Autodiebstähle begangen zu haben ... Eine Amtsrichterin verurteilt ihn zu einem Jahr Jugendhaft auf Bewährung ... Nun wird er in ein Heim nach Mecklenburg-Vorpommern gebracht. Von dort aus flieht er allerdings mit einem Freund in einem gestohlenen Opel Manta. Drei weitere Autos knacken die beiden Ausreißer, bevor sie kurz vor Hamburg von der Autobahnpolizei festgenommen werden. Das Amtsgericht Reinbek erlässt Haftbefehl."

Der Lehrer gibt den Schülern die Daten bis 1995 und fordert sie auf, den Lebenslauf bis zum heutigen Tag schriftlich zu aktualisieren. Anschließend erörtert die Klasse: Handelt es sich um eine Sucht?

Massentanz als Droge?

Seit einigen Jahren treffen sich Jugendliche zu Massentänzen und berichten von rauschhaften Erlebnissen. So lesen wir in der *Woche* vom 24.5.96:

> „Seit der letzten Love-Parade 1989 in Berlin haben sich die Raver-Massen jährlich verdoppelt – im vergangenen Jahr waren es rund 300 000. Geht das so weiter, liegt sich bald der ganze Globus in den Armen, tanzt ekstatisch durch die Straßen und schreit ‚Love, Peace and Unity'. Damit dieser paradiesische Zustand schneller eintritt, steigen an mindestens sieben Orten in Europa solche Straßenfeste ...

Seit Politiker und Tourismus-Manager spitzbekommen haben, dass die Paraden massive Wirtschaftsfaktoren sein können, reißen sie sich förmlich um die fröhlich-flippigen Jugendlichen – zumal alles so schön friedlich läuft. ‚Die Love-Parade soll zeigen', philosophiert der Berliner DJ und Love-Parade Organisator Dr. Motte, ‚wie Menschen zusammenleben könnten: tolerant, respektvoll, liebevoll, ethisch und friedliebend' …
Mittlerweile ist aus dem spontanen Kollektiv der Berliner DJs eine GmbH geworden, die die Love-Parade bis hin zum umweltschonenden Müllkonzept managt.
Doch gerade das ausgeklügelte Management läuft dahin, die Augen der Geschäftsführer und Sponsoren mehr glänzen zu lassen als die der Umzügler. Letztes Jahr machte in Berlin das Wort ‚Abtörn' die Runde: Der ‚positive Spirit' drohte von der Masse erdrückt zu werden. Mate Galic, Viva DJ, hat jedenfalls ‚keinen Kick' mehr gespürt: ‚Es ging nur noch um Selbstdarstellung, nicht um kollektiven Spaß.'
Das große Vorbild Berlin garantiert jedenfalls nicht mehr für jeden ‚ultimative Abfahrt' … Im letzten Jahr waren die Bayern klare Sieger – 80 000 Raver erlebten eine heitere Kollektiv-Ekstase auf dem Marienplatz und kratzten am Ruhm der Berliner … dorthin hat sich die Rave-Krise noch nicht ausgebreitet … Besorgten Eltern wird geraten den Nachwuchs in München abzuladen: Hier ravt unter dem Motto ‚Music is the only drug' sogar das bayrische Gesundheitsministerium mit …"

Aufgaben

- Wie erklärt ihr euch die Massenekstase?
- Wer macht welche Geschäfte?
- Warum wirbt das bayrische Gesundheitsministerium dafür?

Wie Drogen das Gehirn verändern

Im *Spiegel* vom 2.9.96 steht hierzu ein Artikel:

„Feuerwerk im Hirn

Der Blick ins Gehirn Drogenabhängiger beweist: In einer walnussgroßen Hirnstruktur steckt der Motor jeder Sucht.
‚Nimm den besten Orgasmus, den du je hattest, multiplizier ihn mal tausend und du bist noch nicht einmal nah dran.' So beschreibt im Kultfilm ‚Trainspotting' ein Junkie das Hochgefühl nach dem Heroin-Schuss. Ebenso drastisch schildert der Film aber auch die Qual nach der Euphorie, wenn Entzugserscheinungen den Körper schütteln.
Was sich in solchen Momenten im Gehirn der Junkies abspielt, helfen jetzt amerikanische Forschungsergebnisse zu verstehen. Plötzlich wird erkennbar, warum es Suchtkranken auch nach dem Entzug so schwer fällt, von der Droge zu lassen; warum sie in ein schwarzes Loch der Depression und Sinnlosigkeit fallen.
Die Studien werfen ein neues Licht auf eine altbekannte Hirnstruktur – das Belohnungssystem …:

- Mit Hilfe der Positronen-Emissionstomographie (PET) entlarvten die Forscher das Belohnungssystem als Motor der Sucht.
- Neurochemische Analysen beweisen, dass alle abhängig machenden Drogen diesen Schaltkreis mit dem Botenstoff Dopamin überschwemmen …

Wann immer ein Mensch etwas Gutes tut – ein Stück Torte isst oder eine befriedigende Arbeit abschließt –, schütten die Nervenzellen seines Belohnungssystems Dopamin aus … Das Gehirn merkt sich die interne Streicheleinheit und wird sich bei nächster Gelegenheit damit belohnen wollen. ‚Das Erstaunliche ist', erklärt Walter Zieglgänsberger, Neuropharmakologe am Max-Planck-Institut, ‚dass so unterschiedlich wirkende Substanzen wie Alkohol, Kokain oder Heroin letztlich den gleichen Effekt haben.' Sogar Nikotin treibt den Dopamin-Spiegel im Belohnungssystem hoch, wie italienische Forscher jetzt nachwiesen …

Bei den ersten Drogentrips löst die Überdosis Dropamin nie gekannte Euphorien aus … Damit ist die Schwelle zur Abhängigkeit überschritten – der Süchtige braucht seinen Stoff fortan um auch nur einen Normalzustand zu halten."

Aufgaben

- Erklärt die großen Schwierigkeiten bei einem Drogenentzug!
- Welche langfristigen Probleme können dabei auftreten?
- Wie lassen sich Drogenabhängigkeiten vermeiden?

Ein Wettbewerb als Projekt

Jeder Unterricht gewinnt, wenn die Schüler in einer Unterrichtseinheit über ihren Gruppenhorizont hinausblicken, praktisch-kreativ handeln und auch die Schule einmal verlassen können. Schülerwettbewerbe liefern Chancen zu neuen Methoden und Zielen, die über den kognitiven Bereich hinausgehen. So spricht der 26. Schülerwettbewerb zur politischen Bildung konkret das Problem *Drogen* an. Die Aufgaben für das 9./10./11. Schuljahr gehen von folgendem Text aus:

„Techno-Trend begünstigt Ecstasy-Drogen
Es ist Samstagabend, eine Techno-Disko in P. Um 2 Uhr ist es noch brechend voll. Hunderte junge Leute bewegen sich schon seit Stunden rhythmisch zu der elektronischen Musik. Doch kaum jemand ist müde. Sie sind froh weg von zu Hause zu sein, sich mit Freunden treffen zu können. Von Erschöpfung keine Spur; denn gegen die Erschöpfung gibt es kleine Muntermacher. ‚Das sind keine Drogen', winkt Hartmut ab, ‚so was würd ich nie nehmen. Ich bin doch nicht blöd. Wenn du so ‚ne kleine Kapsel schluckst, bist du gut drauf, eine ganze Nacht lang, und wenn's sein muss, auch noch am nächsten Tag. Dann ist alles vorbei. Ohne Nebenwirkungen oder so. Echt cool und total harmlos. Das ist doch nicht verboten.' Aber nicht immer sind die Muntermacher so harmlos.

Zitternd liegt Steffi auf ihrem Bett. Ihre Augen sind voller Panik, ihr Gesicht ist schmerzverzerrt. Von Freunden angestiftet und aus eigener Neugierde nahm sie auf einer Techno-Party Ecstasy. Fasziniert von den prophezeiten Wirkungen dieser Tabletten – wie z. B. ausbleibende Müdigkeit, Tanzrausch, angenehme Halluzinationen – kaufte sie auf Empfehlung eines Dealers gleich mehrere. Für sie begann ein Höllentrip. Auch noch nach Tagen hatte sie Herzrasen, hörte dumpfe, laute Stimmen, hatte Sinnestäuschungen und sah Trugbilder. Sie litt unter Verfolgungswahn und stärksten Depressionen. Es gelang ihr nicht mehr, ein normales Leben zu führen. ‚Ich wollte nicht mehr leben', sagt Steffi heute. Nach einem längeren Aufenthalt in der Psychiatrie kann Steffi allmählich wieder ein normales Leben führen. Auch Lachen kann das 16-jährige Mädchen wieder. Nur bei dem Thema ‚Drogen' wandelt sich ihr Gesichtsausdruck. ‚Nie mehr', sagt sie mit ernster und überzeugter Stimme."

(Bundeszentrale für politische Bildung: 26. Schülerwettbewerb. Bonn, S. 13)

Aufgaben

- Wie seht ihr den Artikel über den „Massentanz" vor diesem Hintergrund (vgl. S. 236 f.)?
- Welche Gefahren bestehen nach eurer Meinung?

In einem zweiten Schritt führen die Schüler unter Mitschülern und Bekannten bei etwa 100 Jugendlichen eine Umfrage durch. Gemeinsam mit dem Lehrer, der als Koordinator fungiert, entwirft die Klasse dazu einen Fragebogen. Eine Gruppe von Wettbewerbsteilnehmern in Bremen einigte sich z. B. auf folgende Untersuchungspunkte:

Anonyme Wissensumfrage über den Umgang mit Drogen

Geschlecht: . . . . Alter: . . . . Schulart: . . . .

1. Von welchen Drogen hast du schon gehört? (Höchstens fünf Beispiele)
2. Was zählst du zu den Alltagsdrogen?
3. Was verstehst du unter künstlichen, den sog. Designerdrogen? (Drei Beispiele)
4. Welche Auswirkungen haben Designerdrogen nach deinem Wissensstand?
5. Würdest du Designerdrogen als harte oder als weiche Drogen bezeichnen?
6. Wurden dir schon einmal Drogen angeboten? Wenn ja, wo und welche?
   Hast du sie genommen? Warum?
7. Hast du schon einmal Designerdrogen genommen? Wie hast du dich gefühlt?
8. Rauchst du regelmäßig? Ja ... Nein ... Wie viele Zigaretten am Tag?
   Trinkst du Alkohol? Wenn ja, was, wann und wie viel?
9. Worin liegen deiner Meinung nach die Ursachen für den Drogenkonsum?
   (Stichworte)
10. Wie viel Geld gibst du im Monat für Rauschmittel (Nikotin, Alkohol ...) aus?

Durchgeführt wurde die Umfrage in verschiedenen Klassen sowie in zwei Sportvereinen, damit die Ergebnisse einen gewissen Aussagegehalt erreichen. Die Auswertung erfolgt in den Gruppen, die auch die Befragung durchgeführt haben. In einem Fazit fassen die Schüler dann die Trends und die augenfälligen Besonderheiten zusammen.
In einem dritten Schritt führt die Klasse ein Gespräch mit einem Vertreter der örtlichen Drogenberatung und konfrontiert ihn mit den Ergebnissen der Umfrage.

Im Land der unbegrenzten Möglichkeiten

USA TODAY widmete am 30. September 1996 dem Drogenthema einen kleinen Artikel, in dem Leser zu Wort kommen:

> „Stimmen: Was kann getan werden um dem Drogenkonsum im Teenager-Alter Einhalt zu gebieten?
> Eine andere Studie ergänzt die Tatsache, dass der Drogenmissbrauch von Teenagern wieder ansteigt, nachdem er in den 80ern gesunken ist. Einer von zehn Erwachsenen der High School konsumiert jeden Tag illegale Drogen, sagt das jährliche Gutachten der Antidrogengruppe PRIDE, und fast 30 % von allen Teenagern konsumierten mindestens einmal im vergangenen Jahr Drogen. USA TODAY fragte Leser nach Meinungen, wie man den Trend aufheben könne.
> Cassandra McMiller, 34, Postangestellte: Das Senken des Drogenkonsums bei Teenagern ist wirklich eine Aufgabe der gesamten Gemeinschaft. Ich denke, Kinder, die Drogen nehmen oder bei denen das Risiko besteht, werden verpflichtet, Programme, die von den Schulen, Jugendgerichten und Antidrogen-Sondereinheiten organisiert werden, nach dem Unterricht zu besuchen.
> Michael Mendicino, 18, College Student: Hilfsstellen könnten eingerichtet werden, sodass Jugendliche anrufen und Ratschläge erhalten können. Der Drogenkonsum ist gestiegen, weil der Einfluss der Familie ersetzt worden ist durch den Einfluss von Gleichaltrigen. Teenager mit gutem sozialem Hintergrund und Moral sollten nicht viele Probleme mit Drogen haben.
> Phil Perrier, 32, Kolumnist: Der beste Weg, den Drogenkonsum im Teenageralter zu vermeiden, ist das elterliche Beispiel. Obwohl ich befürchte, dass Teenager auf jeden Fall ausprobieren werden, haben die Eltern die Verantwortung, ein gutes Beispiel zu geben, indem sie Drogen vermeiden. Drogenkonsum … spiegelt den moralischen Niedergang der Gesellschaft wider.
> Laynie Deutsch, Schriftstellerin: Denkt an das, was Teenager wollen: Unabhängigkeit, Spaß, ihr eigenes Geld und Anerkennung. Zeigt ihnen, wie sie diese Wünsche bekommen können ohne Drogen, Investitionen in unsere Kommunen sind entscheidend. Wenn Schule ein aufregender Platz und das Zuhause ein Hafen ist, wird die Flucht nicht mehr so attraktiv sein."
> *(Übersetzung vom Verfasser)*

Aufgabe

In einem Rollenspiel tragen vier Schüler „ihr" Hilfsprogramm vor und stellen sich den Nachfragen aus der Klasse. Anschließend kann diskutiert werden, wie man die US-Verhältnisse in Deutschland verhindern kann?

Was machen, wenn?

Drogenberatungsstellen arbeiten häufig mit gezielten Fragen um das Problembewusstsein zu schärfen und konstruktive Wege aus bestimmten Konfliktsituationen zu üben. Dazu erhalten die Schüler eine Reihe von Fallbeispielen wie:

Was machen, wenn …

1. dein Freund sich jedes Wochenende zukippt?
2. dein Mitschüler sich einmal pro Woche Geld leihen möchte?
3. dein Vater sich regelmäßig betrinkt?
4. dein Kumpel im Sportverein dir Pillen anbietet, damit du noch besser wirst?
5. deine Mitschülerin unter Liebeskummer leidet?
6. deine Freundin sich zurückzieht und mit niemandem mehr reden will?
7. dein Klassenkamerad plötzlich in allen Fächern absackt und nur noch Fünfen schreibt?
8. du merkst, dass deine Mutter heimlich Tabletten nimmt?
9. du entdeckst, dass dein/e Bruder/Schwester kifft?
10. der Gastgeber auf der Party dir kleine Kapseln anbietet, damit du auch SPEED erreichst?

Aufgaben

- Als Erstes sollen sich die Schüler einen Fall aussuchen und ihn zeichnerisch darstellen.
- Dann zeigt jeder Einzelne sein „Werk" und trägt vor, was er sich dabei gedacht hat, wo er etwas Bedrohliches sieht.
- Anschließend bilden sich in der Klasse Paare, die sich den einzelnen Fällen zuordnen. Jeweils zwei Personen spielen den Fall nach, so wie sie ihn leben würden. Es genügt, wenn die Vorstellung fünf max. zehn Minuten dauert. Im Anschluss an jede einzelne Darbietung bespricht die Klasse die vorgetragene Art der Situationsbewältigung und erörtert Alternativen.

Drogenprävention

Die Krankenkassen bieten für Schüler nach Absprache Unterrichtseinheiten zur Vorbeugung von Suchtgefahren kostenlos an. Dabei gehen die Kassen von einer ganzheitlichen Sichtweise aus, wenn sie die Ursachen des Drogenmissbrauchs analysieren. Die Themenschwerpunkte der einzelnen Unterrichtsbausteine ergeben sich aus den Erfahrungen, die die Krankenkassen mit Drogenabhängigen gemacht haben. So schlägt die Barmer Ersatzkasse z. B. die Bearbeitung von folgenden Grundsätzen für eine suchtfreie Lebensgestaltung vor:

1. Eigene Wahrnehmungs-, Empfindungs- und Ausdrucksmöglichkeiten entfalten;
2. Streiten – Interessengegensätze austragen;
3. Enttäuscht sein und mit Enttäuschungen fertig werden;
4. Herausforderungen und Probleme erkennen und konstruktiv bewältigen;
5. Freude und Trauer als Bestandteile des Lebens sehen;
6. Träume und realitätstüchtige Lebensgestaltung entwickeln.

Die Klasse wird in sechs kleine Gruppen eingeteilt, die sich den zentralen Qualifikationen zuordnen und mit folgenden Aufgaben konfrontiert werden:

1. Worin können mögliche Schwierigkeiten begründet liegen? Zählt fünf Beispiele auf!
2. Welche Rolle spielen die Drogen bei der Bewältigung der Situationen?
3. Wie können wir Konflikte konstruktiv bewältigen? Beschreibt einige Hindernisse!

4. Überlegt Wege zu einer positiven Lebensform ohne Rauschmittel!

Der Lehrer nimmt Kontakt auf mit der lokalen Suchtberatung und lädt zwei Drogenabhängige in den Unterricht ein. Da die Schüler den Alkohol in seinen Wirkungen und seiner quantitativen Bedeutung häufig unterschätzen, sollte auf jeden Fall ein Alkoholabhängiger dabei sein.

Organisationen und Vereine

Deutsche Gesellschaft für Freizeit (DGF)
Felix-Klein-Str. 6,
40474 Düsseldorf
Tel.: 0211/436186-50
www.dgfreizeit.de

Die DGF wurde 1964 auf Initiative des Deutschen Sportbundes gegründet. Sie ist ein Fachverband vieler im Freizeitbereich tätiger Verbände, Institute, Vereinigungen, Unternehmen und Fachleute, die z. T. sehr unterschiedliche Interessen verfolgen, worauf schon die Liste der Mitglieder hinweist, die von A wie „AG beruflicher und ehrenamtlicher Naturschutz e. V." und „Arbeitsgemeinschaft Deutscher Chorverbände" bis zu Z wie „Zentralkomitee der deutschen Katholiken" und „Zentralverband Deutscher Kaninchenzüchter e. V." reicht. Die DGF erarbeitet Hinweise zum Handlungsrahmen, zur Sozial- und Umweltverträglichkeit von Freizeitaktivitäten und -angeboten; sie vertritt die Interessen ihrer Mitglieder gegenüber Bund, Ländern, Gemeinden, Vereinigungen und Unternehmen; sie vermittelt Personen, Institutionen, Informationen und Meinungen im Freizeitbereich.

> „Freizeit ist ein verhältnismäßig neues Feld gesellschaftlicher Aktivität und wird leicht unterschätzt. Dass Freizeit ein gesellschaftlicher und kultureller Wert, ein Maßstab für den Freiheitsgrad der Gesellschaft, ein Wirtschaftsfaktor und Arbeitgeber, ein Feld für kreative und soziale Tätigkeit in Vereinigungen, ein Feld mit Lösungsansätzen für Probleme und ein solches mit lösungsbedürftigen Konflikten ist, rechtfertigt allein schon den Zusammenschluss der Interessenten in einem Fachverband."
> *(aus einer Selbstdarstellung der DGF)*

Obwohl die DGF nicht primär auf Schulen als Adressaten abzielt, bietet doch das Faltblatt *DGF – Freizeit-Informationen* eine Liste nützlicher und preiswerter Fachliteratur zum Thema *Freizeit* an, das für eine Klasse, die sich gründlicher mit diesem Thema auseinander setzen möchte, interessant sein könnte.

B.A.T. Freizeit – Forschungsinstitut
Alsterufer 4
20354 Hamburg
Tel.: 040/4151-03
www.bat.de

Das Institut, das häufig in den Medien zitiert wird, wurde 1979 in Hamburg gegründet und widmet sich den Forschungsfeldern Tourismus, Medien, Kultur, Sport und Erlebniskonsum. Das Institut bietet in Literaturlisten seine Forschungsarbeiten zu den Themen *Tourismus* und *Freizeit* zum Kauf an.

Deutsche Sportjugend (dsj)
Otto-Fleck-Schneise 12
60528 Frankfurt am Main
Tel.: 069/6700-338
www.dsj.de

Die Deutsche Sportjugend ist die Jugendorganisation des Deutschen Sportbundes (DSB). Sie vertritt auf Bundesebene über 8 Mio. Kinder und Jugendliche, die von den 80 000 Vereinen der im DSB zusammengeschlossenen 82 Mitgliedsorganisationen betreut werden.

> „Jugendarbeit im Sport ist Bildungsarbeit mit jungen Menschen. Auf dieser Grundlage unterbreitet die dsj vielfältige Angebote auch über den sportpolitischen Bereich hinaus, die allen Kindern und Jugendlichen offen stehen. Die djs wirkt bei der Entwicklung zeitgemäßer jugend- und bildungspolitischer Konzepte mit und bemüht sich dabei um partnerschaftliche Zusammenarbeit mit anderen gesellschaftlichen Gruppen, Ministerien, parlamentarischen Gremien und politischen Parteien … Die djs berät und unterstützt die Mitgliedsorganisationen in ihrer Arbeit, veranstaltet Lehrgänge und bietet Arbeitsmaterialien an. Sie hilft jungen Menschen bei der Entwicklung von Verantwortungsbewusstsein, Mitgestaltungswillen und Demokratieverständnis. Darüber hinaus leistet sie Lebenshilfe für sozial benachteiligte Jugendliche und fördert Mitbestimmung."
> *(aus einer Selbstdarstellung der dsj)*

Die Veröffentlichungen der dsj können auch Schulen z. B. bei der Gestaltung des Pausenhofs oder der Sportanlagen oder für Erkundungen wie z. B. *Bewegungs(t)raum Stadt* Anregungen geben.
Darüber hinaus kann natürlich auch eine Partnerschaft zwischen örtlichen Vereinen und der Schule zu vielen Formen der Zusammenarbeit führen.

Bundesverband der Elternkreise drogengefährdeter und drogenabhängiger Jugendlicher e.V. (BVEK)
Ansbacher Str. 11
10787 Berlin
Tel.: 030/556702-0
www.home.snafu.de/bek

Unter der genannten Adresse kann ein nach Bundesländern gegliedertes Verzeichnis der Elternkreise angefordert werden.
1969 wurde der erste deutsche Elternkreis in Bonn gegründet. Die voneinander unabhängig entstandenen Elternkreise, die mit Lehrern, Juristen, Ärzten, Pflegern u. a. zusammenarbeiteten, schlossen sich 1973 zu einem Bundesverband zusammen.
Vom BVEK kann eine Liste mit Literaturempfehlungen und Arbeitsmitteln für Elternkreise angefordert werden. Auch wenn sich der BVEK nicht an Schulen wendet, kann Rat suchenden Eltern der Hinweis auf die Elternkreise vielleicht weiterhelfen.

> „Elternkreise sind Selbsthilfegruppen, in denen sich betroffene Eltern, Familienangehörige und Partner von Drogengefährdeten und Drogenabhängigen zusammenfinden.
> Elternkreise geben keine Informationen über die teilnehmenden Personen und Familien weiter. Der Wunsch nach Anonymität, auch innerhalb eines Elternkreises, wird respektiert. So sind offene Gespräche möglich.
> Eltern helfen Eltern durch Austausch von Erfahrungen Ratlosigkeit und Angst zu überwinden. Betroffene Eltern sind nicht mehr isoliert. Sie finden Wärme und

Verständnis. Sie lernen, was Sucht bedeutet. Sie lernen mit einem Süchtigen umzugehen.
Eltern können Eltern helfen neuen Mut zum Leben zu gewinnen und neue Kraft, sich selber zu helfen. So gestärkt werden Eltern in der Lage sein, ihren betroffenen Kindern die erfahrene Hilfe weiterzugeben."
(aus einer Selbstdarstellung)

Weitere Kontaktadressen:

- i Gesamtverband der Suchtkrankenhilfe (GVS) im Diakonischen Werk der EKD e.V., Postfach 101366, 34013 Kassel, Tel.: 0561/10957-0, www.sucht.org
- i Katholische Sozialethische Arbeitsstelle (KSA) e. V., Referat Suchtgefahren Jägerallee 5, 59071 Hamm, Tel.: 02381/98020-0, www.ksa-hamm.de
- i Fachverband Drogen und Rauschmittel e. V. (FDR) Odeonstr. 14, 30159 Hannover, Tel.: 0511/18333, www.fdr-online.info

Berufe im Bereich Freizeit/Tourismus

Mehr als 1,5 Mio. Menschen in der Bundesrepublik arbeiten in den Sektoren Freizeit und Tourismus. Die zunehmende Nachfrage nach Dienstleistungen in diesen Bereichen hat zu einer breiten Palette beruflicher Möglichkeiten auf den unterschiedlichsten Ausbildungsniveaus geführt.
Auskünfte und Beratungen über Berufe in diesen Sektoren gibt das zuständige Arbeitsamt oder Berufsinformationszentrum (BIZ).
Sehr gründlich informiert auch die Broschüre *Blätter zur Berufskunde: Berufe im Tourismus*, Nr. 12.94.005.144, die von der Bundesanstalt für Arbeit herausgegeben wird. Sie gibt einen Überblick über die Berufe in Reisebüros, Verkehrsämtern, Kurverwaltungen und bei Reiseveranstaltern, über die Berufe im Hotel- und Gaststättengewerbe, über die Berufe im touristischen Verkehrswesen und über pädagogische Berufe im Tourismus und in der Freizeitpädagogik.
Literatur: Leo A. Müller, Kurt Weichler: Arbeitsfeld Freizeit. Der Schlüssel zu den animativen Berufen. Reinbek bei Hamburg 1990 (Reihe rororo Berufsbücher).

Ausflugsziele

Spielzeugmuseum Nürnberg
Karlstr. 13–15, 90403 Nürnberg, Tel.: 0911/2313164 (Museum)
Tel.: 0911/2313260 (Verwaltung), Fax: 0911/2315495
www.spielzeugmuseum-nuernberg.de

Öffnungszeiten: Dienstag bis Sonntag 10–17 Uhr; Mittwoch 10–21 Uhr
Während des Christkindlesmarktes und der Spielmesse ist auch montags geöffnet.
Eintritt: ca. 2,50 €; Schülerermäßigungen
Führungen für Schulklassen: Anmeldungen unter Tel.: 0911/1331241 (kunstpädagogisches Zentrum)

Das Spielzeugmuseum Nürnberg geht auf die jahrzehntelange Sammeltätigkeit von Lydia und Paul Bayer zurück. Schon in den frühen 20er Jahren, als noch kaum jemand Spielzeug kulturhistorischen Wert beimaß, begann das Ehepaar Bayer mit seiner breit gefächerten Sammlung, die zunächst als Privatmuseum in Würzburg der Öffentlichkeit präsentiert wurde. 1966 wurden die Sammlungsbestände von der Stadt Nürnberg übernommen. Über 3,5 Mio. Menschen haben das Museum seitdem besucht. Das Haus, das durch seine markante Renaissancefassade auffällt, zeigt auf 1 200 qm Ausstellungsfläche Spielzeug von der Antike bis in die jüngste Vergangenheit. Spielsachen sind kulturgeschichtliche Dokumente, anhand derer sehr anschaulich z. B. die Tradition der geschlechtsspezifischen Erziehung nachgewiesen werden kann. Puppenstuben, -küchen, -läden sind einerseits sozialgeschichtliche Quellen, andererseits zeigen sie, wie kleine Mädchen spielerisch auf das Führen eines Haushalts vorbereitet wurden. Technische Errungenschaften wie Dampfmaschine und Eisenbahn, Kino und Telefon, Automobil oder Flugzeug faszinierten Kinder wie Erwachsene von Angang an so sehr, dass fast zeitgleich entsprechendes Spielzeug erschien. In einer fortschrittsgläubigen Zeit sollten sich die Kinder – vor allem Jungen – die moderne Technik im Spiel aneignen um für die Zukunft gerüstet zu sein.

Deutsches Fastnachtmuseum
Anschrift: Postfach 10, 97302 Kitzingen
Geschäftstelle: Marktstr. 32, 97302 Kitzingen
Tel.: 09321/23355, www.museen-in-bayern.de/kitzingen-fastnachtsmuseum.htm

Öffnungszeiten: April bis November: Samstag und Sonntag 14 – 17 Uhr
Eintrittspreise: Einzelpersonca. 1,50 €; Schulklassen: pro Schüler ca. 0,50 € (inkl. Führung)
Außerhalb der allgemeinen Öffnungszeiten sind Gruppenführungen nach telefonischer Vereinbarung ganzjährig jederzeit möglich. Telefonische Anmeldung unter Tel.: 09321/23355 oder 4686.
Das Deutsche Fastnachtmuseum in Kitzingen am Main ist das offizielle Museum des Bundes Deutscher Karneval, der Dachorganisation von über 3 500 Narrenzünften, Faschingsgilden und Karnevalsgesellschaften in der Bundesrepublik Deutschland. Es ist im Falterturm untergebracht, einem Stadtturm aus dem 15. Jh., der mit seinem schiefen Turm auch das Wahrzeichen der Stadt ist.
In den sieben Turmgeschossen erfährt der Besucher alles Wissenswerte über die Entstehung und Entwicklung der fastnachtlichen Bräuche und des Karnevals im deutschsprachigen Raum. Der Bogen wird dabei von den keltisch-germanischen Vorfrühlingskulten und den religiösen Freudenfesten der griechisch-römischen Antike über die mittelalterlichen Zunftbräuche und die feudal-höfische Karnevalsepoche bis zum politisch motivierten bürgerlichen Carneval des 19. Jh.s. geschlagen. Bilddokumente und Urkunden, Masken und Kostüme, fastnachtliche Requisiten und Kultgegenstände aus über zwei Jahrtausenden belegen die Geschichte des ältesten und verbreitetsten Volksfestes in Europa.
Dem Fastnachtmuseum angeschlossen sind das Zentralarchiv der Deutschen Fastnacht und die europäische Dokumentationszentrale für fastnachtliches Brauchtum. Beide Archivsammlungen haben ihren Sitz im Marktturm und sind für den Benutzer über Sachkarteien erreichbar.

Materialkiste und Literatur

Große weite Welt

Wer sich für Jugend- und Sprachreisen, für Sportkurse, Workcamps oder Jugendwochen in Deutschland, Europa und Übersee interessiert, der kann sich mit den neuen Faltblättern *Internationale Begegnungen für junge Leute*, die das Bundesministerium für Familie, Senioren, Frauen und Jugend herausgibt, einen Überblick verschaffen. Hier erhalten Jugendliche zahlreiche Informationen zu den einzelnen Programmarten, dem jeweiligen erforderlichen Mindestalter der Teilnehmer, der durchschnittlichen Dauer der Angebote und zu vielem anderem mehr. Die kostenlosen Faltblätter können bestellt werden bei:

i Internationaler Jugendaustausch- und Besucherdienst
der Bundesrepublik Deutschland
53137 Bonn, Tel.: 0228/9506-0, www.ijab.de

Im Jugendbuchverlag erscheint jährlich ein *Handbuch*, das ausführlich über den Deutschen Bundesjugendring und seine Mitgliedsorganisationen informiert und darüber hinaus viele wichtige Adressen enthält. Bestellungen sind zu richten an:

i Deutscher Bundesjugendring (DBJR)
Mühlendamm 3, 10178 Berlin, Tel.: 030/400404-00, www.dbjr.de

BARBARA MOSER: Kinder-Software-Führer 96. Markt & Technik Verlag, Haar bei München, 280 Seiten, Preis ca. 19,90 € ● Eltern und Pädagogen können sich mit diesem Werk einen Überblick über rund 200 PC-Spiele, Lexikon-Programme und Lernsoftware verschaffen. Zu allen Programmen, die vorgestellt werden, gibt es kurze Beschreibungen, Altersempfehlungen und Qualifizierungen. Zum Buch gehört eine CD-ROM mit vielen Demo-Versionen.

Die zehn Gebote des 21. Jahrhunderts

„1. Bleib nicht dauernd dran; schalt doch mal ab.
2. Jag nicht schnelllebigen Trends hinterher.
3. Kauf nur das, was du wirklich willst, und mach dein persönliches Wohlergehen zum wichtigsten Kaufkriterium.
4. Versuche nicht permanent deinen Lebensstandard zu verbessern oder ihn gar mit Lebensqualität zu verwechseln.
5. Lerne – zu lassen, also Überflüssiges wegzulassen: Lieber einmal etwas zu verpassen als immer dabei sein.
6. Lerne wieder ‚eine Sache zu einer Zeit' zu tun. Entdecke die Hängematte wieder.
7. Mach nicht alle deine Träume wahr; heb dir noch unerfüllte Wünsche auf.
8. Tu nichts auf Kosten anderer oder zu Lasten nachwachsender Generationen.
9. Genieße nach Maß, damit du länger genießen kannst.
10. Verdien dir deinen Lebensgenuss – durch Arbeit oder gute Werke: Es gibt nichts Gutes; es sei denn, man tut es."

(von Prof. Dr. Horst W. Opaschowski, dem Leiter des B.A.T. Freizeit-Forschungsinstituts)

Möglichkeiten für den Einsatz im Unterricht:

- Der Lehrer gibt z. B. fünf dieser Gebote vor und lässt die Schüler weitere fünf formulieren. Die Schüler unterziehen Opaschowskis Gebote einer kritischen Würdigung.
- Da sich die Gebote, wie sie Opaschowski formuliert hat, eher an Erwachsene als an Jugendliche wenden, verfassen die Schüler eigene Gebote, indem sie seine als Ideengeber verwenden.
- Die Schüler formulieren eigenständig eine bestimmte Zahl von Geboten dafür, wie man „richtig" leben soll. Falls es dem Lehrer in der auswertenden Diskussion sinnvoll erscheint, kann er die Gebote Opaschowskis zur Ausweitung oder Kontrastierung in das Gespräch einführen.

Drogenhandel und Prävention

Unbeeinflusst von den Einzelschicksalen und Familientragödien Abhängiger wird im Drogenhandel sehr viel Geld verdient. Folgende Titel bieten viel Material zum Thema:

Der Welt-Drogen-Bericht. München 1993, dtv.

Stichwort Mafia. München 1994, Heyne.

ALFRED STÜMPER: Die unsichtbare Macht. München 1993.

EVA MARIA WAIBEL: Von der Suchtprävention zur Gesundheitsförderung in der Schule. Verlag Peter Lang GmbH, Frankfurt am Main.

EVA BILSTEIN/ANNETTE VOIGT-RUBIO: Ich lebe viel. Materialien zur Suchtprävention. Verlag an der Ruhr, Mülheim.

ANNETTE VOIGT: Suchtvorbeugung in der Schule – mal ganz anders. AOL-Verlag, Lichtenau.

EKKEHARD SCHIFFER: Warum Huckleberry Finn nicht süchtig wurde. Anstiftung gegen Sucht und Selbstzerstörung bei Kindern und Jugendlichen. Beltz Quadriga Verlag, Weinheim/Berlin.

Das Anti-Drogen-Abc. Bezug: Suchtreport Leserservice, Bernburger Str. 10, 10963 Berlin.

Zukunft

„So leben wir, so leben wir, so leben wir alle Tage ...“

Vorschläge für den Unterricht

Fragebogen zum Thema Zukunft

A: ☐ Meine berufliche Karriere ist für mich sehr wichtig.
☐ Meine berufliche Karriere ist mir nicht so wichtig.

B: ☐ Das Leben wird in Zukunft im Allgemeinen schwerer sein, als es heute ist.
☐ Das Leben wird in Zukunft im Allgemeinen leichter sein, als es heute ist.

C: ☐ In Zukunft wird die Arbeitslosigkeit groß sein.
☐ In Zukunft wird die Arbeitslosigkeit gering sein.

D: ☐ In Zukunft wird es mehr Kriege und Bürgerkriege als heute in der Welt geben.
☐ In Zukunft wird es nicht mehr Kriege und Bürgerkriege als heute in der Welt geben.

E: ☐ Die ökologischen Krisen werden sich in Zukunft verschärfen.
☐ Die ökologische Gefährdung der Erde kann gestoppt werden.

F: ☐ Ich werde später einen höheren Lebensstandard als meine Eltern haben.
☐ Ich werde später einen niedrigeren Lebensstandard als meine Eltern haben.

G: ☐ Die Aggressivität zwischen den Menschen wird zunehmen.
☐ Die Aggressivität zwischen den Menschen wird nicht zunehmen.

H: ☐ Die Bedeutung der Familie (mit mehr als einem Kind) wird zunehmen.
☐ Die Bedeutung der Familie wird abnehmen.

„Zukunft" – früher und heute

Die Schüler vergleichen ihre Zukunftsvorstellungen mit denen ihrer Eltern und Großeltern, die diese hatten, als sie etwa so alt waren, wie ihre Kinder und Enkel heute sind. Die Schüler beschreiben in Aufsatzform ihre eigenen Zukunftsvorstellungen. Dann befragen sie ihre Eltern und Großeltern, welche Vorstellungen diese von ihrer persönlichen Zukunft hatten, als sie jung waren.
Zur Durchführung bieten sich mehrere Möglichkeiten an:
- Eltern und Großeltern erklären sich bereit ihre früheren Zukunftsvorstellungen ebenfalls schriftlich niederzulegen und sind damit einverstanden, dass diese Erinnerungen der Klasse vorgelesen werden dürfen.
- Die Schüler befragen ihre Eltern und Großeltern und schreiben das Gehörte in einem Gedächtnisprotokoll auf.
- Die Schüler befragen ihre Eltern und Großeltern in Tonbandinterviews.
- Die Schüler laden einige Eltern und Großeltern, die dazu bereit sind, in die Klasse ein und führen mit diesen ein „Mehrgenerationengespräch" über den Wandel der Zukunftsvorstellungen.

Das wesentliche Erkenntnisziel für die Schüler ist zu erfahren, wie sich Wunsch und Wirklichkeit im Leben ihrer Eltern und Großeltern zueinander verhalten haben und wie sich Wünsche im Laufe der Zeit, durch die Generationen wandeln.

Interviews

Die Schüler führen Tonbandinterviews mit Erwachsenen zum Thema Zukunft durch. Damit die Aussagen der Befragten miteinander verglichen und unter statistischen Gesichtspunkten ausgewertet werden können, soll die Klasse vor Beginn der Interviews festlegen, welche Fragen auf jeden Fall in allen Interviews gestellt werden sollen. Das könnten z. B. folgende Fragen sein:
- Was erwarten Sie persönlich von der Zukunft?
- Glauben Sie, dass es Ihnen persönlich in Zukunft besser oder schlechter gehen wird?
- Welche Themen werden Ihrer Meinung nach die öffentliche Diskussion in den kommenden Monaten und Jahren bestimmen?

Natürlich sind weitere Fragen oder Nachfragen, die sich aus dem Verlauf des Interviews ergeben, möglich.

Zum Vorgehen

Die Schüler sollten zu dritt oder zu viert die Interviews durchführen; die notwendige Zahl an Kassettenrekordern und Mikrofonen aufzutreiben dürfte kein Problem sein. Auch die nächste Stadt- oder Kreisbildstelle kann mit technischem Gerät aushelfen. Der Lehrer sollte darauf achten, dass technisch und kommunikativ kompetente Schüler gleichmäßig auf die Gruppen verteilt sind.
Der Umgang mit der Technik muss vorher geübt werden, bis sie – auch unter Stress – sicher beherrscht wird. Das Ansprechen der Passanten, korrektes Verhalten und angemessenes Reagieren in unangenehmen Situationen sollten im Rollenspiel trainiert werden. Zu Übungszwecken könnten z. B. in der großen Pause „Testinterviews" mit Schülern anderer Klassen durchgeführt werden.

Bildkartei als Einstieg ins Thema „Eine Welt"

Vorbereitung: Der Lehrer bereitet mit entsprechend langer Vorlaufzeit eine Bildkartei „Eine Welt" vor. Als Bilder dienen Fotos, Karikaturen, Schaubilder, Symbole, Aufkleber, Plakate u. a. Fundgruben dafür sind Erdkunde-, Geschichts- und Politikbücher, Zeitungen und Illustrierte, aber auch die Broschüren der einschlägigen Hilfsorganisationen.
Durchführung: Der Lehrer legt alle Bilder auf Tischen zur allgemeinen Ansicht der Schüler aus. Ist die Anzahl der Exemplare größer als die Anzahl der Schüler in der Klasse, so wählt jeder Schüler eine Darstellung aus, von der er glaubt, dass sie das Thema besonders gut trifft. Nach einer Bedenkzeit trägt jeder Schüler der Klasse vor, warum er sich für dieses Bild entschieden hat.
Sind weniger Exemplare als Schüler vorhanden, so finden sich mehrere Schüler zusammen, die von einem „Bild" besonders angesprochen werden. Jede Gruppe, die sich zu einer Darstellung gefunden hat, überlegt sich, was sie mit ihrer Auswahl assoziiert. Der Lehrer bestimmt einen eher zurückhaltenden Schüler zum Gruppensprecher.
Ziel: Alle Schüler können ihre Vorstellungen und ihr Vorwissen zum Thema einbringen. Der Lehrer erkennt, von welchem Ausgangsniveau er den Unterricht zum Thema aufbauen kann.

Zukunft der Arbeit

Die Frage nach der Zukunft der Arbeit müsste bei den Schülern auf großes Interesse stoßen. Allerdings können Antworten auf diese Frage nur hypothetisch sein; bisher mussten Prognosen immer korrigiert werden, vor allem weil unvorhergesehene politische Ereignisse, wie z. B. die Wiedervereinigung Deutschlands, alle Projektionen über den Haufen geworfen haben.
Informationen für Schüler gibt das nächste Arbeitsamt bzw. Berufsinformationszentrum (BIZ). Dort müsste auch ein Referent zu gewinnen sein, der Schülern Auskünfte zu dieser Frage geben kann.
Eine gute Einführung in die Vielschichtigkeit dieses Themas bietet das Taschenbuch aus der Reihe *Fischer Wirtschaft*:
HEINRICH FRANKE/FRIEDRICH BUTTLER: Arbeitswelt 2000. Strukturwandel in Wirtschaft und Beruf. Frankfurt am Main 1991 ●
Umfassend setzt sich dieses Werk mit dem Arbeitsmarkt der Zukunft auseinander:
WOLFGANG KLAUDER: Ohne Fleiß kein Preis. Die Arbeitswelt der Zukunft. Osnabrück und Zürich 1995.
Das Institut für Arbeitsmarkt- und Berufsforschung der Bundesanstalt für Arbeit gibt einen Überblick (88 Seiten) über seine *Veröffentlichungen 1990–1996* heraus. Das Jahr 1990 wurde als Ausgangsjahr gewählt, weil mit der deutschen Vereinigung für die Forschung ganz neue, bis dahin nicht gestellte Fragen aufgeworfen wurden.
Bestellungen an:

i Institut für Arbeitsmarkt- und Berufsforschung der Bundesanstalt für Arbeit
90327 Nürnberg, Tel.: 0911/179-0, www.arbeitsamt.de

Informationen über die Zukunft der Arbeit sind außerdem noch zu erhalten vom:

i Wirtschafts- und Sozialwissenschaftliches Institut
in der Hans-Böckler-Stiftung
Postfach 105535, 40046 Düsseldorf, Tel.: 0211/7778-187, www.boeckler.de

i Bundesvereinigung der Deutschen Arbeitgeberverbände (BDA)
11054 Berlin, Tel.: 030/2033-0, www.bda-online.de

i Deutscher Gewerkschaftsbund (DGB)
Postfach 110372, 10833 Berlin, Tel.: 030/24060-0, www.dgb.de

Vom DGB-Bundesvorstand, Abteilung Grundsatz, kann eine *Literaturliste Zukunft der Arbeit* angefordert werden, die 71 Titel auflistet.

Sehr viel Material, das sich an Erwachsene und Jugendliche wendet, zu den Themen berufliche Ausbildung, Berufsschulen, Lehrstellensituation u.v.a. gibt es vom

i DGB-Bundesvorstand, Abteilung Jugend
Postfach 110372, 10833 Berlin, Tel.: 030/24060-0, www.dgb.de

Vom DGB-Bundesvorstand, Abteilung Jugend, gibt es

- die Broschüre *Zukunft der Arbeit – Zukunft der Jugend* (192 Seiten) mit vielen Materialien,
- Folder und Broschüren zur Initiative *Perspektive jetzt*, die sich die grundsätzliche Reform der Berufsausbildung zum Ziel gesetzt hat,
- viele weitere Broschüren und andere Materialien für Jugendliche, die mit der Berufsausbildung beginnen.

Wer an den jeweils neuesten Informationen aus dem weiteren Bereich der Berufsausbildung interessiert ist, kann sich – auch ohne Mitglied im DGB zu sein – in den Verteiler aufnehmen lassen!

Außerschulische Angebote zur Berufsvorbereitung für Schüler gibt es von den Landesverbänden der DGB-Jugend. Die DGB-Jugend Berlin-Brandenburg etwa informiert Lehrer regelmäßig über ihre Tages-, Wochen- und Wochenendseminare für Schulklassen zur Vorbereitung auf die Berufsausbildung. So können z. B. kostenlose Bewerbungstrainings für 9. und 10. Klassen in der Schule durchgeführt werden. Informationen geben die Landesjugendsekretariate des DGB. Wer die Adresse des entsprechenden Landesjugendverbandes nicht kennt, kann sie vom DGB erfragen.

Informationen über Angebote freier Träger und Jugendämter, die unter anderem auch die Schulsozialarbeit im Übergang Schule/Beruf umfassen, und ihre Adressen sind beim Jugendamt, Arbeitsamt und bei der Bundesarbeitsgemeinschaft Jugendsozialarbeit erhältlich:

i Bundesarbeitsgemeinschaft Jugendsozialarbeit
Hohe Str. 73, 53119 Bonn, Tel.: 0228/95968-0, www.bagjaw.de

Private Entwicklungshilfe

terre des hommes Deutschland
Hilfe für Kinder in Not
Postfach 4126,
49031 Osnabrück,
Tel.: 0541/71010, www.tdh.de

Das französische „Terre des Hommes" bedeutet „Erde der Menschlichkeit". Der Name ist entlehnt von einem 1939 erschienenen Roman von Antoine de Saint-Exupéry. Wie menschlich eine Gesellschaft ist, zeigt sich am Umgang mit ihren Kindern. Kinder leiden unter Hunger, Armut und Krieg am meisten. Die deutsche Sektion der internationalen entwicklungspolitischen Kinderhilfsorganisation wurde 1967 gegründet als Reaktion auf das Leid, das Kindern im Vietnamkrieg widerfuhr. In Deutschland arbeiten mehr als 3 000 Menschen in 170 Ortsgruppen ehrenamtlich für die Organisation.
Terre des Hommes unterstützt heute über 320 Projekte in 22 Ländern der Erde. TdH fördert gezielt einheimische Projekte, die Eigeninitiative und selbstbestimmtes Handeln der Menschen vor Ort stärken.
Die Arbeitsschwerpunkte 1996 waren Kinder und Krieg, Kinderarbeit und Kinderprostitution. Nach Schätzungen der Vereinten Nationen leben weltweit 200 Mio. Kinder unter solchen menschenunwürdigen Bedingungen.
Großen Wert legt TdH auf die Öffentlichkeitsarbeit:

- Die TdH-Zeitung bietet aktuelle Hintergrundberichte und Reportagen aus den Projekten.
- Themen- und Länderhefte zu einzelnen Schwerpunkten und Projekten.
- Diaserien und Unterrichtsreihen für die Schule (z. B. das bekannte *Papiertütenspiel*). Mit der Aktion *Schülersolidarität* bietet TdH Projektpartnerschaften für Klassen oder Schulen an (Info-Blatt, Bestell-Nr. 100.2623.01).
- Arbeitsgruppen vor Ort.

Kinderhilfswerk
für die Dritte Welt e.V.
Hamburger Str. 11
22083 Hamburg
Tel.: 040/2279996
www.khw-dritte-welt.de

Das Kinderhilfswerk für die Dritte Welt wurde 1975 gegründet mit dem Ziel, den Kindern und Jugendlichen in der Dritten Welt und ihren Müttern zu helfen.
Neben einigen kleineren Projekten in Brasilien, Haiti, Südindien und Südafrika liegt der Schwerpunkt der Arbeit vor allem in Mali, das – in der Sahelzone gelegen – dauernd von einer Dürrekatastrophe bedroht ist. Mit Hilfe eines Kölner Gymnasiums hat die Organisation im Dogonland, das eine unterdurchschnittliche Alphabetisierungsrate aufweist, eine Schule errichtet! Das Kinderhilfswerk widmet sich vor allem der Einrichtung von Gesundheitszentren für Mütter und Kinder. Die Zentren bestehen in der Regel aus einer Entbindungs-, Kranken- und einer Beratungsstation, in der auch Impfaktionen durchgeführt werden. Ziel ist es, die hohe Kindersterblichkeit in Mali einzudämmen. Die Organisation legt großen Wert darauf, dass die Ausstattung der Gesundheitszentren den Gegebenheiten vor Ort entspricht; die medizinischen Geräte sind dem Ausbildungsstand des malischen Personals angepasst; fast alle Zentren verfügen über eigene Solaranlagen und Brunnen, die sie unabhängig von der örtlichen Strom- und Wasserversorgung machen.

Deutsche Welthungerhilfe
Postfach 120509
53047 Bonn
Tel.: 0228/2288-0
www.welthungerhilfe.de

Die Deutsche Welthungerhilfe wurde 1962 auf Anregung des damaligen Bundespräsidenten, Heinrich Lübke, gegründet. Die Öffentlichkeit wird durch die jährlich im Herbst stattfindende „Woche der Welthungerhilfe" auf die Anliegen der Organisation aufmerksam gemacht, die durch die Ansprache des Bundespräsidenten, der Schirmherr der Organisation ist, eröffnet wird.

Die Deutsche Welthungerhilfe bietet folgende Info-Materialien an, die für den Unterricht Verwendung finden können:

- Detaillierte Auskünfte über Einnahmen und Ausgaben, die Verwendung der Spenden und der öffentlichen Zuschüsse gibt der jährliche Rechenschaftsbericht. Möglicher Einsatz im Unterricht: Anhand des Jahresberichts der Welthungerhilfe könnte die Arbeit einer Nichtregierungsorganisation unter verschiedenen Aspekten besprochen werden: Zukunftsvorsorge – Solidarität mit der Dritten Welt – Hilfsorganisationen als Wirtschaftsfaktor im In- und Ausland u. a.
- Einzelne Schüler, aber auch Schulklassen, die sich gegen den Hunger in der Welt engagieren wollen, können sich zu einer Aktionsgruppe der Deutschen Welthungerhilfe zusammenschließen oder sie organisieren Ausstellungen, Bazare, Informationsabende oder Schulveranstaltungen. Hilfestellung dafür geben das Faltblatt über das Engagement der Aktionsgruppen *Lust auf Aktion? – Hilfe hat viele Gesichter* (Bestell-Nr.: FB/AG 1) und das Faltblatt mit Aktionsideen für ehrenamtliches Engagement *Jetzt geht's los!* (Bestell-Nr.: FB/AG 2) sowie das *Aktionsjahrbuch 1994* (Bestell-Nr.: AG/94) und das *Aktionsjahrbuch 1995* (Bestell-Nr.: AG/95) oder in direktem telefonischem Kontakt Herr Rolf Herling (Tel.: 0228/2288-139).
- Informationsmaterial über die *Aktion Partner für Kinder*.
- Ein umfangreiches *Materialverzeichnis*, das als Zielgruppen neben Kindergarten/Grundschule und der Primarstufe auch die Sekundarstufe I und II anspricht. Angeboten werden Faltblätter, Materialmappen, Broschüren, Länderbroschüren, Wandzeitungen, Tagungsberichte, Literatur, Ausstellungen, Poster und Aufkleber zu vielen Themen, die die globale Zukunftsvorsorge betreffen, z. B. Welternährung, Schuldenkrise, Lage der Frauen und Kinder, Umwelt, Wasser, Bevölkerungsentwicklung, Rassismus u.v.m.

Transfair Deutschland e. V.
Remigiusstr. 21, 50937 Köln
Tel.: 0221/942040-0
www.transfair.org

Transfair hat es sich zur Aufgabe gemacht, die benachteiligten Produzenten in Afrika, Asien und Lateinamerika zu fördern und ihre Lebens- und Arbeitsbedingungen zu verbessern. Der Verein handelt nicht selbst mit Produkten, sondern vergibt als unabhängige Institution die Lizenz für das Transfair-Siegel an Importeure, weiterverarbeitende Betriebe und Handelsunternehmen. Sie allein sind für Produkt- und Preisgestaltung, Vermarktung und Absatz verantwortlich. Das Transfair-Siegel für fairen Handel wurde Anfang 1993 in der Bundesrepublik eingeführt, zunächst für Kaffee, inzwischen

auch für Tee, Schokolade und demnächst auch für Honig. Weitere Produkte sollen folgen.
Ziel von Transfair ist es nicht, Spenden aus dem Norden im Süden zu verteilen, sondern den Erzeugern von qualitativ hochwertigen Produkten einen gerechten Lohn für ihre Arbeit zu bezahlen.
Für die Bildungs- und Öffentlichkeitsarbeit gibt der Verein eine *Infomaterial-Liste* heraus:
Besonders hingewiesen sei auf die Diaserien *Kaffee, Tee* und *Schokolade.* Sie umfassen jeweils 36 Dias mit Texterklärungen. Zum Anbau und Handel mit Kaffee und Kakao gibt es jeweils einen Videofilm.
Das Kaffeespiel (ca. 10,– €) ist für 12 bis 18 Mitspieler ab etwa zwölf Jahren; bei ihm geht es um die Lebensbedingungen der Kleinbauern, um Landreform, Weltmarkt, Inflation und Verschuldung. Es enthält Besitzurkunden, Schuldscheine etc. Mitspieler sind Großgrundbesitzer, Bauern, Plantagenbesitzer, Polizisten u. a.
Der *Kaffeeparcours* zeigt den Weg des Kaffees vom Kleinbauern bis zum Verbraucher. Die Verleihadressen für den Kaffeeparcours sind über die Transfair-Geschäftsstelle zu erfahren.

Bischöfliches Hilfswerk Misereor
Postfach 1450
52015 Aachen
Tel.: 0241/442-0
www.misereor.de

Die Misereor Medienproduktion und Vertriebsgesellschaft mbH gibt jährlich einen *Misereor-Katalog* heraus, der ein sehr großes Angebot für die Schule beinhaltet, unter anderem Bücher, Broschüren und Zeitschriften für Kinder und Erwachsene, aber auch entwicklungspolitische Spiele, Karten, Poster und AV-Medien.

- Der Lehrerarbeitskreis *Schule und Dritte Welt bei Misereor* erstellt seit über 20 Jahren Unterrichtsmaterialien zum Thema Dritte Welt. Für jeweils unterschiedliche Schulstufen wurden bisher 21 Unterrichtsmodelle unter dem Titel *Misereor-Materialien für die Schule* (auch für die Sekundarstufen I und II) veröffentlicht.
- Misereor gibt speziell für Lehrer die Zeitschrift *Lehrerforum* heraus. Die kleine Zeitschrift (8 Seiten) bietet Hintergrundinformationen zu aktuellen Sachthemen, Materialhinweise, methodisch-didaktische Hilfen und Erfahrungsberichte. Das „Lehrerforum" erscheint dreimal im Jahr und ist kostenlos.
- Die Broschüre *Spielend lernen* wendet sich an Lehrer und stellt entwicklungspolitische Lernmodelle wie z. B. den *Kaffeeparcours*, den *Textilkoffer* u. a. vor. Die Broschüre ist kostenlos.
- Das Materialverzeichnis *Eine Welt im Unterricht* gibt Informationen zu den Stichworten: Unterrichtsmaterialien, Bücher, Broschüren, Spiele, Plakate, AV-Medien, Kisten u. a.
- Verwiesen sei noch auf die Studie des Wuppertal-Instituts, die Misereor und der BUND in Auftrag gegeben haben: *Zukunftsfähiges Deutschland – ein Beitrag zu einer global nachhaltigen Entwicklung.* In dieser Studie wird die Frage behandelt, wie die Bundesrepublik sich politisch, wirtschaftlich und gesellschaftlich verändern müsste, damit der Süden bessere Entwicklungschancen bekäme und die natürlichen Lebensgrundlagen erhalten blieben.

Andheri-Hilfe Bonn e.V.
Mackestr. 53
53119 Bonn
Tel.: 0228/671586
www.andheri-hilfe.de

Die Andheri-Hilfe ist eine freie Organisation der Entwicklungszusammenarbeit. Sie hat sich die soziale und und wirtschaftliche Förderung auf dem indischen Subkontinent zur Aufgabe gestellt. Aus der Privatinitiative einer Lehrerin aus Bonn und ihrer Kölner Schüler für das Findelkinderheim St. Catherine in Andheri-Bombay entstanden wurde die Andheri-Hilfe 1967 als gemeinnütziger Verein anerkannt. Sie versteht ihre Aufgabe als praktizierte christliche Nächstenliebe. In ihrer Arbeit stützt sich die Andheri-Hilfe auf einen Freundeskreis von ca. 30 000 Spendern, Gruppen und Firmen. Hinzu kommen öffentliche Mittel aus den Haushalten des Bundesministeriums für wirtschaftliche Zusammenarbeit und Entwicklung und der Europäischen Union.
Die Andheri-Hilfe fördert Projekte der Sozialarbeit, des Bildungswesens, der landwirtschaftlichen und dörflichen Entwicklung sowie des Gesundheitswesens ärmster Bevölkerungsschichten. Ihre besonderen Zielgruppen sind: Kinder, Familien, Dörfer, Blinde, Lepröse, Hörgeschädigte u. a. Behinderte.
Für Schulen und Schulklassen, die sich für ein Programm in der Dritten Welt engagieren wollen, bietet die Andheri-Hilfe z. B. *Projekt-Partnerschaften* an. Was diese bedeuten, wird in einem Prospekt erklärt, der, wie auch weiteres Informationsmaterial, unter der oben genannten Adresse bezogen werden kann.

„Brot für die Welt" im Diakonischen Werk des EKD e. V.
Postfach 101142
70010 Stuttgart
Tel.: 0711/2159-0
www.brot-fuer-die-welt.de

„Brot für die Welt“, 1959 gegründet, ist eine Aktion der kirchlichen Entwicklungszusammenarbeit, die von den evangelischen Landes- und Freikirchen in Deutschland verantwortet wird. Auf der Grundlage christlicher Nächstenliebe will die Aktion einen Beitrag zur Überwindung von Hunger, Armut und sozialer Not in den sog. Entwicklungsländern leisten.
Ein Motiv für dieses Engagement war die Hilfe für die deutsche Bevölkerung durch die internationale Staatengemeinschaft und die Weltchristenheit in den Jahren der Not nach dem Zweiten Weltkrieg. Mit dem rasch erworbenen Wohlstand wuchs der Wunsch, nun Menschen in existenzieller Not in anderen Teilen der Welt ebenfalls zu helfen und Mitverantwortung für sie zu übernehmen.
Das Wort „Brot“ im programmatischen Titel der Aktion ist ein Symbolwort. Es zielt auf die Grundbedürfnisse des Lebens und meint materielle und ideelle Güter, die der Gestaltung eines menschenwürdigen Daseins dienen, wie Nahrungsmittel, Kleidung, Wohnraum, medizinische Versorgung, Schulbildung, die Achtung der Menschenrechte und eine lebensfähige Umwelt. Ein besonderer Arbeitsschwerpunkt ist die Steigerung der Nahrungsmittelproduktion, die Beachtung der Schlüsselstellung von Frauen im Entwicklungsprozess und die Bewahrung des ökologischen Gleichgewichts und der natürlichen Lebensgrundlagen.
Auch soll durch Information im eigenen Land die Erkenntnis Verbreitung finden, dass bestimmte Erscheinungsformen von Not und Mangel in den Entwicklungsländern mit dem Konsumverhalten in den Industrieländern in einem Zusammenhang stehen. Deshalb sollten politische und wirtschaftliche Entscheidungen in der Bun-

desrepublik daraufhin befragt werden, ob sie Verarmung in den Ländern des Südens zur Folge haben könnten. In diesem Zusammenhang sind Rüstungsexporte, die Beachtung der Menschenrechte, die Agrarpolitik der Europäischen Union, die Struktur des Welthandels, die Schuldenkrise und Umweltverhalten und Energieverbrauch zu nennen. Als wichtiges Instrument der Bewusstseinsbildung haben sich in den letzten Jahren die Kampagnen etabliert, die über schlechte Lohn- und Arbeitsbedingungen bei exemplarischen Handelsprodukten informieren (z. B. Kaffee, Blumen und Teppiche).

Ein Teil der Spenden für „Brot für die Welt" wurde und wird durch Aktionen und Initiativen von Schulen und Schulklassen aufgebracht. Für die schulische Arbeit bietet das Gesamtverzeichnis (1996/97: 146 Seiten) aller aktuellen Materialien von „Brot für die Welt" sehr viel an. Besonders sei hingewiesen auf das Material für Sekundarstufe I und II, das auf zehn Seiten vorgestellt wird, und auf die 22 Spiele, die kurz beschrieben sind. Das Material, das „Transfair" (vgl. S. 253) anbietet, kann ebenfalls mit Hilfe dieses Verzeichnisses bestellt werden.

Bestelladresse:

i Brot für die Welt im Diakonischen Werk des EKD e. V.
Postfach 101142, 70010 Stuttgart, Tel.: 0711/2159-0,
www.brot-fuer-die-welt.de

Beruf: Entwicklungshelfer

Mehr als 16 000 Frauen und Männer haben bisher als Entwicklungshelfer gearbeitet; über 1 700 arbeiten gegenwärtig in 42 Ländern. Sie haben eine abgeschlossene Berufsausbildung und mehrjährige Berufserfahrung und sind als Techniker, Handwerker, Land- und Forstwirte, Hebammen, Ärzte, Lehrer, Sozialarbeiter u.v.m. in staatlichen, kirchlichen und privaten Einrichtungen tätig. Ihr Durchschnittsalter liegt bei ca. 35 Jahren.

Kontaktadressen:

i Arbeitsgemeinschaft für Entwicklungshilfe (AGEH)
Postfach 210128, 50527 Köln, Tel.: 0221/8896-0,
www.ageh.de

i Christliche Fachkräfte International (CFI)
Wächterstr. 3, 70182 Stuttgart, Tel.: 0711/21066-0,
www.christliche-fachkraefte.de

i Deutscher Entwicklungsdienst (DED)
Tulpenfeld 7, 53113 Bonn, Tel.: 0228/2434-0,
www.ded.de

i Evangelischer Entwicklungsdienst e. V.
Ulrich-von-Hassell-Str. 76, 53123 Bonn, Tel.: 0228/8101-0, www.eed.de

i Internationaler Christlicher Friedensdienst e. V. (EIRENE)
Postfach 1322, 56503 Neuwied, Tel.: 02631/8379-0, www.eirene.org

i Weltfriedensdienst e.V. (WFD)
Hedemannstr. 14, 10969 Berlin, Tel.: 030/253990-0, www.wfd.de

Übrigens: Wer zwei Jahre Entwicklungsdienst ableistet, wird nicht zum Wehr- bzw. Ersatzdienst herangezogen!

Für berufsbildende Schulen könnte das Programm *Arbeits- und Studienaufenthalte* von Interesse sein. Junge Berufstätige aus gewerblichen, handwerklichen und sozialen Bereichen werden in den ASA-Programmen in dreimonatigen Arbeits-, Erfahrungs- und Studienaufenthalten in Entwicklungsländern an entsprechende spätere Berufstätigkeiten herangeführt.
Kontaktadresse:

i Carl-Duisberg-Gesellschaft (CDG)
Postfach 260120, 50514 Köln, Tel.: 0221/2098-0, www.cdg.de

Grundsätzliche Auskünfte über berufliche Tätigkeiten im Bereich der Entwicklungshilfe geben:

i Zentralstelle für Arbeitsvermittlung (ZAV)
53107 Bonn, Tel.: 0228/713-0,
www.arbeitsamt.de/zav/zav.home.htm

i Centrum für internationale Migration und Entwicklung (CIM)
Barckhausstr. 16, 60325 Frankfurt am Main
Tel.: 069/719121-0, www.cimonline.de

Literatur und Film: Zurück in die Zukunft ...

Herbert George Wells: The Time Machine. An Invention, 1895 (Erzählung)

Verfilmung: USA, 1960; *Regie:* George Pal; *Preis:* Oscar 1961 für Spezialeffekte; *deutscher Titel:* „Die Zeitmaschine“

Eine Gruppe von Londonern unterhält sich über die Zeit als vierte Dimension. Um ihre Theorie experimentell zu überprüfen bauen sie die Zeitmaschine, deren technische Konstruktion zwar unklar bleibt, mit der man sich aber auf der Zeitachse mit großer Geschwindigkeit vorwärts und rückwärts bewegen kann. Der Zeitreisende verschwindet vor den Augen seiner Gesprächspartner ins Nichts.
Acht Tage später trifft die Gruppe sich wieder und der erschöpfte Zeitreisende erzählt von seinen Erlebnissen.
Seine erste Landung fand im Jahre 802701 statt. In einer paradiesischen Naturidylle leben die kindlichen Eloi. In der Nacht aber werden sie von den Morlocks gejagt. Der Zeitreisende flieht vor den Morlocks in die weitere Zukunft, in der die Menschheit von der Erde verschwunden ist und im schwachen Licht der Sonne nur noch primitive Lebensformen existieren. Bei einem dritten Halt, 30 Mio. Jahre weiter, steht die Erde unmittelbar vor ihrem Kältetod.
Die Gesprächsrunde nimmt mit großer Skepsis die Erzählung des Zeitreisenden auf. Von einer zweiten Reise kehrt er nicht mehr zurück.
Bemerkenswert an der Erzählung ist Wells' Evolutionspessimismus; er sieht nicht eine moralische und soziale Höherentwicklung der Gesellschaft, sondern ihre körperliche und seelische Degeneration.

Herbert George Wells: Der Krieg der Welten, 1898 (Roman)

Verfilmung: USA, 1953; *Regie:* B. Haskin; *deutscher Titel:* „Kampf der Welten“

Spaziergänger und Bewohner der umliegenden Ortschaften eilen herbei, als in der Nähe von Woking ein Flugkörper landet. Neugierig betrachten sie, wie dem Metallzylinder seltsame Wesen entsteigen, die nur aus Gehirn, Händen und einem Kreis-

laufsystem bestehen. Doch diese Wesen vom Mars, denen die Menschen zuerst so arglos entgegentreten, führen mit ihren Kampfmaschinen einen gnadenlosen Vernichtungskrieg mit Feuer und Gas. Jede Nacht landen weitere Flugkörper, die Menschen fliehen massenhaft zum Meer um auf Schiffen der Gefahr zu entkommen. Die fremden Wesen scheinen die Eroberung der ganzen Welt zu planen. In wenigen Tagen bricht die Ordnung und die Zivilisation zusammen. Doch dann kommt die Wende: Die Wesen vom Mars fallen Krankheitserregern zum Opfer. Krähen und Hunde machen sich über ihre Gehirne her.
Die Kritik Wells' bezieht sich zum einen auf den Fortschrittsoptimismus seiner Zeit, zum anderen auf den Imperialismus. Wells wollte den Engländern zeigen, wie es eingeborene Völker erleben, wenn plötzlich die industrialisierte Kriegstechnik unbekannter Eroberer in ihre Welt einbricht.
Zum bloßen Horrorstück wurde allerdings die Hörspielfassung Orson Welles', die, als angebliche Lifesendung 1938 ausgestrahlt, in den USA eine Panik hervorrief.

Herbert George Wells: Die ersten Menschen im Mond, 1901

Cavor, die Hauptperson in Wells' utopischem Roman, ist ein genialer Wissenschaftler, der eine Substanz erfunden hat, die strahlenundurchlässig und nicht der Schwerkraft unterworfen ist. Mit dieser Substanz überzieht er eine Kugel, mit der er ins Weltall reisen kann. Zu seiner ersten Mondexpedition nimmt er den jungen Schriftsteller Bedford mit, aus dessen Perspektive die Reise zum Mond geschildert wird.
Die beiden erkunden den Mond, dessen Luft sie ohne Probleme atmen können, sein Klima, seine Fauna und Flora. Als sie den Mondbewohnern, den Selemiten, die riesigen Insekten ähneln, begegnen, werden sie gefangen genommen. Bedford gelingt die Flucht zur Erde zurück. Cavor lernt das Gemeinwesen der Mondbewohner kennen und funkt seine Erfahrungen zur Erde, bis er verstummt.
Dieser Roman ist das Vorbild für viele Science-Fiction-Romane geworden.

Aldous Huxley: Schöne neue Welt, 1932

In diesem ironisch-satirischen Roman behandelt Huxley die „vollkommene" Welt, von der die Menschen Anfang des 20. Jh.s. geträumt hatten.
Krankheiten gibt es nicht mehr, Frauen und Männer behalten ihre jugendliche Energie bis zum Tod. Die Menschen sind materiell zwar optimal versorgt, aber „große Gefühle" gibt es nicht mehr. Die nahezu vollkommene Kenntnis der Wissenschaft und Technik ermöglicht stabile und und vollkommen kontrollierte Verhältnisse. Menschen werden nicht mehr geboren, sondern in Labors gezüchtet. Ihre körperlichen und geistigen Eigenschaften werden in ihnen so angelegt, dass sie ihre vorherbestimmte Funktion in der Gesellschaft erfüllen können und dabei vollkommen zufrieden sind.

Ray Bradbury: Fahrenheit 451, 1953

Verfilmung: Großbritannien, 1966; *Regie:* François Truffaut

Der Feuerwehrmann Montag hat den Auftrag, Bücherbesitzer, die als Individualisten im totalitären Staat der Zukunft als Staatsfeinde gelten, elektronisch aufzuspüren und sie mit ihren Büchern zu vernichten. Dazu benutzt er Stahlrohre, die eine Hitze von 232 Grad Celsius (= Fahrenheit 451) erzeugen. Bereits seit 20 Jahren geht

Montag dieser Tätigkeit nach, die Nonkonformisten, die sich der Dauerberieselung und der Manipulation durch das Fernsehen und das Radio entziehen, indem sie lesen und und sich in die Ideen der großen Denker vertiefen, zu vernichten, als ihn die Begegnung mit einem solchen „Büchermenschen" nach dem Sinn seiner Tätigkeit fragen lässt. Montag entfremdet sich der konformen Masse, er wird dem Staat gefährlich und gejagt. Er kann zu einer Gruppe von Menschen fliehen, die die Kultur der Vergangenheit im Gedächtnis verwahrt und mündlich weitergibt. Montag und seine Gefährten sehen, wie die Stadt, der sie entflohen sind, in einem kurzen Atomkrieg untergeht.

Ausflugsziele

Die im Folgenden vorgestellten Tipps für Exkursionen sollten mit dem Lehrer der naturwissenschaftlichen Fächer vorbereitet werden, der – wenn es möglich ist – den Politiklehrer und die Klasse auf der Exkursion begleiten sollte.
Exkursionen dieser Art lassen sich nicht nur im Rahmen des Lehrplans, sondern auch z. B. im Rahmen eines Schullandheimaufenthalts oder einer mehrtägigen Klassenfahrt durchführen.
Das Forschungszentrum Karlsruhe ist eine der größten natur- und ingenieurwissenschaftlichen Forschungseinrichtungen in Deutschland und von wirtschaftlichen Interessen unabhängig. Im Spannungsfeld von Technik und Umwelt arbeitet es an Forschungs- und Entwicklungsaufgaben von öffentlichem Interesse und für ausschließlich friedliche Zwecke. Sein Programm *Forschung für umweltschonende Hochtechnologie* konzentriert sich auf die vier Schwerpunkte Umwelt, Energie, Mikrosystemtechnik und Grundlagenforschung. Es orientiert sich an den forschungspolitischen Zielsetzungen seiner beiden Gesellschafter, der Bundesrepublik Deutschland und des Landes Baden-Württemberg.
Wer über die Arbeit des Forschungszentrums genauere Informationen wünscht, wendet sich an:

Forschungszentrum Karlsruhe
Stabsabteilung Öffentlichkeitsarbeit
Postfach 3640, 76021 Karlsruhe
Tel.: 07247/822860 oder 822861, www.fzk.de

Für Besuchergruppen gibt es einen Sonderprospekt über Besichtigungsmöglichkeiten mit dem Titel *Wissenschaft begreifen*.
Das Standardprogramm für Besuchergruppen sieht ein Referat über die Tätigkeitsschwerpunkte des Forschungszentrums mit anschließender Diskussion vor, es folgt ein Gang durch die Ständige Ausstellung, eine Fahrt über das 2,5 qkm große Gelände und schließlich die Besichtigung mehrerer technischer Einrichtungen (z. B. Versuchseinrichtungen zur thermischen Müllbehandlung, Technikum für supraleitende Großmagnete, mikrotechnische Entwicklungen, Detektorfeld zur Messung kosmischer Strahlen).
Terminvereinbarungen können montags und dienstags mit dem Besucherdienst getroffen werden:

i Tel.: 07247/824856

Für besonders interessierte Besuchergruppen bietet das Fortbildungszentrum für Technik und Umwelt (FTU) ein- bis zweitägige Seminare an. Absprachen über Inhalte und Durchführung der Veranstaltung sind möglich mit:

i Forschungszentrum Karlsruhe
Fortbildungszentrum für Technik und Umwelt, Fachbereich III
Postfach 3640, 76021 Karlsruhe, Tel.: 07247/822860 oder 822861, E-Mail: info@fzk.de

Gruppenbesuche sollten acht Wochen vorher angemeldet werden. Für einen Besuch sollte man sich mindestens drei Stunden, am besten einen ganzen Tag (9–16 Uhr) Zeit nehmen.

Umweltforschungszentrum Leipzig-Halle GmbH
Permoserstr. 15, 04318 Leipzig
Tel.: 0341/235-0
www.ufz.de

Das UFZ weist darauf hin, dass der jährlich stattfindende Tag der offenen Tür der Termin ist, der für den Besuch einer Schulklasse am geeignetsten ist. Außerhalb dieses Tages können in Einzelfällen Besuchstermine mit Schulklassen vereinbart werden. Die Besuchergruppe sollte allerdings bereits das 10. Schuljahr besuchen.

Forschungszentrum Geesthacht GmbH
Max-Planck-Straße, 21502 Geesthacht
Tel.: 04152/87-0
www.gkss.de

Das GKKS-Forschungszentrum kann grundsätzlich von Schulklassen besucht werden, allerdings sollten sie bereits der Oberstufe angehören.
Das Forschungszentrum liegt etwa 30 km südöstlich von Hamburg.
Das GKKS-Forschungszentrum gehört zu den 16 nationalen Einrichtungen der Hermann-von-Helmholtz-Gemeinschaft deutscher Forschungseinrichtungen (HGF). Im GKSS sind ca. 800 Mitarbeiter beschäftigt, das jährliche Budget umfasst ca. 60 Mio. €.
Aufgabe dieser Zentren, die vom Bundesministerium für Bildung, Wissenschaft, Forschung und Technologie (90 %) und den Ländern (10 %) getragen werden, ist es, für die Sicherung des Wirtschaftsstandortes Deutschland durch Forschung und Entwicklung Grundlagen für Technologien von morgen zu schaffen. Schwerpunkte des GKSS-Forschungsprogramms sind Materialforschung, Trenn- und Umwelttechnik und Umweltforschung.

Forschungszentrum Jülich GmbH
52425 Jülich
Tel.: 02461/61-0
www.fz-juelich.de

Aufgabe des Forschungszentrums ist es, Grundlagenforschung und angewandte Forschung auf vielen Gebieten der Naturwissenschaften zu betreiben. Dazu gehört unter anderem die nuklearmedizinische Forschung ebenso wie die Nuklearchemie, die Biotechnologie, die Kernfusion, die Kernphysik, die Energie- und Umweltforschung sowie die Festkörperforschung, Oberflächenforschung und Vakuumphysik. Die Besucher müssen das 15. Lebensjahr vollendet haben; Ausnahmen sind nach vorheriger Absprache möglich. An Besuchersamstagen gilt diese Altersbeschränkung nicht. Die Besichtigung ist kostenlos. Interessenten werden um eine schriftliche Anmeldung gebeten, in der ein bestimmter Termin und Programmschwerpunkte gewünscht werden können. Die Anschrift lautet:

i Forschungszentrum Jülich GmbH, Stabsstelle Öffentlichkeitsarbeit
52425 Jülich, E-Mail: fzj@fz-juelich.de

Das Besuchsprogramm beginnt in der Regel mit einer Diaschau oder Filmvorführung. Danach besteht die Möglichkeit, Fragen zur Arbeit des Forschungszentrums zu stellen oder mit dem vom Forschungszentrum zugeteilten Betreuer aktuelle Themen der Forschungs-, Energie- und Umweltpolitik zu diskutieren. Danach erfolgt eine Rundfahrt durch das Gelände und eine Besichtigung in einem Institut des Forschungszentrums.

Besuchersamstage finden bei Bedarf statt. Sie sind besonders geeignet für Besucher, die an Werktagen nicht nach Jülich kommen können. Besichtigungen in den Instituten sind am Samstag nicht möglich, dafür steht mehr Zeit für Gespräche und Diskussionen zur Verfügung.

Das Programm an einem Besuchersamstag dauert von 9.30–12.30 Uhr. In einem Einführungsreferat erhalten die Besucher zunächst grundsätzliche Informationen über forschungspolitische Fragen. Daran schließt sich eine Filmvorführung und eine Rundfahrt durch das Gelände an. Den Abschluss der Veranstaltung bildet eine Diskussion, zu der Fachleute bereitstehen, die alle Fragen leicht verständlich beantworten.

Forschungszentrum Rossendorf e. V.
Postfach 510119, 01314 Dresden
Tel.: 0351/260-0, www.fz-rossendorf.de,
E-Mail: pobell@fz-rossendorf.de

Das Forschungszentrum Rossendorf besteht seit dem 1. Januar 1992. Im FZR sind 610 Mitarbeiter beschäftigt, es ist die größte außeruniversitäre Wissenschaftseinrichtung des Freistaates Sachsen. Als Zukunftsaufgaben bearbeitet das FZR die Forschungsfelder Ionenstrahlphysik und Materialforschung, Sicherheitsforschung, Radiochemie, bioanorganische und radiopharmazeutische Chemie und Kern- und Hadronenphysik. Besuchstermine und das Besichtigungsprogramm können mit Herrn Zwicker unter der Telefon-Nr. 0351/2603325 vereinbart werden. Der genaue Termin sollte drei bis vier Wochen vorher abgesprochen werden. Der Besuch sollte die Dauer von drei bis dreieinhalb Stunden nicht überschreiten.

Die Schüler müssen 16 Jahre alt sein. Dieses Mindestalter schreibt die Strahlenschutzverordnung für den Aufenthalt in Räumen vor, in denen mit radioaktiven Stoffen umgegangen wird, was im FZR bei vielen Experimenten der Fall ist.

Die Gruppen sollten nicht mehr als 15 Personen umfassen. Allerdings können, falls die Besuchergruppe größer ist, zwei bis drei Gruppen jeweils im Wechsel mehrere Abteilungen besuchen.

Vor dem Besuch muss eine Besucherliste mit den Angaben: Name, Vorname, Geburtsdatum, Personalausweisnummer abgegeben werden. Alle Besucher müssen während der Besichtigung einen Ausweis mit sich führen.

Hahn-Meitner-Institut Berlin GmbH
Postfach 390128, 14091 Berlin
Tel.: 030/8062-0, www.hmi.de,
E-Mail: info@hmi.de

Das Hahn-Meitner-Institut in Berlin-Wannsee arbeitet vor allem in der Grundlagenforschung auf physikalischen und chemischen Gebieten. Schwerpunkte sind die Struktur- und Festkörperforschung sowie die Solarenergieforschung. Als Großgeräte nutzt das HMI einen Forschungsreaktor als Neutronenquelle vor allem für atomare und molekulare Strukturuntersuchungen sowie die Kombination mehrerer Teilchenbeschleuniger in einem Ionenstrahl-Labor. Im HMI arbeiten rund 900 Personen.
Führungen für Schulklassen sind grundsätzlich möglich. Trotzdem gestaltet sich eine Besichtigung nicht ganz einfach: Termine müssen fünf bis sechs Monate vorher vereinbart werden; Personen unter 18 Jahren (und Schwangeren) ist die Besichtigung nicht gestattet, da sie durch Kontrollbereiche führt. Die Gruppe sollte mindestens sechs und höchstens 20 Teilnehmer umfassen. Das Programm besteht aus einem allgemeinen Einführungsvortrag und der Besichtigung zweier Stationen (Strukturforschung um den Forschungsreaktor BER II – Neutronenstreuung; Solare Energetik; Ionenstrahlanalytik und Augentumortherapie; Vortrag über Strahlenschutz).

Forschungszentrum für Umwelt und Gesundheit GmbH
Postfach 1129, 85758 Oberschleißheim
Tel.: 089/3187-0
www.gsf.de, E-Mail: oea@gsf.de

Das GSF ist eine Großforschungseinrichtung des Bundes und des Freistaates Bayern mit ca. 1 600 Beschäftigten. Aufgabe ist die Forschung zum Schutz des Menschen und seiner Umwelt vor schädigenden Einflüssen durch Strahlung und Chemikalien sowie die Nutzbarmachung naturwissenschaftlich-technischer Erkenntnisse zur Verbesserung des Umweltschutzes und der Gesundheitsversorgung.
Die GSF ist auf einem 50 ha großen Gelände im Norden Münchens untergebracht; sie unterhält das Forschungsbergwerk Asse sowie Institute in der Stadt München. Schulklassen, die das Forschungszentrum besuchen wollen, sollten der Oberstufe angehören; jüngere Schüler profitieren wegen der Komplexität der vorgestellten Forschungen wenig von einem Besuch. Ein Besuchstermin sollte schriftlich und nicht kurzfristig vereinbart werden; die Führung selbst dauert etwa drei Stunden.

Wuppertal-Institut für Klima, Umwelt, Energie GmbH
im Wissenschaftszentrum Nordrhein-Westfalen
Postfach 100480, 42004 Wuppertal
Tel.: 0202/2492-0, www.wupperinst.org, E-Mail: info@wupperinst.org

Das Institut wurde 1989 vom Land Nordrhein-Westfalen gegründet und arbeitet seit 1991. Seine Aufgabe ist es, den ökologischen Strukturwandel wissenschaftlich zu analysieren und praxisbezogene Anwendungen vorzubereiten.
Arbeitsschwerpunkte sind Analysen, Verbesserungsvorschläge und Neuentwicklungen in den Bereichen Klimapolitik, Energie, Verkehr, Stoffströme und Strukturwandel. Eine Arbeitsgruppe *Neue Wohlstandsmodelle* beschäftigt sich mit den rechtlichen, kulturellen und psychologischen Dimensionen des Abschieds von der Verschwendungswirtschaft.
Etwa 130 wissenschaftliche Mitarbeiter und studentische Hilfskräfte forschen und arbeiten fächerübergreifend an jährlich etwa 40 Auftragsprojekten für Staat, Verbände und Industrie.
Das Wuppertal-Institut kann auch von Schulklassen besucht werden; ein Besuch muss aber sehr lange vorher angemeldet werden.

Nützliche Adressen

Von der Bundeszentrale für politische Bildung werden Publikationen und Materialien auch zu zukunftsbezogenen Themen versandt. Ein *Verzeichnis der Publikationen*, das zweimal jährlich erscheint, gibt Auskunft über das Angebot.
Schriftliche Bestellungen an die

i Bundeszentrale für politische Bildung
Postfach 2325, 53013 Bonn, Tel.: 01888/515-0, www.bpb.de, E-Mail: info@bpb.de

Das Bundesministerium für Bildung, Wissenschaft, Forschung und Technologie gibt ein Publikationsverzeichnis heraus, das einige Titel enthält, die auch schulisch genutzt werden können. So bietet die Publikationsliste vom 1. März 1996 ein *Lesepuzzle für Jugendliche zu Forschung und Technik* und Materialien zu Themen wie Biowissenschaften, Energieforschung, Gesundheitsforschung, Klimaforschung, Technologiefolgenabschätzung, Umweltforschung und -technik an.
Bezugsadresse:

i Bundesministerium für Bildung und Forschung
53170 Bonn, Tel.: 01888/57-0, www.bmbf.de

Das Bundesumweltministerium informiert mittels einer Selbstdarstellung über seine Aufgaben und Zuständigkeiten, die sich gut im Unterricht einsetzen lässt, weil sie die politischen Abhängigkeiten und Vernetzungen zeigt, in denen Umweltpolitik gemacht wird.
Die Broschüre *Umweltschutz in Deutschland* informiert sehr ausführlich und mit vielen Grafiken, aber schülergerecht, über Klima und Energie, Luft und Lärm, Abfall, Bodenschutz, Wasser, Naturschutz, Strahlenschutz, Reaktorsicherheit, verbraucherorientierten Umweltschutz. Aus einer umfangreichen Publikationsliste

können viele Materialien zum Thema *Umweltschutz* – auch in größeren Stückzahlen – kostenlos bestellt werden. Bestelladresse:

i Bundesministerium für Umwelt, Naturschutz und Reaktorsicherheit,
Postfach 120629, 53048 Bonn, Tel.: 0228/305-0, www.bmu.de

i Außenstelle Berlin
11055 Berlin, Tel.: 030/28550-0

Anfragen zum Thema *Umweltschutz* beantworten ebenfalls:

i Umweltbundesamt
Postfach 330022, 14191 Berlin, Tel.: 030/8903-0, www.umweltbundesamt.de

Das Umweltbundesamt (UBA) unterstützt das Bundesumweltministerium vor allem wissenschaftlich-technisch in den Bereichen Luftreinhaltung, Lärmbekämpfung, Abfall- und Wasserwirtschaft, Bodenschutz und Umweltchemikalien, insbesondere bei der Erarbeitung von Rechts- und Verwaltungsvorschriften.
Allgemein bekannt geworden ist das UBA vor allem deswegen, weil es bei der Vergabe des *Blauen Engels* mitwirkt. Eine Verbindung mit der Schule besteht auch deswegen, weil das Amt die nationale Verbindungsstelle zur UNESCO in Fragen der Umwelterziehung ist.
Das Umweltbundesamt versendet kostenlos Informationsbroschüren zu verschiedenen Themen, die der jeweils neuesten Publikationsliste entnommen werden können. Kostenlos gibt es auch die Kinderfibel *Spaß am Umweltschutz*, ein Lese-, Rate-, Mal-, Spiel-, Bastel- und Ausschneidebuch.

i Bundesamt für Naturschutz
Konstantinstr. 10, 53179 Bonn, Tel.: 0228/8491-0, www.bfn.de

Das BfN widmet sich vor allem dem Naturschutz, der Landschaftspflege und dem Artenschutz.

i Bundesamt für Strahlenschutz
Postfach 100149, 38201 Salzgitter, Tel.: 01888/333-0, www.bfs.de

Beim BfS sind vier Fachbereiche eingerichtet: Strahlenhygiene, Strahlenschutz, Kerntechnische Sicherheit, Nukleare Entsorgung und Transport.

Auch das Bundesministerium für Wirtschaft informiert mit vielen Materialien über die soziale Marktwirtschaft, die wirtschaftliche Bedeutung der Ausländer, die wirtschaftliche Zukunft Deutschlands, Energieeinsparungen, erneuerbare Energien und Klimaschutz, Fördermaßnahmen für Existenzgründer, Langzeitarbeitslosigkeit, die Entwicklung des Tourismus, Umweltschutz in der EU, Initiativen der Bundesregierung zur Schaffung von Arbeitsplätzen.
Bestelladresse für die Publikationslisten:

i Bundesministerium für Wirtschaft und Arbeit
11019 Berlin, Tel.: 030/2014-9, www.bmwa.bund.de

Sehr viel Material zu globalen Zukunftsfragen bietet das Bundesministerium für wirtschaftliche Zusammenarbeit und Entwicklung in der Broschüre *Informationsmedien* an.
Publikationen gibt es zu allen Zukunftsfragen, wie Klimaschutz, Umwelt und Entwicklung, Bevölkerungsentwicklung, Wasserknappheit, Erhaltung der Wälder, erneuerbare Energien, Bekämpfung der Wüsten, Migration und Flucht, Stadtentwicklung und vieles, vieles mehr.

Eine umfangreiche Liste mit Filmen, die kurz besprochen sind, und eine große Anzahl didaktischer Medien wenden sich an Lehrer und Schüler.
Die Broschüre *Informationsmedien* ist zu beziehen vom:

i Bundesministerium für wirtschaftliche Zusammenarbeit und Entwicklung
Postfach 120322, 53045 Bonn, Tel.: 0228/535-0, www.bmz.de

Ebenfalls Informationen über Entwicklungshilfe und Entwicklungspolitik versendet die

i Deutsche Stiftung für internationale Entwicklung (DSE)
Postfach 120623, 53048 Bonn, Tel.: 0228/2434-5, www.dse.de

Einen zentralen Nachweis verfügbarer Forschungsberichte führt das

i Fachinformationszentrum Karlsruhe, Gesellschaft
für wissenschaftlich-technische Information mbH
Postfach 2465, 76012 Karlsruhe, Tel.: 07247/808-0, www.fiz-karlsruhe.de

Materialkiste und Literatur

Drei Welten oder eine Welt?

Liste didaktischer Medien: Lern- und Aktionsmodelle, Ausstellungen, Ausleihmöglichkeiten (86 Seiten; ca. 5,– €)
Die Broschüre stellt zahlreiche Lern- und Aktionsmodelle sowie Ausstellungen wichtiger deutscher Organisationen, die im Bereich der entwicklungspolitischen Bildung tätig sind, zu speziellen Fragestellungen (Migration, Umwelt, Fotografie, Literatur usw.) vor. Sie ermöglicht Lehrern verschiedene motivierende Zugänge zur Eine-Welt-Thematik. Ferner enthält die Broschüre Ausleihadressen und -bedingungen.
Bezugsadresse:

i Gesellschaft für Internationale Kommunikation und Kultur e. V., Interkom
Postfach 120519, 53047 Bonn, Tel.: 06103/6000-34, www.interkom.org

Eine Welt im Unterricht. Materialien, Medien und Adressen (ca. 2,– €; zzgl. Versandkosten) ● In diesem Verzeichnis werden ausgewählte entwicklungspolitische Materialien, die sich besonders für den schulischen Einsatz eignen, beschrieben und kommentiert. Ferner enthält es zahlreiche praktische Hinweise für Lehrer.
Bezugsadresse:

i Dritte Welt Haus Bielefeld
August-Bebel-Str. 62, 33602 Bielefeld, Tel.: 0521/98640, www.welthaus.de

Partnerschaft. Schulische Zusammenarbeit (kostenlos) ● Diese Broschüre gibt Hilfestellung bei der Planung und Durchführung von Unterrichtsvorhaben und Aktionen (z. B. für Projekttage) u. a. Schwerpunktthemen wie *Hintergründe der Flüchtlingsströme in der Welt* und *Andere Länder – andere Sitten.* Angeboten werden Materialien zu entwicklungspolitischen Themen, Seminare zur Fortbildung und die Vermittlung von Referenten. Bezugsadresse:

i Gesellschaft für solidarische Entwicklungszusammenarbeit e. V.
Krossener Str. 20, 10245 Berlin, Tel.: 030/29006471, www.gse-ev.de

ⓘ Europäische Akademie NRW
Bonner Talweg 42, 53113 Bonn, Tel.: 0228/9493010,
www.europaeische-akademie-nrw.de

Die EBAG vermittelt im Auftrag des Bundesministeriums für wirtschaftliche Zusammenarbeit und Entwicklung kostenlos Referenten für Vorträge, Referate und Podiumsdiskussionen.
Wichtig: Die Anfrage an die EBAG muss genaue Angaben zu Thema, Ort, Zeit und zum vorgesehenen Teilnehmerkreis enthalten.

Schulpartnerschaft mit einer Schule der Dritten Welt?

Verein „Solidarisch Leben Lernen“ (Hrsg.): Nord-Süd-Schulpartnerschaften ● Der Verein gibt eine Handreichung für alle heraus, die Schulpartnerschaften mit Schulen in der sog. Dritten Welt bereits durchführen oder durchführen wollen (ca. 6,– €, zzgl. Versandkosten). Sie bietet nicht nur eine Zusammenstellung von Kurzporträts zahlreicher Partnerschaften zwischen Schulen in Deutschland und solchen in Ländern des Südens, sondern gibt auch viele konkrete Hinweise zum Aufbau von Schulpartnerschaften, einschließlich der Aufzählung von Kontaktadressen und weiterführender Literatur. Die Publikation dient aber auch dazu, bestehende Schulpartnerschaften kritisch zu reflektieren und weiterzuentwickeln.
Bezugsadresse:

ⓘ Gemeinschaftswerk der Evangelischen Publizistik
Postfach 500550, 60394 Frankfurt am Main,
Tel.: 069/58098-183,
www.gep.de

Club of Rome

ⓘ Deutsche Gesellschaft Club of Rome e. V.
Postfach 140, 22551 Hamburg, Tel.: 040/8190751,
E-Mail: mail@clubofrome.org

Der Club of Rome wurde 1968 von dem Olivetti-Vizepräsidenten und Fiat-Vorstandsmitglied Aurelio Pecceis als lockere Vereinigung von Einzelpersönlichkeiten aus aller Welt gegründet, deren Anzahl auf 100 Personen (Wissenschaftler, Industrielle u. a.) als Obergrenze beschränkt ist. Der Klub of Rome hat sich zum Ziel gesetzt, „die Menschen zum Nachdenken über die gegenwärtige Situation der Menschheit anzuregen“.
Der Club finanziert sich durch Zuwendungen aus Stiftungen. Seit 1972 hat er durch seine Veröffentlichungen weltweit Aufsehen erregt.

Veröffentlichungen des Club of Rome

DENNIS MEADOWS: Die Grenzen des Wachstums, Stuttgart 1972 ● Meadows warnt vor der Überlastung der Erde durch ungebremstes Bevölkerungswachstum, ungebremste Ausbeutung der Rohstoffe und Umweltzerstörung. Als Gegenmaßnahme empfiehlt er „Null-Wachstum“ bei der Industrieproduktion und bei der Zunahme der Weltbevölkerung.

MIHAILO MESAROVIC/EDUARD PESTEL: Menschheit am Wendepunkt, Stuttgart 1974 (1977: Reinbek bei Hamburg) ● Die Autoren rücken vom Ziel des „Null-Wachstums“ ab.

DENNIS GABOR: Das Ende der Verschwendung, Stuttgart 1976 ● Der Autor untersucht Möglichkeiten zur Überwindung erwarteter Versorgungsengpässe bei Energie, Rohstoffen und Nahrungsmitteln.

JAMES W. BOTKIN/MAHDI ELMANDJURA/MIRCEA MALITZA: Das menschliche Dilemma – Zukunft und Lernen, Wien 1979 ● Für den Menschen der Zukunft werden neue Lern- und Bildungsinhalte verlangt, eine Verlagerung vom Erwerb technischer Fertigkeiten hin zum Erwerb mitmenschlicher Kompetenzen.

GÜNTER FRIEDRICHS (Hrsg.): Auf Gedeih und Verderb – Mikroelektronik und Gesellschaft, Wien 1982 ● In diesem Werk wird die Revolutionierung des menschlichen Zusammenlebens durch die Mikroelektronik besprochen und ihre Auswirkungen auf den Arbeitsmarkt erörtert.

BERTRAND SCHNEIDER: Die Revolution der Barfüßigen, Wien 1986 ● Schneider weist Gemeinden und ländlichen Gruppen eine wachsende Bedeutung für die Zukunft zu, ebenso den Nichtregierungsorganisationen der Industrieländer in der Dritten Welt.

EDUARD PESTEL: Jenseits der Grenzen des Wachstums, Stuttgart 1988 ● Der Autor – ein Mitbegründer des Club of Rome – zieht eine Bilanz der Entwicklung seit D. Meadows *Grenzen des Wachstums*. Er fordert das nationalstaatliche Denken zu Gunsten des globalen Denkens aufzugeben.

ALEXANDER KING/BERTRAND SCHNEIDER: Die erste globale Revolution, Frankfurt am Main 1992 ● Die Autoren erläutern die Notwendigkeit, dass die Probleme der Menschheit nur noch in globaler Solidarität gelöst werden können.

DONELLA und DENNIS MEADOWS/JÜRGEN RANDERS: Die neuen Grenzen des Wachstums, Stuttgart 1992 ● Das Werk ist eine Fortführung der Gedanken von 1972: Das Zusammenspiel von Ressourcen, Wachstum und Marktwirtschaft wird neu analysiert. Die Autoren sehen nach der agrarischen und nach der industriellen Revolution die Notwendigkeit einer dritten, der ökologischen Revolution.

WOUTER VAN DIEREN (Hrsg.): Mit der Natur rechnen, Basel 1995 ● Nicht mehr die Steigerung des Bruttosozialprodukts und des Volkseinkommens sollen im Vordergrund des politischen Handelns stehen, da diese nicht den tatsächlichen Grad des Raubbaus an den natürlichen Ressourcen widerspiegeln. Statt dessen sollen Umweltwerte in die volkswirtschaftliche Gesamtrechnung einbezogen werden: das Ökosozialprodukt.

Weitere Literatur:

FERNANDO SAVATER: Ethik für Erwachsene von morgen, 1993 ● Dieses Buch, das der spanische Ethik-Professor für seinen 16-jährigen Sohn in Form von anschaulichen Erklärungen über moralische Grundwerte und ihre Bedeutung für eine eigenverantwortliche Lebensgestaltung verfasst hat, hat eine breite internationale Resonanz gefunden (Übersetzungen in Italien, Portugal, Frankreich und England). Es verdeutlicht in einer pädagogisch überzeugenden Form, dass Wertbindung und moralisches Handeln Grundvoraussetzungen für ein „gutes Leben“ bilden, das sich vornehmlich an den Grundsätzen von Freiheit, Gerechtigkeit und den Menschenrechten orientieren soll. (Bestell-Nr. 1013) Bezug:

i Bundeszentrale für politische Bildung
Postfach 2325, 53013 Bonn, Tel.: 01888/515-0, www.bpb.de

Das *Jahrbuch Ökologie* erscheint seit 1991 im C. H. Beck Verlag München und gilt als „Öko-Klassiker" ● Themenschwerpunkte im Jahr 1995 waren Landwirtschaft und Ernährung, Umwelterziehung, Wasser, ökologische Ökonomie.

KLAUS BOSSELMANN: Im Namen der Natur. Der Weg zum ökologischen Rechtsstaat. Bern, München, Wien 1992 ● Der Autor, von Beruf Jurist, entwirft Grundzüge einer neuen Rechts- und Staatsordnung, bei der nicht der Mensch, sondern die Natur im Mittelpunkt steht.

Sehr empfehlenswert für Schüler ist das: *Öko-Lexikon*. Stichworte und Zusammenhänge. München 1994.

GERHARD DE HAAN: Berliner Empfehlungen. Ökologie & Lernen, Band 3. Mülheim/Ruhr 1994 ● Die Arbeitsstelle für Ökologie und Pädagogik an der Freien Universität Berlin bietet mit diesem Band einen Überblick über Materialien und Medien zum Thema mit Kurzbeschreibungen, Analysen und Bewertungen. Jährlich im Herbst erscheint ein neuer Band.

GERHARD DE HAAN: Ökologie-Handbuch Sekundarstufe I. Sieben Umweltthemen in nicht mathematisch-naturwissenschaftlichen Fächern. Weinheim und Basel 1994 ● Das vielseitige Handbuch enthält über 100 Anregungen und praktische Anleitungen, wie traditionelle Unterrichtsthemen aus ökologischer Perspektive neu angegangen werden können. Die Hinweise beziehen sich auf die Fächer Deutsch, Ethik bzw. Religion, Geschichte, Kunst, Musik, Politik und Sport. Zu jedem Thema gibt es Schüler- und Lehrermaterial.

Die Stiftung Lesen gibt eine Leseempfehlung *Umwelt* heraus, in der Kinder- und Jugendbücher, Sachbücher und Materialien zur Umwelterziehung vorgestellt und kurz besprochen werden.

i Stiftung Lesen
Fischtorplatz 23, 55116 Mainz, Tel.: 06131/288900, www.stiftunglesen.de

Alljährlich gibt das Worldwatch Institute, das in Washington/USA seinen Sitz hat, einen Bericht über die *Lage der Welt* heraus. Der Bericht für das Jahr 1996 behandelt unter anderem den durch Umwelteinflüsse und Armut begünstigten Anstieg von Infektionskrankheiten und die Frage, wie sich Marktmechanismen für den Umweltschutz nutzen lassen.
Worldwatch Institute Report: Zur Lage der Welt 1996 (Fischer TB-Verlag)

Einen Überblick über die Jugend-Öko-Szene gibt das *Jugend Aktionsheft Umwelt* (ca. 2,– €). Bezug:

i Projektwerkstatt
Hauptstr. 12, 35781 Weilburg, www.projektwerkstatt.de

JÜRGEN SCHNEIDER: Ich arbeite im Umweltschutz. Handbuch für Berufsanfänger, Eltern, Lehrer und Behörden. Frankfurt am Main 1989.

Register